21世纪高等学校系列教材

DIANLI GONGCHENG XIANGMU GUANLI

电力工程项目管理

主　编　马晓国　林　敏
副主编　甘海庆
编　写　熊向阳　李晋荣
主　审　刘秋华

中国电力出版社
CHINA ELECTRIC POWER PRESS

内 容 简 介

本书系统介绍了电力工程项目管理的理论和应用，全面反映了近年来国内电力工程项目管理的新变化和新发展。本书注重理论和实践的结合，特别强调实用性和可操作性，注重项目管理知识体系的完整性，力求将电力工程项目管理的基本理论与电力工程项目管理的具体应用相结合，体现学以致用，重视对学生能力的培养。

本书可作为本科院校工程管理、土木工程、项目管理及其他相关专业的教材，也可作为高职高专院校建筑工程技术、工程造价等专业的教材，还可作为从事电力工程项目管理工作的技术人员的参考用书。

图书在版编目（CIP）数据

电力工程项目管理 / 马晓国，林敏主编. —北京：中国电力出版社，2012.5（2025.1 重印）
21 世纪高等学校规划教材
ISBN 978-7-5123-2841-9

Ⅰ. ①电⋯　Ⅱ. ①马⋯　②林⋯　Ⅲ. ①电力工程－项目管理－高等学校－教材　Ⅳ. ①F407.616.2

中国版本图书馆 CIP 数据核字（2012）第 052160 号

中国电力出版社出版、发行

（北京市东城区北京站西街 19 号　100005　http://www.cepp.sgcc.com.cn）
固安县铭成印刷有限公司印刷
各地新华书店经售

＊

2012 年 5 月第一版　　2025 年 1 月北京第十次印刷
787 毫米×1092 毫米　16 开本　17.5 印张　425 千字
定价 **42.00** 元

前　言

　　电力工程项目除具有项目的一般特征外，还具有建设周期长、投资巨大、受环境制约性强、与国民经济发展水平关系密切等特点。运用项目管理的理论和方法对电力工程项目实施效率的提高非常重要，不仅具有巨大的商业价值，而且具有重大经济意义和环境意义。21世纪的电力工程项目管理在理论和实践上出现了新的变化，为了满足相关教学需要，编写电力工程项目管理教材已成为当务之急。

　　电力工程项目管理是一门具有很强的理论性、综合性和实践性的课程，编者在参阅了大量国内外参考资料的基础上，结合相关执业资格考试的内容，体现新知识、新技术、新规范和各级标准，注重理论联系实际和应用性。本书注意突出以下三方面特点。

　　（1）系统性。依据电力工程项目管理的基本要求和主要内容，组织和设计教材的内容体系，对电力工程项目管理实践中所需的知识进行了全面的介绍，确保教材内容的系统全面。

　　（2）新颖性。特别注重内容的更新，补充了电力工程管理最新理论和发展动态，与国家现行的法律法规制度相一致，具有鲜明的时代特征。

　　（3）实用性。紧密联系电力工程项目管理实际，注意增加电力工程项目管理工作中所需要的实务知识。突出各部分内容的实用性和可操作性，增加案例分析内容，培养学生的实际工作能力。

　　参加本书编写的有：南京工程学院马晓国（编写了第一章部分、第二章、第三章、第六章部分、第九章），南京工程学院林敏（编写了第四章、第五章、第七章部分），南京工程学院熊向阳（编写了第八章、第十章、第十一章），江苏省电力公司六合供电分公司甘海庆（编写了第一章部分、第七章部分），山西省电力公司阳泉供电分公司李晋荣（编写了第六章部分）。本书由马晓国、林敏担任主编，甘海庆担任副主编。

　　刘秋华教授对全书进行了审稿，提出了很多好的建议；同时，在本书编写过程中还参考了国内外同行专家的文献书籍，在此一并表示衷心的感谢。

　　限于时间仓促和编者水平，书中不足之处在所难免，恳请广大读者批评指正。

编　者
2012 年 3 月

目 录

第一章 电力工程项目管理概述

学习目标

（1）掌握电力工程项目的概念、特点和分类。

（2）掌握电力工程项目管理的主要内容和任务。

（3）掌握电力工程项目目标管理。

（4）掌握电力工程项目建设程序。

（5）掌握电力工程项目管理的相关制度。

本章提要

电力工程项目分为发电建设项目和电网建设项目，它们都属于建设工程项目。电力工程项目建设程序可划分为三个阶段：前期工作阶段，从项目提出到开工兴建；施工阶段，从工程开工到设备安装结束；调试、运行、竣工验收、移交生产及项目后评价。电力工程项目管理的相关制度主要有建设项目法人责任制和建设工程监理制等。

第一节 电力工程项目及其管理

一、电力工程项目的概念及组成

1. 电力工程项目的概念

电力工程项目分为发电建设项目和电网建设项目，它们都属于建设工程项目。建设工程项目指通过基本建设和更新改造已形成固定资产的项目，基本建设和更新改造都是进行固定资产再生产的方式。电力工程项目是指通过基本建设和更新改造以形成能将其他能转换成电力行业固定资产的项目，其中基本建设是实现电力行业扩大再生产的主要途径。

基本建设项目一般指在一个总体设计或初步设计范围内，由一个或几个单项工程组成，在经济上进行统一核算、行政上有独立组织形式，实行统一管理的建设单位。凡属于一个总体设计范围内分期分批进行建设的主体工程和附属配套工程、综合利用工程、供水供电工程等，均应作为一个工程建设项目，不能将其按地区或施工承包单位划分为若干个工程建设项目。同时注意，也不能将不属于一个总体设计范围内的工程，按各种方式归集为一个建设项目。更新改造项目是指对企业、事业单位原有设施进行技术改造或固定资产更新的辅助性生产项目和生活福利设施项目。

2. 建设工程项目的组成

建设工程项目一般可分为单项工程、单位工程、分部工程和分项工程。

（1）单项工程。单项工程是指在一个建设项目中，具有独立的设计文件，竣工后可以独立发挥生产能力或效益的一组配套齐全的工程。例如两网改造中新建的一座变电站、发电厂的发电机组等。单项工程是建设工程项目的组成部分，一个建设工程项目可以由多个单项工程组成，有时也可能只由一个单项工程组成。

（2）单位工程。单位工程是单项工程的组成部分，它是指具备独立施工条件及单独作为计算成本对象，但建成后不能独立进行生产或发挥效益的工程。

1）民用项目的单位工程较容易划分。以一栋住宅楼为例，其中一般土建、给排水、采暖、通风、照明工程等各为一个单位工程。

2）工业项目由于工程内容复杂，且有时出现交叉，因此单位工程的划分比较困难。以一个车间为例，其中土建、机电设备安装、工艺设备安装、工业管道安装、给排水、采暖、通风、电气安装、自控仪表安装等各为一个单位工程。

（3）分部工程。分部工程是单位工程的组成部分，在单位工程中按工程的部位、材料和工种进一步分解的工程，称为分部工程。由于每一分部工程中影响工料消耗大小的因素很多，为了计算工程造价和工料耗用量的方便，还必须把分部工程按照不同的施工方法、不同的构造、不同的规格等，进一步地分解为分项工程。

（4）分项工程。分项工程是分部工程的组成部分，是指能够单独地经过一定施工工序完成，并且可以采用适当计量单位计算的工程。

具有同样技术经济特征的分项工程，所需的人工、材料、施工机械消耗大致相同，可以根据相应的原则，采用各种方法进行计算和测定，从而按照统一的计量单位制定出每一分项工程的工、料、机消耗标准。

发电建设项目预算项目层次划分，在各专业系统（工程）下分为三级：第一级为扩大单位工程，第二级为单位工程，第三级为分部工程。

二、电力工程项目的特点

电力工程项目除具有项目的一般特征外，还具有如下明显的特点。

（1）建设周期长，投资额巨大。由于建设工程项目相对于其他的一般项目而言，往往规模大、技术复杂、涉及的专业面宽，因而从项目设想到设计、施工、投入使用，少则需要几年，多则需要十几年，更多的甚至需要数十年。项目在实施时的投资额也很大，稍具规模的项目，其投资额就数以亿计。

（2）整体性强。建设项目是按照一个总体设计建设的，它是可以形成生产能力或使用价值的若干单项工程的总体。各个单项工程各自独立地发挥其作用，来满足人们对项目的综合需要。

（3）受环境制约性强。工程项目一般露天作业，受水文、气象等因素的影响较大；建设地点的选择受地形、地质、基础设施、市场、原材料供应等多种因素的影响；建设过程中所使用的建筑材料、施工机具等的价格会受到物价的影响等。

（4）与国民经济发展水平关系密切。电力企业由于产品的特殊性，其生产与消费必须同步，而且在量上必须平衡，从而要求电力产品的供应既要满足经济发展和人民生活水平提高的需要并留有一定余地，但生产能力又不能出现太多的过剩。

三、电力工程项目分类

由于电力工程项目种类繁多，为了适应对建设项目进行管理的需要，正确反映建设工程项目的性质、内容和规模，应从不同角度对建设工程项目进行分类。

1. 按建设性质分类

（1）新建项目，指根据国民经济和社会发展的近远期规划，按照规定的程序立项，从无到有的项目。

（2）扩建项目，指现有电力企业在原有场地内或其他地点，为扩大电力产品的生产能力在原有的基础上扩充规模而进行的新增固定资产投资项目。

当扩建项目的规模超过原有固定资产价值（原值）三倍以上时，则该项目应视作新建项目。

（3）迁建项目，指原有电力企业，根据自身生产经营和事业发展的要求或按照国家调整生产力布局的经济发展战略的需要或出于环境保护等其他特殊要求，搬迁到异地建设的项目。

（4）恢复项目，指原有电力企业因在自然灾害、战争中，使原有固定资产遭受全部或部分报废，需要进行投资重建以恢复生产能力的建设项目。

这类项目，不论是按原有规模恢复建设，还是在恢复过程中同时进行扩建，都属于恢复项目。但对于尚未建成投产或交付使用的项目，若仍按原设计重建的，原建设性质不变；如果按新的设计重建，则根据新设计内容来确定其性质。

基本建设项目按其性质分为上述四类，一个基本建设项目只能有一种性质，在项目按总体设计全部完成前，其建设性质始终是不变的。

2. 按投资作用分类

（1）生产性建设项目，指直接用于电力产品生产或直接为电力产品生产服务的工程项目。

（2）非生产性建设项目，指用于教育、文化、福利、居住、办公等需要的建设。

3. 按项目建设规模分类

为适应对工程建设分级管理的需要，国家规定基本建设项目分为大型、中型、小型三类；更新改造项目分为限额以上和限额以下两类。不同等级的建设工程项目，国家规定的审批机关和报建程序也不尽相同。电力建设项目的规模可根据如下方式进行划分。

（1）电力建设项目按投资额划分。投资额在 5000 万元及以上的为大中型项目，投资额在 5000 万元以下的为小型项目。

（2）发电厂按装机容量划分。装机容量在 25 万 kW 以上为大型项目，装机容量在 2.5 万～25 万 kW 之间的为中型项目，装机容量小于 2.5 万 kW 的为小型项目。

（3）电网按电压等级划分。电压 330kV 以上为大型项目；电压为 220kV 和 110kV，且线路较长在 250km 以上的为中型项目；110kV 以下为小型项目。另外，随着国家电力工业的迅速发展，大电网的逐渐形成，电力的传输距离越来越长，现在已出现很多电压等级达到 500kV 甚至于达到 750kV 超高压的电力线路。

4. 按电网工程建设预算项目分类

（1）变电站、换流站及串联补偿站，均可分为建筑工程项目和安装工程项目。

（2）输电线路工程，可分为架空线路工程、电缆线路工程。

（3）系统通信工程，可分为通信站建筑工程和通信站安装工程。

四、电力工程项目管理

（一）电力工程项目管理概述

1. 电力工程项目管理的概念

电力工程项目管理指项目组织运用系统工程的观点、理论和方法对建设工程项目生命周期内的所有工作（包括项目建议书、可行性研究、项目决策、设计、采购、施工、验收、后评价等）进行计划、组织、指挥、协调和控制的过程。电力工程项目管理的核心任务是控制项目目标（主要包括质量目标、造价目标和进度目标），最终实现项目的功能，以满足使用者的要求。电力工程项目的质量、造价、进度三大目标是一个相互关联的整体，它们之间既存在着矛盾的对立方面，又存在着统一方面。进行项目管理，必须充分考虑建设工程项目三大目标之间的对立统一关系，注意统筹兼顾，合理确定这些目标，防止产生过分追求某一目标而忽略其他目标的现象。

（1）三大目标之间的对立关系。在通常情况下，如果对工程质量有较高的要求，就需要投入较多的资金和花费较长的时间；如果要抢时间、争速度，以极短的时间完成工程项目，势必会增加投资或使工程质量下降；如果要减少投资、节约费用，必然要考虑降低工程项目的功能要求和质量标准。

（2）三大目标之间的统一关系。在通常情况下，适当增加投资数量，为采取加快进度的措施提供一定的经济条件，即可以加快进度、缩短工期，使项目尽早动用，促使投资尽早收回，项目全寿命期经济效益得到提高；适当提高项目功能要求和质量标准，虽然会使前期一次性的投资增加和建设工期的延长，但是这些成本的增加会随着项目动用后经常维修费的节约而得到补偿，会使项目获得更好的投资经济效益；如果项目进度计划定得既科学又合理，使工程进展具有连续性和均衡性，不但可以缩短建设工期，而且有可能获得较好的工程质量并降低工程费用。

2. 电力工程项目管理的内容

在电力工程项目的决策和实施过程中，由于各阶段的任务与实施主体的不同，从而构成了不同类型的项目管理，由于管理类型的不同，其管理的内容也不尽相同。

（1）业主的项目管理。业主的项目管理是全过程的项目管理，包括项目决策与实施阶段各个环节的管理，也即从项目建议书开始，经过可行性研究、设计和施工，直至项目竣工验收、投产使用的全过程管理。由于项目实施的一次性，使得业主方自行项目管理往往存在着很大的局限性。首先，在技术和管理方面缺乏相应的配套力量；其次，即使是配备健全的管理机构，如果没有持续不断的管理任务也是不经济的。为此项目业主需要专业化、社会化的项目管理单位为其提供项目管理服务。项目管理单位既可以为业主提供全过程的项目管理服务，也可以根据业主需要提供分阶段的项目管理服务。对于需要实施监理的建设工程项目，具有工程监理资质的项目管理单位可以为业主提供项目监理服务，这通常需要业主在委托项目管理任务时一并考虑。当然，工程项目管理单位也可以协助业主将工程项目的监理任务委托给其他具有工程监理资质的单位。

（2）工程总承包方项目管理。在项目设计、施工综合承包或设计、采购和施工综合承包的情况下，业主在项目决策之后，通过招标择优选定总承包单位全面负责工程项目的实施过程，直至最终交付使用功能和质量标准符合合同文件规定的工程项目。由此可见，工程总承包方的项目管理是贯穿于项目实施全过程的全面管理，既包括项目设计阶段，也包括项目施工安装阶段。工程总承包方为了实现其经营方针和目标，必须在合同条件的约束下，依靠自身的技术和管理优势或实力，通过优化设计及施工方案，在规定的时间内，按质、按量全面完成工程项目的承建任务。

（3）设计方项目管理。勘察设计单位承揽到项目勘察设计任务后，需要根据勘察设计合同所界定的工作任务和责任义务，引进先进技术和科研成果，在技术和经济上对项目的实施进行全面而详尽的安排，最终形成设计图纸和说明书，并在项目施工安装过程中参与监督和验收。因此，设计方的项目管理并不仅仅局限于项目的勘察设计阶段，而且要延伸到项目的施工阶段和竣工验收阶段。

（4）施工方项目管理。施工承包单位通过投标承揽到项目施工任务后，无论是施工总承包方还是分包方，均需要根据施工承包合同所界定的工程范围组织项目管理。施工方项目管理的目标体系包括项目施工质量（quality）、成本（cost）、工期（delivery）、安全和现场标准化（safety）、环境保护（environment），简称 QCDSE 目标系统。显然，这一目标系统既与建设工程项目的目标相联系，又具有施工方项目管理的鲜明特征。

3. 电力工程项目管理的任务

电力工程项目管理的主要任务就是在项目可行性研究、投资决策的基础上，对勘察设计、建设准备、物资设备供应、施工及竣工验收等全过程的一系列活动进行规划、协调、监督、控制和总结评价，通过合同管理、组织协调、目标控制、风险管理和信息管理等措施，保证工程项目质量、进度、造价目标得到有效控制。

（1）合同管理。建设工程合同是业主和参与项目实施各主体之间明确责任、权利关系的具有法律效力的协议文件，也是运用市场机制、组织项目实施的基本手段。从某种意义上讲，项目的实施过程就是合同订立与履行的过程。一切合同所赋予的义务、权利履行到位之日，也就是建设工程项目实施完成之时。建设工程合同管理主要是指对各类合同的依法订立过程和履行过程的管理，具体包括合同文本的选择，合同条件的协商、谈判，合同书的签署，合同履行、检查、变更和违约、纠纷的处理，总结评价等。

（2）组织协调。这是管理技能和艺术，也是实现项目目标必不可少的方法和手段，在项目实施过程中，各个项目参与单位需要处理和调整众多复杂的业务组织关系。其主要内容包括外部环境协调，项目参与单位之间的协调，项目参与单位内部的协调。

（3）目标控制。它是项目管理的重要职能，是指项目管理人员在不断变化的动态环境中保证既定计划目标的实现而进行的一系列检查和调整活动。工程项目目标控制的主要任务就是在项目前期策划、勘察设计、物资设备采购、施工、竣工交付等各个阶段采取计划、组织、协调控制等手段，从组织、技术、经济、合同等方面采取措施，确保项目总目标的顺利实现。

（4）风险管理。制约建设工程项目目标实现的因素很多，这些因素的变化存在着不确定性，有许多影响因素相对于工程项目的参与方来说是不可抗拒的，随着建设工程项目的大型化和技术的复杂化，业主及其他项目参与方所面临的风险越来越多。为确保建设工程项目的投资效益，降低风险对建设工程项目的影响程度，必须对项目风险进行识别，并在定量分析和系统评价的基础上提出风险对策组合。

（5）信息管理。这是项目目标控制的基础，其主要任务就是准确地向各层级领导、各参加单位及各类人员提供所需的综合程度不同的信息，以便在项目进展的全过程中，动态地进行项目规划，迅速正确地进行各种决策，并及时检查决策执行结果。为了做好信息管理工作，要求：①建立完善的信息采集制度以收集信息；②做好信息编目分类和流程设计工作，实现信息的科学检索的传递；③充分利用现有信息资源。

（6）环境保护。工程建设可以改善环境、造福人类，设计优秀的工程还可以增添社会景观，给人们带来美的享受。但建设工程项目的实施过程和结果，同时也产生了影响甚至恶化环境的种种因素。因此，应在工程建设中强化环保意识，切实有效地将环境保护和克服损害自然环境、破坏生态平衡、污染空气和水质、扰动周围建筑物和地下管网等现象的发生，作为项目管理的重要任务之一。项目管理者必须充分研究和掌握国家和地区的有关环保法规和规定，对于环保方面有要求的工程项目在可行性研究和决策阶段，必须提出环境影响评价报告，严格按建设程序向环保行政主管部门报批。在项目实施阶段，做到"三同时"，即主体工程与环保措施工程同时设计、同时施工、同时投入运行。

（二）电力工程目标管理

1. 电力工程目标控制原理

（1）控制的基本概念。控制通常是指管理人员按照事先制定的计划与标准，检查和衡量被控对象在实施过程中的状况及所取得的成果，及时发现偏差并采取有效措施纠正所发生的不良偏差，以保证计划目标得以实现的管理活动。实施控制的前提是确定合理的目标和制订科学的计划，继而进行组织设置和人员配备，并实施有效的领导。计划一旦开始执行，就必须进行控制，以检查计划的实施情况。当发现实施过程有偏离时，应分析偏离计划的原因，如果需要应确定将采取的纠正措施，并采取行动。控制是一种动态的管理活动，在采取纠偏措施后，应继续进行实施情况的检查。如此循环，直到建设工程项目目标实现为止。

（2）控制的类型。由于控制方式和方法的不同，控制可分为多种类型，归纳起来有主动控制和被动控制两大类。

1）主动控制。就是预先分析目标偏离的可能性，并拟定和采取各项预防性措施，以使计划目标得以实现。实施主动控制时，可采取以下措施。

a. 详细调查并分析研究外部环境条件，以确定影响目标实现和计划实施的各有利和不利因素，并将这些因素考虑到计划和其他管理职能之中。

b. 识别风险，努力将各种影响目标实现和计划实施的潜在因素揭示出来，为风险分析和管理提供依据，并在计划实施过程中做好风险管理工作。

c. 用科学的方法制订计划。做好计划可行性分析，消除那些造成资源不可行、经济不可行、财力不可行的各种错误和缺陷，保障工程项目的实施能够有足够的时间、空间、人力、物力和财力，并在此基础上力求使计划得到优化。

d. 高质量地做好组织工作，使组织与目标和计划高度一致，把目标控制的任务与管理职能落实到适当机构的人员，做到职责与职权分明，使全体成员能够能力协作，为共同实现目标而努力。

e. 制定必要的备用方案，以应对可能出现的影响目标或计划实现的情况。一旦发生这些情况，因为有应急措施做保障，从而可以减少偏离量，如果理想的话，则能够避免发生偏离。

f. 计划应有适当的松弛度，即"计划应留有余地"。这样，可以避免那些经常发生但又不可避免的干扰因素对计划产生的影响，减少"例外"情况产生的数量，从而使管理人员处于主动地位。

g. 沟通信息流通渠道，加强信息收集、整理和研究工作，为预测工程未来发展状况提供全面、及时、可靠的信息。

2）被动控制。这是指当系统按计划运行时，管理人员对计划的实施进行跟踪，将系统输出的信息进行加工、整理，再传递给控制部门，使控制人员从中发现问题，找出偏差，寻求并确定解决问题和纠正偏差的方案，然后再回送给计划实施系统付诸实施，使得计划目标一旦出现偏离就能得以纠正。被动控制是一种十分重要的控制方式，而且是经常采用的控制方式。被动控制可以采取以下措施。

　　a．应用现代化管理方法和手段跟踪、测试、检查工程实施过程，发现异常情况，及时采取纠偏措施。

　　b．明确项目管理组织过程控制人员的职责，发现情况及时采取措施进行处理。

　　c．建立有效的信息反馈系统，及时、准确地反馈偏离计划目标值的情况，以便及时采取措施予以纠正。

　　2．电力工程目标控制措施

　　电力工程目标控制措施通常可以概括分为组织措施、技术措施、经济措施和合同措施。

　　（1）组织措施。这是指从建设工程项目管理的组织方面采取的措施，如实行项目经理责任制，落实工程项目管理的组织机构和人员，明确各级管理人员的任务和职能分工、权利和责任，编制本阶段工程项目实施控制工作计划和详细的工作流程图。组织措施是其他各类措施的前提和保障，而且一般不需要增加什么费用，运用得当可以收到良好的效果。

　　（2）技术措施。控制在很大程度上要通过技术来解决问题。实施有效控制，如果不对多个可能主要技术方案进行技术可行性分析，不对各种技术数据进行审核、比较，不事先确定设计方案的评选原则，不通过科学试验确定新材料、新工艺、新设备、新结构的适用性，不对各投标文件中的主要技术方案进行必要的论证，不对施工组织设计进行审查，不想方设法在整个项目实施阶段寻求节约投资、保障工期和质量的技术措施，目标控制就会毫无效果可言。使计划能够输出期望的目标需要依靠掌握特定技术的人，需要采取一系列有效的技术措施实现项目目标的有效控制。

　　（3）经济措施。从项目的提出到项目的实施，始终伴随着资金的筹集和使用。无论是对工程造价实施控制，还是对工程质量、进度实施控制，都离不开经济措施。为了理想地实现工程项目目标，项目管理人员要收集、加工、整理工程经济信息和数据，要对各种实现目标的计划进行资源、经济、财务等方面的可行性分析，要对经常出现的各种设计变更和其他工程变更方案进行技术经济分析（以力求减少对计划目标实现的影响），要对工程概、预算进行审核，要编制资金使用计划，要对工程付款进行审查等。如果项目管理人员在项目管理中忽略了或不重视经济措施，不但使工程造价目标难以实现，而且会影响到工程质量和进度目标的实现。

　　（4）合同措施。工程项目建设需要咨询机构、设计单位、施工单位和设备材料供应等单位共同参与。在市场经济条件下，这些单位要根据与项目业主签署的合同来参与建设工程项目的管理与建设，他们与业主单位形成了合同关系。确定对目标控制有利的承发包模式和合同结构，拟定合同条款，参加合同谈判，处理合同执行中的问题，以及做好防止和处理索赔的工作等，是建设工程目标控制的重要手段。

第二节　电力工程项目建设程序

一、电力工程项目建设程序的概念

　　电力工程项目建设程序是指电力建设项目从策划、评估、决策、设计、施工到竣工验收、投入生产或交付使用的整个建设过程中，各项工作必须遵循的先后工作次序。各个阶段的工作之间存在着严格的先后次序，前后工作不得任意颠倒，但可以进行合理的交叉。工程项目建设程序是工程建设过程的客观反映，是建设项目科学决策和顺利进行的重要保证。

二、电力工程项目建设程序的内容

电力工程项目建设程序根据多年来电力基本建设的实践经验而定，通常可划分为三个阶段、九个主要步骤。第一阶段是前期工作阶段，从项目提出到开工兴建；第二阶段是施工阶段，从工程开工到设备安装结束；第三阶段是调试、运行、竣工验收、移交生产及项目后评价。九个主要步骤如下：

（1）初步可行性研究；

（2）提交核准报告；

（3）可行性研究（设计任务书）；

（4）初步设计和施工图设计；

（5）施工准备；

（6）施工—建筑安装；

（7）启动调试；

（8）试生产和竣工验收；

（9）项目后评价。

三、电力工程项目建设的主要工作

1. 可行性研究

可行性研究是在工程项目投资决策前，对与项目有关的社会、经济和技术等各方面的情况进行深入细致的调查研究；对各种可能拟定的建设方案和技术方案进行认真的技术经济分析、比较和论证；对项目建成后的经济效益进行科学的预测和评价，并在此基础上，综合研究建设项目的技术先进性和适用性、经济合理性以及建设的可能性和可行性。由此确定该项目是否应该投资和如何投资等结论性的意见，为决策部门最终决策提供科学的、可靠的依据，并作为开展下一步工作的基础。在对电力工程项目进行可行性研究时，要对该项目做出投资估算，同时还要对该项目投资进行经济性评价。

可行性研究是进行工程建设的首要环节，是决定投资项目命运的关键。可行性研究一般应回答的问题概括起来有三个范畴，即工艺技术、市场需求、财务经济状况。其中，市场需求是前提，工艺技术是手段，财务经济状况是核心。第二章将介绍可行性研究的主要内容。

2. 勘察设计

勘察设计是为了查明工程建设场地的地形地貌、地质构造、水文地质和各种自然现象所进行的调查、测量、观察、试验工作。设计是工程建设的灵魂和龙头，是对建设项目在技术和经济上进行的详细规划和全面安排。根据批准的设计任务书编制设计文件，一般按初步设计、施工图设计两个阶段进行，技术复杂的项目，可增加技术设计阶段。施工图设计根据批准的初步设计编制，其深度应能满足建设材料的采购、非标准设备的加工、建筑安装工程施工的需要和施工预算的编制。设计应采用和推广标准化。勘察设计工作完成后，施工单位可根据勘察设计结果等因素编制施工方案，各相关方可根据初步设计或施工图设计编制设计概算、施工图预算或投资控制指标。

3. 招投标

招投标是发展市场经济，适应竞争需要的一种经济行为。招投标必须贯彻公开、公平、公正和诚实信用的原则，可适用于电力建设工程项目中的设计、设备材料供应、施工等任何阶段的工作。

招投标在现阶段是进行工程发、承包的主要方式，是签订各类工程合同的主要环节。通过招投标方式形成的合同，是工程建设各相关方履行自己的义务、保障自己权利的基本依据。

4. 建设监理

建设监理是指专职监理单位受业主委托对建设工程项目进行以控制投资、进度和保证质量为核心的监督与管理的一种方式。建设监理是深化电力基建改革，建立和发展社会主义市场经济并与国际接轨的需要，是电力基本建设迅速发展的需要。建设监理的依据是国家和电力行业主管部门有关的方针、政策、法规、标准、规定、定额和经过批准的建设计划、设计文件和经济合同。

监理单位是自主经营、独立核算、自负盈亏的企业，必须具有法人资格，经有关主管部门资质认证、审批、核定监理业务范围，发给资质证书后方可承担监理业务。委托方必须与监理单位签订监理委托合同。发电工程项目的建设监理实行总监理工程师负责制，总监理工程师和专业监理工程师应经有关主管部门资质认证、审批资格、注册颁证，持证上岗。

建设监理业务，可以分阶段监理，也可全过程监理，或按工程项目分类监理。

5. 投融资

电力工程项目都是投资项目，在其进行投资之前必须先进行融资。在融资时，应考虑选择经济的资金渠道和合理的资金结构，使得投资项目的资金成本能够控制在一个令人满意的水平下，从而保证项目的经济性。我国基本建设投资来源主要有四条渠道，即国家预算拨款、建设银行贷款，各地区、各部门、各企业单位的自筹资金，利用外资。改革开放以来，我国投资体制实施了一系列改革，在投资领域形成了投资主体多元化、投资资金多渠道、项目决策分层次、投资方式多样化和建设实施引入市场竞争机制的新格局。

电力工业是资金密集型行业，20 世纪 80 年代以来，我国改变了独家办电的方针，实行集资办电厂，电网由国家统一建设、统一管理的原则，采取多家办电、集资办电、征收电力建设基金、利用外资办电等政策，为建立新的投融资体系奠定了基础。单一由中央政府投资的主体格局已完全改变，各级地方政府及国有企业、集体企业已逐步成为直接投资的重要主体，逐步建立"谁投资、谁决策、谁受益、谁承担投资风险"的机制。目前，中央与地方、地方与地方、政府与企业、企业与企业之间的联合投资以及中外合资、合作建设项目已十分普遍。电力投融资体制可充分调动各方办电的积极性，以最大限度多方筹集电力建设资金，增加电力投入。因此，各电力集团公司要加强和充实投融资中心功能，充分发挥财务公司在投融资方面的作用。

6. 施工准备

施工准备是基本建设程序中的一项重要内容，是建筑施工管理的一个重要组成部分，是组织施工的前提，是顺利完成建筑工程任务的关键。施工准备按工程项目施工准备工作的范围可分为全场性、单位工程和分部（项）工程作业条件准备等三种。全场性施工准备指的是大中型工业建设项目、大型公共建筑或民用建筑群等带有全局性的部署，包括技术、组织、物资、劳力和现场准备，是各项准备工作的基础。单位工程施工准备是全场性施工准备的继续和具体化，要求做得细致，预见到施工中可能出现的各种问题，能确保单位工程均衡、连续和科学合理地施工。

施工准备按拟建工程所处的施工阶段可分为开工前的施工准备和各施工阶段前的施工准备等两种。开工前的施工准备是在拟建工程正式开工之前所进行的一切施工准备工作，其目的是为拟建工程正式开工创造必要的施工条件。它既可能是全场性的施工准备，又可能是单位工程施工条件的准备。各施工阶段前的施工准备是在拟建工程开工之后，每个施工阶段正式开工之前所进行的一切施工准备工作，其目的是为施工阶段正式开工创造必要的施工条件。

施工准备工作的基本任务就是调查研究各种有关工程施工的原始资料、施工条件及业主要求，全面合理地部署施工力量，从计划、技术物资、资金、劳力、设备、组织、现场及外部施工环境等方面为拟建工程的顺利施工建立一切必要的条件，并对施工中可能发生的各种变化做好应变准备。

7. 施工、建筑安装

施工是基本建设的主要阶段，是把计划文件和设计图纸付诸实施的过程，是建筑安装施工合同的履行过程。在该阶段，一方面承包商应按照合同的要求全面完成施工任务；另一方面，发包人也应按照合同约定向承包人支付工程款。工程价款的结算方式与结算时间，对于工程的发包与承包方的经济利益有一定的影响。在施工阶段应尽量避免出现大的工程变更，也不要频繁地出现一般的工程变更，因为那样会对工程造价的控制带来极大的困难。

对施工的基本要求是保证安全、质量、文明施工，保证建设工期，并不断降低成本，提高经济效益。施工是工程优化的核心，起着承前启后的作用。设计、设备的缺陷，要通过施工来纠正和处理，而调试启动能否顺利进行，要看施工质量是否切实保证。施工质量是重中之重，必须坚决贯彻相关标准。

8. 启动调试

启动调试是电力建设工程的关键阶段和重要环节。启动调试是一个独立的阶段，由各方代表组成的启动验收委员会负责领导，由业主指定启动调试总指挥，从分部试运开始工作，一直到试生产结束。由调试单位负责人具体负责试运指挥。

9. 竣工验收

工程竣工验收是工程施工（建设）的最后一个环节，是全面考核施工（建设）质量，确认能否投入使用的重要步骤。工程竣工验收将从整体观念出发，对每一分部分项工程的质量、性能、功能、安全各方面进行认真、全面、可靠的检查，尽可能不给今后的使用留下任何质量或安全的隐患。由于电力建设工程涉及的各种电气设备众多，在正式竣工验收前，还要经历试运行阶段。在竣工验收阶段，涉及工程发、承包方之间的工程价款竣工结算和发包人的工程竣工决算。

10. 项目后评价阶段

项目后评价是工程项目竣工投产、生产运营一段时间（一般为一年）后，再对项目的立项决策、设计施工、竣工投产、生产运营等全过程进行系统评价的一种技术经济基础活动，是固定资产投资管理的一项重要内容，也是固定资产投资管理的最后一个环节。通过项目后评价，可以达到肯定成绩、总结经验、研究问题、吸取教训、提出建议、改进工作、不断提高项目投资决策水平和投资经济效果的目的。项目后评价的内容包括立项决策评价、设计施工评价、生产运营评价和建设效益评价。

第三节　电力工程项目管理的相关制度

工程建设领域实行建设项目法人责任制、工程招标投标制、建设工程监理制和合同管理制，是我国工程建设管理体制深化改革的重大举措。这四项制度密切联系，共同构成了我国工程建设管理的基本制度，同时也为我国工程项目管理提供了法律保障。这里仅介绍建设项目法人责任制和建设工程监理制。

一、建设项目法人责任制

原国家计委于 1996 年 3 月发布了《关于实行建设项目法人责任制的暂行规定》，要求"国有单位经营性基本建设大中型项目在建设阶段必须组建项目法人"，"由项目法人对项目的策划、资金筹措、建设实施、生产经营、债务偿还和资产的保值增值，实行全过程负责"。1999 年 2 月，国务院办公厅发出通知，要求"基础设施项目，除军事工程等特殊情况外，都要按政企分开的原则组成项目法人，实行建设项目法人责任制，由项目法定代表人对工程质量负总责"。项目法人责任制的核心内容是明确由项目法人承担投资风险，项目法人要对工程项目的建设及建成后的生产经营实行一条龙管理和全面负责。

（1）项目法人的设立。新上项目在项目建议书被批准后，应由项目的投资方派代表组成项目法人筹备组，具体负责项目法人的筹建工作。有关单位在申报项目可行性研究报告时，需同时提出项目法人的组建方案，否则，其可行性研究报告将不予审批。在项目可行性研究报告被批准后，应正式设立项目法人。按有关规定确保资本金按时到位，并及时办理公司设立登记。项目公司可以是有限责任公司（包括国有独资公司），也可以是股份有限公司。由原有企业负责建设的大、中型基建项目，需新设立子公司的，要重新设立项目法人；只设分公司或分厂的，原企业法人即是项目法人，原企业法人应向分公司或分厂派遣专职管理人员，并实行专项考核。

（2）项目董事会的职权。建设项目董事会的职权有：负责筹措建设资金；审核、上报项目初步设计和概算文件；审核、上报年度投资计划并落实年度资金；提出项目开工报告；研究解决建设过程中出现的重大问题；负责提出项目竣工验收申请报告；审定偿还债务计划和生产经营方针，并负责按时偿还债务；聘任或解聘项目总经理，并根据总经理的提名，聘任或解聘其他高级管理人员。

（3）项目总经理的职权。项目总经理的职权有：组织编制项目初步设计文件，对项目工艺流程、设备选型、建设标准、总图布置提出意见，提交董事会审查；组织工程设计、施工监理、施工队伍和设备材料采购的招标工作，编制和确定招标方案、标底和评标标准，评选和确定投、中标单位。实行国际招标的项目，按现行规定办理；编制并组织实施项目年度投资计划、用款计划、建设进度计划；编制项目财务预、决算；编制并组织实施归还贷款和其他债务计划；组织工程建设实施，负责控制工程投资、工期和质量；在项目建设过程中，在批准的概算范围内对单项工程的设计进行局部调整（凡引起生产性质、能力、产品品种和标准变化的设计调整以及概算调整，需经董事会决定并报原审批单位批准）；根据董事会授权处理项目实施中的重大紧急事件，并及时向董事会报告；负责生产准备工作和培训有关人员；负责组织项目试生产和单项工程预验收；拟订生产经营计划、企业内部机构设置、劳动定员定额方案及工资福利方案；组织项目后评价，提出项目后评价报告；按时向有关部门报送项目建设、生产信息和统计资料；提请董事会聘任或解聘项目高级管理人员。

二、建设工程监理制

建设工程监理是指具有相应资质的工程监理企业受工程项目建设单位的委托，承担其项目管理工作，并代表建设单位对承建单位的建设行为进行监督管理的专业化服务活动。我国从 1988 年开始在少数工程项目中试行建设工程监理制度，经过试点和稳步发展两个阶段后，从 1996 年开始进入全面推行阶段。我国推行工程监理的目的是确保工程建设质量，提高工程建设水平，充分发挥投资效益。

（一）建设工程监理的范围。

根据《建设工程监理范围和规模标准规定》（原建设部〔2001〕86 号部长令），下列建设工程必须实行监理。

（1）国家重点建设工程，指依据《国家重点建设项目管理办法》确定的对国民经济和社会发展有重大影响的骨干项目。

（2）大、中型公用事业工程，指项目总投资额在 3000 万元以上的下列工程项目：供水、供电、供气、供热等市政工程项目；科技、教育、文化等项目；体育、旅游、商业等项目；卫生、社会福利等项目；其他公用事业项目。

（3）成片开发建设的住宅小区工程，建筑面积在 5 万 m^2 以上的住宅建设工程必须实行监理；5 万 m^2 以下的住宅建设工程，可以实行监理，具体范围和规模标准，由省、自治区、直辖市人民政府建设主管部门规定。为了保证住宅质量，对高层住宅及地基、结构复杂的多层住宅应当实行监理。

（4）利用外国政府或者国际组织贷款、援助资金的工程，包括使用世界银行、亚洲开发银行等国际组织贷款资金的项目；使用国外政府及其机构贷款资金的项目；使用国际组织或者国外政府援助资金的项目。

（5）国家规定必须实行监理的其他工程，指学校、影剧院、体育场馆项目和项目总投资额在 3000 万元以上关系社会公共利益、公众安全的下列基础设施项目：煤炭、石油、化工、天然气、电力、新能源等项目；铁路、公路、管道、水运、民航以及其他交通运输业等项目；邮政、电信枢纽、通信、信息网络等项目；防洪、灌溉、排涝、发电、引（供）水、滩涂治理、水资源保护、水土保持等水利建设项目；道路、桥梁、地铁和轻轨交通、污水排放及处理、垃圾处理、地下管道、公共停车场等城市基础设施项目；生态环境保护项目；其他基础设施项目。

（二）建设工程监理的工作性质

我国的建设工程监理属于国际上业主方项目管理的范畴。监理企业从事建设工程监理业务，应当遵守国家有关法律、行政法规，严格按工程建设强制性标准和有关标准、规范，遵循守法、诚信、公平、科学的原则，认真履行监理职责。

建设工程监理的工作性质具有如下特点。

（1）服务性。建设工程监理业务具有委托代理的性质，工程监理企业受业主的委托从事工程建设的监理活动，该活动所提供的不是工程任务的承包，而是代表业主对工程项目的管理，提供的是一种服务。在监理活动中，工程监理企业应尽一切努力对工程项目的目标进行控制，但不可能保证目标一定能实现。

（2）科学性。工程建设有其规律，对建设工程项目进行管理要讲究其方法。工程监理企业拥有从事工程监理工作的专业人士——监理工程师，他将应用所掌握的工程监理科学的管理思想、组织方式、方法和手段从事工程监理活动。

（3）独立性。监理工程师在从事工程监理活动时，不能依附于任何一个工程监理的对象，否则就失去了从事工程监理活动的基础，监理工程师也不可能自主地认真地履行其义务。

（4）公正性。工程监理企业受业主委托进行工程监理活动，当业主方与被监理对象的利益发生冲突或矛盾时，工程监理企业应以事实为依据，以法律和有关合同为准绳，在维护业主的利益的同时，不损害被监理者的合法权益。

（三）建设工程监理的主要任务

1. 设计阶段监理工作的主要任务

（1）编写设计要求文件。

（2）组织建设工程设计方案竞赛或设计招标，协助业主选择勘测设计单位。

（3）拟定和商谈设计委托合同。

（4）配合设计单位开展技术经济分析，参与设计方案的比选。

（5）参与设计协调工作。

（6）参与主要材料和设备的选型（视业主的需求而定）。

（7）审核或参与审核工程估算、概算和施工图预算。

（8）审核或参与审核主要材料和设备的清单。

（9）参与检查设计文件是否满足施工要求。

（10）设计进度控制。

（11）参与组织设计文件的报批。

2. 施工招标阶段监理工作的主要任务

（1）拟定或参与建设工程施工招标方案。

（2）准备建设工程施工招标条件。

（3）协助业主办理招标申请。

（4）参与或协助编写施工招标文件。

（5）参与建设工程施工招标的组织工作。

（6）参与施工合同的商签。

3. 材料和设备采购供应建设监理工作的主要任务

对于由业主负责采购的材料和设备物资，监理工程师应负责制订计划，监督合同的执行。具体内容包括：

（1）制订（或参与制订）材料和设备供应计划和相应的资金需求计划；

（2）通过材料和设备的质量、价格、供货期和售后服务等条件的分析和比选，协助业主确定材料和设备等物资的供应单位；

（3）起草并参与材料和设备的订货合同；

（4）监督合同的实施。

4. 施工准备阶段监理工作的主要任务

（1）审查施工单位选择的分包单位的资质。

（2）监督检查施工单位质量保证体系及安全技术措施，完善质量管理程序与制度。

（3）参与设计单位向施工单位的设计交底。

（4）审查施工组织设计。

（5）在单位工程开工前检查施工单位的复测资料。

（6）对重点工程部位的中线和水平控制进行复查。

（7）审批一般单项工程和单位工程的开工报告。

5. 工程施工阶段监理工作的主要任务

（1）施工阶段的质量控制。

1）对所有的隐蔽工程在隐蔽以前进行检查和办理签证，对重点工程由监理人员驻点跟踪监理，签署重要的分项、分部工程和单位工程质量评定表。

2）对工程测量和放样进行检查，对发现的质量问题应及时通知施工单位纠正，并做监理记录。

3）检查和确认运到施工现场的材料、构件和设备的质量，并应查验试验和化验报告单，监理工程师有全权禁止不符合质量要求的材料和设备进入工地和投入使用。

4）监督施工单位严格按照施工规范和设计文件要求进行施工。

5）监督施工单位严格执行施工合同。

6）对工程主要部位、主要环节及技术复杂工程加强检查。

7）检查和评价施工单位的工程自检工作。

8）对施工单位的检测仪器设备、度量衡定期检验，不定期地进行抽检，以确保度量资料的准确。

9）监督施工单位对各类土木和混凝土试件按规定进行检查和抽检。

10）监督施工单位认真处理施工中发生的一般质量事故，并认真做好记录。

11）对大和重大质量事故以及其他紧急情况应报告业主。

（2）施工阶段的进度控制。

1）监督施工单位严格按照施工合同规定的工期组织施工。

2）进行施工进度的动态控制。

3）建立工程进度台账，核对工程形象进度，按月、季和年度向业主报告工程执行情况、工程进度及存在的问题。

（3）施工阶段的投资控制。

1）审查施工单位申报的月度和季度计量表，认真核对其工程数量，不超计、不漏计，严格按照合同规定进行计量及签署支付签证。

2）建立计量支付签证台账，定期与施工单位核对清算。

3）从投资控制的角度审核设计变更。

6. 施工验收阶段监理工作的主要任务

（1）督促和检查施工单位及时整理竣工文件和验收资料，受理单位工程竣工验收报告，并提出意见。

（2）根据施工单位的竣工验收报告，提出工程质量检验报告。

（3）组织工程预验收，参加业主组织的竣工验收。

7. 施工合同管理方面的工作

（1）拟定合同结构和合同管理制度，包括合同草案的拟定、会签、协商、修改、审批、签署和保管等工作制度及流程。

（2）协助业主拟定工程的各类合同条款，并参与各类合同的商谈。

（3）合同执行情况的分析和跟踪管理。

（4）协助业主处理与工程有关的索赔事宜及合同争议事宜。

（四）建设工程监理的内容、权限和依据

1. 建设工程监理的内容

从建设工程监理的定义中获知，它是指建设工程监理单位接受建设单位的委托，代表建设单位所进行的项目管理，其工作性质就是对工程项目进行项目管理。建设工程监理所要达到的目标就是建设工程项目管理所要达到的目标，其工作内容也就是项目管理的工作内容。因此建设工程监理的内容应包括：

（1）投资控制；

（2）进度控制；

（3）质量控制；

（4）安全管理；

（5）合同管理；

（6）信息管理；

（7）沟通协调。

《中华人民共和国建筑法》（以下简称《建筑法》）第33条规定："实施建筑工程监理前，建设单位应当将委托的工程监理单位、监理的内容及监理的权限，书面通知被监理的建筑施工企业"。

2. 建设工程监理的权限

《建筑法》规定了工程监理人员的监理权限与义务。

（1）工程监理人员认为工程施工不符合工程设计要求、施工技术标准和合同约定的，有权要求建筑施工企业改正。

（2）工程监理人员发现工程设计不符合建筑工程质量标准或者合同约定的质量要求的，应当报告建设单位要求设计单位改正。

3. 建设工程监理的依据

工程监理人员在从事监理工作时，为达到工程项目的管理目标，必然要涉及相应的管理依据。根据《建筑法》、《建设工程质量管理条例》、《建设工程安全生产管理条例》的有关规定，建设工程监理的依据包括：

（1）法律、法规；

（2）有关的技术标准；

（3）设计文件；

（4）建设工程承包合同。

📖 课后案例

黄河万家寨水利水电工程参建各方简介

黄河万家寨水利水电工程位于黄河北干流上段托克托至龙口峡谷河段内，是黄河中游梯级开发的第一级，主要任务是供水结合发电调峰、防洪、防凌，并在黄河中下游水资源统一调度中发挥作用。该工程的主要参建各方的情况如下。

（1）投资方。黄河万家寨水利水电工程的投资方分别是水利部黄河万家寨工程开发公司、山西万家寨引黄工程总公司、内蒙古自治区电力总公司。三方投资主体作为国有资产代表，依法以其投入的资本金享有对黄河万家寨水利枢纽工程开发公司相应的资产所有权。各投资主体协商组建公司董事会、监事会；明确董事、董事长，监事、监事会主席。按《中华人民共和国公司法》规定，由董事会聘任公司正、副总经理，对公司的重大问题进行决策。

（2）项目法人。黄河万家寨水利枢纽有限公司。该公司是万家寨水利水电工程建设项目的法人，具有自主对资产的经营权，并对投资方负责。在工程项目实施中该公司的职责包括：

1）负责工程建设资金筹措，落实建设资金；

2）委托工程设计、工程监理，并对其进行管理；

3）负责工程招标，并进行招标决策，确定中标单位；

4）编制并组织实施项目年度投资计划、用款计划和建设进度计划；

5）处理工程建设中的设计变更，若变更影响到工程设计标准、生产能力或需调整概算，则报董事会决定；

6）组织工程建设实施，负责控制工程投资、工期和质量；

7）负责施工合同项目的完工验收；

8）拟定工程运行计划和经营计划，负责生产准备和有关人员的培训；

9）组织项目后评价，并提出项目后评价报告。

（3）天津水利水电勘测设计研究院。受黄河万家寨水利枢纽工程开发公司委托，依据设计委托合同，负责工程设计，解决工程建设中的技术问题，参与工程验收。

（4）工程监理或监造。参与万家寨水利枢纽工程施工监理的单位有东北勘测设计研究院、天津水利水电勘测设计研究院、内蒙古水利水电勘测设计院和山西省水利水电建设监理公司，其中东北勘测设计研究院为施工监理的责任主体，派总监理工程师，对项目法人负责；天津水利水电勘测设计研究院参与监理工作，派副总监理工程师。施工监理受万家寨水利枢纽有限公司的委托，依据国家有关政策法规和施工承发包合同，对施工进行监督和管理，包括对工程的投资、质量和进度的控制，以及进行工程施工的协调。参与万家寨水利枢纽工程机电设备和金属结构监造的单位分别是天津水利水电勘测设计研究院和黄河水电工程公司。他们受黄河万家寨水利枢纽有限公司的委托，依据国家有关政策法规和工程机电设备或金属结构采购合同，对生产过程进行监督和管理，并协助项目法人对工程机电设备或金属结构出厂或进场进行验收。

（5）中国水电四局、中国水电六局、广西水电工程局等。按照施工合同规定要求，加强施工管理，在规定工期内，完成满足质量要求的工程。

（6）哈尔滨电机厂、天津阿尔斯公司、上海希科公司等。按照采购合同规定要求，在规定的期限内，生产出满足质量要求的机电设备和金属结构。

（7）质量监督项目站。万家寨工程质量监督项目站受水利部水利工程质量监督总站的委托，行使政府对万家寨水利枢纽工程质量监督的职能；以国家颁发的工程质量管理的政策法规、水利水电管理质量标准和规程规范为依据，对万家寨水利枢纽工程建设质量进行监督。

讨论题：说明上述工程主要参建各方在工程项目中的主要作用。

（资料来源：王卓甫，杨高升. 工程项目管理原理与案例. 北京：中国水利水电出版社，2005.）

小　　结

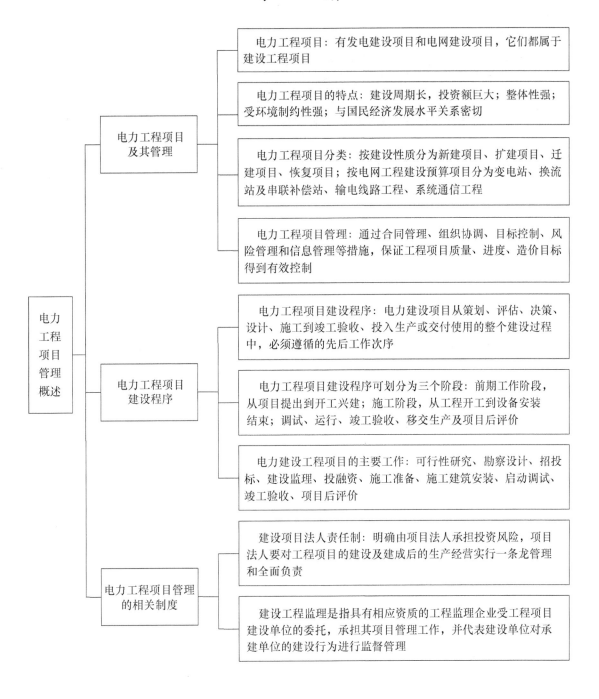

电力工程项目：有发电建设项目和电网建设项目，它们都属于建设工程项目

电力工程项目的特点：建设周期长，投资额巨大；整体性强；受环境制约性强；与国民经济发展水平关系密切

电力工程项目分类：按建设性质分为新建项目、扩建项目、迁建项目、恢复项目；按电网工程建设预算项目分为变电站、换流站及串联补偿站、输电线路工程、系统通信工程

电力工程项目管理：通过合同管理、组织协调、目标控制、风险管理和信息管理等措施，保证工程项目质量、进度、造价目标得到有效控制

电力工程项目建设程序：电力建设项目从策划、评估、决策、设计、施工到竣工验收、投入生产或交付使用的整个建设过程中，必须遵循的先后工作次序

电力工程项目建设程序可划分为三个阶段：前期工作阶段，从项目提出到开工兴建；施工阶段，从工程开工到设备安装结束；调试、运行、竣工验收、移交生产及项目后评价

电力建设工程项目的主要工作：可行性研究、勘察设计、招投标、建设监理、投融资、施工准备、施工建筑安装、启动调试、竣工验收、项目后评价

建设项目法人责任制：明确由项目法人承担投资风险，项目法人要对工程项目的建设及建成后的生产经营实行一条龙管理和全面负责

建设工程监理是指具有相应资质的工程监理企业受工程项目建设单位的委托，承担其项目管理工作，并代表建设单位对承建单位的建设行为进行监督管理

电力工程项目及其管理

电力工程项目建设程序

电力工程项目管理的相关制度

电力工程项目管理概述

思 考 题 与 习 题

1. 简述电力工程项目的概念。
2. 简述电力工程项目的特点和分类。
3. 简述电力工程项目管理的主要内容和任务。
4. 电力工程项目建设程序是什么?
5. 电力工程项目管理的相关制度主要有哪些?

第二章　电力工程项目投融资

学习目标

（1）掌握电力工程项目投资估算和财务基础数据的测算。

（2）掌握电力工程项目财务分析。

（3）掌握电力工程项目经济评价。

（4）了解电力工程项目融资。

本章提要

投资估算是指在项目投资决策工程中，依据现有的资料和特定的方法，对建设项目的投资数额进行的估计。财务基础数据的测算是项目财务评价、经济评价的基础和重要依据。财务分析是根据国家现行财税制度和价格体系，在财务效益与费用的估算以及编制财务辅助报表的基础上，分析、计算项目直接发生的财务效益和费用，编制财务报表，计算财务分析指标，考察项目盈利能力、清偿能力及外汇平衡等财务状况，据以判别项目的财务可行性。电力工程项目经济评价是按合理配置资源的原则，采用影子价格等经济评价参数，评价项目的经济合理性。

第一节　电力工程项目投资估算

一、电力工程项目投资估算的概念和作用

（一）电力项目投资估算的概念

投资估算是指在项目投资决策工程中，依据现有的资料和特定的方法，对建设项目的投资数额进行的估计。它是项目建设前期编制项目建议书和可行性研究报告的重要组成部分，是项目决策的重要依据之一。根据国家规定，从满足建设项目投资设计和投资规模的角度，建设项目投资的估算包括建设投资、建设期利息和流动资金估算。

（二）电力工程投资估算的作用

（1）项目建议书阶段的投资估算，是项目主管部门审批项目建议书的依据之一，并对项目的规划、规模起参考作用。

（2）项目可行性研究阶段的投资估算，是项目投资决策的重要依据，也是研究、分析、计算项目投资经济效果的重要条件。当可行性研究报告被批准之后，其投资估算额即作为设计任务书中下达的投资限额，也是建设项目投资的最高限额，不得随意突破。

（3）项目投资估算对工程设计概算起控制作用，设计概算不得突破批准的投资估算额，并应控制在投资估算额以内。

（4）项目投资估算可作为项目资金筹措及制订建设贷款计划的依据，建设单位可根据批准的项目投资估算额，进行资金筹措和向银行申请贷款。

（5）项目投资估算是核算建设项目固定资产投资需要额和编制固定资产投资计划的重要依据。

二、电力工程项目投资估算方法

不同阶段的投资估算，其方法和允许误差都是不同的。项目规划和项目建议书阶段，投资估算的准确度低，可采取简单的匡算法，如单位生产能力法、生产能力指数法、系数估算法、比例估算法；在可行性研究阶段，投资估算准确度要求高，需采用相对详细的投资估算方法，即指标估算法。

（一）单位生产能力估算法

依据调查的统计资料，利用相近规模的单位生产能力投资乘以建设规模，即得拟建项目投资。其计算式为

$$C_2 = \frac{C_1}{Q_1} Q_2 f \tag{2-1}$$

式中　C_1——已建类似项目的投资额；

　　　C_2——拟建项目静态投资额；

　　　Q_1——已建类似项目的生产能力；

　　　Q_2——拟建项目的生产能力；

　　　f——不同时期、不同地点的定额、单价、费用变更等的综合调整系数。

这种方法把项目的建设投资与其生产能力的关系视为简单的线性关系，估算结果准确度较差。使用这种方法时要注意拟建项目的生产能力和类似项目的可比性，否则误差很大。

（二）生产能力指数法

生产能力指数法又称指数估算法，它是根据已建成的类似项目生产能力和投资额来粗略估算拟建项目投资额的方法，是对单位生产能力估算法的改进。其计算式为

$$C_2 = \left(\frac{Q_2}{Q_1}\right)^x f \tag{2-2}$$

式中　x——生产能力指数。

其他符号含义同式（2-1）。

式（2-2）表明投资与规模（或容量）呈非线性关系。在正常情况下，$0 \leqslant x \leqslant 1$。不同生产力水平的国家和不同性质的项目中，$x$ 的取值是不相同的。

生产能力指数法与单位生产能力估算法相比准确度略高，其误差可控制在±20%以内，这种估价方法不需要详细的工程设计资料，只知道工艺流程及规模就可以，在总承包工程报价时，承包商大都采用这种方法估价。

（三）系数估算法

系数估算法又称因子估算法，它是以拟建项目的主体工程费或主要设备购置费为基数，以其他工程费与主体工程费的百分比为系数估算项目投资的方法。这种方法简单易行，但是准确度较低。系数估算法的种类很多，在国内常用的方法有设备系数法和主体专业系数法。

（1）设备系数法。以拟建项目的设备购置费为基数，根据已建成的同类项目的建筑安装费和其他工程费等与设备价值的百分比，求出拟建项目建筑安装工程费和其他工程费，进而求出项目的投资。其计算式为

$$C = E(1 + f_1P_1 + f_2P_2 + \cdots) + I \qquad (2\text{-}3)$$

式中　　C——拟建项目的投资；

E——拟建项目根据当时当地价格计算的设备购置费；

P_1、$P_2\cdots$——已建项目中建筑安装工程费及其他工程费等与设备购置费的比例；

f_1、$f_2\cdots$——由于时间因素引起的定额、价格、费用标准等变化的综合调整系数；

I——拟建项目的其他费用。

（2）主体专业系数法。以拟建项目中投资比重较大，并与生产能力直接相关的工艺设备投资为基数，根据已建同类项目的有关统计资料，计算出拟建项目各专业工程（总图、土建、采暖、给排水、管道、电气、自控等）与工艺设备投资的百分比，据以求出拟建项目各专业投资，然后加总即为拟建项目的投资。其计算公式为

$$C = E(1 + f_1P_1' + f_2P_2' + \cdots) + I \qquad (2\text{-}4)$$

式中　　P_1'、$P_2'\cdots$——已建项目中各专业工程费用与工艺设备投资的比重。

其他符号含义同式（2-3）。

（四）比例估算法

根据统计资料，先求出已有同类企业主要设备投资占项目的比例，然后再估算出拟建项目的主要设备投资，即可按比例求出拟建项目的投资。其计算式为

$$C = \frac{1}{K}\sum_{i=1}^{n} Q_iP_i \qquad (2\text{-}5)$$

式中　　C——拟建项目的投资；

K——已建项目主要设备投资占已建项目投资的比例；

n——设备种类数；

Q_i——第 i 种设备的数量；

P_i——第 i 种设备的单价（到厂价格）。

（五）指标估算法

指标估算法是把建设项目以单项工程或单位工程，按建设内容纵向划分为各个主要生产设施、辅助及公用设施、行政及福利设施以及各项其他基本建设费用，按费用性质横向划分为建筑工程、设备购置、安装工程等，根据各种具体的投资估算指标，进行各单位工程或单项工程投资的估算，在此基础上汇集编制成拟建项目的各个单项工程费用和拟建项目的工程费用投资估算，再按相关规定估算工程建设其他费用、基本预备费等，形成拟建项目投资。

第二节　电力工程财务基础数据测算

在工程项目进行财务分析之前，必须先进行财务基础数据的测算。财务基础数据的测算是项目财务评价、国民经济评价和投资风险评价的基础和重要依据。它不仅为财务效益分析提供必要的财务数据，而且对财务效益分析的结果和最后的决策意见，产生决定性影响，在项目评价中起到承上启下的关键性作用。

一、财务效益与财务费用的概念

财务效益与财务费用是指项目运营期内企业获得的收入和支出，主要包括营业收入、成

本费用和有关税金等。某些项目可能得到的补贴收入也应计入财务效益。

财务效益与财务费用是财务分析的重要基础，其估算的准确性与可靠程度对项目财务分析影响极大。财务效益和财务费用估算应遵循"有无对比"的原则，正确识别和估算"有项目"和"无项目"状态的财务效益和财务费用。

二、营业收入及税金的估算

项目经济评价中的营业收入包括销售产品或提供服务所获得的收入，其估算的基础数据包括产品或服务的数量和价格。在估算营业收入的同时，往往还要完成相关流转税金的估算，主要指营业税、增值税、消费税、营业税金附加等。

（一）营业收入的估算

（1）确定产品或服务的数量。明确产品销售或服务市场，根据项目的市场调查和预测分析结果，分别测算出外销和内销的产品数量或服务数量。

（2）确定产品或服务的价格。产品或服务的价格取决于其去向和市场需求，并考虑国内外相应价格变化趋势，确定产品价格或服务价格水平。

（3）确定营业收入。营业收入是销售产品或提供服务取得的收入，为数量和相应价格的乘积，即

$$营业收入=产品或服务数量×单位价格$$

对于生产多种产品和提供多项服务的项目，应分别估算各种产品及服务的营业收入。对那些不便于按详细的品种分类计算营业收入的项目，也可采取折算为标准产品的方法计算营业收入。

（二）相关税金的估算

1. 增值税

财务分析应按税法规定计算增值税。需注意当采用增值税价格计算销售收入和原材料、燃料动力成本时，利润和利润分配表以及现金流量表中应单列增值税科目；采用不含增值税价格计算时，利润表和利润年分配表以及现金流量表中应不包括增值税科目。

2. 营业税金及附加

营业税金及附加是指包含在营业收入之内的营业税、消费税、资源税、城市维护建设税、教育费附加等内容。根据估算结果编制营业收入、营业税金及附加和增值税估算表。

（三）补贴收入

对于先征后返的增值税，按销量或工作量等依据国家规定的补助定额计算并按期给予的定额补贴，以及属于财政扶持而给予的其他形式的补贴等，应按相关规定合理估算，计作补贴收入。以上几类补贴收入，应根据财政、税务部门的规定，分别计入或不计入应税收入。

三、成本与费用的估算

《企业会计准则——基本准则（2006）》中，费用是指企业在日常运营中发生的会导致所有者权益减少、与向所有者分配利益无关的经济利益的总流出。在项目财务分析中，为了对运营期间的总费用一目了然，将管理费用、财务费用和营业费用这三项费用与生产成本合并作为总成本费用。这是财务分析相对于会计规定的不同处理，但并不会因此影响利润的计算。

项目决策分析与评价中，成本与费用按其计算范围可分为单位产品成本和总成本费用；按成本与产量的关系分为固定成本和可变成本；按会计核算的要求有生产成本或称制造成本；

按财务分析的特定要求有经营成本。

（一）总成本费用估算

总成本费是指在一定时期（如 1 年）内因生产和销售产品发生的全部费用。总成本费用的构成和估算通常采用以下两种方法。

1. 生产成本加期间费用估算法

$$总成本费用=生产成本+期间费用 \tag{2-6}$$

其中

$$生产成本=直接材料费+直接燃料和动力费 \tag{2-7}$$
$$+直接工资+其他直接支出+制造费用$$

$$期间费用=管理费用+财务费用+营业费用 \tag{2-8}$$

此方法按费用的经济用途将其分为直接材料、直接工资、其他直接支出、制造费用和期间费用，其中前四项计入产品成本，最后一项不计入产品成本。

采用这种方法一般需要先分别估算各种产品的生产成本，然后与估算的管理费用、利息支出和营业费用相加。下面介绍制造费用和期间费用的概念。

（1）制造费用指企业为生产产品和提供劳务而发生的各项间接费用，包括生产单位管理人员工资和福利费、折旧费、修理费（生产单位和管理用房屋、建筑物、设备）、办公费、水电费、机物料消耗、劳动保护费，季节性和修理期间的停工损失等，但不包括企业行政管理部门为组织和管理生产经营活动而发生的管理费用。

（2）管理费用是指企业为管理和组织生产经营活动所发生的各项费用，包括公司经费、工会经费、职工教育经费、劳动保险费、待业保险费、董事会费、咨询费、聘请中介机构费、诉讼费、业务招待费、排污费、房产税、车船使用税、土地使用税、印花税、矿产资源补偿费、技术转让费、研究与开发费、无形资产与其他资产摊销、职工教育经费、计提的坏账准备和存货跌价准备等。为了简化计算，项目评价中可将管理费用归类为管理人员工资及福利费、折旧费、无形资产和其他资产摊销、修理费和其他管理费用几部分。

（3）营业费用是指企业在销售商品过程中发生的各项费用以及专设销售机构的各项经费，包括应由企业负担的运输费、装卸费、包装费、保险费、广告费、展览费以及专设销售机构人员工资及福利费、类似工程性质的费用、业务费等经营费用。为了简化计算，项目评价中将营业费用归为销售人员工资及福利费、折旧费、修理费和其他营业费用几部分。按照生产成本加期间费用法，可编制总成本费用估算表。

2. 生产要素估算法

$$总成本费用=外购原材料、燃料及动力费+人工工资及福利费+折旧费 $$
$$+摊销费+利息支出+其他费用 \tag{2-9}$$

其中，其他费用包括其他制造费用、其他管理费用和其他营业费用三部分。

（1）其他制造费用是指由制造费用中扣除生产单位管理人员工资及福利费、折旧费、修理费后的其余部分。项目评价中其他制造费用常见的估算方法有按固定资产原值（扣除所含的建设期利息）的百分数估算、按人员定额估算。

（2）其他管理费用是指由管理费用中扣除工资及福利费、折旧费、摊销费、维修费后的其余部分。其他管理费用常见的估算方法是按人员定额或工资及福利费用总额的倍数估算。

（3）其他营业费用是指由营业费用中扣除工资及福利费、折旧费、维修费后的其余部分。其他营业费用常见的估算方法是按营业收入的百分数估算。

（二）经营成本

经营成本是财务分析的现金流量分析中所使用的特定概念，作为项目现金流量表中运营期现金流出的主体部分，应得到充分的重视。经营成本与融资方案无关，因此，在完成建设投资和营业收入估算以后，就可以估算经营成本，为项目融资前分析提供数据。经营成本的表达式为

经营成本=外购原材料费+外购燃料及动力费+工资及福利费+修理费+其他费用　　（2-10）

经营成本=总成本费用−折旧费−摊销费−利息支出　　　　　　　　　　（2-11）

（三）固定成本与可变成本估算

为了进行盈亏平衡分析和不确定性分析，需将总成本费用分解为固定成本和可变成本。固定成本指成本总额不随产品产量变化的各项成本费用，主要包括工资或薪酬（计件工资除外）、折旧费、摊销费、修理费和其他费用等。可变成本指成本总额随产品产量变化而发生同方向变化的各项费用，主要包括原材料、燃料、动力消耗、包装费和计件工资等。此外，长期贷款利息应视为固定成本；流动资金借款和短期借款如果用于购置流动资产，可能部分与产品产量有关，其利息视为半可变半固定成本，需进行分解，但为简化计算，也可视为固定成本。

（四）投资借款还本付息估算

按照会计法规，企业为筹集所需资金而发生的费用称为借款费用，又称财务费用，包括利息支出、汇兑损失以及相关的手续费等。在大多数项目的财务分析中，通常只考虑利息支出。利息支出的估算包括长期借款利息、流动资金借款利息和短期借款利息三部分。

1. 建设投资借款还本付息估算

（1）还本付息的资金来源。根据国家现行财税制度的规定，贷款还本的资金来源主要包括可用于归还借款的利润、固定资产折旧、无形资产、其他资产摊销费和其他还款资金来源。项目在建设期借入的建设投资借款本金及其在建设期的借款利息（即资本化利息）两部分构成建设投资借款总额，在项目投产后可由上述资金来源偿还。在生产期内，建设投资和流动资金的借款利息，按现行的财务制度，均应计入项目总生产成本费用中的财务费用。

（2）还本付息额的计算。建设投资借款的年度还本付息额计算，可分别采用等额还本付息，或等额还本、利息照付两种还款方法来计算。

2. 流动资金借款还本付息估算

流动资金借款在生产经营期内只计算每年所支付的利息，本金通常是在项目寿命最后一年一次性偿还，也可在建设投资借款偿还后安排。利息计算式为

年流动资金借款利息=年初流动资金借款余额×流动资金借款年利率　　（2-12）

3. 短期借款还本付息估算

项目财务评价中的短期借款是指运营期间由于资金的临时需要而发生的短期借款，短期借款的数额应在财务计划现金流量表中得到反映，其利息应计入总成本费用表的利息支出中。短期借款利息的计算与流动资金借款利息相同，短期借款本金的偿还按照随借随还的原则处理，即当年借款尽可能于下年偿还。

第三节 电力工程项目财务分析

一、电力工程项目财务分析概述

（一）财务分析的概念及作用

1. 财务分析的概念

财务分析是根据国家现行财税制度和价格体系，在财务效益与费用的估算及编制财务辅助报表的基础上，分析、计算项目直接发生的财务效益和费用，编制财务报表，计算财务分析指标，考察项目盈利能力、清偿能力及外汇平衡等财务状况，据以判别项目的财务可行性。财务分析是建设项目经济评价中的微观层次，它主要从微观投资主体的角度分析项目可以给投资主体带来的效益及投资风险。作为市场经济微观主体的企业进行投资时，一般都进行项目财务分析。

2. 财务分析的作用

（1）考察项目的财务盈亏能力。

（2）用于制定适宜的资金规划。

（3）为协调企业利益与国家利益提供依据。

（4）为中外合资项目提供双方合作的基础。

（二）财务分析的程序

财务分析是在项目市场研究、生产条件及技术研究的基础上进行的，它主要通过有关的基础数据，编制财务报表，计算分析相关经济评价指标，做出评价结论。其程序大致包括如下几个步骤：

（1）选取财务分析的基础数据与参数；

（2）估算各期现金流量；

（3）编制基本财务报表；

（4）计算财务分析指标，进行盈利能力和偿还能力分析；

（5）进行不确定性分析；

（6）得出评价结论。

二、电力工程项目融资前财务分析

电力工程项目决策可分为投资决策和融资决策两个层次。投资决策重在考察项目净现金流的价值是否大于其投资成本，融资决策重在考察资金筹措方案能否满足要求。严格意义上说，投资决策在先，融资决策在后。根据不同决策的需要，财务分析可分为融资前分析和融资后分析。

财务分析一般宜先进行融资前分析。融资前分析是指在考虑融资方案前就可以开始进行的财务分析，即不考虑债务融资条件下进行的财务分析。在融资前分析结论满足要求的情况下，初步设定融资方案，再进行融资后分析。融资前分析只进行盈利能力分析，并以投资现金流量分析为主要手段。融资前项目投资现金流量分析，是从项目投资总获利能力角度，考察项目方案设计的合理性，以动态分析（折现现金流量分析）为主，静态分析（非折现现金流量分析）为辅。根据需要可从所得税前和（或）所得税后两个角度进行考察，选择计算所得税前和（或）所得税后指标。

（一）正确识别选用现金流量

进行现金流量分析应正确识别和选用现金流量，包括现金流入和现金流出。融资前财务分析的现金流量应与融资方案无关。从该原则出发，融资前项目投资现金流量分析的现金流量主要包括建设投资、营业收入、经营成本、流动资金、营业税金及附加和所得税。各项现金流量的估算中都需要剔除利息的影响。

（二）项目投资现金流量表的编制

融资前动态分析主要考察整个计算期内现金流入和现金流出，编制项目投资财务现金流量表，见表 2-1。

表 2-1 　　　　　　　　　　　项目投资财务现金流量表　　　　　　　　人民币单位：万元

序号	项　　目	合计	计　算　期					
			1	2	3	4	…	n
1	现金流入							
1.1	营业收入							
1.2	补贴收入							
1.3	回收固定资产余值							
1.4	回收流动资金							
2	现金流出							
2.1	建设投资							
2.2	流动资金							
2.3	经营成本							
2.4	营业税金及附加							
2.5	维持运营投资							
3	所得税前净现金流量（1-2）							
4	累计所得税前净现金流量							
5	调整所得税							
6	所得税后净现金流量（3-5）							
7	累计所得税后净现金流量							

计算指标：

项目投资财务内部收益率（所得税前）：%　　　　项目投资财务内部收益率（所得税后）：%

项目投资财务净现值（所得税前）（i_c=%）：万元　　项目投资财务净现值（所得税后）（i_c=%）：万元

项目投资回收期（所得税前）：年　　　　　　　项目投资回收期（所得税后）：年

注　序号也代表所对应的项目内容，下文均同此。

按所得税前的净现金流量计算的所得税前指标，是投资盈利能力的完整体现，用以考察由项目方案设计本身所决定的财务盈利能力，它不受融资方案和所得税政策变化的影响，仅仅体现项目方案本身的合理性。

三、电力工程项目融资后财务分析

电力工程项目在融资前分析结果可以接受的前提下，可以开始考虑融资方案，进行融资后分析。融资后分析包括项目的盈利能力分析、偿债能力分析和财务生存能力分析，进而判断项目方案在融资条件下的合理性。

（一）融资后盈利能力分析

1. 动态分析

动态分析是通过编制财务现金流量表，根据资金时间价值原理，计算财务内部收益率、财务净现值等指标，分析项目的获利能力。融资后的动态分析可分为下列两个层次。

（1）项目资本金现金流量分析。在市场经济条件下，对项目整体获利能力有所判断的基础上，项目资本金盈利能力指标是投资者最终决定是否投资的最重要的指标，也是比较和取舍融资方案的重要依据。从项目资本金出资者整体的角度，确定其现金流入和现金流出，编制项目资本金现金流量表，见表2-2。

表2-2　　　　　　　　　　　　项目资本金现金流量表　　　　　　人民币单位：万元

序号	项　　目	合计	计　算　期					
			1	2	3	4	…	n
1	现金流入							
1.1	营业收入							
1.2	补贴收入							
1.3	回收固定资产余值							
1.4	回收流动资金							
2	现金流出							
2.1	项目资本金							
2.2	借款本金偿还							
2.3	借款利息支付							
2.4	经营成本							
2.5	营业税金及附加							
2.6	所得税							
2.7	维持运营投资							
3	净现金流量（1-2）							

计算指标：
资本金财务内部收益率（%）

（2）投资各方现金流量分析。对于某些项目，为了考察投资各方的具体收益，还应从投资各方实际收入和支出的角度，确定其现金流入和现金流出，分别编制投资各方现金流量表，计算投资各方的内部收益率指标。

2. 静态分析

除了进行现金流量分析以外，还可以根据项目具体情况进行静态分析，即非折现盈利能力分析，选择计算一些静态指标。静态分析编制的报表是利润和利润分配表，见表2-3。

表 2-3   利润和利润分配表   人民币单位：万元

序号	项 目	合计	计 算 期					
			1	2	3	4	…	n
1	营业收入							
2	营业税金及附加							
3	总成本费用							
4	补贴收入							
5	利润总额（1-2-3+4）							
6	弥补以前年度亏损							
7	应纳税所得额（5-6）							
8	所得税							
9	净利润（5-8）							
10	期初未分配利润							
11	可供分配的利润（9+10）							
12	提取法定盈余公积金							
13	可供投资者分配的利润（11-12）							
14	应付优先股股权							
15	提取任意盈余公积金							
16	应付普通股股利（13-14-15）							
17	各投资方利润分配 其中：××方 ××方							
18	未分配利润（13-14-15-17）							
19	息税前利润（利润总额+利息支出）							
20	息税折旧摊销前利润 （息税前利润+折旧+摊销）							

可供投资者分配的利润根据投资方或股东的意见在任意盈余公积金、应付利润和未分配利润之间进行分配。应付利润为向投资者分配的利润或向股东支付的股利，未分配利润主要指用于偿还固定资产投资借款和弥补以前年度亏损的可供分配利润。

（二）融资后偿债能力分析

1. 偿债计划的编制

对筹措了债务资金的项目，偿债能力考察项目按期偿还借款的能力。根据借款还本付息计划表、利润和利润分配表、总成本费用表的有关数据，通过计算利息备付率、偿债备付率指标，判断项目的偿债能力。需要估算借款偿还期时，可按下式估算，即

借款偿还期=借款偿还后开始出现盈余的年份-开始借款年份

+当年借款/当年可用于还款的资金额   （2-13）

需要注意的是，该借款偿还期只是为估算利息备付率和偿债备付率指标，不应与利息备

付率和偿债备付率指标并列。

2. 资产负债表的编制

资产负债表通常按企业范围编制，企业资产负债表是国际上通用的财务报表，表中数据可由其他报表直接引入或经适当计算后列入，以反映企业某一特定日期的财务状况。编制过程中资产负债表的科目可以适当简化，反映的是各年年末的财务状况，见表2-4。

表 2-4　　　　　　　　　　　　　资 产 负 债 表　　　　　　　　人民币单位：万元

序号	项　　目	合计	计　算　期					
			1	2	3	4	…	n
1	资产							
1.1	流动资产总额							
1.1.1	货币资金							
1.1.2	应收账款							
1.1.3	预付账款							
1.1.4	存货							
1.1.5	其他							
1.2	在建工程							
1.3	固定资产净值							
1.4	无形及其他资产净值							
2	负债及所有者权益（2.4+2.5）							
2.1	流动负债总额							
2.1.1	短期借款							
2.1.2	应付账款							
2.1.3	预收账款							
2.1.4	其他							
2.2	建设投资借款							
2.3	流动资金借款							
2.4	负债小计（2.1+2.2+2.3）							
2.5	所有者权益							
2.5.1	资本金							
2.5.2	资本公积金							
2.5.3	累计盈余公积金							
2.5.4	累计未分配利润							
计算指标：资产负债率（%）								

资产由流动资产、在建工程、固定资产净值、无形及其他资产净值四项组成。资产负债表满足：

$$资产=负债+所有者权益 \tag{2-14}$$

（三）财务生存能力分析

财务生存能力旨在分析考察项目（企业）在整个计算期内的资金充裕程度，分析财务可持续性，判断项目在财务上的生存能力。

财务生存能力分析应结合偿债能力分析进行，项目的财务生存能力分析可通过以下相辅相成的两个方面进行。

（1）分析是否有足够的净现金流量维持正常运营。在项目（企业）运营期间，只有能够从各项经济活动中得到足够的净现金流量，项目才能持续生存。

（2）各年累计盈余资金不出现负值是财务可持续的必要条件。在整个运营期间，允许个别年份的净现金流量出现负值，但不允许任一年份的累计盈余资金出现负值。

四、财务评价方法

（一）财务盈利能力评价

1．财务净现值（NPV）

财务净现值是指把项目计算期内各年的财务净现金流量，按照一个设定的标准折现率（基准收益率）折算到建设期初（项目计算期第一年年初）的现值之和。其表达式为

$$NPV = \sum_{t=0}^{n}(CI-CO)_t(1+i_c)^{-t} \tag{2-15}$$

式中　NPV——净现值；

　　　CI——现金流入；

　　　CO——现金流出；

　　　n——项目计算期；

　　　i_c——设定的折现率（同基准收益率）。

项目财务净现值是考察项目盈利能力的绝对量指标。如果项目财务净现值等于或大于零，表明项目的盈利能力达到或超过了所要求的盈利水平，项目财务尚可行。

2．财务内部收益率（IRR）

财务内部收益率是指项目在整个计算期内各年财务净现金流量的现值之和等于零时的折现率，也就是使项目的财务净现值等于零时的折现率。其表达式为

$$NPV = \sum_{t=0}^{n}(CI-CO)_t(1+IRR)^{-t} = 0 \tag{2-16}$$

财务内部收益率是反映项目实际收益率的一个动态指标，该指标越大越好。一般情况下，财务内部收益率大于或等于基准收益率时，项目可行。项目财务内部收益率采用试算插值法计算，将求得的财务内部收益率与设定的判别标准 i_c 进行比较，当 $IRR \geqslant i_c$ 时，即认为项目的盈利性能够满足要求。其表达式为

$$IRR = i_1 + \frac{NPV_1}{NPV_1+|NPV_2|}(i_2-i_1) \tag{2-17}$$

3．投资回收期

静态投资回收期。静态投资回收期是指以项目每年的净收益回收项目全部投资所需要的时间。静态投资回收期的表达式为

$$\sum_{t=0}^{P_t} (CI - CO)t = 0 \tag{2-18}$$

式中　　P_t——静态投资回收期。

如果项目建成投产后各年的净收益不相同，则静态投资回收期可根据累计净现金流量用插值法求得。其计算式为

$$P_t = 累计净现金流量开始出现正值的年份 - 1 + \frac{上一年累计现金流量的绝对值}{当年净现金流量} \tag{2-19}$$

当静态投资回收期小于或等于基准投资回收期时，项目可行。

4. 总投资收益率（ROI）

总投资收益率是指项目达到设计能力后正常年份的年息税前利润或运营期内年平均息税前利润（$EBIT$）与项目总投资（TI）的比率。其表达式为

$$ROI = \frac{EBIT}{TI} \times 100\% \tag{2-20}$$

总投资收益率高于同行业的收益率参考值，表明用总投资收益率表示的盈利能力满足要求。

5. 项目资本金净利润率（ROE）

项目资本金净利润率是指项目达到设计能力后正常年份的年净利润或运营期内平均净利润（NP）与项目资本金（EC）的比率。其表达式为

$$ROE = \frac{NP}{EC} \times 100\% \tag{2-21}$$

项目资本金净利润率高于同行业的净利润率参考值，表明用项目资本金净利润率表示的盈利能力满足要求。

（二）清偿能力评价

1. 利息备付率（ICR）

利息备付率是指项目在借款偿还期内的息税前利润（$EBIT$）与应付利息（PI）的比值，它从付息资金来源的充裕性角度反映项目偿付债务利息的保障程度。利息备份率的含义和计算公式均与财政部对企业绩效评价的"已获利息倍数"指标相同，用于支付利息的税息前利润等于利润总额和当期应付利息之和，当期应付利息是指计入总成本费用的全部利息。利息备付率的计算式为

$$ICR = \frac{EBIT}{PI} \tag{2-22}$$

利息备付率应分年计算。对于正常经营的企业，利息备付率应当大于 1，并结合债权人的要求确定。利息备付率高，表明利息偿付的保障程度高，偿债风险小。

2. 偿债备付率（$DSCR$）

偿债备付率是指项目在借款偿还期内，各年可用于还本付息的资金（$EBITDA - T_{AX}$）与当期应还本付息金额（PD）的比值，它表示可用于还本付息的资金偿还借款本息的保障程度，其计算式为

$$DSCR = \frac{EBITDA - T_{AX}}{PD} \tag{2-23}$$

式中　*EBITDA*——息税前利润加折旧和摊销；

　　　　T_{AX}——企业所得税。

偿债备付率可以按年计算，也可以按整个借款期计算。偿债备付率表示可以用于还本付息的资金偿还借款本息的保证倍率，正常情况应当大于 1，并结合债权人的要求确定。

3. 资产负债率

资产负债率是反映项目各年所面临的财务风险程度及偿债能力的指标，其计算式为

$$资产负债率=\frac{负债合计}{资产合计}×100\% \tag{2-24}$$

资产负债率表示企业总资产中有多少是通过负债得来的，它是评价企业负债水平的综合指标。适度的资产负债率既能表明企业投资人、债权人的风险较小，又能表明企业经营安全、稳健、有效，具有较强的融资能力。国际上公认的较好的资产负债率指标是 60%。实际分析时应结合国家总体经济运行状况、行业发展趋势、企业所处竞争环境等具体条件进行判定。

4. 流动比率

流动比率是反映项目各年偿付流动负债能力的指标，其计算式为

$$流动比率=\frac{流动资产总额}{流动负债总额}×100\% \tag{2-25}$$

流动比率衡量企业资金流动性的大小，考虑流动资产规模与负债规模之间的关系，判断企业短期债务到期前，可以转化为现金用于偿还流动负债的能力。该指标越高，说明偿还流动负债的能力越强。但该指标过高，说明企业资金利用效率低，对企业的运营也不利。流动比率的国际公认标准是 200%。

5. 速动比率

速动比率是反映项目各年快速偿付流动负债能力的指标，其计算式为

$$速动比率=\frac{流动资产总额-存货}{流动负债总额}×100\% \tag{2-26}$$

速动比率指标是将流动比率指标计算式的分子剔除了流动资产中的变现力最差的存货后，计算企业实际的短期债务偿还能力。该指标越高，说明偿还流动负债的能力越强。速动比率的国际公认标准比率为 100%。

第四节　电力工程项目经济评价

电力工程项目经济评价指项目经济费用效益分析，是按合理配置资源的原则，采用影子价格、影子汇率、社会折现率等经济评价参数，分析项目投资的经济效率和对社会福利所做出的贡献，评价项目的经济合理性。

一、经济费用效益分析与财务分析的区别

（一）分析的角度与基本出发点不同

与传统的国民经济评价是从国家的角度考察项目不完全相同的是，经济费用效益分析更关注从利益群体各方的角度来分析项目，解决项目可持续发展的问题；财务分析是站在项目

的层次，从项目的投资者、债权人、经营者的角度，分析项目在财务上能够生存的可能性，分析各方的实际收益和损失，分析投资或贷款的风险及收益。

（二）项目的费用和效益的含义和范围划分不同

经济费用效益分析是对项目所涉及的所有成员或群体的费用和效益做全面分析，考察项目所消耗的有用社会资源和对社会提供的有用产品，不仅考虑直接的费用和效益，还要考虑间接的费用和效益，某些转移支付项目，如流转税等，应视情况判断是否计入费用和效益；财务分析指根据项目直接发生的财务收支，计算项目的直接费用和效益。

（三）所使用的价格体系不同

经济费用效益分析使用影子价格体系，而财务分析使用预测的财务收支价格。

（四）分析的内容不同

经济费用效益分析通常只有盈利性分析，没有清偿能力分析；而财务分析通常包括盈利能力分析、清偿能力分析和财务生存能力分析等。

二、项目经济费用和效益的计算

应在利益相关者分析的基础上，研究在特定的社会经济背景条件下相关利益主体获得的收益及付出的代价，计算项目投资所造成的相关经济费用和效益。

（一）具有市场价格的货物（或服务）的影子价格计算

1. 可外贸货物

可外贸的投入物或产出物的价格应基于口岸价格进行计算，以反映其价格取值具有国际竞争力，计算式为

$$出口产出的影子价格（出厂价）=离岸价（FOB）×影子汇率-出口费用 \qquad (2-27)$$
$$进口投入的影子价格（到厂价）=到岸价（CIF）×影子汇率+进口费用 \qquad (2-28)$$

2. 非外贸货物

非外贸货物，其投入或产出的影子价格应根据下列要求计算。

（1）如果项目处于竞争性市场环境中，应采用市场价格作为计算项目投入或产出的影响价格的依据。

（2）如果项目投入或产出的规模很大，项目的实施将足以影响其市场价格，导致"有项目"和"无项目"两种情况下市场价格不一致，在项目经济费用效益分析中，取二者的平均值作为计算影子价格的依据。

（二）不具有市场价格的货物（或服务）的影子价格计算

1. 显示偏好法

按照消费者支付意愿的原则，通过其他相关市场价格信号，按照"显示偏好"的方法，寻找揭示这些影响的隐含价值，对其效果进行间接估算。

2. 陈述偏好法

根据意愿调查评估法，按照"陈述偏好"的原则进行间接估算。一般通过对被评估者的直接调查，直接评价对象的支付意愿或接受补偿的意愿，从中推断出项目造成的有关外部影响的影子价格。

（三）特殊投入物的影子价格

1. 劳动力的影子价格——影子工资

项目因使用劳动力所付的工资，是项目实施所付出的代价。劳动力的影子工资等于劳动

力机会成本与因劳动力转移而引起的新增资源消耗之和。

2. 土地的影子价格

土地是一种重要的资源，项目占用的土地无论是否支付费用，均应计算其影子价格。项目所占用的农业、林业、牧业、渔业及其他生产性用地，其影子价格应按照其未来对社会可提供的消费产品的支付意愿及因改变土地用途而发生的新增资源消耗进行计算。项目所占用的住宅、休闲用地等非生产性用地，市场完善的，应根据市场交易价格估算其影子价格；无市场交易价格或市场机制不完善的，应根据支付意愿价格估算其影子价格。

3. 自然资源的影子价格

项目投入的自然资源，无论在财务上是否付费，在经济费用效益分析中都必须测算其经济费用。不可再生自然资源的影子价格应按资源的机会成本计算；可再生资源的影子价格应按资源再生费用计算。

三、项目经济费用效益分析的指标

项目经济费用与经济效益估算出来后，可编制经济费用效益流量表，计算经济净现值、经济内部收益率与经济效益费用比等经济费用效益分析指标。

（一）经济费用效益流量表的编制方法

经济费用效益流量表的编制可以在项目投资现金流量表的基础上，按照经济费用效益识别和计算的原则和方法直接进行，也可以在财务分析的基础上将财务现金流量转化为反映真正资源变动状况的经济费用效益流量。具体形式见表2-5。

表2-5　　　　　　　　　　　　项目投资经济费用效益流量表

序号	项　　目	合计	计　算　期					
			1	2	3	4	…	n
1	效益流量							
1.1	项目直接效益							
1.2	资产余值回收							
1.3	项目间接效益							
2	费用流量							
2.1	建设投资							
2.2	维持运营投资							
2.3	流动资金							
2.4	经营费用							
2.5	项目间接费用							
3	净效益流量（1–2）							

计算指标：经济内部收益率（%）　　　　　　经济净现值（i_s=%）

1. 直接经济费用效益流量的识别和计算

（1）对于项目的各种投入物，应按照机会成本的原则计算其经济价值。

（2）识别项目产出物可能带来的各种影响效果。

（3）对于具有市场价格的产出物，以市场价格为基础计算其经济价值。

（4）对于没有市场价格的产出效果，应按照支付意愿及接受补偿意愿的原则计算其经济价值。

（5）对于难以进行货币量化的产出效果，应尽可能地采用其他量纲进行量化。难以量化的，进行定性描述，以全面反映项目的产出效果。

2. 在财务分析基础上进行经济费用效益流量的识别和计算

（1）剔除财务现金流量表中的通货膨胀因素，得到以实价表示的财务现金流量。

（2）剔除运营期财务现金流量中不反映真实资源流量变动情况的转移支付因素。

（3）用影子价格和影子汇率调整建设投资各项组成，并提出其费用中的转移支付项目。

（4）调整流动资金，将流动资产和流动负债中不反映实际资源耗费的有关现金、应收、应付、预收、预付款项，从流动资金中剔除。

（5）调整经营费用，用影子价格调整主要原材料、燃料及动力费用、工资及福利费等。

（6）调整营业收入，对于具有市场价格的产出物，以市场价格为基础计算其影子价格；对于没有市场价格的产出效果，以支付意愿或接受补偿意愿的原则计算其影子价格。

（7）对于可货币化的外部效果，应将货币化的外部效果计入经济效益费用流量；对于难以进行货币化的外部效果，应尽可能地采用其他量纲进行量化。难以量化的，进行定性描述，以全面反映项目的产出效果。

（二）经济费用效益分析主要指标

1. 经济净现值（$ENPV$）

经济净现值是项目按照社会折现率将计算期内各年的经济净效益流量折现到建设期初的现值之和，是经济费用效益分析的主要评价指标。其计算式为

$$ENPV = \sum_{t=1}^{n}(B-C)_t(1+i_s)^{-t} \tag{2-29}$$

式中　B——经济效益流量；

　　　C——经济费用流量；

　　（$B-C$）$_t$——第 t 期的经济效益流量；

　　　n——项目计算期；

　　　i_s——社会折现率。

在经济费用效益分析中，如果经济净现值等于或大于 0，说明项目可以达到社会折现率要求的效率水平，认为该项目从经济资源配置的角度可以被接受。

2. 经济内部收益率（$EIRR$）

经济内部收益率是项目在计算期内经济净效益流量的现值累计等于 0 时的折现率，是经济费用效益分析的辅助评价指标。其计算式为

$$\sum_{t=1}^{n}(B-C)_t(1+EIRR)^{-t} = 0 \tag{2-30}$$

如果经济内部收益率等于或者大于社会折现率，表明项目资源配置的经济效率达到了可以被接受的水平。

第五节 电力工程项目融资

一、电力工程项目融资的特点和程序

（一）电力工程项目融资及其特点

融资是指为项目投资而进行的资金筹措行为。从广义上理解，所有的筹资行为都是融资，包括前已述及的各种方式。但从狭义上理解，项目融资是指以项目资产、收益作抵押来融资。与传统贷款方式相比，项目融资具有以下特点。

1. 项目导向

资金来源主要依赖于项目的现金流量而不是依赖于项目的投资者或发起人的资信。贷款银行在项目融资中的注意力主要放在项目在贷款期间能够产生多少现金流量用于还款，贷款的数量、融资成本的高低以及融资结构的设计都是与项目的预期现金流量和资产价值直接联系在一起的。

2. 有限追索

追索是指在借款人未按期偿还债务时，贷款人要求借款人用除抵押财产之外的其他财产偿还债务的权利。在某种意义上说，贷款人对项目借款人的追索形式和程度是区分狭义项目融资与广义资金筹措的重要标志。作为有限追索的项目融资，贷款人可以在贷款的某个特定阶段对项目借款人实行追索，或者在一个规定的范围内对项目借款人实行追索。

3. 风险分担

为实现项目融资的有限追索，对于与项目有关的各种风险要素，需要以某种形式在项目投资者（借款人）、与项目开发有直接或间接利益关系的其他参与者和贷款人之间进行分担。项目主办人通过融资，将原来应由自己承担的还债义务，部分地转移到该项目身上，也就是将原来由借款人承担的风险部分地转移给贷款人，由借贷双方共担项目风险。

4. 非公司负债型融资

非公司负债型融资也称资产负债表之外的融资，是指项目的债务不表现在项目投资者（即实际借款人）的公司资产负债表中的一种融资形式。根据项目融资风险分担的原则，贷款人对于项目的债务追索权主要被限制在项目公司的资产和现金流量上，借款人所承担的是有限责任，因而有条件使融资被安排为一种不需要进入借款人资产负债表的贷款形式。

5. 信用结构多样化

项目融资中，用于支持贷款的信用结构的安排是灵活和多样化的。项目融资的框架结构由四个基本模块组成，即项目的投资结构、融资结构、资金结构和信用保证结构。

（1）项目的投资结构。项目的投资结构，即项目的资产所有权结构，是指项目的投资者对项目资产权益的法律拥有形式和项目投资者之间的法律合作关系。采用不同的项目投资结构，投资者对其资产的拥有形式，对项目产品、项目现金流量的控制程度，以及投资者在项目中所承担的债务责任和所涉及的税务结构会有很大的差异。因此，为了满足投资者对项目投资和融资的具体要求，第一步工作就是要在项目所在国法律、法规许可的范围内，设计安排符合这种投资和融资要求的目标投资结构。

（2）项目的融资结构。融资结构是项目融资的核心部分。一旦项目的投资者在确定投资结构问题上达成一致意见之后，接下来的重要工作就是要设计和选择合适的融资结构以实现投资者在融资方面的目标要求。设计项目的融资结构是投资者所聘请的融资顾问（通常由投资银行来担任）的重点工作之一。

（3）项目的资金结构。项目的资金结构设计用于决定在项目中股本资金、准股本资金和债务资金的形式、相互之间比例关系以及相应的来源。资金结构是由投资结构和融资结构所决定的，但反过来又会影响到整体项目融资结构的设计。项目融资重点解决的是项目的债务资金问题，然而，在整个结构中也需要适当数量和适当形式的股本资金、准股本资金作为结构的信用支持。

（4）项目的信用保证结构。对于银行和其他债权人而言，项目融资的安全性来自两个方面：一方面来自项目本身的经济强度；另一方面来自项目之外的各种直接或间接的担保。这些担保可以由项目的投资者提供，也可以由与项目有直接或间接利益关系的其他方面提供。这些担保可以是直接的财务保证，如完工担保、成本超支担保、不可预见费用担保；也可以是间接的或非财务性的担保，如长期购买项目产品的协议、技术服务协议、以某种定价公式为基础的长期供货协议等。所有这一切担保形式的组合，就构成了项目的信用保证结构。项目本身的经济强度与信用保证结构相辅相成。项目的经济强度高，信用保证结构就相对简单，条件就相对宽松；反之，就要相对复杂和严格。

6. 融资成本较高

项目融资涉及面广、结构复杂，需要做好大量有关风险分担、税收结构、资产抵押等一系列技术性的工作，所需文件比传统的资金筹措往往要多出好几倍，需要几十个甚至上百个文件才能解决问题。因此，与传统的资金筹措方式相比，项目融资存在的一个主要问题是融资成本相对较高，组织融资所需要的时间较长。

项目融资的这一特点限制了其使用范围。在实际运作中，除了需要分析项目融资的优势外，也必须考虑到项目融资的规模、经济效益问题。

（二）电力工程项目融资程序

从项目的投资决策至选择项目融资方式，最后到完成项目融资为止，项目融资大致可以分为五个阶段，即投资决策分析、融资决策分析、融资结构分析、融资谈判和项目融资的执行。

1. 投资决策分析

严格地讲，投资决策分析也可以不属于项目融资范围，但在很多情况下，项目投资决策与项目融资以及如何融资密切相关。投资者在决定项目投资结构时需要考虑的因素很多，其中主要包括项目的产权形式、产品分配方式、决策程序、债务责任、现金流量控制、税务结构和会计处理等方面的内容。投资结构的选择将影响到项目融资的结构和资金来源的选择；反过来，项目融资结构的设计在多数情况下也将会对投资结构的安排作出调整。

2. 融资决策分析

在这一阶段，项目投资者将决定采用何种融资方式为项目开发筹集资金。是否采用项目融资，取决于投资者对债务责任分担上的要求、贷款资金数量上的要求、时间上的要求、融资费用上的要求，以及诸如债务会计处理等方面的综合评价。如果决定选择采用项目融资作为筹资手段，投资者就需要选择和任命融资顾问，开始研究和设计项目的融资结构，并分析和比较融资方案。

3. 融资结构分析

设计项目融资结构的一个重要步骤是完成对项目风险的分析和评估。项目融资顾问和项目投资者需要一起全面地分析和判断项目有关的风险因素，确定项目的债务承受能力和风险，设计出切实可行的融资方案。

4. 融资谈判

在初步确定项目融资方案之后，融资顾问将有选择地向商业银行或其他一些金融机构发出参加项目融资的建议书，组织贷款银团，着手起草项目融资的有关协议。此时，融资顾问、法律顾问和税务顾问的作用是十分重要的。强有力的融资顾问和法律顾问可以帮助加强项目投资者的谈判地位，保护投资者的利益，并在谈判陷入僵局时，及时、灵活地找出适当的变通办法，绕过难点解决问题。

5. 项目融资的执行

在正式签署项目融资的法律文件后，项目融资将进入其执行阶段。在传统的融资方式中，一旦进入贷款的执行阶段，借贷双方的关系就变得相对简单明了，借款人只要求按照贷款协议的规定提款和偿还贷款的利息和本金。然而，在项目融资中，贷款银团通过其经理人将会经常性地监督项目的进展，根据融资文件的规定，参与部分项目的决策程序，控制项目的贷款资金投入和部分现金流量。

二、电力工程项目融资的主要方式

（一）BOT方式

BOT是20世纪80年代中后期发展起来的一种主要用于公共基础设施建设的项目融资方式。其基本思路是，由项目所在国政府或其所属机构为项目的建设和经营提供一种特许权协议（Concession Agreement）作为项目融资的基础，由本国公司或者外国公司作为项目的投资者和经营者安排融资，承担风险，开发建设项目并在特许协议期间经营项目获取商业利润。特许期满后，根据协议将该项目转让给相应的政府机构。通常所说的BOT主要包括以下三种基本形式。

（1）标志BOT（Build-Operate-Transfer），即建设—经营—移交。投资财团愿意自己融资，建设某项基础设施，并在项目所在国政府授予的特许期内经营该公共设施，以经营收入抵偿建设投资，并获得一定收益，经营期满后将此设施转让给项目所在国政府。

（2）BOOT（Build-Own-Operate-Transfer），即建设—拥有—经营—移交。BOOT与BOT的区别在于，BOOT在经营期内既有经营权又有拥有权。此外，BOOT的特许期要比BOT的长一些。

（3）BOO（Build-Own-Operate），即建设—拥有—经营。该方式特许项目公司根据政府的特许权建设并拥有某项基础设施，但最终不将该基础设施移交给项目所在国政府。

除上述三种基本形式外，BOT还有十多种演变形式，如BT等。所谓BT是指政府在项目建成后从民营机构中购回项目（可以一次支付也可以分期支付）。与政府借贷不同，政府用于购买项目的资金往往是事后支付（可通过财政拨款，但更多的是通过运营项目收费来支付）；民营机构用于项目建设的资金大多来自银行的有限追索权贷款。事实上，如果建设资金不是来自银行的有限追索权贷款的话，BT方式实际上成为"垫资承包"或"延期付款"，这样就超出了项目融资范畴。

近年来，经常与BOT相提并论的融资模式是PPP（Public-Private-Partner-ship）。所谓PPP（公私合作），是指政府与民营机构（或任何国营/民营/外商法人机构）签订长期合作协议，授权民营机构代替政府建设、运营或管理基础设施（如道路、桥梁、电厂、水厂等）或其他公共服务设施（如医院、学校、监狱、警岗等），并向公众提供公共服务。由此可见，PPP与BOT在本质上区别不大，都是通过项目的期望收益进行融资，对民营机构的补偿都是通过授权民营机构在规定的特许期内向项目的使用者收取费用，由此回收项目的资金、经营、维护等成本，并获得合理的回报（即建成项目投入使用所产生的现金流量成为支付经营成本、偿还贷款和提供投资回报等的唯一来源），特许期满后项目将移交给政府（也有不移交的，如 BOO）。

（二）ABS 方式

ABS（Asset-Backed Securitization）是指以资产支持的证券化。具体来讲，它是以目标项目所拥有的资产为基础，以该项目资产的未来收益为保证，通过在国际资本市场上发行债券筹集资金的一种项目融资方式。其目的在于，通过其特有的提高信用等级方式，使原本信用等级较低的项目照样可以进入高等级证券市场，利用该市场信用等级高、债券安全和流动性高、债券利率低的特点大幅度降低发行债券筹集资金的成本。ABS 融资方式的运作过程，主要包括以下几个方面。

（1）组建 SPC。组建 SPC，即组建一个特别用途的公司 SPC（Special Purpose Corporation）。该机构可以是一个信托投资公司、信用担保公司、投资保险公司或其他独立法人，该机构应能够获得国际权威资信评估机构较高级别的信用等级（AAA 或 AA 级）。由于 SPC 是进行 ABS 融资的载体，成功组建 SPC 是 ABS 能够成功运作的基本条件和关键因素。

（2）SPC 与项目结合。SPC 与项目结合。即 SPC 寻找可以进行资产证券化融资的对象。一般来说投资项目所依附的资产只要在未来一定时期内能带来现金收入，就可以进行 ABS 融资。它们可以是房地产的未来租金收入，飞机、汽车等未来运营的收入，项目产品出口贸易收入，航空、港口及铁路的未来运费收入，收费公路及其他公共设施收费收入，税收及其他财政收入等。拥有这种未来现金流量所有权的企业（项目公司）成为原始权益人。这些未来现金流量所代表的资产，是 ABS 融资方式的物质基础。在进行 ABS 融资时，一般应选择未来现金流量稳定、可靠、风险较小的项目资产。SPC 进行 ABS 方式融资时，其融资风险仅与项目资产未来现金收入有关，而与建设项目的原始权益人本身的风险无关。

（3）进行信用增级。利用信用增级手段使改组资产获得预期的信用等级。为此，就要调整项目资产现有的财务结构，使项目融资债券达到投资级水平，达到 SPC 关于承包 ABS 债券条件要求。SPC 通过提供专业化的信用担保进行信用升级。

（4）SPC 发行债券。SPC 直接在资本市场上发行债券募集资金，或者经过 SPC 通过信用担保。由其他机构组织债券发行，并将通过发行债券筹集的资金用于项目建设。

（5）SPC 偿债。由于项目原始受益人已将项目资产的未来现金收入权利让渡给 SPC，因此，SPC 就利用项目资产的现金流入量，清偿其在国际高等级投资债券市场上所发行债券的本息。

课后案例

深圳沙头角火力发电站 BOT 项目

最早在中国完成的有限追索权融资项目是投资额为 42 亿港元的深圳沙头角火力发电站项目。该项目 1984 年签署合资协议，1986 年完成融资安排并动工兴建，在 1988 年建成投入使用。深圳沙头角 B 电厂的总装机容量为 70 万 kW，由两台 35 万 kW 发电机组成。项目总投资为 42 亿港币。该项目被认为是中国最早的一个具有有限追索的项目融资案例，也是事实上在中国第一次使用 BOT 融资概念兴建的基础设施项目。

1．深圳沙头角火力发电站的投资结构

深圳沙头角火力发电站采用中外合作经营方式兴建。合资中方为深圳特区电力开发公司

（A方），合资外方是一家在香港注册专门为该项目而成立的公司——合和电力（中国）有限公司（B方）。项目合作期为10年。在合作期间内，B方负责安排提供项目全部的外汇资金，组织项目建设，并负责经营电厂10年（合作期）。作为回报，B方获得在扣除项目经营成本、煤炭成本和支付给A方的管理费之后百分之百的项目收益。合作期满时，B方将深圳沙头角火力发电站的资产所有权和控制权无偿地转让给A方，退出该项目。因此，实际上它是我国利用BOT方式融资的开始。

2. 深圳沙头角火力发电站的信用保证体系

深圳沙头角火力发电站的资金结构包括股本资金、从属性贷款和项目贷款三种形式。其中，从属性贷款是由中方筹集的人民币贷款，其余的全部外汇资金由B方安排。根据协议，中方（A方）为项目提供以下信用保证。

（1）A方的电力购买协议。这是一个具有"提货与付款"性质的协议，规定A方在项目生产期间按照事先规定的价格从项目中购买一个确定的最低数量的发电量，从而排除了项目的主要市场风险。

（2）A方的煤炭供应协议。这是一个具有"供货或付款"性质的合同，规定A方负责按照一个固定的价格提供项目发电所需的全部煤炭，这个安排实际上排除了项目的能源价格及供应风险以及大部分的生产成本超支风险。

（3）广东省国际信托投资公司为A方的电力购买协议和煤炭供应协议所提供的担保。

（4）广东省政府为上述三项安排所出具的支持信，虽然支持信并不具备法律约束力，但是，一个有信誉的机构出具的支持信，作为一种意向性担保，在项目融资安排中具有相当的分量。

（5）设备供应及工程承包财团所提供的"交钥匙"工程建设合约，以及为其提供担保的银行所安排的履约担保，构成了项目的完工担保，排除了项目融资贷款银团对项目完工风险的顾虑。

（6）中国人民保险公司安排的项目保险。项目保险是电站项目融资中不可缺少的一个组成部分，这种保险通常包括对出现资产损害、机械设备故障以及相应发生的损失的保险，在有些情况下也包括对项目不能按期投产情况的保险。

3. 深圳沙头角火力发电站的融资结构

在以上信用保证结构下，项目合资外方（B方）为项目安排了一个有限追索的项目融资结构。

（1）B方与以日本三井公司等几个主要日本公司组成的电厂设备供应和工程承包财团谈判获得了一个固定价格的"交钥匙"合同。此时，项目的一个主要风险即完工风险被成功地从项目公司身上转移出去了。

（2）由日本政府进出口银行为项目提供出口信贷，用以支持日本公司在项目中的设备出口。但是，日本进出口银行并不承担项目的风险，一个由大约50家银行组成的国际贷款银团为日本进出口银行提供了一个项目风险担保，并且为项目提供欧洲日元贷款和港币贷款。

（3）A方对项目的主要承诺是电力购买协议和煤炭供应协议，以及广东省国际信托投资公司对A承诺的担保。B方在安排项目融资时将两个协议的权益及担保转让给项目融资的贷款银团。

（4）在A方和B方之间，对于项目现金流量中的外汇问题也做了适当的安排。在合作期间，项目的电力销售收入的50%支付人民币，50%支付外汇。

讨论题：说明 BOT 项目融资的特点。

（资料来源：孙裕君，尤勤，刘玉国．现代项目管理学．北京：科学出版社，2005．）

小 结

```
                    ┌─ 电力工程项目    ┌── 电力项目投资估算：是指在项目投资决策工程中，依据现有的
                    │   投资估算      │    资料和特定的方法，对建设项目的投资数额进行的估计
                    │                ├── 电力工程项目投资估算方法：生产能力指数法、单位生产能力
                    │                │    法、比例法、系数法、指标估算法等
                    │                └── 估算表编制：建设投资估算表编制；流动资金估算表；建设期
                    │                     利息估算表；总投资估算汇总表和分年投资计划表
```

电力工程项目投资估算
- 电力项目投资估算：是指在项目投资决策工程中，依据现有的资料和特定的方法，对建设项目的投资数额进行的估计
- 电力工程项目投资估算方法：生产能力指数法、单位生产能力法、比例法、系数法、指标估算法等
- 估算表编制：建设投资估算表编制；流动资金估算表；建设期利息估算表；总投资估算汇总表和分年投资计划表

电力工程财务基础数据测算
- 财务效益与财务费用是指项目运营期内企业获得的收入和支出。主要包括营业收入、成本费用和有关税金等
- 营业收入及税金的估算：营业收入包括销售产品或提供服务所获得的收入。税金：营业税、增值税、营业税金附加等
- 总成本费用估算：生产成本加期间费用和生产要素估算法。投资借款还本付息估算：长期、流动资金和短期借款利息

电力工程项目财务分析
- 财务分析：计算财务分析指标，考察项目盈利能力、清偿能力以及外汇平衡等财务状况，据以判别项目的财务可行性
- 电力工程项目融资前财务分析：不考虑债务融资条件
- 电力工程项目融资后财务分析：盈利能力分析、偿债能力分析以及财务生存能力分析
- 财务评价指标体系和方法：NPV、IRR、投资回收期等

电力工程项目经济评价
- 经济费用效益分析的项目范围：市场价格难以反映建设项目的真实经济价值，就需要进行经济费用效益分析
- 项目经济费用和效益的识别：经济费用和经济效益
- 电力工程项目经济费用和效益的计算：具有市场价格、不具有市场价格的货物（服务）和特殊投入物的影子价格计算
- 项目经济费用效益分析的指标：ENPV、EIRR、效益费用比

电力工程项目融资
- 电力工程项目融资及其特点：项目导向；有限追索；风险分担；非公司负债型融资；信用结构多样化；融资成本较高。电力工程项目融资程序：投资决策分析、融资决策分析、融资结构分析、融资谈判和项目融资的执行
- 电力工程项目融资的主要方式：BOT、ABS

（最左侧总标题：电力工程项目投融资）

思考题与习题

1. 简述可行性研究在项目管理中的地位和作用。
2. 简述电力工程项目投资估算的主要方法。
3. 电力工程项目财务分析的作用是什么？
4. 经济费用分析与财务分析的区别是什么？
5. 简述主要电力工程项目融资模式。
6. 已知某电力工程项目建设期末贷款本利和累计为 1000 万元，按照贷款协议，采用等额还本、利息照付方法分 5 年还清，已知年利率为 6%。求该项目还款期每年的还本额、付息额和还本付息总额。
7. 已知某电力工程项目建设期末贷款本利和累计为 1000 万元，按照贷款协议，采用等额还本付息的方法分 5 年还清，已知年利率为 6%。求该项目还款期每年的还本额、付息额和还本付息总额。

第三章　电力工程项目招投标与合同管理

学习目标

（1）掌握电力工程项目施工招标、投标以及评标定标的过程。
（2）掌握电力工程项目施工合同类型。
（3）掌握电力工程项目索赔。
（4）了解电力工程项目招投标的种类。

本章提要

在建设项目各种招投标活动中，施工招投标是最有代表性的，本章着重介绍施工招标、投标和评标定标的过程。电力工程项目施工合同是发包人与承包人，就完成特定工程项目的建筑施工、设备安装、工程保修等工作内容，确定双方权利和义务的协议。根据合同计价方式的不同，建设工程施工合同可以分为总价合同、单价合同和成本加酬金合同三种类型。本章最后介绍了电力工程项目索赔。

第一节　电力工程项目招投标概述

一、招投标的概念和性质

（一）招投标的概念

建设工程招标是指招标人在发包建设项目之前，依据法定程序，以公开招标或邀请招标方式，鼓励潜在的投标人依据招标文件参与竞争，通过评定以便从中择优选定得标人的一种经济活动。建设工程投标是工程招标的对称概念，指具有合法资格和能力的投标人，根据招标条件，在指定期限内填写标书、提出报价，并等候开标，确定能否中标的经济活动。

（二）招投标的性质

《中华人民共和国合同法》（以下简称《合同法》）明确规定，招标公告是要约邀请。也就是说，招标实际上是邀请投标人对招标人提出要约（即报价），属于要约邀请。投标则是一种要约，它符合要约的所有条件，如具有缔结合同的主观目的；一旦中标，投标人将受投标书的约束；投标书的内容具有足以使合同成立的主要条件等。招标人向中标的投标人发出的中标通知书，则是招标人同意接受中标的投标人的投标条件，即同意接受该投标人的要约的意思表示，应属于承诺。

（三）招投标的意义

（1）基本形成了由市场定价的价格机制，使工程价格更加趋于合理。
（2）能够不断降低社会平均劳动消耗水平，使工程价格得到有效控制。
（3）便于供求双方更好地相互选择，使工程价格更加符合价值基础，进而更好地控制工程造价。

（4）有利于规范价格行为，使公开、公平、公正的原则得以贯彻。

（5）能够减少交易费用，节省人力、物力、财力，进而使工程造价有所降低。

二、建设项目招标的范围、种类与方式

（一）建设项目招标的范围

1.《招标投标法》的规定

《中华人民共和国招标投标法》（以下简称《招标投标法》）指出，凡在中华人民共和国境内进行下列工程建设项目，包括项目的勘察、设计、施工、监理以及与工程建设有关的重要设备、材料等的采购，必须进行招标。例如：

（1）大型基础设施、公用事业等关系社会公共利益、公众安全的项目；

（2）全部或者部分使用国有资金投资或国家融资的项目；

（3）使用国际组织或者外国政府贷款、援助资金的项目。

2.《工程建设项目施工招标投标办法》中关于可以不招标的项目的规定

需要审批的工程项目，有下列情形之一的，经有关审批部门批准，可以不招标：

（1）涉及国家安全、国家秘密或者抢险救灾而不适宜招标的；

（2）属于利用扶贫资金实行以工代赈需要使用农民工的；

（3）施工主要技术采用特定的专利或者专有技术的；

（4）施工企业自建自用的工程，且该施工企业资质等级符合工程要求的；

（5）在建工程追加的附属小型工程或者主体加层工程，原中标人仍具备承包能力的；

（6）法律、行政法规规定的其他情形。

（二）建设工程招标的种类

1. 建设工程项目总承包招标

建设工程项目总承包招标又称建设项目全过程招标，在国外称之为"交钥匙"承包方式。它是指从项目建议书开始，包括可行性研究报告、勘察设计、设备材料询价与采购、工程施工、生产设备、投料试车，直到竣工投产、交付使用全面实行招标。工程总承包企业根据建设单位提出的工程使用要求，对项目建议书、可行性研究、勘察设计、设备询价与选购、材料订货、工程施工、职工培训、试生产、竣工投产等实行全面投标报价。

2. 建设工程勘察招标

建设工程勘察招标是指招标人就拟建工程的勘察任务发布公告，以法定方式吸引勘察单位参加竞争，经招标人审查获得投标资格的勘察单位按照招标文件的要求，在规定的时间内向招标人填报标书，招标人从中选择条件优越者完成勘察任务。

3. 建设工程设计招标

建设工程设计招标是指招标人就拟建工程的设计任务发布公告，以法定方式吸引设计单位参加竞争，经招标人审查获得投标资格的设计单位按照招标文件的要求，在规定的时间内向招标人填报标书，招标人从中择优确定中标单位来完成工程设计任务。

4. 建设工程施工招标

建设工程施工招标是指招标人就拟建的工程发布公告，以法定方式吸引施工企业参加竞争，招标人从中选择条件优越者完成工程建设任务的法律行为。施工招标是建设项目招标中最有代表性的一种，本文主要介绍施工招标。

5. 建设工程监理招标

建设工程监理招标是指招标人为了委托监理任务的完成发布公告，以法定方式吸引监理单位参加竞争，招标人从中选择条件优越者的法律行为。

6. 建设工程材料设备招标

建设工程材料设备招标是指招标人就拟购买的材料设备发布公告，以法定方式吸引建设工程材料设备供应商参加竞争，招标人从中选择条件优越者购买其材料设备的法律行为。

（三）建设工程招标方式

1. 从竞争程度进行分类

可以分为公开招标和邀请招标。这是我国《招标投标法》规定的一种主要分类。

（1）公开招标，是指招标人通过报刊、广播或电视等公共传播媒介介绍、发布招标公告或信息而进行招标，是一种无限制的竞争方式。公开招标的优点是招标人有较大的选择范围，可在众多的投标人中选定报价合理、工期较短、信誉良好的承包商，有助于打破垄断，实行公平竞争。

（2）邀请招标，是指招标人以投标邀请书的方式邀请特定的法人或者其他组织投标。招标人采用邀请招标方式的，应当向三个以上具备承担招标项目的能力、资信良好的特定的法人或者其他组织发出投标邀请书。一般国际上把公开招标称为无限竞争性招标，把邀请招标称为有限竞争性招标。

2. 从招标的范围进行分类

可以分为国际招标和国内招标。国际招标是指符合招标文件规定的国内、国外法人或其他组织，单独或联合其他法人或者其他组织参加投标，并按招标文件规定的币种结算的招标活动。国内招标是指符合招标文件规定的国内法人或其他组织，单独或联合其他国内法人或其他组织参加投标，并用人民币结算的招标活动。

3. 从招标的组织形式进行分类

可以分为招标人自行招标和招标人委托招标机构代理招标。

（1）招标人自行招标。《招标投标法》规定，招标人具有编制招标文件和组织评标能力，且进行招标项目的相应资金或资金来源已经落实，可以自行办理招标事宜。

（2）招标人委托招标机构代理招标。自行办理招标事宜的招标人，未经主管部门核准的，招标人应委托招标机构代理招标。

第二节　电力工程项目施工招投标程序

在建设项目各种招标活动中，施工招标是最有代表性的，本节将着重介绍施工招标、投标以及评标定标的过程。

一、电力工程项目施工招标程序

（一）招标活动的准备工作

1. 招标必须具备的基本条件

按照《工程建设项目施工招标投标办法》的规定，依法必须招标的工程建设项目，应当具备下列条件。

（1）招标人已经依法成立；

（2）初步设计及概算应当履行审批手续的，已经批准；

（3）招标范围、招标方式和招标组织形式等应当履行核准手续的，已经核准；

（4）有相应资金或资金来源已经落实；

（5）有招标所需的设计图纸及技术资料。

2. 确定招标方式

对于公开招标和邀请招标两种方式，按照《工程建设项目施工招标投标办法》的规定，国务院发展计划部门确定的国家重点建设项目和各省、自治区、直辖市人民政府确定的地方重点项目，以及全部使用国有资金投资或者国有资金投资占控股或主导地位的工程建设项目，应当公开招标；有下列情况之一的，经批准可以进行邀请招标：

（1）项目技术复杂或有特殊要求，只有少数几家潜在投标人可供选择的；

（2）受自然地域环境限制的；

（3）涉及国家安全、国家秘密或者抢险救灾，适宜招标但不宜公开招标的；

（4）拟公开招标的费用与项目的价值相比，不值得的；

（5）法律、法规规定不宜公开招标的。

3. 标段的划分

招标项目需要划分标段的，招标人应当合理划分标段。一般情况下，一个项目应当作为一个整体进行招标。但是，对于大型的项目，作为一个整体进行招标将大大降低招标的竞争性，因为符合招标条件的潜在投标人数量太少，这样就应当将招标项目划分成若干个标段分别进行招标。但也不能将标段划分得太小，太小的标段将失去对实力雄厚的潜在投标人的吸引力。如建设项目的施工招标，一般可以将一个项目分解为单位工程及特殊专业工程分别招标，但不允许将单位工程肢解为分部、分项工程进行招标。

（二）资格预审公告或招标公告的编制与发布

根据《招标公告发布暂行办法》（国家发展计划委员会第 4 号令，2000 年 7 月），招标公告是指采用公开招标方式的招标人（包括招标代理机构）向所有潜在的投标人发出的一种广泛的通告。招标公告的目的是使所有潜在的投标人都具有公平的投标竞争的机会。根据中华人民共和国《标准施工招标文件》的规定，若在公开招标过程中采用资格预审程序，可用资格预审公告代替招标公告，资格预审后不再单独发布招标公告。

（三）资格审查

资格审查可以分为资格预审和资格后审。资格预审是指在投标前对潜在投标人进行资质条件、业绩、信誉、技术、资金等多方面情况的资格审查，而资格后审是指在开标后对投标人进行的资格审查。采取资格预审的，招标人应当在资格预审文件中载明资格预审的条件、标准和方法；采取资格后审的，招标人应当在招标文件中载明对投标人资格要求的条件、标准和方法。招标人不得改变载明的资格条件，或者以没有载明的资格条件对潜在投标人或者投标人进行资格审查。除招标文件另有规定外，进行资格预审的，一般不再进行资格后审。资格预审和后审的内容与标准是相同的。

（四）编制和发售招标文件

按照我国《招标投标法》的规定，招标文件应当包括招标项目的技术要求、对投标人资格审查的标准、投标报价要求和评标标准等所有实质性要求和条件，以及拟签合同的主要条款。建设项目施工招标文件是由招标人（或其委托的咨询机构）编制、由招标人发布的，既是投标单位编制投标文件的依据，也是招标人与将来中标人签订工程承包合同的基础，招标文件中提出的各项要求，对整个招标工作乃至承包发包双方都有约束力。

1. 施工招标文件的编制内容

（1）招标公告（或投标邀请书）。当未进行资格预审时，招标文件中应包括招标公告。

（2）投标人须知。其主要包括对于项目概况的介绍和招标过程的各种具体要求，在正文中的未尽事宜可以通过投标人须知前附表进行进一步明确，由招标人根据招标项目具体特点和实际需要编制和填写。

（3）评标办法。评标办法可选择经评审的最低投标价法和综合评估法。

（4）合同条款及格式。包括本工程拟采用的通用合同条款、专用合同条款及各种合同附件的格式。

（5）工程量清单（招标控制价）。工程量清单是招标人编制招标控制价和投标人编制投标价的重要依据。如按照规定应编制招标控制价的项目，其招标控制价也应在招标时一并公布。

（6）图纸。图纸是指应由招标人提供的用于计算招标控制价和投标人计算投标报价所必需的各种详细程度的图纸。

（7）技术标准和要求。招标文件规定的各项技术标准应符合国家强制性规定。

（8）投标文件格式。提供各种投标文件编制所应依据的参考格式。

（9）规定的其他材料。

2. 招标文件的发售、澄清与修改

（1）招标文件的发售。招标文件一般发售给通过资格预审、获得投标资格的投标人。投标人在收到投标文件后，应认真核对，核对无误后应以书面形式予以确认。

（2）招标文件的澄清。投标人应仔细阅读和检查招标文件的全部内容。如发现缺页或附件不全，应及时向招标人提出，以便补齐。如有疑问，应在规定的时间前以书面形式要求招标人对招标文件予以澄清。

（3）招标文件的修改。招标人对已发出的招标文件进行必要的修改。在投标截止时间15天前，招标人可以书面形式修改招标文件，并通知所有已购买招标文件的投标人。

（五）踏勘现场与召开投标预备会

1. 踏勘现场

招标人根据招标项目的具体情况，可以组织投标人踏勘项目现场，向其介绍工程场地和相关环境的有关情况。招标人不得单独或者分别组织任何一个投标人进行现场踏勘。

（1）招标人组织投标人进行踏勘现场的目的在于了解工程场地和周围环境情况，以获取投标人认为有必要的信息。为便于投标人提出问题并得到解答，探勘现场一般安排在投标预备会前的1～2天。

（2）投标人在踏勘现场中如有疑问，应在投标预备会前以书面形式向招标人提出，但应给招标人留有解答时间。

2. 召开投标预备会

投标人在领取招标文件、图纸和有关技术资料及踏勘现场后提出的疑问，招标人可通过以下方式进行解答：

（1）收到投标人提出的疑问后，应以书面形式进行解答，并将解答同时送达所有获得招标文件的投标人；

（2）收到提出的疑问后，通过投标预备会进行解答，并以书面形式同时送达所有获得招标文件的投标人。

（六）建设项目施工投标

1. 投标人的资格要求

投标人是响应招标、参加投标竞争的法人或其他组织。招标人的任何不具独立法人资格的附属机构（单位），或者为招标项目的前期准备或者监理工作提供设计、咨询服务的任何法人及其任何附属机构（单位），都无资格参加该招标项目的投标。

2. 投标文件的编制与递交

（1）投标人应当按照招标文件的要求编制投标文件。投标文件应当包括下列内容：

1）投标函及投标函附录；

2）法定代表人身份证明或附有法定代表人身份证明的授权委托书；

3）联合体协议书（如工程允许采用联合体投标）；

4）投标保证金；

5）已标价工程量清单；

6）施工组织设计；

7）项目管理机构；

8）拟分包项目情况表；

9）资格审查资料；

10）规定的其他材料。

（2）投标文件编制时应遵循的规定。

1）投标文件应按"投标文件格式"进行编写，如有必要，可以增加附页，作为投标文件的组成部分。

2）投标文件应当对招标文件有关工期、投标有效期、质量要求、技术标准和要求、招标范围等实质性内容做出响应。

3）投标文件应由投标人的法定代表人或其委托代理人签字或盖单位章。委托代理人签字的，投标文件应附法定代表人签署的授权委托书。

（3）投标文件的递交。投标人应当在招标文件规定的提交投标文件的截止时间前，将投标文件密封送达投标地点。招标人收到招标文件后，应当向投标人出具标明签收人和签收时间的凭证，在开标前任何单位和个人不得开启投标文件。在招标文件要求提交投标文件的截止时间后送达或未送达指定地点的投标文件，为无效的投标文件，招标人不予受理。有关投标文件的递交还应注意以下问题。

1）投标人在递交投标文件的同时，应按规定的金额、担保形式和投标保证金格式递交投标保证金，并作为其投标文件的组成部分。投标保证金的数额不得超过投标总价的 2%，且最高不超过 80 万元。

2）投标有效期。投标有效期从投标截止时间起开始计算，主要用作组织评标委员会评标招标人定标、发出中标通知书，以及签订合同等工作。

一般项目投标有效期为 60～90 天，大型项目为 120 天左右。投标保证金的有效期应与投标有效期保持一致。

3. 联合体投标

两个以上法人或者其他组织可以组成一个联合体，以一个投标人的身份共同投标。联合体投标需遵循以下规定。

（1）联合体各方应按招标文件提供的格式签订联合体协议书，明确联合体牵头人和各方权利义务，牵头人代表联合体成员负责投标和合同实施阶段的主办、协调工作，并应当向招标人提交由所有联合体成员法定代表人签署的授权书。

（2）联合体各方签订共同投标协议后，不得再以自己名义单独投标，也不得组成新的联合体或参加其他联合体在同一项目中投标。

（3）联合体各方应具备承担本施工项目的资质条件、能力和信誉，通过资格预审的联合体，其各方组成结构或职责以及财务能力、信誉情况等资格条件不得改变。

（4）由同一专业的单位组成的联合体，按照资质等级较低的单位确定资质等级。

（5）联合体投标的，应当以联合体各方或者联合体中牵头人的名义提交投标保证金。以联合体中牵头人名义提交的投标保证金，对联合体各成员具有约束力。

（七）开标、评标、定标、签订合同

在建设项目施工招投标中，开标、评标和定标是招标程序中极为重要的环节。只有做出客观、公正的评标、定标，才能最终选择最合适的承包人，从而顺利进入到建设项目施工的实施阶段。我国相关法规中，对于开标的时间和地点、出席开标会议的一系列规定、开标的顺序及废标等，对于评标原则和评标委员会的组建、评标程序和方法，对于定标的条件和做法，均做出了明确而清晰的规定。选定中标单位后，应在规定的时限内与其完成合同的签订工作。

二、建设项目施工招标控制价的编制

（一）招标控制价的概念及相关规定

1. 招标控制价的概念

招标控制价是招标人根据国家或省级、行业建设主管部门颁发的有关计价依据和办法，按设计施工图纸计算的，对招标工程限定的最高工程造价，也可称其为拦标价、预算控制价或最高报价等。

2. 招标控制价应用中应注意的主要问题

（1）国有资金投资的工程建设项目应实行工程量清单招标，并应编制招标控制价。

（2）招标控制价超过批准的概算时，招标人应将其报原概算审批部门审核。

（3）投标人的投标报价高于招标控制价的，其投标应予以拒绝。

（4）招标控制价应由具有编制能力的招标人或受其委托，具有相应资质的工程造价咨询人编制。

（5）招标控制价应在招标文件中公布，不应上调或下浮，招标人应将招标控制价及有关资料报送工程所在地工程造价管理机构备查。

（6）投标人经复核认为招标人公布的招标控制价未按照《建设工程工程量清单计价规范》的规定进行编制的，应在开标前 5 日向招投标监督机构或（和）工程造价管理机构投诉。招投标监督机构应会同工程造价管理机构对投诉进行处理，发现确有错误的，应责成招标人修改。

（二）招标控制价的编制要点

1. 招标控制价的计价依据

（1）《建设工程工程量清单计价规范》。

（2）国家或省级、行业建设主管部门颁发的计价定额和计价办法。

（3）建设工程设计文件及相关资料。

（4）招标文件中的工程量清单及有关要求。

（5）与建设项目相关的标准、规范、技术资料。

（6）工程造价管理机构发布的工程造价信息，如工程造价信息没有发布的参照市场价。

（7）其他的相关资料。

2. 招标控制价的编制内容

招标控制价的编制内容包括分部分项工程费、措施项目费、其他项目费、规费和税金，各个部分有不同的计划要求。

（1）分部分项工程费的编制要求。

1）分部分项工程费应根据招标文件中的分部分项工程量清单及有关要求，按《建设工程工程量清单计价规范》有关规定确定综合单价计价。这里所说的综合单价，是指完成一个规定计量单位的分部分项工程量清单项目（或措施清单项目）所需的人工费、材料费、施工机械使用费和企业管理费与利润，以及一定范围内的风险费用。

2）工程量依据招标文件中提供的分部分项工程量清单确定。

3）招标文件提供了暂估单价的材料，应按暂估的单价计入综合单价。

4）为使招标控制价与投标报价所包含的内容一致，综合单价中应包括招标文件中要求投标人承担的风险内容及其范围（幅度）产生的风险费用。

（2）措施项目费的编制要求。

1）措施项目费中的安全文明施工费应当按照国家或省级、行业建设主管部门的规定标准计价。

2）措施项目应按招标文件中提供的措施项目清单确定，措施项目采用分部分项工程综合单价形式进行计价的工程量，应按措施项目清单中的工程量，并按与分部分项工程量清单单价相同的方式确定综合单价；以"项"为单位的方式计价的，依有关规定按综合价格计算，包括除规费、税金以外的全部费用。

（3）其他项目费的编制要求。

1）暂列金额。暂列金额可根据工程的复杂程度、设计深度、工程环境等条件（包括地质、水文、气候条件等）进行估算，一般可以分部分项工程费的10%～15%为参考。

2）暂估价。暂估价中的材料单价应按照工程造价管理机构发布的工程造价信息中的材料单价计算，工程造价信息未发布的材料单价，其单价参考市场价格估算；暂估价中的专业工程暂估价应分不同专业，按有关计价规定估算。

3）计工日。在编制招标控制时，对计工日中的人工单价和施工机械台班单价应按省级、行业建设主管部门或其授权的工程造价管理机构公布的单价计算；材料应按工程造价管理机构发布的工程造价信息中的材料单价计算，工程造价信息未发布材料单价的材料，其价格应按市场调查确定的单价计算。

4）总承包服务费。总承包服务费应按照省级或行业建设主管部门的规定计算，在计算时可参考以下标准。

a. 招标人仅要求对分包的专业工程进行总承包管理和协调时，按分包的专业工程估算造价的 1.5%计算。

b. 招标人要求对分包的专业工程进行总承包管理和协调，并同时要求提供配合服务时，根据招标文件中列出的配合服务内容和提出的要求，按分包的专业工程估算造价的 3%～5%计算。

c. 招标人自行供应材料的，按招标人供应材料价值的 1%计算。

（4）规费和税金的编制要求。规费和税金必须按国家或省级、行业建设主管部门的规定计算。

三、建设项目施工投标程序及投标报价的编制

（一）投标报价的前期工作

1. 通过资格预审，获取招标文件

为了能够顺利地通过资格预审，填表时应重点突出，除满足资格预审要求外，还应适当地反映出本企业的技术管理水平、财务能力、施工经验和良好业绩。如果在资格预审准备时，发现本公司某些方面难以满足投标要求时，则应考虑组成联合体参加资格预审。

2. 组织投标报价班子

组织一个专业水平高、经验丰富、精力充沛的投标报价班子是投标获得成功的基本保证。班子中应包括企业决策层人员、估价人员、工程计量人员、施工计划人员、采购人员、设备管理人员、工地管理人员等。

3. 研究招标文件

投标人取得招标文件后，为保证工程量清单报价的合理性，应对投标人须知、合同条件、技术规范、图纸和工程量清单等重点内容进行分析，深刻而正确地理解招标文件和业主的意图。

4. 工程现场调查

招标人在招标文件中一般会明确进行工程现场踏勘的时间和地点。投标人对一般区域调查重点注意自然条件调查、施工条件调查等。

（二）调查询价

询价是投标报价的基础，它为投标报价提供可靠的依据。

1. 询价的渠道

（1）直接与生产厂商联系。

（2）向生产厂商的代理人或从事该项业务的经纪人了解。

（3）向经营该项产品的销售商了解。

（4）向咨询公司进行询价。通过咨询公司所得到的询价资料比较可靠，但需要支付一定的咨询费用，也可向同行了解。

（5）通过互联网查询。

（6）自行进行市场调查或信函询价。

2. 生产要素询价

（1）材料询价。材料询价的内容包括调查对比材料价格、供应数量、运输方式、保险和有效期、不同买卖条件下的支付方式等。询价人员在施工方案初步确定后，立即发出材料询

价单，并催促材料供应商及时报价。

（2）施工机械设备询价。在外地施工需用的机械设备，有时在当地租赁或采购可能更为有利。因此，投标前有必要进行施工机械设备的询价。

（3）劳务询价。劳务询价主要有两种情况：一是成建制的劳务公司，相当于劳务分包，一般费用较高，但素质较可靠，功效较高，承包商的管理工作较轻；另一种是劳务市场招募零散劳动力，根据需要进行选择，这种方式虽然劳务价格低廉，但有时素质达不到要求或工效降低，且承包商的管理工作较繁重。

3. 分包询价

总承包商在确定了分包工作内容后，就将分包专业的工程施工图纸和技术说明送交预先选定的分包单位，请他们在约定的时间内报价，以便进行比较选择，最终确定合适的分包人。

4. 复核工程量

在实行工程量清单计价的施工工程中，工程量清单应作为招标文件的组成部分，由招标人提供。工程量的多少是投标报价最直接的依据。复核工程量的准确程度，将影响承包商的经营行为：一是根据复核后的工程量与招标文件提供的工程量之间的差距，而考虑相应的投标策略，决定报价尺度；二是根据工程量的大小采取合适的施工方法，选择适用、经济的施工机具设备，确定投入使用的劳动力数量等，从而影响到投标人的询价过程。

5. 制定项目管理计划

项目管理计划是工程投标报价的重要依据，项目管理规划应分为项目管理规划大纲和项目管理实施计划。

（1）项目管理规划大纲。项目管理规划大纲是由企业管理层在投标之前编制的，旨在作为投标依据、满足招标文件要求及签订合同要求的文件。其应包括下列内容：项目概况、项目实施条件分析、项目投标活动及签订施工合同的策略、项目管理目标、项目组织结构、质量目标和施工方案、工期目标和施工总进度计划、成本目标、项目风险预测和安全目标、项目现场管理和施工平面图、投标和签订施工合同、文明施工及环境保护。

（2）项目管理实施计划。项目管理实施计划是指在开工之前由项目经理主持编制的、旨在指导施工项目实施阶段管理的文件。项目管理实施规划必须由项目经理组织项目经理部在工程开工之前编制完成。其应包括下列内容：工程概括、施工部署、施工方案、施工进度计划、资源供应计划、施工准备工作计划、施工平面图、技术组织措施计划、项目风险管理、信息管理、技术经济指标分析。

（三）投标报价的编制

1. 投标报价的概念

投标报价的编制主要是投标人对承建工程所要发生的各种费用的计算。投标价是在工程招标发包过程中，由投标人按照招标文件的要求，根据工程特点，并结合自身的施工技术、装备和管理水平，依据有关计价规定自主确定的工程造价，是投标人希望达成工程承包交易的期望价格，它不能高于招标人设定的招标控制价。作为投标计算的必要条件，应预先确定施工方案和施工进度，此外，投标计算还必须与采用的合同形式相协调。报价是投标的关键性工作，报价是否合理直接关系到投标的成败。

2. 投标报价的编制依据

（1）工程量清单计价规范。

（2）国家或省级、行业建设主管部门颁发的计价办法。

（3）企业定额，国家或省级、行业建设主管部门颁发的计价定额。

（4）招标文件、工程量清单及其补充通知、答疑纪要。

（5）建设工程设计文件及相关资料。

（6）施工现场情况、工程特点及拟定的投标施工组织设计或施工方案。

（7）与建设项目相关的标准、规范等技术资料。

（8）市场价格信息或工程造价管理机构发布的工程造价信息。

（9）其他的相关资料。

3．投标报价的编制方法和内容

投标报价的编制过程，应首先根据招标人提供的工程量清单编制分部分项工程量清单计价表、措施项目清单计价表、其他项目清单计价表、规费、税金项目清单计价表，计算完毕之后，汇总而得到单位工程投标报价汇总表，再层层汇总，分别得出单项工程投标报价汇总表和工程项目投标总价汇总表。在编制过程中，投标人应按招标人提供的工程量清单填报价格。填写的项目编码、项目名称、项目特征、计量单位、工程量必须与招标人提供的一致。

（四）确定投标报价的策略

投标策略是指投标人在投标竞争中的系统工作部署及其参与投标竞争的方式和手段。投标策略作为投标取胜的方式、手段和艺术，贯穿于投标竞争的始终，内容十分丰富。常用的投标策略主要有以下几种。

1．不平衡报价法

这一方法是指一个工程项目总报价基本确定后，通过调整内部各个项目的报价，以期既不提高总报价、不影响中标，又能在结算时得到更理想的经济效益。一般可以考虑在以下几个方面采用不平衡报价。

（1）能够早日结算的项目（如前期措施费、基础工程、土石方工程等）可以适当提高报价，以利资金周转，提高资金时间价值。后期工程项目如设备安装、装饰工程等的报价可适当降低。

（2）经过工程量的复核，预计今后工程量会增加的项目，单价适当提高，这样在最终结算时可多盈利；而将来工程量有可能减少的项目单价降低，工程结算时损失不大。

（3）设计图纸不明确、估计修改后工程量要增加的，可以提高单价；而工程内容说明不清楚的，则可以降低一些单价，在工程实施阶段通过索赔再寻求提高单价的机会。

（4）暂定项目又叫任意项目或选择项目，对这类项目要进行具体分析。如果工程不分标，不会另由一家投标人施工，则其中肯定要施工的单价可高些，不一定要施工的则应该低些。

2．多方案报价法

对于一些招标文件，如果发现工程范围不很明确，条款不清楚或不公正，或技术规范要求过于苛刻时，则要在充分估计投标风险的基础上，按多方案报价法处理，即按原招标文件报一个价，然后再提出如某某条款做某些变动，报价可降低多少，由此可报出一个较低的价。这样可以降低总价，吸引招标人。

3．增加建议方案

有时招标文件中规定，可以提交一个建议方案，即可以修改原设计方案，提出投标者的方案。投标人这时应抓住机会，组织一批有经验的设计和施工工程师，对原招标文件的设计和施工方案仔细研究，提出更为合理的方案以吸引招标人，促成自己的方案中标。

4. 无利润报价

缺乏竞争优势的承包商，在不得已的情况下，只好在报价时根本不考虑利润而去夺标。这种办法一般是处于以下条件时采用：

（1）有可能在得标后，将大部分工程分包给索价较低的一些分包商；

（2）对于分期建设的项目，先以低价获得首期工程，而后赢得机会创造第二期工程中的竞争优势，并在以后的实施中盈利；

（3）较长时间内，投标人没有在建的工程项目，如果再不得标，就难以维持生存。

四、建设项目施工开标、评标、定标和签订合同

（一）开标

1. 开标的时间和地点

我国《招标投标法》规定，开标应当在招标文件确定的提交投标文件截止时间的同一时间公开进行。开标地点应当为招标文件中投标人须知前附表中预先确定的地点。

2. 出席开标会议的规定

开标由招标人主持，并邀请所有投标人的法定代表人或其委托代理人准时参加。招标人可以在投标人须知前附表中对此做进一步说明，同时明确投标人的法定代表人或其委托代理人不参加开标的法律后果，通常不应以投标人不参加开标为由将其投标作废标处理。

3. 开标程序

根据《标准施工招标文件》的规定，主持人按下列程序进行开标：

（1）宣布开标纪律；

（2）公布在投标截止日期前递交投标文件的投标人名称，并点名确认投标人是否派人到场；

（3）宣布开标人、唱标人、记录人、监标人等有关人员姓名；

（4）按照投标人须知前附表规定检查投标文件的密封情况；

（5）按照投标人须知前附表的规定确定并宣布投标文件开标顺序；

（6）设有标底的，公布标底；

（7）按照宣布的开标顺序当众开标，公布投标人名称、标段名称、投标保证金的递交情况、投标报价、质量目标、工期及其他内容，并记录在案；

（8）投标人代表、招标人代表、监标人、记录人等有关人员在开标记录上签字确认；

（9）开标结束。

4. 招标人不予受理的投标

投标文件有下列情形之一的，招标人不予受理：

（1）逾期送达的或者未送达指定地点的；

（2）未按招标文件要求密封的。

（二）评标

1. 评标的原则以及保密性和独立性

评标活动应遵循公平、公正、科学、择优的原则，招标人应当采取必要的措施，保证评标在严格保密的情况下进行。评标是招标投标活动中一个十分重要的阶段，如果对评标过程不进行保密，则有可能发生影响公正评标的不正当行为。

评标委员会成员名单一般应于开标前确定，而且该名单在中标结果确定前应当保密。评标委员会在评标过程中是独立的，任何单位和个人都不得非法干预、影响评标过程和结果。

2. 评标委员会的组建

评标委员会由招标人负责组建，负责评标活动，向招标人推荐中标候选人或者根据招标人的授权直接确认中标人。评标委员会由招标人或其委托的招标代理机构熟悉的相关业务的代表，以及有关技术、经济等方面的专家组成，成员人数为 5 人以上的单数，其中技术、经济等方面的专家不得少于成员总数的 2/3。评标委员会设负责人的，负责人由评标委员会成员推举产生或者由招标人确定，负责人与评标委员会的其他成员有同等的表决权。

3. 评标的准备与初步评审

（1）评标的准备。评标委员会成员应当编制供评标使用的相应表格，认真研究招标文件。评标委员会应当根据招标文件规定的评标标准和方法，对投标文件进行系统的评审和比较。招标文件中没有规定的标准和方法不得作为评标的依据。因此，评标委员会成员还应当了解招标文件规定的评标标准和方法，这也是评标的重要准备工作。

（2）初步评审。根据《评标委员会和评标方法暂行规定》及《标准施工招标文件》的规定，我国目前评标中主要采用的方法包括经评审的最低中标价法和综合评估法，两种评标方法在初步评审的内容和标准上基本一致。

1）初步评审标准，包括以下四个方面。

a. 形式评审标准：包括投标人名称与营业执照、资质证书、安全生产许可证一致；投标函上有法定代表人或其委托代理人签字或加盖单位章；投标文件格式符合要求；联合体投标人已提交联合体协议书，并明确联合体牵头人（如有）；报价唯一等。

b. 资格评审标准：如果是未进行资格预审的，应具备有效的营业执照，具备有效的安全生产许可证，并且资质等级、财务状况、类似项目业绩、信誉、项目经理、其他要求、联合体投标人等均符合规定。

c. 响应性评审标准：主要的投标内容包括投标报价校核，审查全部报价数据计算的正确性，分析报价构成的合理性，并与招标控制价进行对比分析，还有工期、工程质量、投资有效期、投标保证金、权利义务、已标价工程量清单、技术标准和要求等，均应符合招标文件的有关要求。

d. 施工组织设计和项目管理机构评审标准：主要包括施工方案与技术措施、质量管理体系与措施、安全管理体系与措施、环境保护管理体系与措施、工程进度计划与措施、资源配备计划、技术负责人、其他主要人员、施工设备、试验、检测仪器设备等，符合有关标准。

2）投标文件的澄清和说明。评标委员会可以书面方式要求投标人对投标文件中含义不明确的内容进行必要的澄清、说明或补正，但是澄清、说明或补正不得超出投标文件的范围或者改变投标文件的实质性内容。评标委员会不接受投标人主动提出的澄清、说明或补正。

3）投标报价有算术错误，评标委员会按以下原则对投标报价进行修正，修正的价格经投标人书面确认后具有约束力。投标人不接受修正价格的，其投标作废标处理。

a. 投标文件中的大写金额与小写金额不一致的，以大写金额为准。

b. 总价金额与依据单价计算出的结果不一致的，以单价金额为准修正总价，但单价金额小数点有明显错误的除外。

此外，如对不同文字文本投标文件的解释发生异议的，以中文文本为准。

4. 详细评审方法

经初步评审合格的投标文件，评标委员会应当根据招标文件确定的评标标准和方法，对其技术部分和商务部分做进一步评审、比较。详细评审的方法包括经评审的最低投标价法和综合评估法两种。

（1）经评审的最低投标价法。经评审的最低投标价是指评标委员会对满足招标文件实质要求的投标文件，根据详细评审标准规定的量化因素及量化标准进行价格折算，按照经评审的投标价由低到高的顺序推荐中标候选人，或根据招标人授权直接确定中标人，但投标报价低于其成本的除外。经评审的投标价相等时，投标报价低的优先；投标报价也相等的，由招标人自行确定。

1）经评审的最低投标价法的适用范围。按照《评标委员会和评标方法暂行规定》的规定，经评审的最低投标价法一般适用于具有通用技术、性能标准或者招标人对其技术、性能没有特殊要求的招标项目。

2）详细评审标准及规定。采用经评审的最低投标价法的，评标委员会应当根据招标文件中规定的量化因素和标准进行价格折算，对所有投标人的投标报价以及投标文件的商务部分作必要的价格调整。根据经评审的最低投标价法完成详细评审后，评标委员会应当拟定一份《价格比较一览表》，连同书面评标报告提交招标人。

（2）综合评估法。不宜采用经评审的最低投标价法的招标项目，一般应当采取综合评估法进行评审。综合评估法是指评标委员会对满足招标文件实质性要求的投标文件，按照规定的评分标准进行打分，并按得分由高到低顺序推荐中标候选人，或根据招标人授权直接确定中标人，但投标报价低于其成本的除外。综合评分相等时，以投标报价低的优先；投标报价也相等的，由招标人自行确定。

1）详细评审中的分值构成与评分标准。综合评估法下评标分值构成分为四个方面，即施工组织设计、项目管理机构、投标报价、其他评分因素。总计分值为 100 分。各方面所占比例和具体分值由招标人自行确定，并在招标文件中明确载明。

【例 3-1】　各评审因素的权重和标准由招标人自行确定，例如可设定施工组织设计占 25 分，项目管理机构占 10 分，投标报价占 60 分，其他因素占 5 分。施工组织设计部分可进一步细分为：内容完整性和编制水平 2 分，施工方案与技术措施 12 分，质量管理体系与措施 2 分，安全管理体系与措施 3 分，环境保护管理体系与措施 3 分，工程进度计划与措施 2 分，其他因素 1 分等。对施工方案与技术措施可规定如下的评分标准：施工方案及施工方法先进可行，技术措施针对工程质量、工期和施工安全生产有充分保障 11～12 分；施工方案先进，方法可行，技术措施对工程质量、工期和施工安全生产有保障 8～10 分；施工方案及施工方法可行，对工程质量、工期和施工安全生产基本有保障 6～7 分；施工方案及施工方法基本可行，对工程质量、工期和施工安全生产基本有保障 1～5 分。

2）投标报价偏差率的计算。在评标过程中，可以对各个投标文件按下式计算投标报价偏差率，即

$$偏差率 = 100\% \times (投标人报价 - 评标基准价)/评标基准价 \qquad (3-1)$$

评标基准价的计算方法应在投标人须知前附表中予以明确。招标人可依据招标项目的特

点、行业管理规定给出评标基准价的计算方法，确定时也可适当考虑投标人的投标报价。

3）详细评审过程。评标委员会按分值构成与评分标准规定的量化因素和分值进行打分，并计算出各标书综合评估的得分。

a. 按规定的评审因素和标准对施工组织设计计算出得分 A。

b. 按规定的评审因素和标准对项目管理机构计算出得分 B。

c. 按规定的评审因素和标准对投标报价计算出得分 C。

d. 按规定的评审因素和标准对其他部分计算出得分 D。

评分分值计算保留小数点后两位，小数点后第三位"四舍五入"。投标人得分计算公式为

$$投标人得分=A+B+C+D$$

由评委对各投标人的标书进行评分后加以比较，最后以总得分最高的投标人为中标候选人。评标委员会应当拟定一份《综合评估比较表》，连同书面评标报告提交招标人。

5. 评标结果

除招标人授权直接确定中标人外，评标委员会按照经评审的价格由低到高的顺序推荐中标候选人。评标委员会完成评标后，应当向招标人提交书面评标报告，并抄送有关行政监督部门。评标报告由评标委员会全体成员签字。

（三）定标和签订合同

1. 中标候选人的确定

除招标文件中特别规定了授权评标委员会直接确定中标人外，招标人应依据评标委员会推荐的中标候选人中确定中标人，评标委员会推荐中标候选人的人数应符合招标文件的要求，一般应当限定在 1～3 人，并标明排列顺序。招标人可以授权评标委员会直接确定中标人。招标人不得向中标人提出压低报价、增加工作量、缩短工期或其他违背中标人意愿的要求，以此作为发出中标通知书和签订合同的条件。

2. 发出中标通知书并订立书面合同

（1）中标通知。中标人确定后，招标人应当向中标人发出中标通知书，并同时将中标结果通知所有未中标的投标人，中标通知书对招标人和中标人具有法律效力。

（2）履约担保。在签订合同前，中标人及联合体的中标人应按招标文件有关规定的金额、担保形式和招标文件规定的履约担保格式，向招标人提交履约担保。履约担保金额一般为中标价的 10%。

（3）签订合同。招标人和中标人应当自中标通知书发出之日起 30 天内，根据招标文件和中标人的投标文件订立书面合同。

（4）履行合同。中标人应当按照合同约定履行义务，完成中标项目，中标人不得向他人转让中标项目，也不得将中标项目肢解后分别向他人转让。

（四）重新招标和不再招标

（1）重新招标。有下列情形之一的，招标人将重新招标：

1）投标截止时间止，投标人少于 3 个的；

2）经评标委员会评审后否决所有投标的。

（2）不再招标。《标准施工招标文件》规定，重新招标后投标人仍少于 3 个或者所有投标被否决的，属于必须审批或核准的工程建设项目，经原审批或核准部门批准后不再进行招标。

第三节　电力工程项目施工合同的管理

一、电力工程项目施工合同类型及选择

（一）电力工程项目施工合同的类型

电力工程施工合同是发包人与承包人就完成特定工程项目的建筑施工、设备安装、工程保修等工作内容，确定双方权利和义务的协议。建设工程施工合同是建设工程的主要合同之一，是工程建设质量控制、进度控制、投资控制的主要依据。根据合同计价方式的不同，建设工程施工合同可以分为总价合同、单价合同和成本加酬金合同三种类型。

1. 总价合同

总价合同是指在合同中确定一个完成项目的总价，承包人据此完成项目全部内容的合同。这种合同类型能够使发包人在评标时易于确定报价最低的承包人，易于进行支付计算。但这类合同仅适用于工程量不太大且能精确计算、工期较短、技术不太复杂、风险不大的项目。因而采用这种合同类型要求发包人必须准备详细而全面的设计图纸和各项说明，使承包人能准确计算工程量。总价合同又可以分为固定总价合同和可调总价合同。

（1）固定总价合同。这是建设工程施工经常使用的一种合同形式。总价被承包人接受以后，一般不得变动。所以在招标签约前，必须已基本完成设计工作（达 80%～100%），工程量和工程范围已十分明确。但工程范围不宜过大，以减少双方风险。也可阐明分期完成和分期付款办法。这种形式适合于工期较短（一般不超过 1 年），对工程要求十分明确的项目。

（2）可调总价合同。报价及签订合同时，以招标文件的要求及当时的物价计算总价合同。但在合同条款中双方商定：如果在执行合同中由于通货膨胀引起工料成本增加达到某一限度时，合同总价应相应调整。这种合同方式，发包人承担了通货膨胀这一不可预见的费用因素的主要风险，承包人承担通货膨胀因素的次要风险以及通货膨胀因素外的其他风险。工期较长（如 1 年以上）的工程，适合采用这种合同形式。

2. 单价合同

单价合同是承包人在投标时，按招标文件就分部分项工程所列出的工程量表确定各分部分项工程费用的合同类型。这类合同的适用范围比较宽，其风险可以得到合理的分摊，并且能鼓励承包人通过提高工效等手段从成本节约中提高利润。这类合同能够成立的关键在于双方对单价和工程量计算方法的确认。在合同履行中需要注意的问题则是双方对实际工程量计量的确认。单价合同也可以分为固定单价合同和可调单价合同。

（1）固定单价合同。这也是经常采用的合同形式，特别是在设计或其他建设条件（如地质条件）还不太明确的情况下（但技术条件应明确），而以后又需增加工程内容或工程量时，可以按单价适当追加合同内容。在每月（或每阶段）工程结算时，根据实际完成的工程量结算，在工程全部完成时以竣工图的工程量最终结算工程总价款。

（2）可调单价合同。合同单价可调，一般是在工程招标文件中规定。在合同中签订的单价，根据合同约定的条款，如在工程实施过程中物价发生变化等，可作调整。有的工程在招标或签约时，因某些不确定性因素而在合同中暂定某些分部分项工程的单价，在工程结算时，再根据实际情况和合同约定对合同单价进行调整，确定实际结算单价。

3. 成本加酬金合同

成本加酬金合同，是由发包人向承包人支付工程项目的实际成本，并按事先约定的某一种方式支付酬金的合同类型。在这类合同中，发包人需承担项目实际发生的一切费用，因此也就承担了项目的全部风险。而承包人由于无风险，其报酬往往也较低。这类合同的缺点是发包人对工程总造价不易控制，承包人也往往不注意降低项目成本。成本加酬金合同有多种形式，但目前流行的主要有如成本加固定费用合同、成本加定比费用合同、成本加奖金合同、成本加保证最大酬金合同、工时及材料补偿合同。

（二）电力工程施工合同类型的选择

各种不同类型的合同有着各自的应用条件，合同各方的权利和责任的划分是不同的，合同各方承担的风险也不同，在实践中应根据工程项目的具体情况进行选择。选择合同类型应考虑以下因素。

（1）项目规模和工期长短。如果项目的规模较小，工期较短，则合同类型的选择余地较大，总价合同、单价合同及成本加酬金合同都可选择。由于选择总价合同发包人可以不承担风险，发包人较愿选用。如果项目规模大、工期长，则项目的风险也大，合同履行中的不可预测因素也多，这类项目不宜采用总价合同。

（2）项目的竞争情况。如果在某一时期和某一地点，愿意承包某一项目的承包人较多，则发包人拥有较多的主动权，可按照总价合同、单价合同、成本加酬金合同的顺序进行选择。如果愿意承包项目的承包人较少，则承包人拥有的主动权较多，可以尽量选择承包人愿意采用的合同类型。

（3）项目的复杂程度。如果项目的复杂程度较高，则意味着对承包人的技术水平要求高，项目的风险较大。因此，承包人对合同的选择有较大的主动权，总价合同被选用的可能性较小。如果项目的复杂程度低，则发包人对合同类型的选择握有较大的主动权。

（4）项目的单项工程的明确程度。如果单项工程的类别和工程量都已十分明确，则可选用的合同类型较多，总价合同、单价合同、成本加酬金合同都可以选择。如果单项工程的分类已详细而明确，但实际工程量与预计的工程量可能有较大出入时，则应优先选择单价合同，此时单价合同为最合理的合同类型。如果单项工程的分类和工程量都不甚明确，则无法采用单价合同。

（5）项目准备时间的长短。项目的准备包括发包人的准备工作和承包人的准备工作。不同的合同类型需要不同的准备时间和准备费用。总价合同需要的准备时间和准备费用最高，成本加酬金合同需要的准备时间和准备费用最低。对于一些非常紧急的项目如抢险救灾等项目，给予发包人和承包人的准备时间都非常短，因此，只能采用成本加酬金的合同形式；反之，则可采用单价或总价合同形式。

总之，在选择合同类型时，一般情况下是发包人占有主动权。但发包人不能单纯考虑己方利益，应当综合考虑项目的各种因素、考虑承包人的承受能力，确定双方都能认可的合同类型。

二、我国现行的电力工程施工合同文本种类

鉴于施工合同的内容复杂、涉及面宽，为了避免施工合同的编制者遗漏某些方面的重要条款，或条款约定的责任权利不够公平合理，国家有关部门先后颁布了一些施工合同示范文本，作为规范性、指导性的合同文件，在全国或行业范围内推荐使用。目前，在工程建设中

比较典型的施工合同文本主要有建设工程施工合同示范文本、水利水电土建工程施工合同条件及《标准施工招标文件》的合同条款。

（一）建设工程施工合同示范文本

根据有关工程建设的法律、法规，结合我国工程建设施工的实际情况，并借鉴国际土木工程施工合同条件，原建设部、国家工商行政管理局于 1999 年 12 月 24 日颁布了《建设工程施工合同（示范文本）》，适用于各类公用建筑、民用住宅、工业厂房、交通设施及线路管道的施工和设备安装。《建设工程施工合同（示范文本）》由协议书、通用条款、专用条款几部分组成，并附有两个附件，即承包人承揽工程项目一览表、发包人供应材料设备一览表和工程质量保修书。

（二）水利水电土建工程施工合同条件

水利部、国家电网公司和国家工商行政管理局于 2000 年 2 月 23 日联合颁布修改后的 GF-2000—0208《水利水电土建工程施工合同条件》。《水利水电土建工程施工合同条件》分为通用合同条款和专用合同条款两部分。根据规定，凡列入国家或地方建设计划的大中型水利水电工程，应使用《水利水电土建工程施工合同条件》，小型水利水电工程可参照使用。

（三）标准施工招标文件

为了规范施工招标文件编制活动，提高招标文件编制质量，促进招标投标活动的公开、公平和公正，国家发改委、财政部、建设部（现住建部）、铁道部、交通部（现交通运输部）、信息产业部、水利部、民用航空总局、广播电影电视总局于 2007 年 11 月 1 日联合发布了《标准施工招标文件》，并自 2008 年 5 月 1 日起施行。与以前的行业标准施工招标文件相比，《标准施工招标文件》在指导思想、体例结构、主要内容及使用要求等方面都有较大的创新和变化。《标准施工招标文件》不再分行业而是按施工合同的性质和特点编制招标文件，并且结合我国实际情况对通用合同条款作了较为系统的规定。

《标准施工招标文件》主要适用于具有一定规模的政府投资项目，且设计和施工不是由同一承包商承担的工程施工招标。国务院有关行业主管部门可根据《标准施工招标文件》并结合本行业施工招标特点和管理需要，编制行业标准施工招标文件。行业标准施工招标文件重点对"专用合同条款"、"工程量清单"、"图纸"、"技术标准和要求"作出具体规定。

第四节　电力工程项目索赔管理

一、电力工程项目索赔的概念和分类

（一）电力工程项目索赔的概念

电力工程项目索赔是在工程承包合同履行中，当事人一方由于另一方未履行合同所规定的义务或者出现了应当由对方承担的风险而遭受损失时，向另一方提出赔偿要求的行为。我国《标准施工招标文件》中通用合同条款中的索赔就是双向的，既包括承包人向发包人的索赔，也包括发包人向承包人的索赔。但在工程实践中，发包人索赔数量较小，而且处理方便。可以通过冲账、扣拨工程款、扣保证金等实现对承包人的索赔；而承包人对发包人的索赔则比较困难一些。通常情况下，索赔是指承包人（施工单位）在合同实施过程中，对非自身原因造成的工程延期、费用增加而要求发包人给予补偿损失的一种权利要求。索赔有较广泛的含义，可以概括为如下三个方面。

（1）一方违约使另一方蒙受损失，受损方向对方提出赔偿损失的要求。

（2）发生应由发包人承担责任的特殊风险或遇到不利自然条件等情况，使承包人蒙受较大损失而向发包人提出补偿损失要求。

（3）承包人本应当获得的正当利益，由于没能及时得到监理人的确认和发包人应给予的支付，而以正式函件向发包人索赔。

（二）工程索赔产生的原因

1. 当事人违约

当事人违约常常表现为没有按照合同约定履行自己的义务。发包人违约常表现为没有为承包人提供合同约定的施工条件、未按照合同约定的期限和数额付款等。监理人未能按照合同约定完成工作。承包人违约的情况则主要是没有按照合同约定的质量、期限完成施工，或者由于不当行为给发包人造成其他损害。

2. 不可抗力或不利的物质条件

不可抗力可以分为自然事件和社会事件。自然事件主要是工程施工过程中不可避免发生并不能克服的自然灾害，包括地震、海啸等；社会事件则包括国家政策、法律、法令的变更、战争、罢工等。不利的物质条件通常是指承包人在施工现场遇到的不可预见的自然物质条件、非自然物质障碍和污染物，包括地下和水文条件。

3. 合同缺陷

合同缺陷表现为合同文件规定不严谨甚至矛盾、合同中的遗漏或错误。在这种情况下，工程师应当给予解释，如果这种解释将导致成本增加或工期延长，发包人应当给予补偿。

4. 合同变更

合同变更表现为设计变更、施工方法变更、追加或者取消某些工作、合同规定的其他变更等。

5. 监理人指令

监理人指令有时也会产生索赔，如监理人指令承包人加速施工、进行某项工作、更换某些材料、采取某些措施等，并且这些指令不是由于承包人的原因造成的。

6. 其他第三方原因

其他第三方原因常常表现为与工程有关的第三方的问题而引起的对本工程的不利影响。

（三）工程索赔的分类

工程索赔依据不同的标准可以进行不同的分类。

1. 按索赔的合同依据分类

（1）合同中明示的索赔。合同中明示的索赔是指承包人所提出的索赔要求，在该工程项目的合同文件中有文字依据，承包人可以据此提出索赔要求，并取得经济补偿。这些在合同文件中有文字规定的合同条款，称为明示条款。

（2）合同中默示的索赔。合同中默示的索赔，即承包人的该项索赔要求，虽然在工程项目的合同条款中没有专门的文字叙述，但可以根据该合同的某些条款的含义，推论出承包人有索赔权。

2. 按索赔目的分类

（1）工期索赔。由于非承包人责任的原因而导致施工进程延误，要求批准顺延合同工期的索赔，称之为工期索赔。

（2）费用索赔。费用索赔的目的是要求经济补偿。当施工的客观条件改变导致承包人增加开支，要求对超出计划成本的附加开支给予补偿，以挽回不应由他承担的经济损失。

3. 按索赔事件的性质分类

（1）工程延误索赔。因发包人未按合同要求提供施工条件，如未及时交付设计图纸等，或因发包人指令工程暂停或不可抗力事件等原因造成工期拖延的，承包人对此提出索赔。这是工程中常见的一类索赔。

（2）工程变更索赔。由于发包人或监理人指令增加或减少工程量或增加附加工程、修改设计、变更工程顺序等，造成工期延长和费用增加，承包人对此提出索赔。

（3）合同被迫终止的索赔。由于发包人或承包人违约以及不可抗力事件等原因造成合同非正常终止，无责任的受害方因其蒙受经济损失而向对方提出索赔。

（4）工程加速索赔。由于发包人或监理人指令承包人加快施工速度、缩短工期，引起承包人的人、财、物的额外开支而提出的索赔。

（5）意外风险和不可预见因素索赔。在工程实施过程中，因人力不可抗拒的自然灾害、特殊风险以及一个有经验的承包人通常不能合理预见的不利施工条件或外界障碍，如地下水、地质断层等引起的索赔。

（6）其他索赔。例如因货币贬值、汇率变化、物价上涨、政策法令变化等原因引起的索赔。

二、电力工程项目索赔的处理程序

（一）索赔程序

1.《建设工程施工合同（示范文本）》规定的工程索赔程序

当合同当事人一方向另一方提出索赔时，要有正当的理由，且有索赔事件发生时的有效证据。

（1）向工程师发出索赔意向通知。索赔事件发生28天内，向工程师发出索赔意向通知。

（2）承包人递交索赔申请报告。发出索赔意向通知后28天内，向工程师提交索赔报告及有关资料。提交的索赔报告及有关资料的内容应包括事件的原因、事件对自己造成的损害程度、损失的计算依据、要求的索赔额及申请顺延工期天数、索赔的依据等。

（3）工程师审核承包人的索赔申请。工程师在收到承包人提交的索赔报告及有关资料后，于28天内给予答复，或要求承包人进一步完善索赔理由和补充相关证据资料。

（4）索赔事件持续发生时，承包人应阶段性地向工程师发出索赔意向，在索赔事件终了后28天内，向工程师提供索赔的有关资料和最终索赔报告。

（5）工程师与承包人谈判。双方各自依据对这一事件的处理方案进行友好协商，若能通过协商达成一致意见，则该事件较易解决。

（6）发包人审批工程师的索赔处理证明。发包人先根据事件发生的原因、责任、合同条款审核承包人的索赔申请和工程师的处理报告；再根据项目目的、投资控制、竣工验收要求，以及针对承包人在履行合同过程中的缺陷或不符合合同要求的地方提出反索赔方面的考虑，决定是否批准工程师的索赔报告。

（7）承包人是否接受最终的索赔决定。承包人接受了最终的索赔决定，这一索赔事件即可宣布结束。若承包人不接受工程师单方面决定或业主删减后的索赔额及其顺延时间，就会出现合同纠纷。通过谈判和协调双方达成互谅的解决方案是处理纠纷的理想方式。

2. FIDIC 合同条件规定的工程索赔程序

FIDIC 合同条件只对承包商的索赔做出了规定。

（1）承包商发出索赔通知。承包商说明索赔的事件或情况。该通知应当尽快在承包商察觉或者应当察觉该事件或情况后 28 天内发出。

（2）承包商未及时发出索赔通知的后果。如果承包商未能在上述 28 天期限内发出索赔通知，则竣工时间不得延长，承包商无权获得追加付款，而业主应免除有关该索赔的全部责任。

（3）承包商递交详细的索赔报告。在承包商察觉或者应当察觉该事件或情况后 42 天内，或在承包商可能建议并经工程师认可的其他期限内，承包商应当向工程师递交一份充分详细的索赔报告，包括索赔的依据、要求延长的时间和（或）追加付款的全部详细资料。

（4）如果引起索赔的事件或者情况具有连续影响，则：

1）上述充分详细索赔报告应被视为中间的；

2）承包商应当按月递交进一步的中间索赔报告，说明累计索赔延误时间和（或）金额，以及能说明其合理要求的进一步详细资料；

3）承包商应当在索赔的事件或者情况产生影响结束后 28 天内，或在承包商可能建议并经工程师认可的其他期限内，递交一份最终索赔报告。

（5）工程师的答复。工程师在收到索赔报告或对过去索赔的任何进一步证明资料后 42 天内，或在工程师可能建议并经承包商认可的其他期限内，作出回应，表示"批准"或"不批准"，或"不批准并附具体意见"等处理意见。工程师应当商定或者确定应给予竣工时间的延长期及承包商有权得到的追加付款。

（二）索赔报告的内容

索赔报告的具体内容，随该索赔事件的性质和特点而有所不同。一般索赔报告应包括以下四个部分。

1. 总论部分

总论部分的内容一般包括序言，索赔事项概述，具体索赔要求，索赔报告编写及审核人员名单。文中先应概要地论述索赔事件的发生日期与过程；施工单位为索赔事件所付出的努力和附加开支；施工单位的具体索赔要求。

2. 根据部分

根据部分主要是说明自己具有的索赔权利，这是索赔能否成立的关键。根据部分的内容主要来自该工程项目的合同文件，并参照有关法律规定。该部分中施工单位应引用合同中的具体条款，说明自己理应获得经济补偿或工期的延长。一般根据部分应包括：索赔事件的发生情况；已递交索赔意向书的情况；索赔事件的处理过程；索赔要求的合同根据；所附的证据资料。

3. 计算部分

计算部分是以具体的计算方法和计算过程，说明自己应得经济补偿的款额或延长时间。如果说根据部分的任务是解决索赔能否成立，则计算部分的任务就是决定应得到多少索赔款额和工期。前者是定性的，后者是定量的。

4. 证据部分

证据部分包括该索赔事件所涉及的一切证据资料，以及对这些证据的说明。证据是索赔报告的重要组成部分，没有翔实可靠的证据，索赔是不能成功的。在引用证据时，要注意该证据的效力或可信程度。

（1）索赔依据的要求。

1）真实性。索赔依据必须是在实施合同过程中确定存在和发生的，必须完全反映实际情况。

2）全面性。索赔依据应能说明事件的全过程。

3）关联性。索赔依据应当能够相互说明，相互具有关联性，不能互相矛盾。

4）及时性。索赔依据的取得及提出应当及时，符合合同约定。

5）具有法律证明效力。

（2）索赔依据的种类。

1）招标文件、工程合同、发包人认可的施工组织设计、工程图纸、技术规范等。

2）工程各项有关的设计交底记录、变更图纸、变更施工指令等。

3）工程各项经发包人或监理人签认的签证。

4）工程各项往来信件、指令、信函、通知、答复等。

5）工程各项会议纪要。

6）施工计划及现场实施情况记录。

7）工程图纸、图纸变更、交底记录的送达份数及日期记录。

8）工程现场气候记录，如有关现场的温度、风力、雨雪等。

9）国家和省级或行业建设主管部门有关影响工程造价、工期的文件、规定等。

三、电力工程项目索赔的处理原则和计算

（一）工程索赔的处理原则

1. 索赔必须以合同为依据

不论是风险事件的发生，还是当事人不完成合同工作，都必须在合同中找到相应的依据，当然，有些依据可能是合同中隐含的。工程师依据合同和事实对索赔进行处理是其公平性的重要体现。在不同的合同条件下，这些依据很可能是不同的。

2. 及时、合理地处理索赔

索赔事件发生后，索赔的提出应当及时，索赔的处理也应当及时。索赔处理不及时，对双方都会产生不利的影响，如承包人的索赔长期得不到合理解决，索赔积累的结果会导致其资金困难，同时会影响工程进度，给双方都带来不利影响。

3. 加强主动控制，减少工程索赔

对于工程索赔应当加强主动控制，尽量减少索赔。这就要求在工程管理过程中，应当尽量将工作做在前面，减少索赔事件的发生。

（二）索赔的计算

1. 可索赔的费用

费用内容一般可以包括以下几个方面。

（1）人工费。包括增加工作内容的人工费、停工损失费和工作效率降低的损失费等累计，其中增加工作内容的人工费应按照计日工费计算，而停工损失费和工作效率降低的损失费按窝工费计算，窝工费的标准双方应在合同中约定。

（2）设备费。可采用机械台班费、机械折旧费、设备租赁费等几种形式。当工作内容增加引起设备费索赔时，设备费的标准按照机械台班费计算。因窝工引起的设备费索赔，当施工机械属于施工企业自有时，按照机械折旧费计算索赔费用；当施工机械是施工企业从外部租赁时，索赔费用的标准按照设备租赁费计算。

（3）材料费。

（4）保函手续费。工程延期时，保函手续费相应增加；反之，取消部分工程且发包人与承包

人达成提前竣工协议时，承包人的保函金额相应折减，则计入合同价内的保函手续费也应扣减。

（5）迟延付款利息。发包人未按约定时间进行付款的，应按银行同期贷款利率支付迟延付款的利息。

（6）保险费。

（7）管理费。此项又可分为现场管理费和公司管理费两部分，由于二者的计算方法不一样，所以在审核过程中应区别对待。

（8）利润。在不同的索赔事件中可以索赔的费用是不同的。

2．费用索赔的计算

费用索赔的计算方法有实际费用法、修正总费用法等。

（1）实际费用法。该方法是按照各索赔事件所引起损失的费用项目分别分析计算索赔值，然后将各费用项目的索赔值汇总，即可得到总索赔费用值。

（2）修正的总费用法。这种方法是对总费用法的改进，即在总费用计算的原则上，去掉一些不确定的可能因素，对总费用法进行相应的修改和调整，使其更加合理。

3．工期索赔中应当注意的问题

（1）划清施工进度拖延的责任。因承包人的原因造成施工进度滞后，属于不可原谅的延期；只有承包人不应承担任何责任的延误，才是可原谅的延期。只有可原谅延期部分才能批准顺延合同工期。

（2）被延误的工作应是处于施工进度计划关键线路上的施工内容。只有位于关键线路上工作内容的滞后，才会影响到竣工日期。

4．工期索赔的计算

工期索赔的计算主要有网络图分析和比例计算法两种。

（1）网络图分析法，是利用进度计划的网络图，分析其关键线路。如果延误的工作为关键工作，则总延误的时间为批准顺延的工期；如果延误的工作为非关键工作，当该工作由于延误超过时差限制而成为关键工作时，可以批准延误时间与时差的差值；若该工作延误后仍为非关键工作，则不存在工期索赔问题。

（2）比例计算法主要应用于工程量有增加时工期索赔的计算，其计算式为

$$\text{工期索赔值} = \frac{\text{额外增加的工程量价格}}{\text{原合同总价}} \times \text{原合同总工期} \qquad (3\text{-}2)$$

（三）共同延误的处理

在实际施工过程中，工期拖期很少是只由一方造成的，往往是两三种原因同时发生而形成的，故称为"共同延误"。此时应依据以下原则处理。

（1）首先判断造成拖期的哪一种原因是最先发生的，即确定"初始延误"者，它应对工程拖期负责。在初始延误发生作用期间，其他并发的延误者不承担拖期责任。

（2）如果初始延误者是发包人原因，则在发包人原因造成的延误期内，承包人既可得到工期延长，又可得到经济补偿。

（3）如果初始延误者是客观原因，则在客观因素发生影响的延误期内，承包人可以得到工期延长，但很难得到费用补偿。

（4）如果初始延误者是承包人原因，则在承包人原因造成的延误期内，承包人既不能得到工期补偿，也不能得到费用补偿。

【例 3-2】　某电力工程项目施工合同约定，施工现场主导施工机械一台，由施工企业租得，台班单价为 300 元/台班，租赁费为 100 元/台班，人工工资为 40 元/工日，窝工补贴为 10 元/工日，以人工费为基数的综合费率为 35%，在施工过程中，发生了如下事件：①出现异常恶劣天气导致工程停工 2 天，人员窝工 30 个工日；②因恶劣天气导致场外道路中断，抢修道路用工 20 工日；③场外大面积停电，停工 2 天，人员窝工 10 工日。问施工企业可向业主索赔多少费用？

解　各事件处理结果如下：

（1）异常恶劣天气导致的停工通常不能进行费用索赔。

（2）抢修道路用工的索赔额=20×40×（1+35%）=1080（元）。

（3）停电导致的索赔额=2×100+10×10=300（元）。

由此可知

$$总索赔费用=1080+300=1380（元）$$

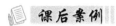 **课后案例**

长江三峡工程发电机组国际招标

长江三峡工程发电机组的招标工作是在国务院长江三峡工程建设委员会（简称三峡建委）的统一领导下，由长江三峡总公司（简称三峡总公司）组织进行的。在编标阶段，三峡公司组成了编标领导小组，分别委托长江水利委员会和中技公司编写招标文件的技术和商务部分，聘请了中外专家进行咨询，由三峡总公司组织进行审查，并报三峡建委核备。

在招标阶段，三峡总公司委托三峡国际招标有限责任公司作为招标机构，三峡总公司还组织了招标和评标领导小组，以及技术、商务、融资和技术转让等专业工作组，聘请了政府有关部门、设计、制造、安装和运行单位的专家参与工作。评标报告和谈判结果报三峡建委审查批准。

1995 年，三峡工程左岸电站的机电技术设计通过了审查，遗留了一些技术问题在设备招标采购时确定。

在初步确定了三峡机组的融资方式后，1995 年，三峡总公司组织了融资方面的交流，了解了国际上项目融资的方式、条件。此后，明确机组融资采用买方出口信贷和配套的国际商贷，并委托国家开发银行作为机组融资的借款代理人。

编标工作从 1995 年初开始，结合三峡建委的专题会议精神和技术交流的情况，三峡总公司领导召开多次会议研究编标中的问题。对招标文件组织了三次内部审查，并请国外专家进行了咨询。于 1996 年 5 月提交三峡建委核备。

三峡机组的招标文件分水轮机标和发电机标两个标段。每个标段都编写了完整的招标文件，允许投标者分别投水轮机标或发电机标，或者投水轮机及发电机的组合标。招标文件的内容除议标有关的条款外，尽量采用了国际竞争性招标的做法。合同条款采用了国际贸易常用的术语、规定和惯例。三峡总公司降低了投标商资格，使投标商达到了六家。为达到既支持国内企业引进技术，又防止国内厂商垄断分包的目的，三峡总公司决定降低非关键部件分包商的资格，限制形成国内分包商联合体。

1996 年 6 月 24 日，三峡总公司举行了三峡机组招标发布会，潜在的投标商和国内有资格分包的厂商的代表出席了会议。按照招标文件规定，在发标 40 天后，于 8 月 7 日至 8 日召开了标前会，会议组织购买招标文件的厂商和企业考察了三峡工程左岸电站工地现场，集中回答了潜在投标商在标前会前提出的问题，并将书面答复作为补充文件在会上发给了每一个招标文件购买者。在投标截止期前30天，陆续回答了招标文件购买者的其他问题。

投标者都在招标文件规定的投标截止期（1996年12月18日）同一天递交了投标文件。

按照三峡总公司的要求，在投标截止期之前，招标公司完成了《议标和合同谈判工作方案》，编制了三峡机组评标商务分析软件；三峡总公司组织编制了三峡机组技术部分评标分析软件；组成了议评标领导小组和技术、商务、融资和秘书组。领导小组组长由三峡总公司副总经理担任。评标人员由三峡总公司、三峡建委办公室、原机械工业部、三峡国际招标公司、长江委、国家开发银行，以及建设管理、设计、安装、生产运行和外贸等单位的专家和工作人员组成，总人数约80人。

在技术方面，六家水轮机投标者最初的投标方案有四家作了全面调整，使之符合三峡工程机组稳定性的要求，还进行了部分具体技术问题的谈判。在商务方面，通过澄清，基本上消除了重大偏差，多数投标者同意招标文件的合同条件；大多数投标者对报价作了较大幅度的降价，有四家投标者的价格降低20%左右，组合标最大降幅为22%，绝对值达2亿多美元。在融资如贷款条件、贷款覆盖面、承诺期、利率和费率等方面取得了一些优惠条件。在技术转让方面，关键技术的转让内容和转让条件取得了较大进展，多家投标者承诺向我国转让全套设计技术软件。

国内厂商哈电、东电对三峡机组的分包部件报出不正常的价格，这两家对外商的分包报价几乎相同，有些部件高出了某些国外投标者的报价，考虑多种因素，比正常价约高30%。在三峡总公司的要求下，经过三峡建委办公室的协调，略有降低。

评标的依据是招标文件和投标文件的响应程度。议标组对投标文件进行了综合评价，分资格、技术、商务、技术转让和融资五个方面进行定性分析和定量评分。

由评标组的评标专家无记名对资格、技术、商务及价格、融资和技术转让等五个主要评标因素提出建议的权重，用其统计平均值确定为评标权重。分技术、商务、融资和技术转让组分别对各专业组的内容分层次分解因子，由各组专家进行无记名评分，评分用100分制。资格由技术、商务和融资组共同评分。价格按照最低价为100分，最高价为60分，进行计算得分。

各专业的评分得出后，由秘书组用评标权重进行折算实际得分，汇总后为投标者的评标得分，各专业组的专家的评分结果由专人统计，评标专家不知道其他人的评分，也不知道评标报告中推荐中标的投标者的优先排序结果。各专业组根据对投标文件分析，写出评标意见，由评标领导小组汇总编出《初评报告》，按照各投标者的评标总得分排序，推荐中标者的排序。《初评报告》上交三峡总公司总经理办公会研究后报送三峡建委审查。

1997年8月8日，李鹏总理主持召开三峡建委第25次办公会议，会议讨论后议定由两个供货集团中标。1997年8月11日~14日三峡总公司和招标公司组织的谈判小组与中标厂商进行最后的合同谈判。

1997年8月15日，在投标有效期截止日前，三峡国际招标公司向中标厂商法国阿尔斯通、瑞士ABB和VGS联合体发出了中标通知书。

讨论题：分析三峡机组的招标工作取得成功的经验。

（资料来源：王卓甫，杨高升. 工程项目管理原理与案例. 北京：中国水利水电出版社，2005.）

小　结

电力工程项目招投标与合同管理

电力工程项目招投标概述

工程招标：依据法定程序，以公开招标或邀请招标方式，鼓励潜在的投标人依据招标文件参与竞争，通过评定以便从中择优选定得标人的一种经济活动。招标是要约邀请

建设项目招标的范围、种类：《招标投标法》规定的工程建设项目的勘察、设计、施工、监理及重要设备、材料等的采购，必须进行招标；招标方式：公开招标；邀请招标

电力工程项目施工招投标程序

电力工程项目施工招标的一般流程：招标活动的准备工作；资格预审公告或招标公告的编制与发布；资格审查；编制和发售招标文件；踏勘现场与召开投标预备会；建设项目施工投标；开标、评标、定标、签订合同

建设项目施工招标控制价的编制：招标人根据国家或省级、行业建设主管部门颁发的有关计价依据和办法，按设计施工图纸计算的，对招标工程限定的最高工程造价

建设项目施工投标程序及投标报价的编制：投标报价的前期工作；调查询价；投标报价的编制；确定投标报价的策略

建设项目施工开标、评标、定标和签订合同

电力工程项目施工合同的管理

电力工程项目施工合同的类型：总价合同、单价合同和成本加酬金合同。合同类型选择考虑因素：项目规模和工期；竞争情况；复杂程度；明确程度；准备时间长短；外部环境

我国现行的电力工程项目施工合同文本种类：建设工程施工合同示范文本、水利水电土建工程施工合同条件以及《标准施工招标文件》的合同条款

《标准施工招标文件》中的合同条款：由通用合同条款和专用合同条款，且附有合同协议书、履约担保和预付款担保等

电力工程项目索赔管理

电力工程项目索赔：在合同履行中，当事人一方由于另一方未履行义务或出现了由对方承担的风险而遭受损失时，提出索赔

电力工程项目索赔的处理程序：向工程师发出索赔意向通知；递交索赔申请报告；工程师审核承包人的索赔申请；工程师与承包人谈判；发包人审批工程师的索赔处理证明

电力工程项目索赔的处理原则：索赔必须以合同为依据；及时、合理地处理索赔；加强主动控制，减少工程索赔

思 考 题 与 习 题

1. 简述电力工程施工招标的过程。

2. 简述电力工程施工投标的过程。

3. 电力工程施工合同类型有哪几种？

4. 简述投标报价的策略。

5. 电力工程索赔产生的原因有哪些？

6. 某电力工程原合同规定分两阶段进行施工，土建工程 21 个月，安装工程 12 个月。假定以一定量的劳动力需要量为相对单位，则合同规定的土建工程量可折算为 310 个相对单位，安装工程量折算为 70 个相对单位。合同规定，在工程量增减 10%的范围内，作为承包商的工期风险，不能要求工期补偿。在工程施工过程中，土建和安装的工程量都有较大幅度的增加。实际土建工程量增加到 430 个相对单位，实际安装工程量增加到 117 个相对单位。求承包商可以提出的工期索赔额。

7. 某 FIDIC 合同约定，施工现场主导施工机械一台，由施工企业租得，台班单价为 400 元/台班，租赁费为 200 元/台班，人工工资为 50 元/工日，窝工补贴为 20 元/工日，以人工费为基数的综合费率为 35%。在施工过程中，发生了如下事件：①出现异常恶劣天气导致工程停工 2 天，人员窝工 30 个工日；②因恶劣天气导致场外道路中断抢修道路用工 20 工日；③场外大面积停电，停工 2 天，人员窝工 10 个工日。问施工企业可向业主索赔费用为多少？

8. 独立土方工程，招标文件中估计工程量为 100 万 m³，合同约定：工程款按月支付并同时在该款项中扣留 5%的工程质量保证金；土方工程为全费用单价，12 元/m³，当实际工程量超过估计工程量 10%时，超过部分调整单价，10 元/m³。某月施工单位完成土方工程量 25 万 m³，截至该月累计完成的工程量为 120 万 m³，则该月应结工程款为多少？

第四章　电力工程项目管理组织

学习目标

（1）掌握电力工程项目组织的概念及特点。
（2）熟悉电力工程项目组织设计依据、原则、内容及组织部门划分的基本方法。
（3）掌握电力工程项目组织结构的形式及选择。
（4）掌握电力工程项目管理组织形式。

本章提要

电力工程项目管理组织是为了完成项目的总目标和总任务而设置的，项目的总目标和总任务是决定项目组织结构和组织运行的最重要的因素。本章介绍了电力工程项目管理组织两方面的问题：一是电力工程项目组织结构形式；二是电力项目管理组织方式。

第一节　电力工程项目管理组织原理

项目是一种被承办的旨在创造某种独特产品或服务的临时性努力，或者说包括人在内的一切资源聚合在一起是为了完成项目独特的目标。如果把电力建设项目视为一个系统，如苏州华能二期火电建设项目、广州抽水蓄能电站项目、小浪底枢纽工程建设项目等，其建设目标能否实现无疑有诸多的影响因素，其中组织因素是决定性的因素。电力工程项目管理组织包括项目组织和参与各方的组织两种，其中项目组织是基础。

一、电力工程项目组织的概念及特点

（一）电力工程项目组织的概念

"组织"一词一般有两个意义，其一是"组织工作"，表示对一个过程的组织，对行为的筹划、安排、协调、控制和检查，如组织一次会议，组织一次活动；其二为结构性组织，是人们（单位、部门）为某种目的以某种规则形成的职务结构或职位结构，如项目组织、企业组织。

按照 ISO 10006《质量管理——项目管理质量指南》，项目组织是指从事项目具体工作的组织。电力工程项目组织是指为完成特定的电力工程项目任务而建立起来的，从事电力工程项目具体工作的组织。它是由主要负责完成电力工程项目分解结构图中的各项工作任务的个人、单位、部门组合起来的群体，包括业主、电力工程项目管理单位（咨询公司、监理单位）、设计单位、施工单位、材料及设备供应单位等，有时还包括为电力工程项目提供服务的政府部门或与电力工程项目有某些关系的部门，如电力工程项目质量监督部门、质量监测机构、鉴定部门等。

电力工程项目组织是为完成一次性、独特性的电力工程项目任务设立的，是一种临时性的组织，在电力工程项目结束以后项目组织的生命就终结了。

（二）电力工程项目组织的特点

电力工程项目组织不同于一般的企业组织、社团组织和军队组织，它具有自身的特殊性，这个特殊性是由电力工程项目的特点决定的，主要表现为以下特征。

1. 目的性

电力工程项目组织是为了完成电力工程项目的总目标和总任务而设置的，项目的总目标和总任务是决定电力工程项目组织结构和组织运行的最重要的因素。电力工程项目建设的各参与方来自不同的企业或部门，它们各自有独立的经济利益和权力，各自有不同的目标，它们都是为了完成自己的目标而承担一定范围的电力工程项目任务，从而保证项目总目标的实现。

2. 一次性

电力工程项目建设是一次性任务，为了完成电力工程项目特定的目标和任务而建立起来的电力工程项目组织也具有一次性。电力工程项目结束或相应项目任务完成后，电力工程项目组织就解散或重新组成其他项目组织。

3. 项目组织具有柔性

项目组织是柔性组织，具有高度的弹性、可变性。项目组织中的成员随着项目任务的承接和完成，以及项目的实施过程进入或退出项目组织，或承担不同的角色，因此，项目的组织随着项目的不同实施阶段而变化。

4. 电力工程项目组织与企业组织之间存在复杂的关系

电力工程项目的组织成员是由各参与企业委托授权的机构组成，项目组织成员既是本项目组织成员，又是原所属企业中的成员，所以无论是企业内的项目，还是由多企业合作进行的电力工程项目，企业与电力工程项目组织之间都存在复杂的关系。

企业组织是现存的，是长期稳定的组织，电力工程项目组织依附于企业组织。企业组织对电力工程项目组织影响很大，企业的战略、运行方式、企业文化、责任体系、运行和管理机制、承包方式、分配方式会直接影响到电力工程项目组织效率。从管理方面看，企业是电力工程项目组织的外部环境，电力工程项目管理人员来自企业；电力工程项目组织解体后，其人员返回企业。对于多企业合作进行的电力工程项目，虽然电力工程项目组织不是由一个企业组建，但是它依附于企业，受到企业的影响。

5. 电力工程项目分解结构制约电力项目的组织结构

通过电力工程项目分解结构得到的所有单元，都必须落实到具体的承担者，所以，电力工程项目的组织结构受到电力工程项目分解结构的制约，后者决定了项目组织成员在组织中所应承担的工作任务，决定了组织结构的基本形态。项目组织成员在项目组织中的地位，不是由它的企业规模、级别或所属关系决定的，而是由它从电力工程项目分解结构中分解得到的工作任务所决定的。

二、电力工程项目组织设计

电力工程项目组织设计是一项复杂的工作，因为影响电力工程项目的因素多、变化快，导致项目组织设计的难度大，因此在进行电力工程项目组织设计工作的过程中，应从多方面进行考虑。

首先，从项目环境的层次来分析，电力工程项目组织设计必须考虑有一些与项目利益相关者的关系是项目经理所不能改变的，如贷款协议、合资协议等。

其次，从项目管理组织的层次来分析，对于成功的项目管理来说，以下三点是至关重要的：①项目经理的授权和定位问题，即项目经理在企业组织中的地位和被授予的权力如何；②项目经理和其他控制项目资源的职能经理之间良好的工作关系；③一些职能部门的人员，如果也为项目服务时，既要竖向地向职能经理汇报，同时也能横向地向各项目经理汇报。

然后，从项目管理协调的层次来分析，在电力工程项目组织设计中，对于电力工程项目实施组织的设计主要立足于项目的目标和项目实施的特点。

（一）电力工程项目组织设计依据

1. 电力工程项目组织的目标

电力工程项目组织是为达到电力工程项目目标而有意设计的系统，电力工程项目组织的目标实际上就是要实现电力工程项目的目标，即投资、进度和质量目标。为了形成一个科学合理的电力工程项目组织设计，应尽量使电力工程项目组织目标贴和项目目标。

2. 电力工程项目分解结构

电力工程项目分解结构是为了将电力工程项目分解成可以管理和控制的工作单元，从而能够更为容易也更为准确地确定这些单元的成本和进度，同时明确定义其质量的要求。更进一步讲，每一个工作单元都是项目的具体目标"任务"，它包括五个方面的要素。

（1）工作任务的过程或内容。

（2）工作任务的承担者。

（3）工作的对象。

（4）完成工作任务所需的时间。

（5）完成工作任务所需的资源。

（二）电力工程项目组织设计原则

在进行电力工程项目组织设计的时候，要参照传统的组织设计的原则，并结合电力工程项目组织自身的特点。通过对每个组织的使命、目标、资源条件和所处环境的特点进行分析，结合一个组织的工作部门、工作部门的等级，以及管理层次和管理幅度设计，根据各个工作部门之间内在的关系的不同，构建适合该电力工程项目组织。具体应遵循以下原则。

1. 目的性原则

建设电力工程项目组织机构设置的根本目的是为了产生高效的组织功能，实现电力工程项目管理总目标。从这一根本目标出发，就要求因目标而设定工作任务，因工作任务设定工作岗位，按编制设定岗位人员，以职责定制度和授予权力。

2. 专业化分工与协作统一的原则

分工就是为了提高电力工程项目管理的工作效率，把为实现电力工程项目目标所必须做的工作，按照专业化的要求分派给各个部门以及部门中的每个人，明确他们的工作目标、任务及工作方法。分工要严密，每项工作都要有人负责，每个人负责他所熟悉的工作，这样才能提高效率。

3. 管理跨度和分层统一的原则

进行电力工程项目组织结构设置时，必须要考虑适中的管理跨度，要在管理跨度与管理层次之间进行权衡。管理跨度是指一个主管直接管理下属人员的数量，受单位主管直接有效地指挥、监督部署的能力限制。跨度大，管理人员的接触关系增多，处理人与人之间关系的数量随之增大。最适当的管理跨度设计并无一定的法则，一般是3～15人；高阶层管理跨距为 3～6 人，中阶层管理跨距为 5～9 人，低阶层管理跨距为 7～15 人。

设定管理跨度时，主要考虑的要素有人员素质、沟通渠道、职务内容、幕僚运用、追踪控制、组织文化、所辖地域等。跨度 N 与工作接触关系数 C 的邱格纳斯关系是

$$C=N\left(2^{N-1}+N-1\right) \tag{4-1}$$

这是著名的邱格纳斯公式，当 $N=2$ 时，$C=6$；$N=8$ 时，$C=1080$。显然跨度太大时，领导者所涉及的关系数太多，所承担的工作量过大，而不能进行有效的管理。因此，在电力组织机构设计时，必须强调跨度适当。跨度的大小又和分层多少有关。一般来说，管理层次增多，跨度会小；反之，层次少，跨度会大。这就要根据领导者的能力和建设项目规模大小、复杂程度、组织群体的凝聚力等因素去综合考虑。

4. 弹性和流动的原则

电力工程项目的单一性、流动性、阶段性是其生产活动的主要特点，这些特点必然会导致生产对象在数量、质量和地点上有所不同，带来资源配置上品种和数量的变化。这就强烈需要管理工作人员及其工作和管理组织机构随之进行相应调整，以使组织机构适应生产的变化，即要求按弹性和流动的原则进行电力工程项目组织设计。

5. 统一指挥原则

电力工程项目是一个开放的系统，由许多子系统组成，各子系统间存在着大量的结合部。这就要求电力工程项目组织也必须是一个完整的组织机构系统，科学合理地分层和设置部门，以便形成互相制约、互相联系的有机整体，防止结合部位上职能分工、权限划分和信息沟通等方面的相互矛盾或重叠，避免多头领导、多头指挥和无人负责的现象发生。

（三）电力工程项目组织设计的内容

在电力工程项目系统中，最为重要的就是所有电力工程项目有关方和他们为实现项目目标所进行的活动。因此，电力工程项目组织设计的主要内容就包括电力工程项目系统内的组织结构和工作流程的设计。

1. 组织结构设计

电力工程项目的组织结构主要是指电力工程项目是如何组成的，电力工程项目各组成部分之间由于其内在的技术或组织联系而构成一个项目系统。影响组织结构的因素很多，其内部和外部的各种变化因素发生变化，会引起组织结构形式的变化，但是主要还是取决于生产力的水平和技术的进步。组织结构的设置还受组织规模的影响，组织规模越大、专业化程度越高，分权程度也越高。组织所采取的战略不同，组织结构的模式也会不同，组织战略的改变必然会导致组织结构模式的改变；组织结构还会受到组织环境等因素的影响。

2. 组织分工设计

组织分工是指根据电力项目的目标和任务，先进行工作分解得到工作分解结构（Work Breakdown Structure，WBS），然后根据分解出来的工作确定相应的组织分解结构（Organizational Breakdown Structur，OBS）。POBS 是高层分解结构，是业主或总承包 AE 的组织分解结构，是为项目专设的。COBS 是项目任务承担单位的常设或专设组织的分解结构。OBS 内部单元间有隶属关系或并列关系。OBS 也是一个完整的树状结构，它与项目的工作分解结构 WBS 相对应。项目中的每一项任务都有相应的组织来负责完成。通过项目的组织分解结构明确任务的执行者，明确各级的责任分工。组织分工包括对工作管理任务分工和管理职能分工。管理职能分工是通过对管理者管理任务的划分，明确其管理过程中的责权意识，

有利于形成高效精干的组织机构。管理任务分工是项目组织设计文件的一个重要组成部分，在进行管理任务分工前，应结合项目的特点，对项目实施的各阶段费用控制、进度控制、质量控制、信息管理和组织协调等管理任务进行分解，以充分掌握项目各部分细节信息，同时有利于在项目进展过程中的结构调整。

　　3. 组织流程设计

　　组织流程主要包括管理工作流程、信息流程和物质流程。管理工作流程，主要是指对一些具体的工作如设计工作、施工作业等的管理流程。信息流程是指在组织信息在组织内部传递的过程。信息流程的设计，就是将项目系统内各工作单元和组织单元的信息渠道，其内部流动着的各种业务信息、目标信息和逻辑关系等作为对象，确定在项目组织内的信息流动的方向，交流渠道的组成和信息流动的层次。在进行组织流程设计的过程中，应明确设计重点，并且要附有流程图。流程图应按需要逐层细化，如投资控制流程可按建设程序细化为初步设计阶段投资控制流程图和施工阶段投资控制流程图等。按照不同的参建方，他们各自的组织流程也不同。

　　（四）电力工程项目管理组织部门划分的基本方法

　　电力工程项目管理组织部门划分的实质是根据不同的标准，对电力项目管理活动或任务进行专业化分工，从而将整个项目组织分解成若干个相互依存的基本管理单位——部门。不同的管理人员安排在不同的管理岗位和部门中，通过他们在特定环境、特定相互关系中的管理作业使整个项目管理系统有机地运转起来。

　　分工的标准不同，所形成的管理部门以及各部门之间的相互关系也不同。组织设计中通常运用的部门划分标准或基本方法有按职能划分和按项目结构划分。

　　1. 按管理职能划分部门

　　按职能划分部门是一种传统的、为许多组织所广泛采用的划分方法。这种方法是根据生产专业化的原则，以工作或任务的相似性来划分部门的。这些部门可以被分为基本的职能部门和派生的职能部门。对于企业组织而言，通常认为那些直接创造价值的专业活动所形成的部门为基本的职能部门，如开发、生产、销售和财务等部门，其他的一些保证生产经营顺利进行的辅助或派生部门有人事、公共关系、法律事务等部门。对项目组织而言，根据项目管理任务的性质，按照职能通常可划分为征地拆迁部门、土建工程部门、机电工程部门、物资采购部门、合同管理部门、财务部门等基本职能部门和行政后勤、人力资源管理等辅助职能部门。

　　按职能划分部门的优点在于：遵循分工和专业化的原则，有利于人力资源的有效利用和充分发挥专业职能，使主管人员的精力集中在组织的基本任务上，从而有利于目标的实现；简化了培训工作。其缺点在于：各部门负责人长期只从事某种专门业务的管理，缺乏整体和全局观念，就不可避免地会从部门本位主义的角度考虑问题，从而增加了部门间协调配合的难度。图 4-1 所示为一个按职能划分部门的项目管理现场组织结构图。

　　2. 按项目结构划分部门

　　对于某些大型工程枢纽或项目群而言，各个单项工程（单位工程），或由于地理位置分散，或由于施工工艺差异较大，或由于工程量太大，以及工程进度又比较紧张，常常要分成若干个标段分别进行招标，此时为便于项目管理，组织部门可能会按照项目结构划分，如图 4-2 所示。

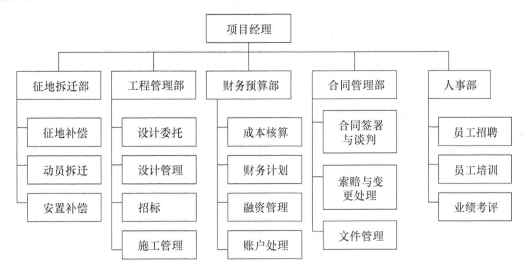

图 4-1　按职能划分部门的项目管理现场组织结构图

按项目结构划分部门的优点在于：有利于各个标段合同工程目标的实现；有利于管理人才的培养。其缺点在于：可能需要较多的具有像总经理或项目经理那样能力的人去管理各个部门；各部门主管也可能从部门本位主义考虑问题，从而影响项目的统一指挥。

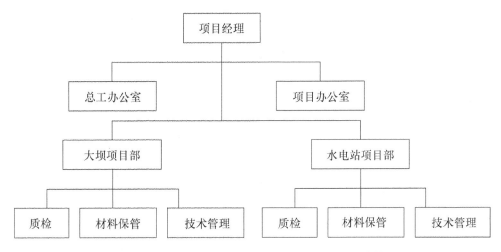

图 4-2　按项目结构划分部门的项目管理现场组织结构图

三、电力工程项目组织结构的形式

不论是业主的项目管理、设计单位的项目管理、监理的项目管理，还是承包商的项目管理，均需建立一个科学的管理组织机构，这是实施项目管理的基础。项目组织规划设计（Organizational Planning）的目的是在一定的要求和条件下，制定出一个能实现项目目标的理想的管理组织机构，并根据项目管理的要求，确定各部门职责及各职位间的关系。

由于目标、资源和环境差异，找出理想的组织形式是很困难的。每一种组织形式有各自优缺点和适合的场合。因此在进行电力工程项目组织设计时，要具体问题具体分析，选择恰当的组织结构形式。随着社会生产力水平的提高和科学技术的发展，还将产生新的结构。在这里仅介绍几种典型的基本形式。

（一）直线式组织结构

直线式组织（Line Organization）结构是一种线性组织机构，它的本质就是使命令线性化，即每一个工作部门，每一个工作人员都只有一个上级，如图 4-3 所示。直线式组织结构具有结构简单、职责分明、指挥灵活等优点；缺点是项目负责人的责任重大，往往要求他是全能式的人物。图 4-3 中有项目最高领导层、第一级工作部门及第二级工作部门。为了加快命令传递的过程，直线式组织系统就要求组织结构的层次不要过多，否则会妨碍信息的有效沟通。因此，合理地减少层次是直线制组织系统的一个前提。同时，在直线式组织系统中，根据理论和实践，一般不宜设副职，或少设副职，这有利于线性系统有效地运行。

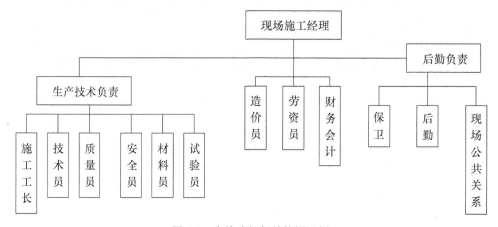

图 4-3　直线式组织结构图示例

（二）职能式组织结构

职能式组织（Functional Organization）结构的特点是强调管理职能的专业化，即将管理职能授权给不同的专门部门，这有利于发挥专业人才的作用，有利于专业人才的培养和技术水平的提高，这也是管理专业化分工的结果。然而，职能型组织系统存在着命令系统多元化，各个工作部门界限也不易分清，发生矛盾时协调工作量较大。

采用职能式组织结构的企业在进行项目工作时，各职能部门根据项目的需要承担本职能范围内的工作。或者说企业主管根据项目任务需要从各职能部门抽调人员及其他资源组成项目实施组织，如要开发新产品就可能从设计、营销及生产部门各抽一定数量人员组成开发小组。但是，这样的项目实施组织界限并不十分明确，小组成员需完成项目中本职能任务，但他们并不脱离原来的职能部门，项目实施工作多属于兼职工作性质。这种项目实施组织的另一特点是没有明确的项目主管或项目经理，项目中各种协调职能只能由职能部门的部门主管或经理来协调。职能式组织结构如图 4-4 所示。

职能式组织结构的主要优点是有利于企业技术水平提升，资源利用的灵活性与低成本，有利于从整体协调企业活动；主要缺点是协调的难度大，项目组成员责任淡化。

（三）直线—职能式组织结构

直线—职能式组织结构（Line-Functional Organization）吸收了直线式和职能式的优点，并形成了它自身具有的优点。它把管理机构和管理人员分为两类：一类是直线主管，即直线式的指挥结构和主管人员，他们只接受一个上级主管的命令和指挥，并对下级组织发布命令和进行指挥，而且对该单位的工作全面负责；另一类是职能参谋，即职能式的职能结构和参谋人员。他们只能给同级主管充当参谋、助手，提出建议或提供咨询。这种结构的优点是：既能保持指挥统一，命令一致，又能发挥专业人员的作用；管理组织系统比较完整，隶属关系分明；重大方案的设计等有专人负责；能在一定程度上发挥专长，提高管理效率。其缺点是管理人员多，管理费用大。图 4-5 所示为直线—职能式组织结构示意图。图中 A、B、C 为不同层次的领导机构，B 是同层的参谋机构。

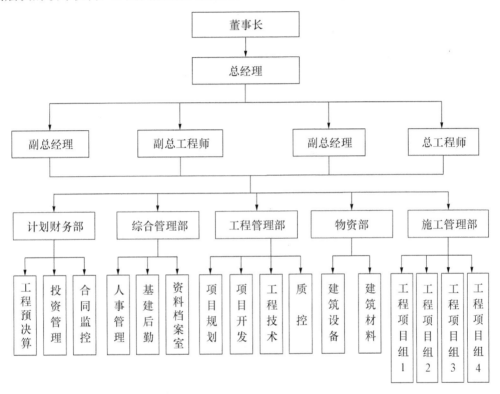

图 4-4 职能式组织结构图示例

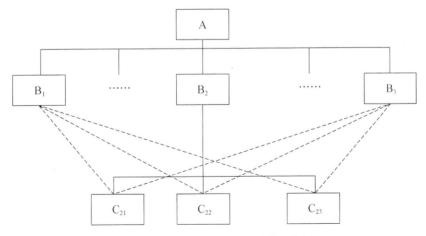

图 4-5 直线—职能式组织结构示意图

（四）项目式组织结构

项目式组织结构是按项目来划归所有资源，即每个项目有完成项目任务所必需的所有资源。项目实施组织有明确的项目经理（项目负责人），对上直接接受企业主管或大项目经理领导，对下负责本项目资源运作以完成项目任务。每个项目组之间相对独立。项目式组织结构示意图如图 4-6 所示。

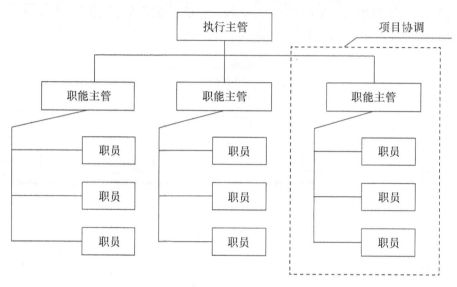

图 4-6　项目式组织结构示意图

项目式组织结构的优点是：目标明确，统一指挥；有利于项目控制；有利于全面型人才的成长。其缺点是：易造成结构重复及资源的闲置；不利于企业专业技术水平提高；具有不稳定性。

（五）矩阵式组织结构

矩阵式组织结构和项目式组织结构各有其优缺点，而职能式组织结构的优点与缺点正好对应项目式组织结构的缺点与优点。矩阵式组织结构就能较好地弥补这两种组织结构的不足。其特点是将按照职能划分的纵向部门与按照项目划分的横向部门结合起来，以构成类似矩阵的管理系统。

在矩阵式组织中，项目经理在项目活动的内容和时间上对职能部门行使权力，各职能部门负责人决定"如何"支持，项目经理直接向高层管理负责，并由高层管理授权。职能部门只能对各种资源做出合理的分配和有效的控制调度，如图 4-7 所示。

矩阵式组织结构是第二次世界大战后首先在美国出现的，它是为适应在一个组织内同时有几个项目需要完成，而每个项目又需要有不同专长的人在一起工作才能完成这一特殊的要求而产生的。

矩阵式组织结构的优点表现在：

（1）沟通良好。它解决了传统模式中企业组织和项目组织相互矛盾的状况，把职能原则与对象原则融为一体，求得了企业长期例行性管理和项目一次性管理的统一。

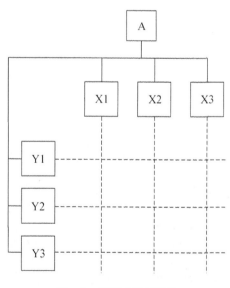

图 4-7　矩阵式组织结构

（2）能实现高效管理。能以尽可能少的人力，实现多个项目（或多项任务）的高效管理。因为通过职能部门的协调，可根据项目的需求配置人才，防止人才短缺或无所事事，项目组织因此就有较好的弹性和应变能力。

（3）有利于人才的全面培养。不同知识背景的人员在一个项目上合作，可以使他们在知识结构上取长补短，拓宽知识面，提高解决问题的能力。

矩阵式组织结构的缺点表现在：

（1）双重领导削弱项目的组织作用。由于人员来自职能部门，且仍受职能部门控制，这样就影响了他们在项目上积极性的发挥，项目的组织作用大为削弱。

（2）双重领导造成矛盾。项目上的工作人员既要接受项目上的指挥，又要受到原职能部门的领导，当项目和职能部门发生矛盾时，当事人就难以适从。要防止这一问题的产生，必须加强项目和职能部门的沟通，还要有严格的规章制度和详细的计划，使工作人员尽可能明确干什么和如何干。

（3）管理人员若管理多个项目，往往难以确定管理项目的先后顺序，有时难免会顾此失彼。

四、电力工程项目组织结构的选择

在电力工程项目管理时，电力工程项目组织结构形式没有固定的模式，一般是视项目规模大小、技术复杂程度、环境情况而定。大修、定检、小型技改，工作负责人就可兼职项目协调员，可不单独设项目经理。较大的大修、技改、扩建、新建项目就设立专门的组织机构，并配置相应的专职人员。

电力工程项目组织结构的选择就是要决定电力工程项目实现与企业日常工作的关系问题。即使对有经验的专业人士来说也非容易之事，前面虽然介绍了五种可选择的电力项目组织结构形式，很难说哪一种最好、哪一种最优，因为一是难以确定衡量选择标准，二是影响项目成功的因素很多，采用同一组织结果可能截然不同。

（一）电力工程项目组织结构形式选择的影响因素

（1）工程项目影响因素的不确定性。

（2）技术的难易和复杂程度。

（3）工程的规模和建设工期的长短。

（4）工程建设的外部条件。

（5）工程内部的依赖性等。

（二）电力工程项目组织结构形式选择的基本方法

（1）当项目较简单时，选择直线型组织结构形式可能比较合适。

（2）当项目的技术要求较高时，采用职能型组织结构形式会有较好的适应性。

（3）当公司要管理数量较多的类似项目，或复杂的大型项目分解为多个子项目进行管理时，采用矩阵式组织结构会有较好的效果。

在选择电力工程项目的组织结构时，首要问题是确定将要完成的工作的种类。这一要求最好根据项目的初步目标来完成；然后确定实现每个目标的主要任务；接着，要把工作分解成一些"工作集合"；最后可以考虑哪些个人和子系统应被包括在项目内，附带还要考虑每个人的工作内容、个性和技术要求，以及所要面对的客户。上级组织的内外环境是一个应受重视的因素。在了解了各种组织结构和它们的优缺点之后，公司就可以选择能实现最有效工作的组织结构形式了。

（三）选择项目组织结构形式的程序

（1）定义项目：描述项目目标，即所要求的主要输出。

（2）确定实现目标的关键任务，并确定上级组织中负责这些任务的职能部门。

（3）安排关键任务的先后顺序，并将其分解为工作集合。

（4）确定为完成工作集合的项目子系统及子系统间的联系。

（5）列出项目的特点或假定，例如，要求的技术水平、项目规模和工期的长短，项目人员可能出现的问题，涉及的不同职能部门之间可能出现的政策上的问题和其他任何有关事项，包括上级部门组织项目的经验。

（6）根据以上考虑，并结合对各种组织形式特点的认识，选择出一种组织形式。

（四）职能式、项目式和矩阵式的比较

正如人们所说的管理是科学也是艺术，而艺术性正体现在灵活恰当地将管理理论应用于管理实践中去。由于项目的内外环境复杂性及每种组织形式的优劣，使得几乎没有普遍接受、步骤明确的方法来告诉人们如何决定组织结构。具体采用何种组织结构只能说是项目管理者知识、经验及直觉等的综合结果。比如职能式、项目式和矩阵式，各有各的优点和缺点，三种组织形式的比较见表 4-1。

表 4-1　　　　　　　　　　　　　三种组织结构形式的比较

组织结构	优　　　点	缺　　　点
职能式	（1）没有重复活动 （2）职能优异	（1）狭隘、不全面 （2）反应缓慢 （3）不注重客户
项目式	（1）能控制资源 （2）向客户负责	（1）成本低效 （2）项目间缺乏知识信息交流
矩阵式	（1）有效利用资源 （2）职能专业知识可供所有项目使用 （3）促进学习、交流知识 （4）沟通良好 （5）注重客户	（1）双层汇报关系 （2）需要平衡权力

其实这三种组织形式之间有内在的联系，职能式在一端，项目式在另一端，矩阵式是介于职能式和项目式之间的结构形式，如图 4-8 所示。随着某种组织结构工作人员人数在项目团队中所占比重的增加，该种组织结构的特点也渐趋明显；反之，则相反。

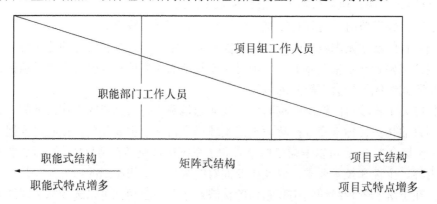

图 4-8　三种组织形式之间内在的联系

　　不同的项目组织结构形式对项目实施的影响不同，表 4-2 列出了主要的组织结构形式及其对项目实施的影响。

表 4-2　　　　　　　　　　　　　主要的组织形式及其对项目的影响

特　征　＼　组织形式	职能式	矩　阵　式			项目式
		弱矩阵式	平衡矩阵式	强矩阵式	
项目经理权限	很少或没有	有限	小到中等	中等到大	很高，甚至全权
全职工作人员比例	几乎没有	0～25%	15%～60%	50%～95%	85%～100%
项目经理投入时间	半职	半职	全职	全职	全职
项目经理的常用头衔	项目协调员	项目协调员	项目经理	项目经理	项目经理
项目管理人员	兼职	兼职	半职	全职	全职

　　在具体的项目实践中，究竟选择何种项目组织结构形式没有一个可循的公式，一般在充分考虑各种组织结构的特点、企业特点、项目特点和项目所处的环境等因素的条件下，才能做出较为适当的选择。在选择项目组织形式时，需要了解哪些因素制约项目组织形式的选择。表 4-3 列出了一些可能因素与组织形式之间的关系。

表 4-3　　　　　　　　　　　　影响项目组织结构形式选择的关键因素

影响因素　＼　组织结构	职能式	矩阵式	项目式
不确定性	低	高	高
所用技术	标准	复杂	新
复杂程度	低	中等	高
持续时间	短	中等	长
规模	小	中等	大
重要性	低	中等	高
客户类型	各种各样	中等	单一
对内部依赖性	弱	中等	强
对外部依赖性	强	中等	强
时间限制性	弱	中等	强

　　一般来说，职能式组织结构较适用于规模较小、偏重于技术的项目，不适用于环境变化较大的项目。由于环境的变化需要各职能部门间的紧密配合，而职能部门本身存在的权责界定成为部门间不可逾越的障碍。当一个公司中包括许多相似的工程项目或项目的规模较大、技术复杂时，则应选择项目式的组织结构，与职能式相比，在对付不稳定的环境时，项目式组织显示出了自己潜在的长处，这主要是项目团队的整体性和各类人才的紧密合作。同前两种组织形式相比，矩阵式组织形式在充分利用企业资源上显示出了巨大的优越性，其融合了两种结构的优点，在进行技术复杂、规模巨大的项目管理时呈现出了明显的优势。

第二节　电力工程项目管理组织形式

电力工程项目管理组织主要是由完成电力工程项目管理工作的人、单位、部门组织起来的群体。通常业主、承包商、设计单位、供应商都有自己的项目管理组织。所以电力工程项目管理组织是分具体对象的，如业主的电力工程项目管理组织、项目管理公司的电力工程项目管理组织、承包商的电力工程项目管理组织，这些组织之间有各种联系，有各种管理工作、责任和任务划分，形成项目总体的管理组织系统。

电力工程项目管理组织形式也称电力工程项目管理方式、项目发包方式，是指电力工程项目建设参与方之间的生产关系，包括有关各方之间的经济法律关系和工作（或协作）关系。电力工程项目管理组织形式的选择决定于电力工程项目的特点、业主/项目法人的管理能力和工程建设条件等方面。目前，国内外已形成多种工程项目管理方式，这些管理方式还在不断地得到创新和完善。下面介绍几种国内外常用的工程项目管理方式。

一、设计—招标—建造方式

设计—招标—建造方式（Design-Bid-Build，DBB）这种工程项目管理方式在国际上最为通用，世界银行、亚洲开发银行（Asian Development Bank，ADB）贷款项目和采用国际咨询工程师联合会（Federation Internationale Des Ingenieurs Conseils，FIDIC）合同条件的国际工程项目均采用这种模式。在这种方式中，业主委托建筑师（Architect）/咨询工程师（The Engineer 或 Consultant）进行前期的各项工作，如投资机会研究、可行性研究等，待项目评估立项后再进行设计，业主分别与建筑师/咨询工程师签订专业的服务合同。在设计阶段的后期进行施工招标的准备，随后通过招标选择施工承包商，业主与承包商签订施工合同。在这种方式中，施工承包又可分为总包和分项直接承包。

（一）施工总包

施工总包（General Contract，GC）是一种国际上最早出现，也是目前广泛采用的工程项目承包方式。它由项目业主、监理工程师（The Engineer 或 Supervision Engineer）、总承包商（General Contractor）三个经济上独立的单位共同来完成工程的建设任务。

在这种项目管理方式下，业主首先委托咨询、设计单位进行可行性研究和工程设计，并交付整个项目的施工详图，然后业主组织施工招标，最终选定一个施工总承包商，与其签订施工总包合同。在施工招标之前，业主要委托咨询单位编制招标文件，组织招标、评标，协助业主定标签约，在工程施工过程中，监理工程师严格监督施工总承包商履行合同。业主与监理单位签订委托监理合同。

在施工总包中，业主只选择一个总承包商，要求总承包商用本身力量承担其中主体工程或其中一部分工程的施工任务。经业主同意，总承包商可以把一部分专业工程或子项工程分包给分包商（Sub－Contractor）。总承包商向业主承担整个工程的施工责任，并接受监理工程师的监督管理。分包商和总承包商签订分包合同，与业主没有直接的经济关系。总承包商除组织好自身承担的施工任务外，还要负责协调各分包商的施工活动，起总协调和总监督的作用。

随着现代建设项目规模的扩大和技术复杂程度的提高，对施工组织、施工技术和施工管理的要求也越来越高。为适应这种局面，一种管理型、智力密集型的施工总承包企业应运而生。这种总承包商在承包的施工项目中自己承担的任务越来越少，而将其中大部分甚至全部施工任务分包给专业化程度高、装备好、技术精的专业型或劳务型的承包商，他自己主要从事施工中的协调和管理。施工总包的示意图如图4-9所示。

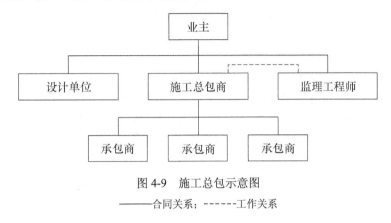

图 4-9　施工总包示意图

——合同关系；------工作关系

施工总包项目管理方式具有下列特点。

（1）施工合同单一，业主的协调管理工作量小。业主只与施工总包商签订一个施工总包合同，施工总包商全面负责协调现场施工，业主的合同管理、协调工作量小。

（2）建设周期长。施工总包是一种传统的发包方式，按照设计—招标—施工循序渐进的方式组织工程建设，即业主在施工图设计全部完成后组织整个项目的施工发包，然后，中标的施工总包商组织进点施工。这种顺序作业的生产组织方式，工期较长，对工业工程项目，不利于新产品提前进入市场，易失去竞争优势。

（3）设计与施工互相脱节，设计变更多。工程项目的设计和施工先后由不同的单位负责实施，沟通困难，设计时很少考虑施工采用的技术、方法、工艺和降低成本的措施，工程施工阶段的设计变更多，不利于业主的投资控制和合同管理。

（4）对设计深度要求高。要求施工详图设计全部完成，能正确计算工程量和投标报价。

（二）分项直接承包

分项直接承包是指业主将整个工程项目按子项工程或专业工程分期分批，以公开或邀请招标的方式，分别直接发包给承包商，每一子项工程或专业工程的发包均有发包合同。采用这种发包方式，业主在可行性研究决策的基础上，首先要委托设计单位进行工程设计，与设计单位签订委托设计合同。在初步设计完成并经批准立项后，设计单位按业主提出的分项招标进度计划要求，分项组织招标设计或施工图设计，业主据此分期分批组织采购招标，各中标签约的承包商先后进点施工，每个直接承包的承包商对业主负责，并接受监理工程师的监督，经业主同意，直接承包的承包商也可进行分包。在这种模式下，业主根据工程规模的大小和专业的情况，可委托一家或几家监理单位对施工进行监督和管理。业主采用这种建设方式的优点在于可充分利用竞争机制，选择专业技术水平高的承包商承担相应专业项目的施工，从而取得提高质量、降低造价、缩短工期的效果。但和总承包制相比，业主的管理工作量会增大。

分项直接发包项目管理方式具有下列特点。

（1）施工合同多，业主的协调管理工作量大。业主要与众多的项目建设参与者签约，特别是要与多个施工承包商（供应商）签约，施工合同多，界面管理复杂，沟通、协调工作量大，而且分标数量越多，协调工作量越大。因此，对业主的协调管理能力有较高的要求。

（2）利用竞争机制，降低合同价。采用分项发包，每一个招标项目的规模相对较小，有资格投标的单位多，能形成良好的竞争环境，降低合同价，有利于业主的投资控制。但是，分标项目过多时，项目实施中的协调工作量很大，合同管理成本较高。

（3）可以缩短建设周期。采用分项招标，往往在初步设计完成后就可以开始组织招标，按照"先设计、后施工"的原则，以招标项目为单元组织设计、招标、施工流水作业，使设计、招标和施工活动充分搭接，从而可以缩短工期。

（4）设计变更多。采用分项发包，设计和施工分别由不同的单位承担，设计施工互相脱节，设计者很少考虑施工采用的工艺、技术、方法和降低成本的措施，特别是在大型土木建筑工程中，往往在初步设计完成后，依据深度不足的招标设计进行招标，在施工中设计变更多，不利于业主的投资控制。

分项直接承包是目前我国大中型工程建设中广泛使用的一种建设管理方式，其示意图如图 4-10 所示。

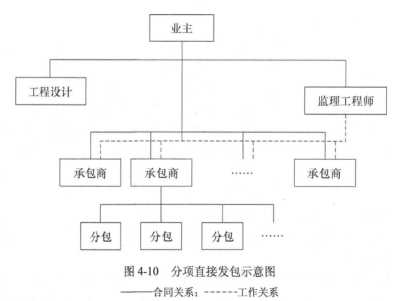

图 4-10　分项直接发包示意图

——合同关系；------工作关系

综上所述 DBB 模式是一种传统模式：其显著特点是：工程项目的实施是按顺序进行。一个阶段结束后，后一个阶段才开始，故该模式的建设周期长，业主管理费用高，设计、施工之间的冲突多。

DBB 模式的优点：①解决了业主/承包商信息不对称问题；②解决了分工问题，建筑师（Architect）/咨询工程师（The Engineer 或 Consultant）为职业项目管理专家，提高了效率；③建筑师（Architect）/咨询工程师（The Engineer 或 Consultant）中立于业主与承包商之间，解决了社会公正问题。

DBB 模式的缺点：①业主与承包商利益对立，造成交易费用高昂（启用 A/E、招标、索赔、纠纷、诉讼……）；②分工过细造成效率下降——反分工理论。

二、设计—施工总包

在设计—施工总包（Design-Build，DB）中，总承包商既承担工程设计，又承担施工任务，一般都是智力密集型企业如科研设计单位或设计、施工单位联营体，具有很强的总承包能力，拥有大量的施工机械和经验丰富的技术、经济、管理人才。他可能把一部分或全部设计任务分包给其他专业设计单位，也可能把一部分或全部施工任务分包给其他承包商，但他与业主签订设计—施工总承包合同，向业主负责整个项目的设计和施工。DB 模式的基本出发点是促进设计与施工的早期结合，以便有可能充分发挥设计和施工双方的优势，提高项目的经济性，一般适用于建筑工程项目。

这种把设计和施工紧密地结合在一起的方式，能起到加快工程建设进度和节省费用的作用，并使施工方面新技术结合到设计中去，也可加强设计施工的配合和设计施工的流水作业。但承包商既有设计职能，又有施工职能，使设计和施工不能相互制约和把关，这对监理工程师的监督和管理提出了更高的要求。

在国际工程承包中，设计施工总包是当前的发展趋势，其应用范围已从住宅工程项目延伸到石油化工、水电、炼钢和高新技术项目等，设计施工总包合同金额占国际工程承包合同总金额的比例稳步上升。据统计，美国排名前 400 位的承包商的利税值的 1/3 以上均来自于设计施工合同。设计施工总包目前在我国尚处于初步实践阶段，已有少数工程采用了这种建设模式，如浙江省石塘水电站工程和山西垣曲的中条山供水工程等，由设计单位实行设计—施工总包，取得了良好的效果，为在我国应用设计—施工总包建设方式率先进行了探索。设计—施工总包的示意图如图 4-11 所示。

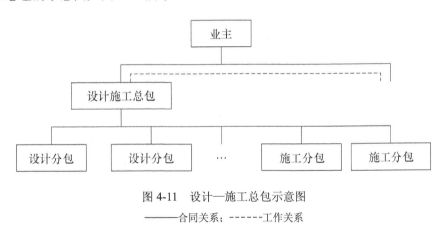

图 4-11　设计—施工总包示意图

——合同关系；------工作关系

三、CM 模式

（一）CM 模式的内涵

CM（Construction Management）模式，就是在采用快速路径法（Fast Track）进行施工时，从开始阶段就选择具有施工经验的 CM 单位参与到建设工程实施过程中来，以便为设计人员提供施工方面的建议且随后负责管理施工过程。目的是考虑到协调设计、施工的关系，以在尽可能短的时间内，高效、经济地完成工程建设的任务。

CM 模式改变了过去那种设计完成后才进行招标的传统模式，采取分阶段发包，由业主、CM 单位和设计单位组成一个联合小组，共同负责组织和管理工程的规划、设计和施工。CM 单位负责工程的监督、协调及管理工作，在施工阶段定期与承包商会晤，对成本、质量和进度进行监督，并预测和监控成本及进度的变化。CM 模式，于 20 世纪 60 年代发源于美国，进入 80 年代以来在国外广泛流行，它的最大优点是可以缩短工程从规划、设计到竣工的周期，节约建设投资，减少投资风险，可以比较早地取得收益。

（二）CM 模式的类型

按照模式的合同结构，CM 模式有两种形式，即代理型 CM（CM/Agency）和非代理型 CM（CM/No-Agency），也分别称为咨询型 CM 和承包型 CM，业主可以根据项目的具体情况加以选用。不论哪一种情况，应用 CM 模式都需要有具备丰富施工经验的高水平的 CM 单位，这可以说是应用 CM 模式的关键和前提条件。

承包型 CM 模式和咨询型 CM 模式的组织形式分别如图 4-12 和图 4-13 所示。由图中可以看出，承包型 CM 单位不是"业主代理人"，而是以承包商的身份工作，他可以直接进行分包发包，与分包商签订分包合同，但需获得业主的确认；而咨询型 CM 单位仅以业主代理人的身份参与工作，他可以帮助业主进行分项施工招标，业主与各承包商签订施工合同，CM

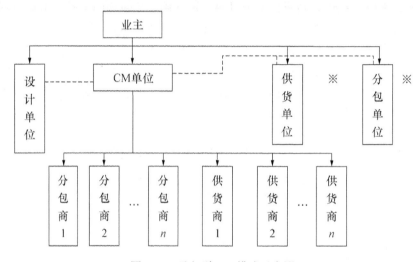

图 4-12　承包型 CM 模式示意图

——→合同关系；------协作关系；※——业主指定的供应商或承包商

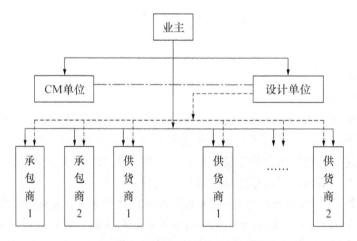

图 4-13　咨询型 CM 模式示意图

——→合同关系；------协作关系；------监督与被监督关系

单位与承包商没有合同关系。无论是咨询型合同，还是承包型 CM 合同，通常既不采用单价合同，也不采用总价合同，而采用"成本加酬金合同"的形式。不过，后者的合同价中包括工程成本和 CM 风险费用。

（三）CM 模式和传统的总承包方式的比较

CM 模式和传统的总承包方式相比不同之处在于，不是等全部设计完成后才开始施工招标，而是在初步设计完成以后，在工程详细设计进行过程中分阶段完成施工图纸。如基础土石方工程、上部结构工程、金属结构安装工程等均能单独成为一套分项设计文件，分批招标发包。

CM 模式的主要优点是，虽然设计和施工时间未变化，却缩短了完工所需要的时间。CM 模式可以适用于：设计变更可能性较大的建设工程；时间因素最为重要的建设工程；因总的范围和规模不确定而无法准确定价的建设工程。

四、项目管理模式

项目管理（Project Management，PM）模式，是近年来国际流行的建设管理模式，该模式是项目管理公司（一般为具备相当实力的工程公司或咨询公司）受项目业主委托，根据合同约定，代表业主对工程项目的组织实施进行全过程或若干阶段的管理和服务。项目管理公司作为业主的代表，帮助业主做项目前期策划、可行性研究、项目定义、项目计划，以及工程实施的设计、采购、施工、试运行等工作。

根据项目管理公司的服务内容、合同中规定的权限和承担的责任不同，项目管理模式一般可分为两种类型。

（一）项目管理承包型（PMC）

在该种类型中，项目管理公司与项目业主签订项目管理承包合同，代表业主管理项目，而将项目所有的设计、施工任务发包出去，承包商与项目管理公司签订承包合同。但在一些项目上，项目管理公司也可能会承担一些外界及公用设施的设计/采购/施工工作。这种项目管理模式中，项目管理公司要承担费用超支的风险，当然，若管理得好，利润回报也较高。

（二）项目管理咨询型（PM）

在该种类型中，项目管理公司按照合同约定，在工程项目决策阶段，为业主编制可行性研究报告，进行可行性分析和项目策划；在工程项目实施阶段，为业主提供招标代理、设计管理、采购管理、施工管理和试运行（竣工验收）等服务，代表业主对工程项目进行质量、安全、进度、费用等管理。这种项目管理模式风险较低，项目管理公司根据合同承担相应的管理责任，并得到相对固定的服务费。

从某种意义上说，CM 模式与项目管理模式有许多相似之处。如 CM 单位也必须要由经验丰富的工程公司担当；业主与项目管理公司、CM 单位之间的合同形式皆是一种成本加酬金的形式，如果通过项目管理公司或 CM 单位的有效管理使投资节约，项目管理公司或 CM 单位将会得到节约部分的一定比例作为奖励。但 CM 模式与项目管理模式的最大不同之处在于：在 CM 模式中，CM 单位虽然接受业主的委托，在设计阶段提前介入，给设计单位提供合理化建议，但其工作重点是在施工阶段的管理；而项目管理模式中的项目管理公司的工作任务可能会涉及到整个项目建设过程，从项目规划、立项决策、设计、施工到项目竣工。

五、一体化项目管理模式

随着项目规模的不断扩大和建设内容的日益复杂，近年来国际上出现了一种一体化项目管理的模式。所谓一体化项目管理模式是指业主与项目管理公司在组织结构上、项目程序上，以及项目设计、采购、施工等各个环节上都实行一体化运作，以实现业主和项目管理公司的资源优化配置。实际运作中，常常是项目业主和项目管理公司共同派出人员组成一体化项目联合管理组，负责整个项目的管理工作。一体化项目联合管理组成员只有职责之分，而不究其来自何方。这样项目业主既可以利用项目管理公司的项目管理技术和人才优势，又不失去对项目的决策权，同时也有利于业主把主要精力放在专有技术、资金筹措、市场开发等核心业务上，有利于项目竣工交付使用后业主的运营管理，如维修、保养等。我国近年来在石油化工行业中开始探索一体化项目管理模式，并取得了初步的实践经验。

六、工程项目总包模式

工程项目总包（Engineering，Procurement and Construction，EPC）也称一揽子承包，或叫"交钥匙"（Turn-key）承包。这种承包方式，业主对拟建项目的要求和条件，只概略地提出一般意向，而由承包商对工程项目进行可行性研究，并对工程项目建设的计划、设计、采购、施工和竣工等全部建设活动实行总承包。

七、Partnering 模式

Partnering 模式，常译为伙伴模式，是在充分考虑建设各方利益的基础上确定建设工程共同目标的一种管理模式，于 20 世纪 80 年代中期首先出现在美国。它一般要求业主与参建各方在相互信任、资源共享的基础上达成一种短期或长期的协议，通过建立工作小组相互合作，通过内部讨论会及时沟通以避免争议和诉讼的产生，共同解决建设工程实施过程中出现的问题，共同分担工程风险和有关费用，以保证参与各方目标和利益的实现。Partnering 协议，不是严格法律意义上的合同，一般都是围绕建设工程的费用、进度和质量三大目标以及工程变更、争议和索赔、施工安全、信息沟通和协调、公共关系等问题做出相应的规定，而这些规定都是有关合同中没有或无法详细规定的内容。

Partnering 模式在日本、美国和澳大利亚的运作取得了成功。它除了具有效率高、官僚作风少，以及成本确定、施工速度快、质量好等优点外，还具有以下特点。

（1）合作各方的自愿性。项目各参与方在相互信任、尊重对方的利益的基础上，建立了"以项目成败为己之成败"的理念，自愿为共同的目标努力，而不是依靠合同所规定条款的法律效力。

（2）高层管理的参与。项目参与各方建立伙伴关系，一般是项目参与各方的战略选择，因此在建立伙伴关系或选择战略伙伴时都需要高层管理的参与。

（3）信息的开放性。伙伴模式中，项目参与各方在实施过程中必须通过内部讨论会沟通、交流意见和信息，及时解决项目实施过程中出现的问题。因此本着问题解决和持续改进的原则，伙伴模式中，项目参与各方关于项目信息的开放度较高。

课后案例

某 220kV 变电站项目组织机构

根据本项目工作内容多及项目对外协调工作量大的特点，决定在项目实施中抽专人组成专门的项目机构，并采用项目式的组织结构（组织人员预留有一定弹性）。

项目部人员职责范围分别如下所述。

（1）项目经理、副经理：负责整个工程项目的计划、组织、指导、控制及管理内容的综合平衡。

（2）安全专责：

1）负责起草安全管理规定，协调各施工队之间涉及安全问题的关系；

2）负责各施工队的安全技术措施的审查；

3）对项目全过程的人身安全、质量安全、使用设施安全的监督检查和现场纠章；

4）负责项目全过程危险部位和危险过程人、物的安全监控等。

（3）现场管理专责：

1）负责项目施工方案、工艺流程审核；

2）参与施工组织设计审核、工序安排督促、协调；

3）组织、参与施工图纸会审；

4）负责项目工程进度控制、质量控制，现场签证；

5）参与危险部位和危险过程的监控，设备材料的进场协调落实、验收；

6）负责与设计、监理、施工方的沟通；现场文明施工，竣工资料的把关验收、归档、移交等。

（4）技经专责：

1）负责预决算的审核；

2）负责预决算的传递、落实，参与进度检查报告分析。

（5）综合管理专责：

1）合同起草、签订、归档；

2）负责各种文件、会议记录、报告起草、打印、复印、传递、登记、归档；

3）负责资金计划、支付款登记和总进度管理，以及进度报表、进度检查分析报告等。

（6）财务专责：

1）负责本工程资金的进出登记，资金申请；

2）负责项目的财务结算。

（7）设备专责：

1）负责采购设备、主要材料的采购计划；

2）负责自己供应设备、主要材料的采购供应计划的落实；

3）负责自己供应设备、主要材料的沟通协调及按时供应。

讨论题：说明项目部人员的主要职责。

（资料来源：河南省电力公司焦作供电公司．电网工程项目管理．北京：中国电力出版社，2007．）

小　　结

电力工程项目管理组织

电力工程项目管理组织原理

电力工程项目组织是指为完成特定的电力工程项目任务而建立起来的，从事电力工程项目具体工作的组织。它具有目的性、一次性、柔性、分解结构制约组织结构、项目组织与企业组织之间存在复杂的关系等特性

电力工程项目组织设计是一项复杂的工作，因为影响电力工程项目的因素多、变化快，导致项目组织设计的难度大，因此在进行电力项目组织设计工作的过程中，应从依据、原则、内容等多方面进行考虑

电力工程项目组织结构的形式有直线型组织结构、职能型组织结构、直线—职能型组织结构、项目式组织结构、矩阵式组织结构等类型

电力工程项目组织结构的选择：电力工程项目组织结构形式没有固定的模式，一般是结合影响选择的因素，视项目规模大小、技术复杂程度、环境情况而定

电力工程项目管理组织形式

设计—招标—建造方式：在国际上最为通用，世界银行、亚洲开发银行贷款项目和采用国际咨询工程师联合会合同条件的国际工程项目均采用这种模式

设计—施工总包方式：是促进设计与施工的早期结合，以便有可能充分发挥设计和施工双方的优势，提高项目的经济性。一般适用于建筑工程项目

CM模式：采用快速路径法进行施工时，从开始阶段就选择具有施工经验的CM单位参与到建设工程实施过程中来，以便为设计人员提供施工方面的建议且随后负责管理施工过程

PM模式：是项目管理公司受项目业主委托，根据合同约定，代表业主对工程项目的组织实施进行全过程或若干阶段的管理和服务

一体化项目管理模式是指业主与项目管理公司在组织结构上、项目程序上，以及项目设计、采购、施工等各个环节上都实行一体化运作，以实现业主和项目管理公司的资源优化配置

工程项目总包模式：业主对拟建项目的要求和条件，只概略地提出一般意向，而由承包商对工程项目进行可行性研究，并对工程项目建设的计划、设计、采购、施工和竣工等全部建设活动实行总承包

Partnering模式：是在充分考虑建设各方利益的基础上确定建设工程共同目标的一种管理模式

思 考 题 与 习 题

1. 简述电力工程项目组织的概念及特点。
2. 简述电力工程项目组织设计的依据、原则、内容及组织部门划分的基本方法。
3. 常见的电力工程项目组织结构的形式有哪些？各有何优缺点？适用范围是什么？
4. 电力工程项目组织方式有哪些？各有何优缺点？适用范围是什么？

第五章　电力工程项目进度管理

学习目标

（1）掌握电力工程项目活动、建设工期、工程进度、工程项目进度计划的概念，熟悉进度指标的四种表现形式。

（2）了解电力工程项目进度计划编制的主要依据，掌握电力工程项目进度计划的影响因素，熟悉电力工程项目进度计划系统、编制进度计划的程序与方法，掌握双代号网络图法、双代号时标网络图法、单代号网络图法、单代号搭接网络图法进行进度计划的编制，熟悉电力工程项目进度计划的工期优化、工期—费用优化、工期—资源优化。

（3）熟悉电力工程项目进度控制的任务、项目控制原理、项目进度控制过程，掌握实际进度与计划进度的比较方法、项目进度控制的实施。

本章提要

本章介绍了电力工程项目进度计划的编制方法和步骤；进度控制的几种重要方法，包括横道图比较法、S 形曲线法、香蕉形曲线法和前锋线比较法。

电力工程项目进度管理是电力工程项目管理中最重要的"三大目标"之一。一个电力工程项目能否在预定的时间内交付使用，直接关系到投资效益的发挥。因此，对电力工程项目进度进行有效的管理，使其顺利达到预定的目标，是业主、监理工程师和承包商进行电力工程项目管理的中心任务。

第一节　电力工程项目进度计划

一、概述

（一）基本概念

1. 电力工程项目活动的概念

电力工程项目活动是指为完成电力工程项目而必须进行的具体的工作。在电力工程项目管理中，活动的范围可大可小，一般应根据电力工程具体情况和管理的需要来定。例如，可将汽轮机基座、锅炉基础、烟塔环基等各定义为一项活动，也可将这三项活动综合定义为一项大型设备基础工程。电力工程项目活动是编制进度计划、分析进度状况和控制进度的基本工作单元。

2. 工期

工期（Project Duration），其又分建设工期与合同工期。

（1）建设工期（Duration of Project Construction）是指工程项目或单项工程从正式开工到全部建成投产或交付使用所经历的时间。建设工期一般按日历月计算，有明确的起止年月，并在建设项目的可行性研究报告中有具体规定。建设工期是具体安排建设计划的依据。

（2）合同工期（Duration of Contract）是指完成合同范围工程项目所经历的时间，它从承包人接到监理工程师开工通知令的日期算起，直到完成合同规定的工程项目的时间。监理工程师发布开工通知令的时间和工程竣工时间在投标书附件中都已作出了详细规定，但合同工期除了该规定的天数外，还应计及：因工程内容或工程量的变化、自然条件不利的变化、业主违约及应由业主承担的风险等不属于承包人责任事件的发生，且经过监理工程师发布变更指令或批准承包人的工期索赔要求，而允许延长的天数。

3. 电力工程项目进度

所谓进度，是指活动或工作进行的速度，即工程项目实施结果的进展情况。

电力工程项目进度即为电力工程进行的速度，是指根据已批准的建设文件或签订的承发包合同，将电力工程项目的建设进度做进一步的具体安排。

项目实施结果应该以项目任务的完成情况，如工程的数量来表达。但由于电力工程项目对象系统（技术系统）的复杂性，常常很难选定一个恰当的、统一的指标来全面反映工程的进度。有时时间和费用与计划都吻合，但电力工程实物进度（工作量）未达到目标，则后期就必须投入更多的时间和费用。

4. 电力工程项目进度计划

电力工程项目进度计划是在电力项目分解结构的基础上对项目活动做出的一系列时间安排，可表示工作预计开始和完成的时间，同时还可以：

（1）引导项目其他类型的计划工作；

（2）协调资源；

（3）使资源在需要时可以被利用；

（4）预测在不同时间上所需的资金和资源的级别以便赋予项目不同的优先级；

（5）满足严格的完工时间约束。

进度问题在项目生命周期中引起的冲突最多。在电力工程项目管理中对进度的考虑一般要优于费用考虑，因而进度计划在电力工程项目管理中非常重要，是成功实现项目目标的关键。制定电力工程项目进度计划的过程有活动定义、活动排序、活动时间估算及制定进度计划。

（二）进度指标

在现代工程项目管理中，人们已赋予进度以综合的含义，它将工程项目任务、工期、成本有机地结合起来，形成一个综合的指标，能全面反映项目的实施状况。所以进度控制已不只是传统的工期控制，而且还将工期与工程实物、成本、劳动消耗、资源等统一起来。

进度控制的基本对象是项目范围内的工程活动。它包括项目结构图上各个层次的单元，上至整个项目，下至各个工作包，有时直到最低层次网络上的工程活动。项目进度状况通常是通过各工程活动完成程度（百分比）逐层统计汇总计算得到的。进度指标的确定对进度的表达、计算、控制有很大影响。由于一个电力工程有不同的子项目、工作包，它们工作内容和性质不同，必须挑选一个共同的、对所有工程活动都适用的计量单位。

目前应用较多的是如下四种指标。

1. 持续时间

持续时间（工程活动的或整个项目的）是进度的重要指标。人们常用已经使用的工期与计划工期相比较以描述工程完成程度。

2. 按工程活动完成的可交付成果数量描述

用完成的实物量表示进度。这个指标主要针对专门的领域，其生产对象简单、工程活动简单的项目。其主要优点是直观、简单明确、容易理解。

3. 已完成工程的价值量

即用已经完成的工作量与相应的合同价格（单价），或预算价格计算。它将不同种类的分项工程统一起来，能够较好地反映工程的进度状况。这是常用的进度指标。

4. 资源消耗指标

最常用的有劳动工时、机械台班、成本的消耗等。它们有统一性和较好的可比性，即各个工程活动直到整个项目都可用它们作为指标，这样可以统一分析尺度。

（三）进度计划与项目结构分解和网络计划的关系

项目的结构分解（Project Breakdown Structure，PBS）就是通过系统的方法将总目标和总任务所定义的项目分解开来，得到不同层次的项目单元。实施这些项目单元的工作任务与活动就是工程活动。项目的分解有许多种，如电力工程项目中的建筑工程施工质量检评以及建筑工程造价体系中的建设项目、单项工程、单位工程、分部工程、分项工程等。但由于编制电力工程项目进度计划是以电力工程项目实施为中心，并按实际工程中时间先后顺序进行的，所以这里所采用的项目结构分解，实际是指项目实施的工作结构分解（Work Breakdown Structure，WBS）。项目结构分解是工作结构分解的一种。可以用 WBS 表示项目的结构分解。WBS 是通过工程项目实施的主要工作任务以及工程项目技术系统的综合分解，最后得到工程项目的实施活动，而且这些活动需要从各个方面（质量、技术要求、实施活动的责任人、费用限制、持续时间、前提条件等）作详细的说明和定义，从而形成项目计划、实施、控制、信息等管理工作的最重要的基础，这个工作应与相应的技术设计、计划组织安排等工作同步进行。

网络计划技术是目前为止编制进度计划的最有效的方法，主要有关键线路法（CPM）和计划评审技术（PERT）。工程项目中最常用的是关键线路法，其中网络图的模型又分为双代号网络、单代号网络或单代号搭接网络。目前建立在网络计划基础上的项目管理软件已经很成熟，并得到广泛使用，其中许多软件将 WBS 及网络计划技术（最常见的是单代号搭接网络）很好地结合起来，使项目计划具有很强的层次性。而且，只要分析出工程项目构成网络计划的基本要素，利用这些软件就能非常容易地进行进度计划的网络分析。

二、电力工程项目进度计划的编制

电力工程项目管理大体上应分为前期策划、工程建设的施工、调试、竣工验收四个阶段，其中工程建设施工是核心部分。

（一）电力工程项目施工进度计划编制的主要依据

不同类型的施工进度计划，其依据稍有差别。编制施工进度计划，常应以下列信息为依据。

（1）项目承包合同对工期的要求。施工承包合同中有关工期、质量、资金的要求是确定施工进度计划的基本依据。

（2）施工方案设计。施工方案设计与施工进度计划编制是互为影响的，施工方案设计应考虑到施工进度的要求；而编制施工进度计划又应考虑到施工方法、施工机械的选择等因素的影响。

（3）设计文件及施工详图供图速度。设计文件明确了工程规模、结构形式及具体的要求，是编制进度的依据。此外，施工详图是施工的依据，施工详图的供图速度必须与施工进度计划相适应。

（4）承包人的管理水平和设备状况。包括承包商及分包商的项目管理水平、人员素质与技术水平、施工机械的配套与管理等资料。

（5）有关施工条件。①施工现场的气象、水文、地质情况；②建设地区建筑材料、劳动力供应情况；③供水、供电的方式及能力等状况；④工地场内外交通状况；⑤征地、拆迁及移民安置情况；⑥业主、监理工程师和设计单位管理项目的方法和措施。

（6）有关法规、技术规范或标准。例如施工技术规范、施工定额等。

（7）施工企业的生产经营计划。一般施工进度计划应服从施工企业经营方针的指导，满足生产经营计划的要求。

（二）电力工程项目进度计划的影响因素

1. 项目的规模大小

对于小项目应采用简单的进度计划方法，如甘特图。大项目为了保证按期按质达到项目目标，就需考虑用较复杂的进度计划方法，如网络计划技术。

2. 项目的复杂程度

工程项目的规模并不一定总是与项目的复杂程度成正比。例如建设一条 15kV、20km 线路，规模虽然不小，但并不复杂，可以用较简单的进度计划方法；而建设一座 220kV 变电站，要复杂得多，可能就需要较复杂的进度计划方法。

3. 项目的紧急性

在工程项目急需进行阶段，特别是在开始阶段，需要对各项工作发布指示，便于尽早开始工作。如果用很复杂的方法编制进度计划，就会延误工期时间，因此，可先用简单的甘特图方法编制进度计划。

4. 对项目细节掌握的程度

如果对工程项目的细节掌握不够，就无法用关键线路法（CPM）、计划评审技术（PERT）方法。因此使用 CPM 或 PERT 需要知道工作之间的逻辑关系及完成每项工作的时间估计等信息。

5. 有无相应的技术力量和设备

例如，没有计算机及项目管理软件，CPM 和 PERT 进度计划方法有时就难以应用。而如果没有受过良好训练的合格技术人员，也无法胜任用复杂的方法编制进度计划。

（三）电力工程项目进度计划系统

电力工程项目进度计划系统是由多个相互关联的进度计划组成的系统，它们是项目进度控制的依据。由于各种进度计划编制所需要的必要资料是在项目进展过程中逐步形成的，因此项目进度计划系统的建立和完善也有一个过程，它是逐步形成的。根据不同的控制需要，电力工程项目进度计划系统可从以下几个方面构成不同的进度计划系统。

1. 由不同深度的计划构成进度计划系统

（1）总进度规划。

（2）项目子系统进度规划。

（3）项目子系统中的单项工程进度计划等。

2. 由不同功能的计划构成进度计划系统

（1）控制性进度规划。

（2）指导性进度规划。

（3）实施性进度计划。

3. 由不同项目参与方的计划构成进度计划系统

（1）业主方编制的整个项目实施的进度计划。

（2）设计进度计划。

（3）施工和设备安装进度计划。

（4）采购和供货进度计划等。

（四）编制进度计划的程序与方法

进度计划是工程项目计划体系中最重要的组成部分，是其他计划的基础。编制进度计划的程序主要包括定义活动范围、确定活动间的逻辑关系、估计各项工程活动的时间和按进度目标编制进度计划。

1. 定义活动范围（或称划分项目）

定义活动范围，并进行适当编号，以区分不同的活动，确定进度管理的基本单元。

（1）活动范围定义的依据。定义活动范围主要依据工程项目的结构、工程施工的特性和管理上的需要，具体应包括：

1）已有的工程项目分解规定。根据工程项目的特性可将其分解为设计、招投标、设备采购、施工、验收等阶段工作，而占主要阶段的施工则进一步按单项工程、单位工程、分部工程和分项工程分解。这样的分解在水利水电、建筑等行业都已作了一些规定，可将这样的分解视为是工程项目活动范围定义的基础。

例如一个单体项目，它有设计、招投标、设备采购、施工、验收等前后相继的不同的工作，所以有必要对项目进行横向分解。横向分解即对项目不同性质的工作内容进行分解，一般可按工程项目的生命周期中实施阶段的工作内容进行分解，如图 5-1 所示。

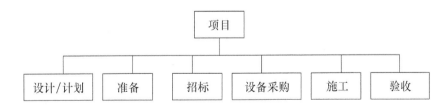

图 5-1　工程项目按横向分解

各工作内容下面，按照业主或项目组织者的合同战略及分标要求进行分解，如施工项目单元可以作如图 5-2 所示的分解。

2）工程施工方案和管理的要求。在工程项目分解到分项工程后，可根据施工的特点和管理上的要求，再进一步地详细分解，得到进度管理的基本单元，即工程项目活动。当然，在一些较为宏观的进度计划中，有时也将一分项工程定义为一活动。

（2）活动范围表示。将活动范围定义后，工程项目可分解为从粗到细、分层的树状结构，并可将其用表的形式表示，形成项目活动清单，见表 5-1。

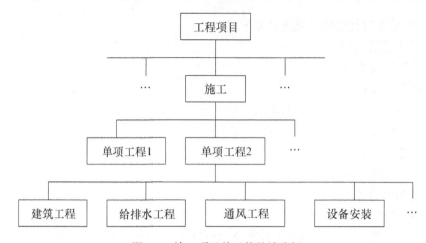

图 5-2 施工项目单元的继续分解

表 5-1   某工程安装间施工活动清单

活动号	活动名称	紧前活动或关系	单位	工程量	持续时间（d）	备注
a	柱体浇筑▽923.48m	—	m³	4000.0	90	
b	钢梁、预制桥机轨道梁及轨道安装	a	项	1	15	
c	2号桥机安装调试运行开到1号机组	b	项	1	45	
d	柱体浇筑▽923.48m～▽929.00m	b	m³	290.0	60	
e	墙体砌筑	a	m³	450.0	90	
f	网架施工	d	项	1	45	
g	1号桥机安装调试运行	f	项	1	45	
h	屋面板铺设	f	项	1	30	
i	屋顶女儿墙▽933.35m	FTS_{hi}=60d	m³	62.6	30	
j	屋面防水	i	项	1	30	

注 FTS_{hi}为活动 h 结束时间与活动 i 开始时间的时间间隔。

2. 确定活动间的逻辑关系

为方便工程项目进度管理，有必要定义活动间的逻辑关系，然后借助于一定的工具来描述这种逻辑关系，从而明确活动之间的相互联系，以便进一步对工程进度进行分析。例如线路工程项目中必须先立杆塔后架线，设备安装中必须先安装好设备才能调试。

（1）活动逻辑关系描述。活动逻辑关系是指活动之间开始投入工作或完成工作的先后关系，其常由活动的工艺关系和组织关系所决定。确定工作先后关系的原则是从逻辑关系到组织关系，即先确定逻辑关系，再确定组织关系。在电力工程项目中，必须先设计才能施工，先施工安装验收合格后才能投运，这是逻辑关系；先线路施工还是变电施工，这是组织关系。

1）工艺关系。活动之间的先后关系由活动的工艺决定的称为工艺关系。工艺关系的确定一般较为明确，通常由技术和管理人员的交流就可完成。例如变电站施工必须是先建筑施工，后电气安装。

2）组织关系。活动之间的先后关系由组织活动的需要（如人力、材料、施工机械调配的需要）决定的称为组织关系。工作组织关系的确定一般比较难，它通常取决于项目管理人员的知识和经验，因此组织关系的确定对于项目的成功实施是至关重要的。例如输电线路杆塔施工是先组立混凝土或先立塔，这主要看施工组织安排。

（2）活动逻辑关系表达方法。活动逻辑关系表达方法有多种，如横道图法、双代号绘图法、单代号绘图法、单代号搭接绘图法和时标网络法等。

1）横道图法（Gantt Charts）。是用图、表相结合的形式表示各项工程活动的开始时间、结束时间和持续时间，又称为甘特图法。用纵向表示工程项目活动，并将其在图的左侧纵向排列；用横向线段表示活动时间的延续，横向线段的起点为活动的开始时间，横向线段的终点为活动的结束时间。这是工程项目进度计划最常用的一种工具，由于其简单、明了、直观，易于编制，因此成为中小型项目管理中编制项目进度计划的主要工具。即使在大型工程项目中，它也是高级管理层了解全局、基层，安排项目进度时的有用工具。

2）双代号绘图法。双代号绘图法用箭线表示活动，用圆圈表示活动间的连接（或活动的开始，或活动的结束），将各活动有机地相连，形成一有向的图。该图中的箭线（即活动）可用专门的名称表示，也可用箭线前后圆圈中的编号表示，因此，该图称双代号网络图。图 5-3 所示为某基础工程双代号网络图。双代号网络图有三要素，即活动、节点和线路。

a. 活动，又称工序、作业或工作。在双代号网络图中一项活动用一条箭线和两个圆圈表示，如图 5-4 所示。活动名称写在箭线上面，活动的持续时间写在箭线下面；箭尾表示活动的开始，箭头表示活动的结束；圆圈中的两代码也可用以代表活动的名称。在图 5-3 中的挖土、打桩等活动均用箭线表示。在无时间坐标的网络图中，箭线的长度与完成活动持续时间无关。箭线一般画成直线，也可画成折线或曲线。双代号网络图中的活动分两类：一类是既需消耗时间，又需消耗资源的活动，如图 5-3 中的挖土、打桩；另一类活动，既不消耗时间，也不需要消耗资源的活动，称为虚活动（Dummy Activity）。虚活动是为了反映各活动间的逻辑关系而引入的，并用虚箭线表示。如图 5-3 中，在打桩紧前就有一虚箭线，其表示要在挖土和桩预制及养护均完成后，才能开始打桩。

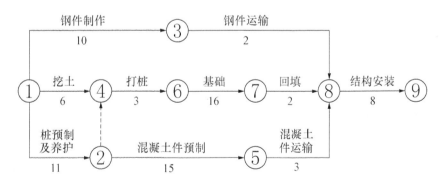

图 5-3　某基础工程双代号网络图

b. 节点（Node），又称事项或事件（Event）。它表示一项活动的开始或结束的瞬间，起承上启下的衔接作用，而不需要消耗时间或资源。节点在网络图中一般用圆圈表示，并赋以编号，如图 5-4 所示。箭线出发的节点称为开始节点，箭线进入的节点称为结束节点。在一个网络图中，除整个网络计划的起始节点和终止节点外，其余任何一个节点均有双

图 5-4　活动表示图

重作用，既是前面活动的结束节点，又是后面活动的开始节点。

c. 线路（Path），又称路线。从网络图的起始节点出发，沿箭线方向连续不断地通过一系列节点和箭线，到达网络图的终止节点有若干条通路，这每一条通路都称为一条线路。线路上各活动持续时间之和称为该线路持续时间。网络图中线路持续时间最长的线路称为关键路线（Critical Path）。关键路线的持续时间称进度网络计算工期。同时，位于关键线路上的活动称为关键活动（Critical Activity）。

绘制双代号网络图的规则如下：

a）双代号网络图必须正确表达已定的逻辑关系。网络图中常见的各种工作逻辑关系的表示方法见表 5-2。

表 5-2　　　　　　　　　　网络图中常见的各种工作逻辑关系的表示方法

序号	工作之间的逻辑关系	网络图中的表示方法
1	A 完成后进行 B 和 C	
2	A、B 均完成后进行 C	
3	A、B 均完成后同时进行 C 和 D	
4	A 完成后进行 C A、B 均完成后进行 D	
5	A、B 均完成后进行 D，A、B、C 均完成后进行 E，D、E 均完成后进行 F	
6	A、B 均完成后进行 C，B、D 均完成后进行 E	
7	A、B、C 均完成后进行 D，B、C 均完成后进行 E	

续表

序号	工作之间的逻辑关系	网络图中的表示方法
8	A 完成后进行 C，A、B 均完成后进行 D，B 完成后进行 E	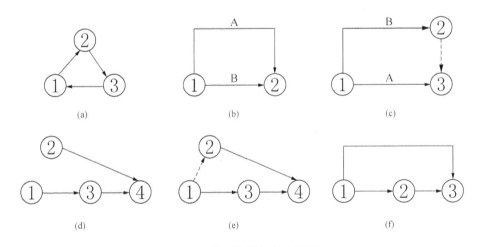
9	A、B 两项工作分成三个施工段，分段流水施工；A_1 完成后进行 A_2、B_1，A_2 完成后进行 A_3、B_2，B_1 完成后进行 B_2，A_3、B_2 完成后进行 B_3	

b）网络图中不允许出现回路（Logical Loop）。图 5-5（a）所示的网络图中，出现了①→②→③→①的循环回路，这是活动逻辑关系的错误表达。

c）在网络图中，不允许出现代号相同的箭线。图 5-5（b）中 A、B 两项活动的节点代号均是①—②，这是错误的，要用虚箭线加以处理，如图 5-5（c）所示。

d）在一个网络图中只允许一个起始节点（Start Node）和一个终止节点（End Node）。图 5-5（d）是错误的画法；图 5-5（e）是纠正后的正确的画法；图 5-5（f）是较好的画法。

图 5-5　绘网络图规则示例图

e）网络图是有向的，按习惯从第一个节点开始，各活动按其相互关系从左向右顺序连接，一般不允许箭线箭头指向左方向。

f）网络图中的节点编号（Node Number）不能出现重号，但允许跳跃顺序编号。用计算机计算网络时间参数时，要求一条箭线箭头节点编号应大于箭尾节点的编号。

【例 5-1】　某电力工程项目活动及逻辑关系见表 5-3。请根据表 5-3 画出该项目的双代号网络图。

表 5-3　　　　　　　　　　　　　某电力工程项目活动及逻辑关系

工程活动号	A	B	C	D	E	F	G	H	I	J	K
持续时间（天）	5	4	10	2	4	6	8	4	3	3	2
紧前活动	—	A	A	A	B	B、C	C、D	D	E、F	G、H、F	I、J

解　根据表 5-3 的活动及逻辑关系，可作出图 5-6。

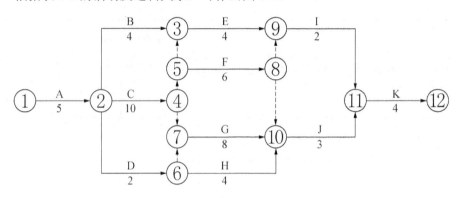

图 5-6　某电力工程项目双代号网络图

3）单代号绘图法。单代号绘图法用圆圈或方框表示活动，并在圆圈或方框内可以写上活动的编号、名称和持续时间；活动之间的逻辑关系用箭线表示，如图 5-7 所示。该方法易表达逻辑关系，不需设置虚工作，易于检查修改。

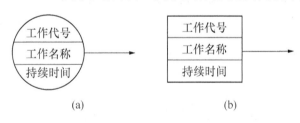

图 5-7　单代号绘图法活动的表示

单代号网络图与双代号网络图相比，具有以下特点：

a．工作之间的逻辑关系容易表达，且不用虚箭线，故绘图较简单；

b．网络图便于检查和修改；

c．由于工作持续时间表示在节点之中，没有长度，故不够形象直观；

d．表示工作之间逻辑关系的箭线可能产生较多的纵横交叉现象。

单代号绘图法将活动有机地连接，形成的一有向图称为单代号网络图。

【例 5-2】　某基础分三段施工，所需时间为挖土 12 天，垫层 6 天，砌基础 9 天，回填 3 天，试绘制单代号网络图。

解　该例题的单代号网络图如图 5-8 所示。目前单代号网络图被大部分项目管理软件所采用。

单代号网络图绘制规则：当项目中有多项起始活动或结束活动时，应在开始或结束时增加一项虚拟活动，作为起始节点或结束节点，该虚拟活动时间为 0。

3．估算各项工作活动的时间

工程项目网络中所有工作的进度安排都是由工作的延续时间来推算的，因此，对工作延续时间的估计要做到客观正确的估计。这就要求在对工作作出时间估计时，不应受到工作重

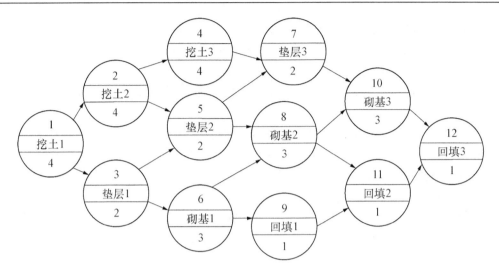

图 5-8　［例 5-2］单代号网络图

要性及工程完成期限的影响，要在考虑到各种资源、人力、物力、财力的情况下，把工作置于独立的正常状态下进行估计，但要兼顾项目所处环境、季节影响因素；要做到统筹考虑，不可顾此失彼。定义活动持续时间，有利于落实资源供应计划。

（1）项目活动时间估计的依据。

1）项目活动清单。

2）资源配置。资源包括人力、材料、施工机械和资金等，大多数情况下，活动持续时间受到资源分配的影响。

3）资源效率。大多数活动持续时间受到所配置的资源的效率的影响。如熟练工完成某项活动的时间一般要比普通工少。

（2）项目活动持续时间估计的途径和方法。

1）项目活动持续时间估计的途径可采用下列三条，或者是它们的综合。

a．利用历史数据。历史数据包括工程定额、项目档案、规程规范，以及企业所积累的一些数据。

b．专家判断估计。影响活动持续时间的因素很多，对其的估计也有一定的难度。因此，可请专家提供帮助，由他们根据历史资料和积累的经验进行估计。

c．类比估计。类比估计意味着以先前的类似的实际工程项目的工作时间来推测估计当前项目各工作的实际时间。当项目的一些详细信息获得有限的情况下，这是一种最为常用的方法，类比估计可以说是专家判断的一种形式。

2）项目活动持续时间估计的方法主要分为以下两种。

a．单时估计法。其是根据施工定额、预算定额、施工方法、投入的劳动力、施工机具设备和其他资源，估计出一个确定的时间的一种方法。其计算式为

$$D_{i-j} = \frac{Q}{SRn} \tag{5-1}$$

式中　D_{i-j}——完成活动 $i-j$ 的持续时间；

　　　Q——活动的工作量；

S——产量定额；

R——投入活动 $i–j$ 的人数或施工机械台班；

n——工作的班次。

单时估计法一般适用于影响活动的因素少、影响程度比较确定，并且具有相当的历史资料的情况。

b. 德尔菲专家评议法。请有实践经验的专家对持续时间进行评议。该方法是美国兰德公司于 1964 年首先用于预测领域的。在评议时，应尽可能多地向专家提供工程的技术和环境资料。运用这一方法的步骤是：

a）根据问题的特点，选择和邀请做过相关研究或有经验的专家。

b）将与问题有关的信息分别提供给专家，请专家各自独立发表自己的意见，并写成书面材料。

c）管理者收集并综合专家们的意见后，将综合意见反馈给各位专家，请专家再次发表意见。如果分歧很大，可以开会集中讨论；否则，管理者分头与专家联络。

d）如此反复多次，最后形成代表专家组意见的方案，测定出相关活动的持续时间。

c. "三时"估计法（Three-Time-Estimate）

当各活动的影响因素较多、其不确定性较大，且又缺乏时间消耗的历史资料时，就难估计出一个肯定的单一的时间值，而只能由概率理论，计算活动持续时间的期望值（Expectation）和方差（Variance）。"三时"估计法首先估计出下列三个时间值，即最乐观时间（Most Optimistic Time）、最可能时间（Most Probable Time）、最悲观时间（Most Pessimistic Time）；然后，假设活动持续时间服从 β 分布，并用下列公式计算活动 $i–j$ 持续时间的期望值 D_{i-j} 和方差 σ_{i-j}^2，即

$$D_{i-j} = \frac{a + 4m + b}{6} \tag{5-2}$$

$$\sigma_{i-j}^2 = \left(\frac{b - a}{6} \right)^2 \tag{5-3}$$

4. 电力工程项目进度计划的编制

编制进度的基本方法有横道图法和网络图法两种。不同类型的电力工程项目进度计划，采用的编制方法也有所不同。对活动项数较少的进度计划，常用横道图法编制。例如控制性总进度计划、实施性分部或分项工程的进度计划，因它们的活动均较少，因此常用横道图法编制。用横道图法编制的进度计划具有活动的开始和结束时间明确、直观等特点。但当活动项数较多时，横道图对活动间的逻辑关系不能清楚表达，进度的调整比较麻烦，进度计划的重点也难以确定。而网络图法可以弥补上述不足，因此，当活动项数较多时，目前用得较普遍的是网络图法。

网络图法中又分关键线路法（Critical Path Method，CPM）、计划评审技术（Program Evaluation Review Technique，PERT）、图示评审技术（Graphical Evaluation Review Technique，GERT）、决策网络计划法（Decision Network，DN）和风险评审技术（Venture Evaluation and Review Technique，VERT）。

在电力工程项目进度计划中用得较多的方法有横道图法、关键线路法和计划评审技术。下面介绍关键线路法。

关键线路法假定进度计划中活动与活动间的逻辑关系是肯定的，每项活动的持续时间也

只有一个的网络计划技术。在关键线路法中可计算网络图的 6 个时间参数。

最早开始时间 ES_{i-j}（Earliest Start Time）——活动 $i-j$ 最早可能开始的时间。

最早结束时间 EF_{i-j}（Earliest Finish Time）——活动 $i-j$ 最早可能结束的时间。

最迟开始时间 LS_{i-j}（Latest Start Time）——活动 $i-j$ 最迟必须开始的时间。

最迟结束时间 LF_{i-j}（Latest Finish Time）——活动 $i-j$ 最迟必须结束的时间。

总时差 TF_{i-j}（Total Float Time）——活动 $i-j$ 在不影响总工期的条件下可以延误的最长时间。

自由时差 FF_{i-j}（Free Float Time）——活动 $i-j$ 在不影响紧后活动最早开始时间的条件下，允许延误的最长时间。

关键线路法中又可分双代号网络图法、双代号时标网络图法、单代号网络图法、单代号搭接网络图法等，下面分别介绍。

（1）双代号网络图法。该方法的核心是正确表达活动间的逻辑关系和计算活动的时间参数。

1）双代号网络图时间参数和计算工期的计算公式。令整个进度计划的开始时间为第 0 天，且节点编号有 $0<h<i<j<k$，则

a. 最早开始时间为

$$ES_{i-j}=0, \quad i=1 \tag{5-4}$$

$$ES_{i-j}=\max\left(ES_{i-j}+t_{i-j}\right) \tag{5-5}$$

式中　ES_{i-j}——活动 $i-j$ 各项紧前活动的最早开始时间；

t_{i-j}——活动 $i-j$ 的持续时间。

b. 最早完成时间为

$$EF_{i-j} = ES_{i-j} + t_{i-j} \tag{5-6}$$

c. 计算工期 T_c 为

$$T_c = \max(EF_{i-n}) \tag{5-7}$$

式中　EF_{i-n}——终节点前活动 $i-n$ 的最早完成时间。

d. 最迟完成时间为

$$LF_{i-j} = T_p, \, j = n \tag{5-8}$$

$$LF_{i-j} = \min(LF_{j-k} - t_{j-k}) \tag{5-9}$$

式中　T_p——计划工期；

LF_{j-k}——活动 $i-j$ 的各项紧后活动的最迟完成时间。

e. 最迟开始时间为

$$LS_{i-j} = LF_{i-j} - t_{i-j} \tag{5-10}$$

f. 总时差为

$$TF_{i-j} = LS_{i-j} - ES_{i-j} \tag{5-11}$$

或

$$TF_{i-j}=LF_{i-j} - EF_{i-j} \tag{5-12}$$

g. 自由时差为

$$FF_{i-j}=\min\left(ES_{j-k} - ES_{i-j} - t_{i-j}\right) \tag{5-13}$$

或

$$FF_{i-j} = \min(ES_{j-k} - EF_{i-j}) \tag{5-14}$$

总时差是指在不影响总工期的前提下，本项工作可以利用的机动时间。如果最迟开始时间与最早开始时间不同，那么该工作的开始时间就可以浮动。总时差计算式为

总时差=最迟开始时间−最早开始时间

如果工作周期是不变的，那么最早和最迟开始时间的差值与最早和最迟结束时间的差值是一样的（在大多数计划系统中，也确定是这样假定的）。总时差最小的工作是关键工作，其工作周期决定了项目的总工期。由关键工作组成的线路为关键线路。如果令项目最后一项工作的最迟结束时间等于它的最早结束时间，则此时的最小总时差即为零。因此，通常总时差为零的工作为关键工作。自由时差是指在不影响其紧后工作最早开始的前提下，本工作可以利用的机动时间。一项工作的自由时差越大，在进度安排时该工作的灵活性就越大。

2）双代号网络的图上作业法。直接在双代号网络图上计算其时间参数的方法称为图上作业法。

a. 最早时间。活动最早开始时间的计算从网络图的左边向右逐项进行。先确定第一项活动的最早开始时间为0，将其和第一项活动的持续时间相加，即为该项活动的最早结束时间。依此，逐项进行计算。当计算到某活动的紧前有两项以上活动时，需要比较他们最早完成时间的大小，取其中大者为该项活动的最早开始时间。最后一个节点前有多项活动时，取最大的最早完成时间为计算工期。

b. 最迟时间。活动最迟完成时间的计算从网络图的右边向左逐项进行。先确定计划工期，若无特殊要求，一般可取计算工期。和最后一个节点相接的活动的最迟完成时间为计划工期时间，将它与其持续时间相减，即为该活动的最迟开始时间。当计算到某活动的紧后有两项以上活动时，需要比较他们最迟开始时间的大小，取其中小者为该项活动的最迟完成时间。逆箭线方向逐项进行计算，一直算到第一个节点。

c. 总时差。每一活动的最迟时间与最早时间之差，即为该活动的总时差。

d. 自由时差。某一活动的自由时差为其紧后活动的最早开始时间减去其最早完成时间，然后取最小值。

e. 关键活动和关键线路。当计划工期和计算工期相等时，总时差为0的活动为关键活动；关键活动依次相连即得关键线路。当计划工期和计算工期之差为同一值时，则总时差为该值的活动为关键活动。

【例5-3】 图5-9为用图上作业法计算网络时间参数，分析关键线路的一个示例。

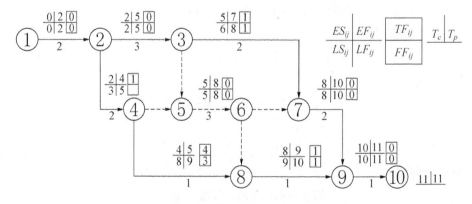

图5-9 图上作业法计算网络时间参数示例

（2）双代号时标网络图法。简称时标网络，是以时间坐标为尺度表示活动的进度网络。如图 5-10 所示，双代号时标网络将双代号网络图和横道图结合了起来，既可表示活动的逻辑关系，又可表示活动的持续时间。

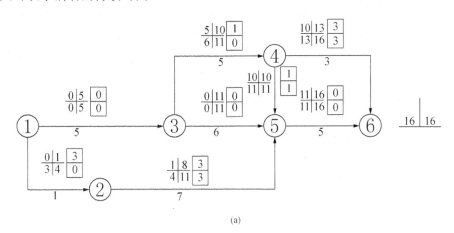

(a)

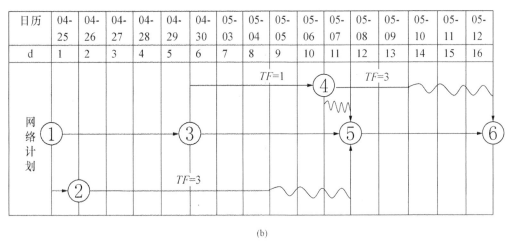

(b)

图 5-10　时标网络图

（a）双代号网络计划及时间参数；（b）双代号时标网络计划

1）时标网络的表示。在时间坐标下，以实线表示活动，以实线后的波形线（或者虚线）表示自由时差；虚活动仍以虚箭线表示，如图 5-11 所示。

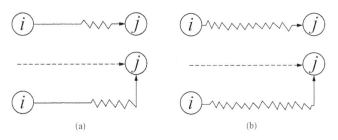

(a)　　　　　　　　　　　　(b)

图 5-11　时标网络符号示例

2）时标网络的绘图规则。绘制时标网络，应遵循如下规定：①时间长度是以所有符号在时标表上的水平位置及其水平投影长度表示的，与其所代表的时间值所对应；②节点中心必须对准时标的刻度线；③时标网络宜按最早时间编制。

3）时标网络计划编制步骤。编制时标网络，一般应遵循如下步骤：①画出具有活动时间参数的双代号网络图；②在时标表上，按最早开始时间确定每项活动的开始节点位置；③按各活动持续时间长度绘制相应活动的实线部分，使其水平投影长度等于活动持续时间；④用波形线（或者虚线）把实线部分与其紧后活动的开始节点连接起来，以表示自由时差。

4）时标网络计划中关键线路和时间参数分析。

a. 关键线路。自终节点到始节点观察，凡是不出现波形线的通路，即为关键线路。

b. 计算工期。终节点与始节点所在位置的时间差值为计算工期。

c. 活动最早时间。每箭尾中心所对应的时标值代表最早开始时间；没有自由时差的活动的最早完成时间是其箭头节点中心所对应的时标值；有自由时差的活动的最早完成时间是其箭头实线部分的右端所对应的时标值。

d. 活动自由时差。活动的自由时差是其波形线（或虚线）在坐标轴上水平投影的长度。

e. 总时差。活动总时差可从右到左逐个推算，其计算式为

$$TF_{i-j}=\min(TF_{j-k}+FF_{i-j}) \tag{5-15}$$

式中　TF_{j-k}——活动 $i-j$ 的紧后工作的总时差；

FF_{i-j}——活动 $i-j$ 的自由时差。

（3）单代号网络图法。单代号网络图时间参数计算的方法和双代号网络图相同，计算最早时间从第一个节点算到最后一个节点，计算最迟时间从最后一个节点算到第一个节点。有了最早时间和最迟时间，即可计算时差和分析关键线路。

三、工程项目进度计划的优化

编制工程项目进度计划，仅是做工程项目进度计划中较前的一个工作环节，得到的也仅是一个初步的方案，还必须综合考虑各种可能利用的条件。在满足工期要求的同时，合理安排各项工作的周期与搭接关系，合理配置资源，力求达到经济效益最佳这一目的，这就是进度计划的优化。进度计划的优化通常包括工期优化、工期—费用优化、工期—资源优化。

（一）工期优化

工期优化就是以缩短工期为目标，压缩计算工期，以满足计划工期要求，或在一定条件下使工期最短的过程。工期优化一般通过压缩关键工作持续时间来实现。

工期优化就是调整进度计划的计算工期 T_c，使其在满足计划工期 T_p 的前提下，达到工期最为合理的目的。所谓计划工期就是项目业主（或项目委托人）所要求的工期。当计划工期比较合理或不易改动时，工期优化包括两方面内容：一是进度计划的计算工期超过计划工期，必须对进度计划进行优化，使计算工期满足计划工期的要求，并使因此而增加的费用最少；二是进度计划的计算工期远小于计划工期，这时也应先对进度计划进行优化，使其计算工期接近于计划工期，以达到节约费用的目的。进度计划的工期优化主要是通过改变关键路径工期来实现的。

工期优化的步骤如下：

（1）计算初始网络计划时间参数，找出关键工作和关键线路；

（2）按要求工期计算应缩短的时间 $T=T_c-T_p$（T_c 为计算工期，T_p 为计划工期）；

（3）确定各关键工作能压缩多少时间；

（4）选择应优先压缩工期的关键活动，压缩其持续时间，并重新计算网络计划的工期；

（5）如果已经达到工期要求，则优化完成，否则重复以上步骤，直至要求满足为止。

【例 5-4】　已知某国家电网工程网络计划如图 5-12 所示。图中箭线下方括号外为正常工作时间，括号内为最短工作时间，箭线上方或左侧括号内为优选系数（优选系数可根据实际需要，综合考虑工程活动的压缩成本、压缩工期对质量、安全的影响及资源供应、场地情况等设置，数值越小，优先级越高）。如计划工期为 120 天，试对其进行工期优化。

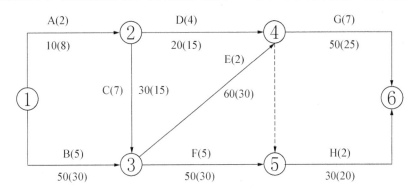

图 5-12　某国家电网工程初始网络计划

解　（1）用节点法计算时间参数，确定关键线路。计算结果如图 5-13 所示，关键线路为 B—E—G。工期为 $T_c=160$。

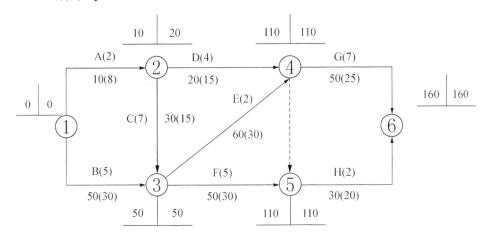

图 5-13　带有时间参数的网络计划

（2）计算需缩短的工期为

$$T=T_c-T_p=160-120=40（天）$$

1）选择关键工作进行工期优化：E 的优选系数最小，选择 E，压缩 30 天。

2）重新绘制网络图，计算时间参数，如图 5-14 所示。

3）由图 5-14 可见，计算工期仍大于要求工期，故需进行第二次压缩工期，关键线路为两条 BEG 和 BFH，此时 E 已不能压缩，可能的压缩方案为：①压缩 B，优选系数为 5；②压缩 G、F，组合优选系数为 7+5=12；③压缩 G、H，组合优选系数为 7+2=9。

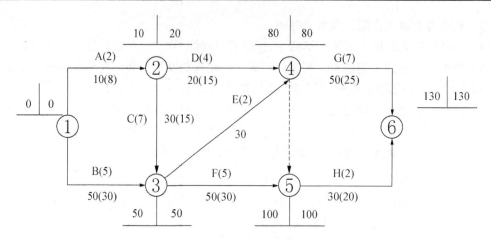

图 5-14 第一次压缩后的网络计划

选择优选系数最小的方案，故选择压缩 B，压缩 10 天，压缩后的网络图如图 5-15 所示。

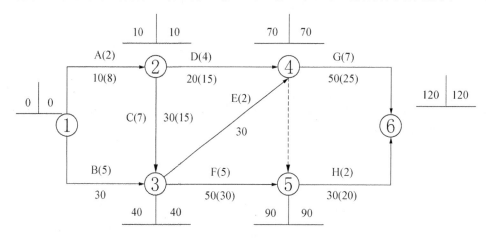

图 5-15 第二次压缩后的网络计划

工期 T=130-10=120（天）达到目标。关键线路为 A—C—E—G，A—C—F—H，B—F—H，B—E—G。

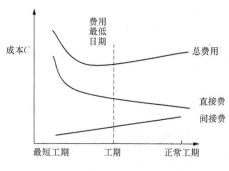

图 5-16 工期—费用关系示意图

（二）工期—费用优化

工期—费用优化就是应用网络计划，在一定约束条件下，综合考虑成本与工期两者的相互关系，以期达到成本低、工期短的目的。

1. 工期和费用的关系

工程成本包括直接费用和间接费用两部分。在一定时间内，工程直接费用随着工期的增加而减少，而间接费用则随着工期的增加而增大，它们与工期的关系曲线如图 5-16 所示。

间接费用由企业管理费、财务费和其他费用构成，它与施工单位的管理水平、施工条件、施工组织等有关。工程直接费用包括直接费用、其他直接费用和现场经费。工期压缩，必然采取加班加点和多班制突击作业，增加非熟练工，使用高价材料和劳动力，采用高价施工方法和机械等措施，因而随着工期缩短，工程直接费用较正常工期将大幅度增加。

2. 费用—工期优化步骤

从网络计划的各工作持续时间和费用关系中，依次找出既能使计划工期缩短，又能使其费用增加最少的工作，不断地缩短其持续时间，同时考虑间接费用叠加，即可求出工程成本最低时的相应最优工期或工期指定时相应的最低工程成本。

【**例 5-5**】　根据工作之间的逻辑关系，某电力工程施工网络计划如图 5-17 所示。该工程有两个施工组织方案，相应的各工作所需的持续时间和费用见表 5-4。在施工合同中约定：合同工期为 271 天，工期延误一天罚款 0.5 万元，提前一天奖 0.5 万元。问题：

（1）分别计算两种施工组织方案的工期和综合费用并确定关键线路；

（2）如果对该工程采用混合方案组织施工,应如何组织施工较经济？相应的工期和综合费用是多少？（在本题的解题过程中不考虑工作持续时间变化对网络计划关键线路的影响）

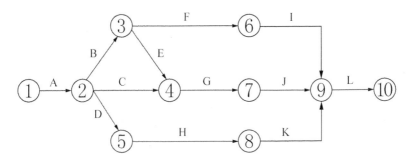

图 5-17　某电力工程施工网络计划

表 5-4　　　　　　　　　　　**基 础 资 料 表**

工作	施工组织方案 I		施工组织方案 II	
	持续时间（d）	费用（万元）	持续时间（d）	费用（万元）
A	30	13	28	16
B	46	20	42	22
C	28	10	28	10
D	40	19	39	19.5
E	50	23	48	23.5
F	38	13	38	13
G	59	25	55	28
H	43	18	43	18
I	50	24	48	25
J	39	12.5	39	12.5
K	35	15	33	16
L	50	20	49	21

解　（1）根据对图 5-17 所示施工网络计划的分析可知，该网络计划有四条线路，即

线路 1：1—2—3—6—9—10

线路 2：1—2—3—4—7—9—10

线路 3：1—2—4—7—9—10

线路 4：1—2—5—8—9—10

1）按施工组织方案Ⅰ，将表 5-4 中各工作的持续时间标在网络图上，如图 5-18 所示。

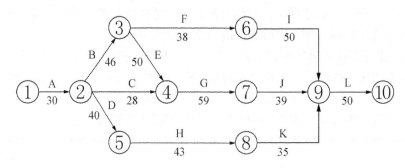

图 5-18　方案Ⅰ施工网络计划

图 5-18 中 4 条线路的长度分别为

$$T_1=30+46+38+50+50=214（天）$$
$$T_2=30+46+50+59+39+50=274（天）$$
$$T_3=30+28+59+39+50=206（天）$$
$$T_4=30+40+43+35+50=198（天）$$

所以关键线路为 1—2—3—4—7—9—10，计算工期 T=214 天。

将表 5-4 中各工作的费用相加，得到方案Ⅰ的总费用为 212.5 万元，则其综合费用为

$$C_1=212.5+(274-271)\times0.5=214（万元）$$

2）按方案Ⅱ组织施工，将表 5-4 中各工作的持续时间标在网络图上，如图 5-19 所示。

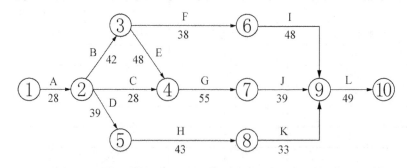

图 5-19　方案Ⅱ施工网络计划

图 5-19 中 4 条线路的长度分别为

$$T_1=28+42+38+48+49=205（天）$$
$$T_2=28+42+48+55+39+49=261（天）$$
$$T_3=28+28+55+39+49=199（天）$$
$$T_4=28+39+43+33+49=192（天）$$

所以关键线路为 1—2—3—4—7—9—10，计算工期 T=261 天。

将表 5-4 中各工作的费用相加，得到方案 I 的总费用为 224.5 万元，则其综合费用为

$$C_1=224.5+(261-271)\times0.5=219.5（万元）$$

（2）由题意求。

1）关键工作采用方案 II，非关键工作采用方案 I。关键工作 A、B、E、G、J、L 执行方案 II 的工作时间，保证工期为 261 天。非关键工作执行方案 I 的工作时间，而其中费用较低的非关键工作有：$t_D=40$ 天，$c_D=19$ 万元；$t_I=50$ 天，$c_I=24$ 万元；$t_K=35$ 天，$c_K=15$ 万元。则按此方案混合组织施工的综合费用为

$$C=219.5-(19.5-19)-(25-24)-(16-15)=217（万元）$$

2）在方案 I 的基础上，按压缩费用从少到多的顺序压缩关键线路。

a. 计算各关键工作的压缩费用。关键工作 A、B、E、G、L 每压缩一天的费用分别为 1.5、0.5、0.25、0.75、1.0 万元。

b. 先对压缩费用小于工期奖的工作压缩，即压缩工作 E2 天，但工作 E 压缩后仍不满足合同工期要求，故仍需进一步压缩，再压缩工作 B4 天，则工期为 268d（274-2-4），相应的综合费用

$$C=212.5+0.25\times2+0.5\times4+(268-271)\times0.5=213.5（万元）$$

因此，应在方案 I 的基础上压缩关键线路来组织施工，相应的工期为 268d，相应的综合费用为 213.5 万元。

（三）工期—资源优化

资源是项目所需人力、材料、设备和资金的统称。在进度计划管理的范围内，资源优化要解决两方面的问题：一是在提供的资源有所限制时，使每个时段的资源用量满足资源限量的要求，并使项目工期最短；二是当工期固定时，使资源安排更为均衡合理。前者称为"资源优化—工期最短"优化，后者称为"工期固定—资源均衡"优化。"资源优化—工期最短"优化，也称"资源计划安排法"，它的优化过程就是在许可的范围内不断调整各项工作的持续时间与搭接关系，使得在工期延长最短的条件下，逐步达到满足资源限量的目的。"工期固定—资源均衡"的优化过程则必须满足工期不变的前提。在工程项目施工中，资源均衡的一个主要要求就是力求每天的资源需用量尽可能接近平均值，避免出现短时期内的高峰和低谷。为保证项目总工期不变，关键工作、总时差为零的工作不得拖期。在选定拟调整的工作时，应从网络计划的最终节点开始，按工作完成节点的编号，按从大到小的顺序逐个选定，同一完成节点有多个可调整工作时，开始时间较迟的工作先进行调整。为使资源均衡性最优，上述过程要反复迭代，直至所有工作都不能再调整为止。

第二节　电力工程项目进度控制

在电力工程项目实施过程中，由于多种因素的干扰，经常在实际进度与计划进度间存在偏差。这种偏差不及时得到消除，进度计划目标就不会实现。因此，在电力工程项目进度计划的实施过程中要进行控制。

一、电力工程项目进度控制的基本概念

电力工程项目进度控制是指在经确认的电力工程进度计划的基础上，实施工程各项具体工作，在一定的控制期内检查实际进度完成情况，并将其与进度计划相比较，若出现偏差，

便分析产生的原因和对工期的影响程度，找出必要的调整措施，修改原计划，不断如此循环，直至工程项目竣工验收。

电力工程项目进度控制的总目标是确保电力工程项目的目标工期的实现。

二、电力工程项目进度控制的任务

电力工程项目管理有多种类型，代表不同利益方的项目管理（业主方和项目参与各方）都有进度控制的任务，但是，其控制的目标和时间范畴是不相同的。

（一）业主方进度控制的任务

业主方进度控制的任务是控制整个项目实施阶段的进度，包括控制设计准备阶段的工作进度、设计工作进度、施工进度、物资采购工作进度，以及项目动用前准备阶段的工作进度。

（二）设计方进度控制的任务

设计方进度控制的任务是依据设计任务委托合同对设计工作进度的要求控制设计工作进度，这是设计方履行合同的义务。另外，设计方应尽可能使设计工作的进度与招标、施工和物资采购等工作进度相协调。

（三）施工方进度控制的任务

施工方进度控制的任务是依据施工任务委托合同对施工进度的要求控制施工进度，这是施工方履行合同的义务。在进度计划编制方面，施工方应视项目的特点和施工进度控制的需要，编制深度不同的控制性、指导性和实施性施工的进度计划，以及按不同计划周期（年度、季度、月度和旬）的施工计划等。

（四）供货方进度控制的任务

供货方进度控制的任务是依据供货合同对供货的要求控制供货进度，这是供货方履行合同的义务。供货进度计划应包括供货的所有环节，如采购、加工制造、运输等。

三、项目控制原理

（一）动态控制原理

电力工程项目进度控制是随着项目的进行而不断进行的，是一个动态过程，也是循环进行的过程。从电力工程项目开始，实际进度就进入了运行的轨迹，也就是计划进入了执行的轨迹。实际进度按计划进行时，实际进度符合计划，计划的实现就有保证；实际进度与计划进度不一致时，就产生了偏差，若不采取措施加以处理，工期目标就不能实现。所以，当实际进度产生偏差时，就应分析偏差的原因、采取措施、调整计划，使实际与计划在新的起点上重合，并尽量使项目按调整后的计划继续进行。但在新的因素干扰下，又有可能产生新的偏差，又需继续按上述方法进行控制。进度控制就是采用这种动态循环的控制方法。

（二）系统原理

为了对施工项目实行进度计划控制，必须先编制施工项目的各种进度计划，形成施工项目计划系统。项目涉及到各个相关主体、各类不同人员，这就需要建立组织体系，形成一个完整的项目实施组织系统；为了保证项目进度，自上而下都应设有专门的职能部门或人员负责项目的检查、统计、分析、调整等工作。进度控制实际上就是用系统的理论和方法解决系统问题。

（三）信息反馈原理

应用信息反馈原理，不断进行信息反馈，及时地将施工的实际信息反馈施工项目控制人员，通过整理各方面的信息，经比较分析做出决策，调整进度计划，使其符合预定工期目标。

施工项目进度控制过程就是信息反馈的过程。

（四）网络计划技术原理

网络计划技术不仅可以用于编制进度计划，而且可以用于计划的优化、管理和控制。网络计划技术是一种科学有效的进度管理方法，是所有工程项目进度控制，特别是复杂工程项目进度控制的完整计划管理和分析计算的理论基础。

（五）弹性原理

工程项目进度计划影响因素多，在编制进度计划时，根据经验对各种影响因素的影响程度、出现的可能性进行分析，编制施工项目进度计划时要留有余地，使计划具有弹性。在计划实施中，利用这些弹性，缩短有关工作的时间，或改变工作之间的搭接关系，使已拖延了的工期，仍然达到预期的计划目标。

（六）封闭循环原理

工程项目的进度计划控制的全过程是计划、实施、检查、比较分析、确定调整措施、再计划的不断循环过程，形成如图 5-20 所示的封闭循环回路。

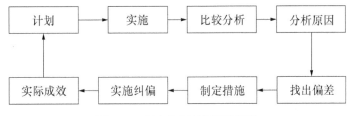

图 5-20 进度控制封闭循环回路

四、工程项目进度控制过程

由于电力工程项目的复杂性及外界环境的干扰，进度计划的编制者很难事先对项目实施过程中可能出现的问题进行全面的估计，如气候的变化、意外事故及其他条件的变化都会对电力工程进度计划的实施产生影响，常常造成实际进度与计划进度发生偏差，如果这种偏差得不到及时纠正，势必会影响到进度总目标的实现。为此，在电力工程项目进度计划的实施过程中，必须采用系统有效的进度控制系统，可概括为以下四个过程。

（一）实施及跟踪检查

采用多种控制手段保证各个工程活动按计划及时开始，记录各工程活动的开始和结束时间及完成程度。跟踪检查的主要工作是定期收集反映实际工程进度的有关数据。收集的数据质量要高，不完整或不正确的进度数据将导致不全面或不正确的决策。究竟多长时间进行一次进度检查，这是项目管理者常常关心的问题。一般地，进度控制的效果与收集信息资料的时间间隔有关，进度检查的时间间隔与工程项目的类型、规模、范围大小、现场条件等多方面因素有关，可视工程进度的实际情况，每月、每半月或每周进行一次。在某些特殊情况下，甚至可能进行每日进度检查。

（二）整理、统计和对比收集的数据

将收集的数据进行整理、统计和分析，形成与计划具有可比性的数据。例如，根据本期检查实际完成量确定累计完成的量、本期完成的百分比和累计完成的百分比等数据资料。将实际数据与计划数据进行比较，如将实际的完成量、实际完成百分比与计划的完成量、计划完成百分比进行比较。通过比较，了解实际进度比计划进度拖后、超前还是与计划进度一致。

确定整个项目的完成程度，并结合工期、生产成果、劳动效率、消耗等指标，评价项目进度状况，分析其中的问题。

（三）对下期工作做出安排

对一些已开始，但尚未结束的项目单元的剩余时间做出估算，提出调整进度的措施，根据已完成状况做新的安排和计划，调整网络（如变更逻辑关系、延长缩短持续时间等），重新进行网络分析，预测新的工期状况。

（四）评审与决策

对调整措施和新计划做出评审，分析调整措施的效果，分析新的工期是否符合目标要求。

五、实际进度与计划进度的比较方法

电力工程项目进度计划的对比分析是将实际进度与计划进度对比，计算出计划的完成程度与存在的差距，并经常结合与计划表达方法一致的图形一起进行对比分析。进度计划的检查对比方法主要有横道图比较法、S 形曲线比较法、香蕉形曲线比较法、前锋线比较法等。

（一）横道图比较法

横道图比较法是指利用横道图进行进度控制时，可将每天、每周或每月实际进度情况定期记录在横道图上，用以直观地比较计划进度与实际进度，检查实际执行的进度是超前、落后，还是按计划进行。若通过检查发现实际进度落后了，则应采取必要措施，改变落后状况；若发现实际进度远比计划进度提前，可适当降低单位时间的资源用量，使实际进度接近计划进度。该方法直观，是最常用的方法。

【例 5-6】 建筑工程工作之间的关系如图 5-21 所示。第 8 周末实际状况为：A 已在 0～5周中完成；B 已于第 5 周初开始，已完成工程量的 50%，剩余工作预计 4 周可完成；C 尚未开始，预计 1 周后开始；D 已于第 5 周初开始，由于工作量增加只完成 30%，还需 8 周才能完成；E 已于 4～7 周内全部结束；其他尚未开始。

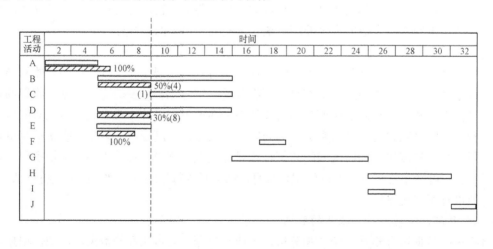

图 5-21　计划—实际工期对比（一）

将实际开始和结束时间标于计划的横道图下，如图 5-22 所示，其中空心线代表计划进度，

粗实线代表实际进度。从图中可以看出计划与实际工作的开始与结束时间的对比，对于已经开始，但尚未完成工程活动的完成情况并不能给出清楚的表述。

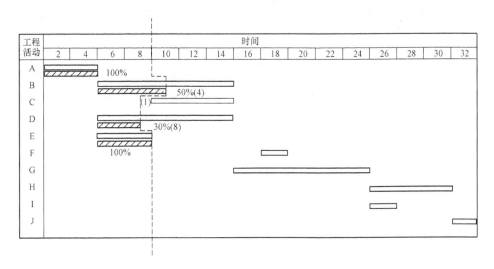

图 5-22　计划—实际工期对比（二）

（二）前锋线比较法

前锋线比较法是一种有效的进度动态管理的方法。前锋线又称实际进度前锋线，它是在网络计划执行中的某一时刻正在进行的各活动的实际进度前锋的连线。前锋线一般是在时间坐标网络图上标示的，从时间坐标轴开始，自上而下依次连接各线路的实际进度前锋，即形成一条波折线，这条波折线就是前锋线（见图 5-23）。前锋线法是通过实际进度前锋线与原进度计划中各工作箭线交点的位置来判断工作实际进度与计划进度的偏差，进而判定该偏差对后续工作及总工期影响程度的一种方法。画前锋线的关键是标定各活动的实际进度前锋位置，其标定方法有两种。

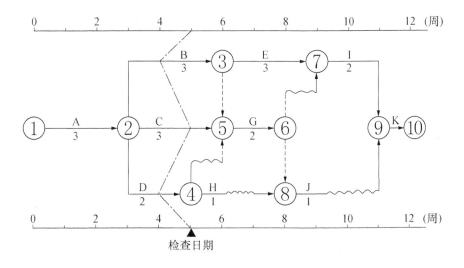

图 5-23　某网络计划前锋线比较图

1. 按已完成的工程实物量比例来标定

时间坐标网络图上箭线的长度与相应活动的历时对应，也与其工程实物量成比例。检查计划时刻某活动的工程实物量完成了几分之几，其前锋点自左至右标在箭线长度的几分之几的位置。

2. 按尚需时间来标定

有时活动的历时是难于按工程实物量来换算的，只能根据经验或用其他办法来估算。要标定该活动在某时刻的实际进度前锋，就用估算办法估算出从该时刻起到完成该活动还需要的时间，从箭线的末端反过来自右到左进行标定。

（三）S 曲线比较法

S 曲线是一个以横坐标表示时间，纵坐标表示累计工作量完成情况的曲线图。该图工作量的表达方式可以是实物工程量、工时消耗或费用支出额，也可用相应的百分比表示，由于该曲线形如"S"，故而得名。

1. S 曲线绘制

以时间为横坐标，以累计工作量（或者完成的累计价值、工时消耗量）为纵坐标来绘制时间—累计工作量图，作图步骤如下：

（1）确定工程进展速度曲线。该曲线主要反映不同时间工作量的完成情况（见图 5-24）。

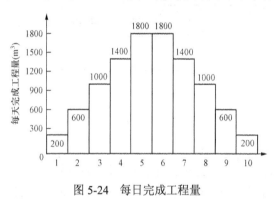

图 5-24　每日完成工程量

（2）计算不同时间累计完成的工作量。

（3）将不同时间累计完成的工作量用曲线连接起来，形成 S 曲线，如图 5-25 所示。

【例 5-7】 已知某土方工程的总开挖量为 10 000m³，要求在 10 天内完成，不同时间的土方开挖量见表 5-5。试绘出其 S 曲线。

解 （1）收集不同时间的土方开挖量填入表 5-5 中，或绘出每日完成工程量柱状图。

（2）计算不同时间累计完成土方开挖量，结果列于表 5-5 中。

（3）根据累计完成土方量，绘出每日完成土方量柱状图，并描出 S 曲线，如图 5-25 所示。

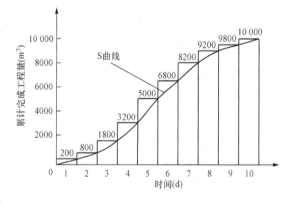

图 5-25　S 曲线

表 5-5　　　　　　　　　　　　完 成 工 程 量 汇 总 表

时间（d）	1	2	3	4	5	6	7	8	9	10
每日完成工程量（m³）	200	600	1000	1400	1800	1800	1400	1000	600	200
累计完成工程量（m³）	200	800	1800	3200	5000	6800	8200	9200	9800	10 000

2. S 曲线比较法

S 曲线比较法是将实施过程中定期检查收集的累计工程量数据与计划进度 S 曲线进行比较，如图 5-26 所示。进度控制人员在计划实施前绘制出计划 S 曲线，在项目实施过程中，按规定时间将检查的实际完成任务情况，与计划 S 曲线绘制在同一张图上，可得出实际进度 S 曲线，通过分析可以得到如下信息。

（1）实际工程进展状况。当实际进展点落在计划 S 曲线左侧，表明实际进度比计划超前；若落在其右侧，则表示进度落后。

（2）实际进度比计划进度超前或者拖延的时间。ΔT_a 表示 T_a 时刻实际比计划超前的时间，ΔT_b 表示 T_b 时刻实际拖后的时间。

（3）工程量的完成情况。ΔQ_a 表示 T_a 时刻超额完成的任务量，ΔQ_b 表示在 T_b 时刻拖欠的任务量。

（4）预测工程进度。T_b 时刻所做出的工期预测：如果后期进度仍按以前效率进行，则工期将拖延 ΔT_c。

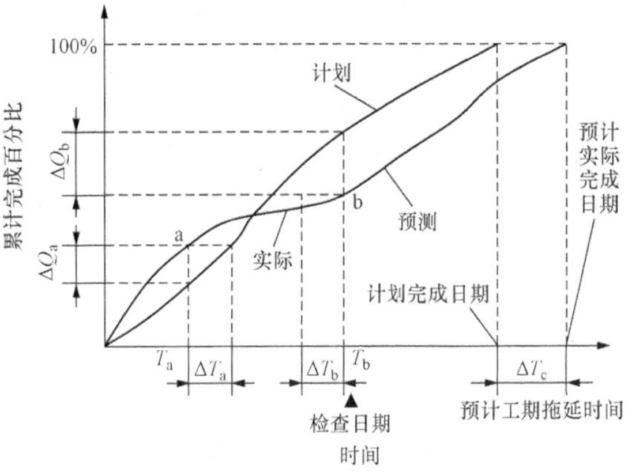

图 5-26　S 曲线比较图

（四）"香蕉"曲线

"香蕉"曲线是由两种 S 曲线合成的闭合曲线，且是按最早开工时间绘制的 S 曲线，称为 ES 线；如图 5-27 所示，B 是按最迟时间绘制的 S 曲线，称为 LS 线，P 是实际施工进度线。理想的状况是每次按实际进度描出的点都落在 A、B 两条曲线所包含的区域内。若检查的落点落在 BS 左侧，则说明实际进度比计划进度超前；若检查点落在 LS 右侧，则说明实际进度拖后。检查的方法是，当工程实施到 t_1 时，实际完成的工作量记录在 M 点。比最早时间计划少完成 $\Delta C_1 = OC_1 - OC$；比最迟时间计划曲线 B 的要求多完成 $\Delta C_2 = OC - OC_2$。当计划进行到 t_1，实际进度 M 点比最迟时间要求完成的工作量时间提前，所以不会影响总工期。同理可以对 t_2 点进行分析。

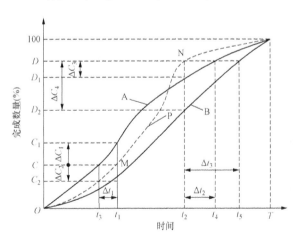

图 5-27　"香蕉"曲线比较法示意图

"香蕉"曲线的作图方法与 S 曲线的作图方法一致，不同之处在于它是以工作的最早开始与最迟开始时间分别绘制两条 S 曲线，用于表示建设项目总体进展情况。

六、项目进度控制的实施

由于各种因素的影响，工程项目进度计划的变化是绝对的，不变是相对的。项目进度控制的核心问题就是要根据工程项目的实际进展情况，不断地进行进度计划的更新。进度计划的更新是进度控制的结果。

　　将工程项目的实际进度与计划进度进行比较分析，确定项目实际进度与计划进度不相符合的原因，进而找出对策，这是项目进度控制的重要环节之一。为保持工程项目工期不变，需对项目计划进行进度更新。项目进度更新包括分析项目进度偏差的影响和进行项目进度计划的调整两方面工作。

（一）分析进度偏差的影响

　　通过前述用跟踪甘特图进度比较方法，当项目出现进度偏差时，应分析该偏差对后续工作及总工期的影响。主要从以下几个方面分析。

　　（1）分析产生进度偏差的工作是否为关键工作，若出现偏差的工作是关键工作，则无论其偏差大小，对后续工作及项目总工期都会产生影响，必须进行项目进度计划更新；若出现偏差的工作为非关键工作，则需根据偏差值与总时差和自由时差的大小关系，确定其对后续工作和项目总工期的影响程度。

　　（2）出现进度偏差的工作不是关键工作，则应由偏差与总时差及自由时差的关系来确定对后续工作及总工期的影响。

　　1）进度偏差＞总时差，必然影响总工期和后续工作；进度偏差≤总时差，表明对总工期无影响，但其对后续工作的影响需要将其偏差与其自由时差相比较才能作出判断。

　　2）总时差≥进度偏差＞自由时差，不会影响总工期，但对后续工作会产生影响。

　　3）进度偏差≤自由时差，不会对总工期和后续工作产生影响，不需进行调整；进度偏差＞自由时差，则会对后续工作产生影响，应根据后续工作允许影响的程度进行调整。

（二）项目进度计划的调整

　　当发现某活动进度有延误，并对后续活动或总工期有影响时，一般需对进度进行调整，以实现进度目标。调整进度的方案可有多种，需要择优选择。电力工程项目可从以下几个方面进行调整。

1. 关键工作的调整

　　关键工作无机动时间，其中任一工作持续时间的缩短或延长都会对整个工程项目工期产生影响。因此，关键工作的调整是项目进度更新的重点。有两种调整情况。

　　（1）关键工作的实际进度较计划进度提前时的调整方法。若仅要求按计划工期执行，则可利用该机会降低资源强度及费用。实现的方法是，选择后续关键工作中资源消耗量大或直接费用高的予以适当延长，延长的时间不应超过已完成的关键工作提前的量；若要求缩短工期，则应将计划的未完成部分作为一个新的计划，重新计算与调整，按新的计划执行，并保证新的关键工作按新计算的时间完成。

　　（2）关键工作的实际进度较计划进度落后时的调整方法。调整的项目目标就是采取措施将耽误的时间补回来，保证项目按期完成。调整的方法主要是缩短后续关键工作的持续时间。

2. 改变某些工作的逻辑关系

　　若项目实际进度产生的偏差影响了项目总工期，则在工作之间的逻辑关系允许改变的条件下，改变关键线路和超过计划工期的非关键线路上有关工作之间的逻辑关系，达到缩短工期的目的。这种方法调整的效果是显著的。例如，可以将依次进行的工作变为平行或互相搭接的关系，以缩短工期。但这种调整应以不影响原定计划工期和其他工作之间的顺序为前提，调整的结果不能形成对原计划的否定。

3. 重新编制计划

采用其他方法仍不能奏效时，则应根据项目工期的要求，将剩余工作重新编制网络计划，使其满足工期要求。

4. 非关键工作的调整

当项目非关键线路上某些工作的持续时间延长，但不超过其时差范围时，则不会影响项目工作，进度按计划不必调整。为了更充分利用资源，降低成本，必要时可对非关键工作的时差做适当调整，但不得超出总时差，且每次调整均需进行时间参数计算，以观察每次调整对计划的影响。非关键工作的调整方法有三种。

（1）在总时差范围内延长非关键工作的持续时间。

（2）缩短工作的持续时间。

（3）调整工作的开始或完成时间。

当非关键线路上某些工作的持续时间延长而超出项目总时差范围时，则必然影响整个项目工期，关键线路就会转移。这时，其调整方法与关键线路的调整方法相同。

5. 增减工作

由于编制项目计划时考虑不周，或因某些原因需要增加或取消某些工作，则需重新调整网络计划，计算网络参数，增减工作不应影响原计划总的逻辑关系，以便原计划得以实施。增减工作只能改变局部的逻辑关系。增加工作，只是对原遗漏或不具体的逻辑关系进行补充；减少工作，只是对提前完成的工作或原不应设置的工作予以删除。增减工作后，应重新计算网络时间参数，以分析此项调整是否对原计划工期产生影响。若有影响，应采取措施使之保持不变。

6. 资源调整

当发生异常或供不应求时，如资源强度降低或中断，影响到计划工期的实现就进行资源调整。资源调整的前提是保证工期不变或使工期更加合理；方法是进行资源优化，但最好的办法是预先储备资源。

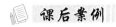 课后案例

泰龙输电项目进度计划

（1）泰龙项目的工作关系、持续时间估算见表5-6。编制依据为：

1）本项目进度计划重点考虑工期要求、项目的特点、技术、设备、人力状况。

2）工作持续时间的估计：根据项目特点，参考定额、类似项目经验，结合并综合考虑各相关因素影响，尤其是业主方的要求来确定。

3）采用关键线路法及倒排工期法编制。

4）由于工期要求太紧，只要技术上可行，很多工作考虑并行作业；实施过程中必须加强对进度的监控、沟通，以保证项目计划目标的实现。

表 5-6　　　　　　　　　　泰龙输电项目的工作关系、工时估算

序号	WBS 编码	任务名称	编码	工作关系	工期（d）
1	1.1.1	施工准备工作	10		

续表

序号	WBS 编码	任务名称	编码	工作关系	工期（d）
2	1.1.2	线路通道	120	1.1.1,1.3.1	*FS*+2
3	1.1.3	材料采购及加工	90	1.1.1	1.1.1 *FS*–3
4	1.2.1	基础工程	70	1.1.1	
5	1.2.2	接地工程	20	1.2.1	*SS*+20
6	1.2.3	杆塔工程	90	1.2.1	1.2.1 *SS*+30　1.1.3
7	1.2.4	架线工程	90	1.2.3,1.1.3	1.2.3 *SS*+40
8	1.2.5	附件安装工程	30	1.2.3	1.2.2 *SS*+50
9	1.2.6	光缆接续及测量	4	1.2.5	
10	1.2.7	线路参数测量	2	1.2.6	
11	1.3.1	竣工验收移交	10	1.2.7,1.1.2	
12	1.3.2	资料移交	2	1.3.1	
13	1.3.3	投运	2	1.3.2,1.3.1	
14	1.3.4	项目收尾	30	1.3.3	1.3.2　1.3.3　*FS*–5

（2）泰龙输电项目网络图如图 5-28 所示。

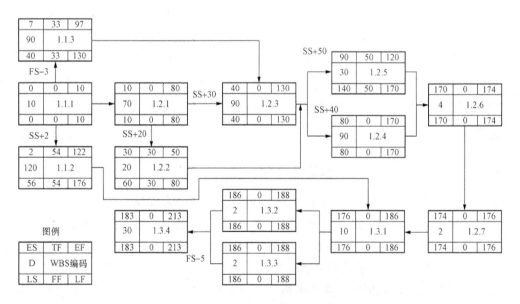

图 5-28　泰龙输电项目网络图

讨论题：该工程进度管理的重点在哪些方面？

（资料来源：河南省电力公司焦作供电公司. 电网工程项目管理. 北京：中国电力出版社，2007.）

小　　结

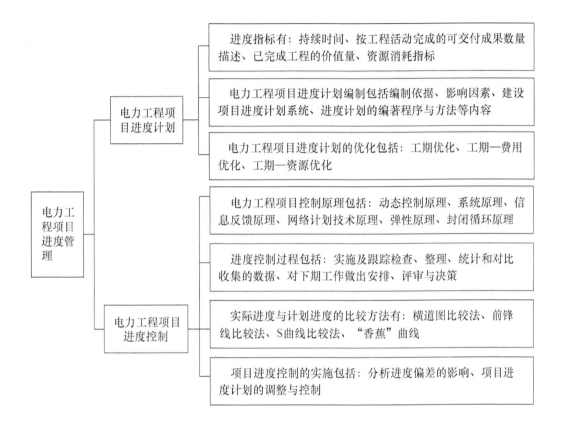

进度指标有：持续时间、按工程活动完成的可交付成果数量描述、已完成工程的价值量、资源消耗指标

电力工程项目进度计划编制包括编制依据、影响因素、建设项目进度计划系统、进度计划的编著程序与方法等内容

电力工程项目进度计划的优化包括：工期优化、工期—费用优化、工期—资源优化

电力工程项目控制原理包括：动态控制原理、系统原理、信息反馈原理、网络计划技术原理、弹性原理、封闭循环原理

进度控制过程包括：实施及跟踪检查、整理、统计和对比收集的数据、对下期工作做出安排、评审与决策

实际进度与计划进度的比较方法有：横道图比较法、前锋线比较法、S曲线比较法、"香蕉"曲线

项目进度控制的实施包括：分析进度偏差的影响、项目进度计划的调整与控制

思 考 题 与 习 题

1. 描述进度与工期的联系与区别。
2. 简述进度指标的四种表现形式。
3. 试述项目进度计划的影响因素及建设项目进度计划系统。
4. 利用 S 曲线比较法可以获得哪些信息？什么是"香蕉"曲线？其作用有哪些？
5. 已知某电力工程项目双代号网络计划图如图 5-29 所示。图中箭线下方括号外数字为工作

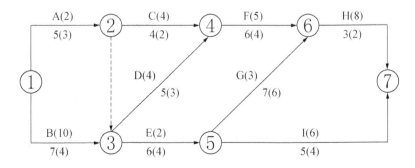

图 5-29　某电力工程项目双代号网络计划图

的正常持续时间，括号内数字为最短持续时间，箭线上方括号内数字为工作优选系数，该系数综合考虑了压缩时间对工作质量、安全的影响和费用的增加，优选系数小的工作适宜压缩。假设要求工期为19d，试对其进行工期优化。

6. 某电网工程网络计划图如图5-30所示。图中箭线上方的数字表示正常成本和费用变化率，箭线下方的数字表示正常时间和最短时间。各工作的正常工作时间、极限工作时间及相应的费用见表5-7。整个工程计划的间接费用率为150元/天，最短工期时，间接费用为500元。2—5工作费用与持续时间为非连续型变化关系，正常时间及费用分别为16天及600元，最短时间及费用分别为12天及1000元。要求对此计划进行工期成本优化，并确定其工期成本曲线。

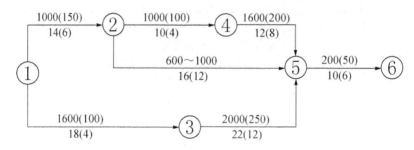

图5-30 某电网工程网络计划图

表5-7   时 间 成 本 数 据 表

工作编号	正常工期		最短工期		费用变化率/
	时间（d）	成本（元）	时间（d）	成本（元）	（元/d）
1—2	14	1000	6	2200	150
1—3	18	1600	4	3000	100
2—4	10	1000	4	1600	100
2—5	16	600	12	1000	—
3—5	22	2000	12	4500	250
4—5	12	1600	8	2400	200
5—6	10	2000	6	2200	50

7. 某火电工程项目的时标网络计划图如图5-31所示，当计划执行到第6周末及第12周末时，如图5-31中前锋线所示。问题：

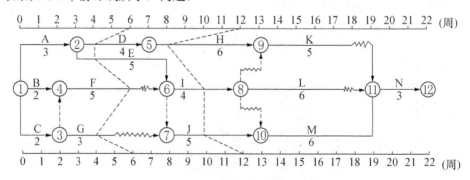

图5-31 某火电工程项目的时标网络计划图

（1）在第 6 周末检查时，D、E、F、G 工作实际进度各拖后多少周？

（2）在第 6 周末检查时，D、E、F、G 工作各影响工期多少周？

（3）在第 6 周末检查时，实际总工期延长多少周？

根据第 12 周末的检查情况，化简此时的网络图得图 5-32。图中箭线上方数字为工作缩短一天需增加的费用（千元/周），箭线下括弧外数字为工作正常施工时间，箭线下括号内数字为工作最快施工时间。

（4）当前条件下哪些工作是关键工作？

（5）在第 12 周末时如何对计划进行调整，使其既经济又能保证在原计划工期 22 周内完成？（假定此时 H、I、J 工作已不能再压缩）

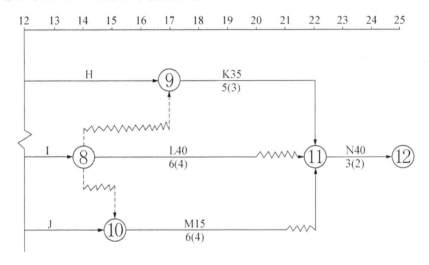

图 5-32　化简后的工程网络图

第六章　电力工程项目费用管理

学习目标

（1）了解电力工程项目总投资。
（2）掌握电力工程项目造价的组成。
（3）掌握工料单价法。
（4）掌握工程量清单计价法。
（5）掌握施工费用控制的偏差分析法。

本章提要

电力工程项目总投资包含固定资产投资和流动资金投资两部分。电力工程项目固定资产投资就是电力建设工程造价，它由设备购置费、建筑工程费、安装工程费、其他费用和动态费用构成。我国目前主要采用工程计价的形式是工料单价法和综合单价法。工料单价法也称定额计价法；综合单价法也称工程量清单计价法，在我国是一种全新的计价模式。费用控制的内容包括：对造成工程项目费用基准变化的因素施加影响，以保证这种变化向有利的方向发展；当出现工程项目费用偏差时，分析偏差对工程项目未来进度的影响，并采取适当的管理措施。

第一节　电力工程项目费用组成

电力工程项目总投资包含固定资产投资和流动资金投资两部分，电力工程项目固定资产投资就是电力建设工程造价。根据最新的《火力发电工程建设预算编制与计算标准》和《电网工程建设预算编制与计算标准》（2007 年 7 月 26 日发布，2007 年 12 月 1 日实施）的规定，电力建设工程造价由设备购置费、建筑工程费、安装工程费、其他费用和动态费用构成。其中设备购置费、建筑工程费、安装工程费、其他费用之和称为静态投资。

一、建筑安装工程费用

建筑安装工程费是指对构成项目的基础设施、工艺系统及附属系统进行施工、安装、调试，使之具备生产功能所支出的费用。

建筑工程是指构成建设项目的各类建筑物、构筑物等设施工程。

安装工程是指构成生产工艺系统的各类设备、管道、线缆及其辅助装置的组合、装配及调试工程。

（一）建筑安装工程费用构成

建筑安装工程费用又称建筑安装工程造价，指建设项目工程造价中的用于建筑安装工程的费用。

为了适应基本建设管理和工程计价改革的需要，按照国家有关法律、法规，并结合国际惯例，在建设部（现住建部）、中国人民建设银行《关于调整建筑安装工程费用项目组成的若干规定》（建标〔1993〕894 号）执行情况的基础上，建设部（现住建部）、财政部以建标〔2003〕206 号文印发了《建筑安装工程费用项目组成》，它是建筑安装工程造价构成的依据。按照其规定：建筑安装工程费用项目由直接费、间接费、利润和税金组成。

按照 2008 年 12 月 1 日起施行的 GB 50500—2008《建设工程工程量清单计价规范》的有关规定，实行工程量清单计价，建筑安装工程造价则由分部分项工程费、措施项目费、其他项目费、规费和税金组成。

电力建筑安装工程费的构成与建设部（现住建部）的规定基本一致，建筑安装工程费也是由直接费、间接费、利润和税金组成，但在某些费用的组成上具有电力工程的自身特点。本节主要介绍电网建筑安装工程费的构成，如图 6-1 所示。

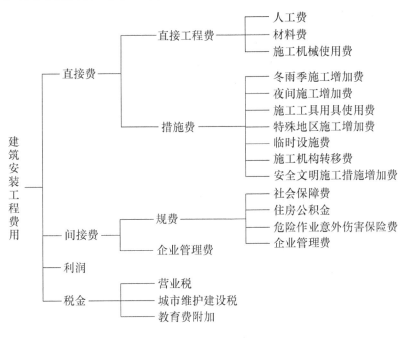

图 6-1 电网建筑安装工程费的构成

1. 直接费

直接费是指建筑安装产品生产过程中直接消耗在特定产品对象上的费用，由直接工程费和措施费组成。

（1）直接工程费，是指按正常的施工条件，在施工过程中耗费的构成工程实体的各项费用，包括人工费、材料费、施工机械使用费。

1）人工费，是指直接从事建筑安装工程施工的生产工人开支的各项费用，包括：

a．发放给生产工人的基本工资；

b．工资性补贴，是指按规定标准发放的物价补贴，煤、燃气补贴，交通补贴，住房补贴，流动施工津贴等；

c．辅助工资，是指生产工人年有效施工天数以外非作业天数的工资，包括职工学习、培训期间的工资，调动工作、探亲、休假期间的工资，因气候影响的停工工资，女工哺乳期间的工资，病假在 6 个月以内的工资及产、婚、丧假期的工资；

　　d. 职工福利费，是指按规定标准计提的职工福利费；

　　e. 生产工人劳动保护费，是指按规定标准发放的劳动保护用品的购置费及修理费、服装补贴、防暑降温费、在有碍身体健康环境中施工的防护费用等。

　　电力行业人工费按照电力行业定额中规定的原则计算，电力工程人工工日单价按照定额中规定的电力行业基准工日单价执行。

　　各地区、各年度人工费的调整按照电力行业定额（造价）管理机构的规定执行。

　　2）材料费，是指施工过程中耗用的原材料、辅助材料、构配件、零件、半成品，以及施工过程中一次性消耗材料及摊销的费用，包括：

　　a. 材料原价（或供应价格），是指材料在供货地点的出货价格；

　　b. 材料运输费，是指材料自供货地至工地仓库或指定堆放地点所发生的运输、装卸费用；

　　c. 运输损耗费，是指材料在运输装卸过程中不可避免的损耗；

　　d. 采购及保管费，是指在组织采购、供应和保管材料过程中所需要的各种费用。包括材料采购费、仓储费、工地保管费、仓储损耗等；

　　e. 保险保价费，是指按国家行政主管部门的有关规定，对交付运输的材料进行保价或向保险公司投保所发生的费用；

　　电力行业电网工程建设预算中的材料包括装置性材料和消耗性材料两部分。

　　a）装置性材料，是指电网建设安装工程中构成工艺系统实体的原材料、辅助材料、构配件、零件、半成品等工艺性材料。一般情况下，装置性材料指施工过程中必需的、但在建设预算定额中未计价的材料。其计算式为

$$装置性材料费 = 装置性材料消耗量 \times 装置性材料预算价格 \qquad (6\text{-}1)$$

　　装置性材料预算价格按照电力行业定额（造价）管理机构公布的装置性材料预算价格或综合预算价格计算。

　　b）消耗性材料，是指施工过程中所消耗的、在建设成品中不体现其原有形态的材料，以及因施工工艺及措施要求需要进行摊销的材料。一般情况下，消耗性材料指建设预算定额中，费用已经计入定额基价的材料。消耗性材料根据定额规定的原则计算。

　　3）施工机械使用费，是指施工机械作业所发生的机械使用费以及机械安拆费和场外运输费。施工机械使用费由下列八项费用组成。

　　a. 折旧费，指施工机械在规定的使用年限内，按期间陆续收回其原值及购置资金的时间价值，按照国家有关规定计提的成本费用。

　　b. 大修理费，指施工机械按规定的大修理间隔台班进行必要的大修理，以恢复其正常功能所需的费用。

　　c. 经常修理费，指施工机械除大修理以外的各级保养和临时故障排除所需的费用。其包括为保障机械正常运转所需替换设备、零件的费用，随机配备工具、附具的摊销和维护费用，机械运转中日常保养所需润滑与擦拭的材料费用，以及机械停滞期间的维护和保养费用。

　　d. 安装与拆卸费，是指施工机械在现场进行安装与拆卸所需的人工、材料、机械和试运转费用以及机械辅助设施的折旧、搭设、拆除等费用。

　　e. 场外运费，是指施工机械整体或分体自停放地点运至施工现场，或由原施工地点运至另一施工地点的运输、装卸、辅助材料及架线的费用。

　　f. 操作人员人工费，是指机上司机（司炉）和其他操作人员的基本工资、工资性补贴、

辅助工资、职工福利费、生产工人劳动保护费等费用。

g. 燃料动力费,指施工机械在运转作业中所消耗的固体燃料(煤、木材)、液体燃料(汽油、柴油)及水、电、气体等所花费的费用。

h. 养路费及车船使用税,是指施工机械按照国家规定和有关部门规定应缴纳的养路费、车船使用税、保险费及年检费等。

(2)措施费。

1)冬雨季施工增加费,是指按照合理工期要求,建筑、安装工程必须在冬季、雨季期间连续施工而需要增加的费用。其内容包括:在冬季施工期间,为保证工程质量而采取的养护、采暖措施所发生的费用;雨季施工期间,采取防雨、防潮措施所增加的费用;因冬季、雨季施工增加工序、降低工效而发生的补偿费用。

2)夜间施工增加费,是指按照规程要求,工程必须在夜间连续施工的单项工程所发生的夜班补助、夜间施工降效、夜间施工照明设备摊销及照明用电等费用。

3)施工工具用具使用费,是指施工企业生产、检验、试验部门使用的不属于固定资产的工具用具的购置、摊销和维护费用。

4)特殊地区施工增加费,是指在高海拔、酷热、严寒等地区施工,因特殊自然条件影响而需额外增加的施工费用。

5)临时设施费,是指施工企业为满足现场正常生产、生活需要,在现场必须搭设的生活、生产用临时建筑物、构筑物和其他临时设施所发生的费用。其内容包括:临时设施的搭设、维修、拆除、折旧及摊销费,或临时设施的租赁费等。

6)施工机构转移费,是指施工企业派遣施工队伍到所承建工程现场所发生的搬迁费用。其内容包括:职工调遣差旅费和调遣期间的工资,以及办公设备、工具、家具、材料用品和施工机械的搬运费等。

7)安全文明施工措施补助费,是指根据电力行业文明施工与健康环境保护规范,在施工现场所采取的安全文明保障措施所支出的补助费用。

2. 间接费

间接费是指建筑安装产品的生产过程中,为全工程项目服务而不直接消耗在特定产品对象上的费用,由规费和企业管理费组成。

(1)规费。规费是指按照政府和有关权力部门规定必须缴纳的费用。电力工程应计列的规费内容主要如下。

1)社会保障费,包括养老保险费、失业保险费、医疗保险费等。

a. 养老保险费,是指企业按当地政府部门规定标准为职工缴纳的基本养老保险费。

b. 失业保险费,是指企业按当地政府部门规定标准为职工缴纳的失业保险费。

c. 医疗保险费,是指企业按当地政府部门规定标准为职工缴纳的医疗保险费。

2)住房公积金,是指企业按照当地政府部门规定标准为职工缴纳的住房公积金。

3)危险作业意外伤害保险,是指按照《中华人民共和国建筑法》规定,企业为从事危险作业的建筑安装施工人员支付的意外伤害保险费。

(2)企业管理费,是指建筑安装施工企业组织施工生产和经营管理所发生的费用。其主要内容包如下:

1)管理人员工资,是指管理人员的基本工资、工资性补贴、职工福利费、劳动保险费等。

2）办公费，是指企业管理办公用的文具、纸张、账表、印刷、邮电、书报、会议、水电、燃气、集体取暖（包括现场临时宿舍取暖）、防暑降温、卫生保洁等费用。

3）差旅交通费，是指职工因出差、调动工作的差旅费、住勤补助费，市内交通费和误餐补助费，职工探亲路费，劳动力招募费，职工离退休、退职一次性路费，工伤人员就医路费，工地转移费以及管理部门使用的交通工具的油料、燃料、养路费、牌照费。

4）固定资产使用费，是指管理和试验部门及附属生产单位使用的属于固定资产的房屋、设备仪器等的折旧、大修、维修或租赁费。

5）工具用具使用费，是指管理机构和人员使用的不属于固定资产的生产工具、器具、家具、交通工具和检验、试验、测绘、消防用具等的购置、维修和摊销费。

6）劳动补贴费，是指由企业支付离退休职工的易地安家补助费、职工退职金、6个月以上的病假人员工资、职工死亡丧葬补助费、抚恤费、按规定支付给离休干部的各项经费。

7）工会经费，是指企业按职工工资总额计提的工会经费。

8）职工教育经费，是指企业为职工学习先进技术和提高文化水平，按职工工资总额计提的费用。

9）财产保险费，是指施工管理用财产、车辆保险费用。

10）财务费，是指企业为筹集资金而发生的各种费用。

11）税金，是指企业按规定缴纳的房产税、车船使用税、土地使用税、印花税等。

12）劳动安全卫生检测费，是指按照国家劳动安全管理规定，施工企业接受劳动安全管理部门对企业进行安全资格认定、特种设备安全检测、劳动卫生检测、劳动安全培训考核所发生的费用。

13）其他，包括工程排污费，建筑工程定点复测、工程点交、场地清理费，检验试验费，技术转让费，技术开发费，业务招待费，绿化费，广告费，公证费，法律顾问费，审计费，咨询费等。

3. 利润

利润是指施工企业完成所承包的工程获得的盈利。按照不同的计价程序，利润的形成也有所不同。在编制概算和预算时，根据不同投资来源、工程类别实行差别利润率。随着市场经济的进一步发展，企业决定利润率水平的自主权将会更大。在投标报价时，企业可以根据工程的难易程度、市场竞争情况和自身的管理水平自行确定合理的利润率。

4. 税金

税金是指按国家税法规定必须计入建筑安装工程费用内的营业税、城乡维护建设税及教育费附加。营业税的税额为营业额的3%。城乡维护建设税的纳税人所在地为市区的，按营业税的7%征收；所在地为县镇的，按营业税的5%征收；所在地为农村的，按营业税的1%征收。教育费附加为营业税的3%。纳税地点在市区的企业税率为3.41%，纳税地点在县城、镇的企业税率为3.35%，纳税地点不在市区、县城、镇的企业税率为3.22%。

（二）建筑安装工程费用性质划分

1. 建筑工程费用

（1）各类房屋建筑工程和列入建筑工程预算的供水、供暖、卫生、通风、煤气等设备费用及其装饰、油饰工程的费用，列入建筑工程预算各种管道、电力、电信等和电缆导线敷设工程的费用。

（2）设备基础、支柱、工作台、烟囱、水塔、灰塔等建筑工程以及各种炉窑的砌筑工程和金属结构工程的费用。

（3）为施工而进行的场地平整，工程和水文地质勘查，原有建筑物和障碍物的拆除以及施工临时用水、电、气、路和完工后的场地清理、环境绿化、美化等工作的费用。

（4）矿工开凿、井巷延伸、露天矿剥离，石油、天然气钻井，修建铁路、公路、桥梁、水库、堤坝、灌渠及防洪工程的费用。

《电网工程建设预算编制与计算标准》中规定，建筑工程费除包括建筑工程的本体费用之外，以下项目也列入建筑工程费中：

（1）建筑物的上下水、采暖、通风、空调、照明设施；

（2）建筑物用电梯的设备及其安装；

（3）建筑物的金属网门、栏栅及防雷设施，独立的避雷针、塔；

（4）屋外配电装置的金属结构、金属构架或支架；

（5）换流站直流滤波器的电容器械门形构架；

（6）各种直埋设施的土方、垫层、支墩，各种沟道的土方、垫层支墩、结构、盖板，各种涵洞，各种顶管措施；

（7）消防设施，包括气体消防、水喷雾系统设备、喷头及其自动控制装置；

（8）站区采暖加热站设备及管道，采暖锅炉房设备及管道；

（9）生活污水处理系统的设备、管道及其安装；

（10）混凝土砌筑的箱、罐、池等；

（11）设备基础、地脚螺栓；

（12）建筑专业出图的站区工业管道；

（13）建筑专业出图的电线、电缆埋管工程；

（14）凡建筑工程预算定额中已明确规定列入建筑工程项目，按定额中的规定执行。

2. 安装工程费

（1）生产、动力、起重、运输、传动和医疗、实验等各种需要安装的机械设备的装配费用，与设备相连的工作台、梯子、栏杆等设施的工程费用，附属于被安装设备的管线敷设工程费用，以及被安装设备的绝缘、防腐、保温、油漆等工作的材料和安装费。

（2）为测定安装工程质量，对单台设备进行单机试运转、对系统设备进行系统联动无负荷试运转工作的调试费。

《电网工程建设预算编制与计算标准》中规定，安装工程费除包括各类设备、管道及其辅助装置的组合、装配及其材料费用之外，以下项目也列入安装工程费中：

（1）电气设备的维护平台及扶梯；

（2）电缆、电缆桥（支）架及其安装，电缆防火；

（3）屋内配电装置的金属结构、金属支架、金属网门；

（4）换流站的交、直流滤波电容器塔；

（5）换流站阀门冷却系统；

（6）设备主体、道路、屋外区域（如变压器区、本电装置区、管道区等）的照明；

（7）电气专业出图的空调系统集中控制装置安装；

（8）接地工程的接地极、降阻剂、焦炭等；

（9）安装专业出图的电线、电缆埋管、工业管道工程；

（10）安装专业出图的设备支架、地脚螺栓；

（11）设备安装工程建设定额中已明确列入安装工程的项目，按定额中的规定执行。

二、设备购置费

电力工业是一个资金密集型的行业，在电网建设工程项目中设备购置费在整个固定资产投资中占据着相当大的比例。

设备购置费是指为建设项目购置或自制的达到固定资产标准的各种国产或进口设备的购置费用，由设备费和设备运杂费组成，即

$$设备购置费=设备费+设备运杂费 \qquad (6\text{-}2)$$

式（6-2）中，设备费指国产设备或进口设备的原价；设备运杂费是指除设备原价之外的关于设备采购、运输、途中包装及仓库保管等方面支出费用的总和。

（一）国产设备原价的构成及计算

国产设备原价一般指的是设备供货者的交货价或订货合同价。它一般根据生产厂家或供应商的询价、报价、合同价确定或采用一定的方法计算确定。国产设备价格分为国产标准设备价格和国产非标准设备价格。

1. 国产标准设备价格

国产标准设备是指按照主管部门颁布的标准图纸的技术要求，由我国设备生产厂批量生产的，符合国家质量检测标准的设备。国产标准设备价格有两种，即带有备件的价格和不带有备件的价格。在计算时，一般采用带有备件的设备价格。

2. 国产非标准设备价格

国产非标准设备是指国家尚无定型标准，各设备生产厂不可能在工艺过程中采用批量生产，只能按一次订货，并根据具体的设计图纸制造的设备。非标准设备价格有多种不同的计算方法，如成本计算估价法、系列设备插入估价法、分部组合估价法、定额估价法等。但无论采用哪种方法都应该使非标准设备计价接近实际的出厂价，并且计算方法要简便。

按成本计算估价法，非标准设备的价格由以下各项组成。

（1）材料费。其计算式为

$$材料费=材料净质量×（1+加工损耗系数）×每吨材料综合价 \qquad (6\text{-}3)$$

（2）加工费，包括生产工人工资和工资附加费、燃料动力费、设备折旧费、车间经费等。其计算式为

$$加工费=设备总质量（t）×设备每吨加工费 \qquad (6\text{-}4)$$

（3）辅助材料费（简称辅材费），包括焊条、焊丝、氧气、氢气、氮气、油漆、电石等费用。其计算式为

$$辅助材料费=设备总质量×辅助材料费指标 \qquad (6\text{-}5)$$

（4）专用工具费。按（1）～（3）项之和乘以一定的百分比计算。

（5）废品损失费。按（1）～（4）项之和乘以一定的百分比计算。

（6）外购配套件费。按设备设计图纸所列的外购配套件的名称、型号、规格、数量、质量，根据相应的价格加运杂费计算。

（7）包装费。按以上（1）～（6）项之和乘以一定的百分比计算。

（8）利润。可按（1）～（5）项之和加第（7）项乘以一定的百分比计算。

（9）税金。税金主要指增值税，其计算式为

$$增值税=当期销项税额－当期进项税额 \qquad (6\text{-}6)$$

$$当期销项税额=销售额×适用增值税率 \qquad (6\text{-}7)$$

（10）非标准设备设计费。按国家规定的设计费收费标准计算。

综上所述，单台非标准设备原价表达式为

$$
\begin{aligned}
单台非标准设备原价=&\{[（材料费+加工费+辅助材料费）×（1+专用工具费率）\\
&×（1+废品损失费率）+外购配套件费]×（1+包装费率）\\
&-外购配套件费\}×（1+利润率）+增值税\\
&+非标准设备设计费+外购配套件费 \qquad (6\text{-}8)
\end{aligned}
$$

（二）进口设备原价的构成及计算

进口设备的原价是指进口设备的抵岸价，即抵达买方边境港口或边境车站，且交完关税等税费后形成的价格，只要再加上设备运杂费，就是设备的购置费。进口设备抵岸价的计算式为

$$
\begin{aligned}
进口设备抵岸价=&货价+国外段运费+国外段保险费+银行财务费\\
&+进口代理手续费+关税+增值税+进口商品检验费 \qquad (6\text{-}9)
\end{aligned}
$$

进口设备抵岸价中的货价的构成与进口设备的交货类别有关。

1. 进口设备的交货类别

进口设备的交货类别可分为内陆交货类、目的地交货类、装运港交货类。

（1）内陆交货类。即卖方在出口国内陆某个地点交货。在交货地点，卖方及时提交合同规定的货物和有关凭证，并承担交货前的一切费用和风险；买方按时接收货物，交付货款，负担接货后的一切费用和风险，并自行办理出口手续和装运出口。货物的所有权也在交货后由卖方转移给了买方。

（2）目的地交货类。即卖方在进口国的港口或内地交货，有目的港船上交货价、目的港船边交货价和目的港码头交货价（关税已付）及完税后交货价（进口国的指定地点）等几种交货价。它们的特点是：买卖双方承担的责任、费用和风险是以目的地约定交货点为分界线，只有当卖方在交货地点将货物置于买方控制下才算交货，才能向买方收取货款。

（3）装运港交货类。即卖方在出口国装运港交货，主要有装运港船上交货价（FOB），还有运费在内价（CFR）和运费、保险费在内价（CIF）。FOB又称离岸价，CIF又称到岸价。它们的特点是：卖方按照约定的时间在装运港交货，只在卖方把合同规定的货物装船后提供货运单据便完成交货任务，卖方可凭单据收回货款。装运港船上交货价（FOB）是我国进口设备采用最多的一种货价。

上面在计算进口设备抵岸价时所涉及的货价就是装运港船上交货价（FOB）。这里的货是计算进口设备抵岸价最重要的因素，其余的费用都属于从属费用。

2. 进口设备抵岸价从属费用的计算

（1）国外段运费。即从出口国的装运港（站）到达我国抵达港（站）的运费，我国进口设备大部分采用海洋运输，小部分采用铁路运输，个别采用航空运输。进口设备国际运费计算式为

$$国外段运费=设备材料毛重×运输单价 \qquad (6\text{-}10)$$

其中，运输单价根据采用的运输方式，按照进出口公司或对外运输部门现行的价格确定。如编制预算时没有质量资料，则可按下列公式计算

$$国外段运费=进口设备材料供货价（FOB）×运费率 \qquad (6-11)$$

其中，运费率或单位运价参照有关部门或进出口公司的规定执行。

（2）国外段保险费。对外贸易货物运输保险是由保险人（保险公司）与被保险人（出口人或进口人）订立保险契约，在被保险人交付议定的保费后，保险人根据保险契约的规定对货物在运输过程中发生的承保责任范围内的损失给予经济上的补偿。这是一种财产保险。其计算式为

$$保险费=保险额×保险费率 \qquad (6-12)$$

一般以 CIF 价为保险额，如果供货价（合同价）为 FOB 时，可采用以下方法计算保险费。

供货价为 FOB 时

$$保险费=（供货价+国际运费+运输保险费）×保险费率 \qquad (6-13)$$

或

$$保险费=供货价×（1+国际运费率+保险费率）×保险费率 \qquad (6-14)$$

根据投保的险种、商品种类和地区的远近不同，保险费率也不同，应根据引进成套设备工程的具体情况，向保险公司收集现行保险费率。

（3）银行财务费。一般是指中国银行手续费，可按下式简化计算

$$银行财务费=人民币货价（FOB）×银行财务费率 \qquad (6-15)$$

银行财务费率一般为 $0.4\%\sim0.5\%$。

（4）进口代理手续费。是指按外贸企业采取代理方式进口商品时，向国内委托进口企业（单位）所收取的一种费用。其计算公式为

$$进口代理手续费=（FOB+国外段运费+国外段保险费）×外贸手续费率 \qquad (6-16)$$

进口代理手续费率一般取 1.5%。

（5）关税。由海关对进出国境或关境的货物和物品征收的一种税。计算式为

$$关税=到岸价（CIF）×进口关税税率 \qquad (6-17)$$

其中，到岸价（CIF）包括离岸价（FOB）、国际运费、国际运输保险费等费用，它作为关税的完税价格。进口关税的税率分为优惠和普通两种。优惠税率适用于我国签订有关税互惠条款的贸易条约或协定的国家的进口设备；普通税率适用于我国未订有关税互惠条款的贸易条约或协定的国家的进口设备。进口关税按我国海关总署发布的进口关税税率计算。

（6）进口设备增值税。是对从事进口贸易的单位或个人，在进口商品报关进口后征收的税种。我国增值税条例规定，进口应税产品均按组成计税价格和增值税的税率直接计算应纳税额，即

$$进口设备增值税=组成计税价格×增值税税率 \qquad (6-18)$$
$$组成计税价格=关税完税价格+关税+消费税 \qquad (6-19)$$

增值税的税率根据规定的税率执行。

（7）进口商品检验费。进口商品检验费按国家现行标准执行。

（8）其他费用。对于一些其他进口商品，在某些情况下除包括上述费用外，还可能包含：

1）消费税。对部分进口设备（如轿车、摩托车）征收。其一般计算式为

$$消费税=\frac{到岸价（CIF）+关税}{1-消费税率}\times消费税率 \tag{6-20}$$

其中，消费税的税率根据规定的税率计算。

2）海关监管手续费。指海关对进口减税、免税、保税货物实施监督、管理、提供服务的手续费。对于全额征收进口关税的货物不计本项费用。其计算式为

$$海关监管手续费=到岸价\times海关监管手续费率（一般为0.3\%） \tag{6-21}$$

3）车辆购置附加费。进口车辆需缴纳进口车辆购置附加费。其计算式为

$$进口车辆购置附加费=（到岸价+关税+消费税+增值税）$$
$$\times进口车辆购置附加费率 \tag{6-22}$$

（三）设备运杂费的构成及计算

设备运杂费是指设备生产厂家（或指定交货地点）运至施工现场指定位置所发生的费用。其内容包括设备的上、下站费，运输费，运输保险费，采购保管费。

1. 设备运杂费的构成

设备运杂费通常由下列各项费用构成。

（1）运费和上、下站费。国产设备由设备制造厂交货地点至工地仓库（或施工组织设计指定的需要安装设备的堆放地点）止所发生的运费和装卸费；进口设备则由我国到岸港口或边境车站起到工地仓库（或施工组织设计指定的需要安装设备的堆放地点）止所发生的运费和装卸费。

（2）采购与仓库保管费。指采购、验收、保管和收发设备所发生的各种费用，包括设备采购人员、保管人员和管理人员的工资、工资附加办公费、差旅交通费，设备供应部门办公和仓库所占固定资产使用费、工具用具使用费、劳动保护费、检验试验费等。这些费用可按主管部门规定的采购与保管费费率计算。

2. 设备运杂费的计算

设备运杂费按设备原价乘以设备运杂费率计算，其计算式为

$$设备运杂费=设备原价\times设备运杂费率 \tag{6-23}$$

其中，设备运杂费率按各部门及省、市等的规定计取。

三、其他费用

工程建设其他费用，是指从工程筹建起到工程竣工交付使用止的整个建设期间，除建筑安装工程费用和设备及工、器具购置费以外的，为保证工程建设顺利完成和交付使用后能正常发挥效用而发生的各项其他费用。《电网工程建设预算编制与计算标准》对其他费用的构成介绍如下。

（一）建设场地征用及清理费

建设场地征用及清理费是指为获得工程建设所必需的场地并达到正常条件和环境而发生的有关费用。

（1）土地征用费，是指为取得工程建设用地使用权而支付的费用，包括土地补偿费、安置补助费、耕地开垦费、勘测定界费、征地管理费、证书费、手续费以及各种基金和税金。

（2）施工场地租用费，是指为保证工程建设期间的正常施工，临时租用场地而发生的费用，包括场地的租金、清理和复垦费等。

（3）迁移补偿费，是指为满足工程建设需要，对所征用土地范围内的机关、企业、住户及有关建筑物、构筑物、电力线、通信线、铁路、公路、沟渠、管道、坟墓、林木等进行迁移所发生的补偿费用。

（4）余物清理费，是指为满足工程建设需要，对所征用土地范围内原有的建筑物、构筑物等有碍工程建设的设施进行拆除、清理所发生的各种费用。

（5）输电线路走廊赔偿费，是指按照输电线路有关规范要求，对线路走廊内非征用和租用土地上需清理的建筑物、构筑物、林木、经济作物等进行赔偿所发生的费用。

（6）通信设施防输电线路干扰措施费，是指拟输电线路与现有通信线路交叉或平行时，为消除干扰影响，对通信线路迁移或加装保护设施所发生的费用。

（二）项目建设管理费

项目建设管理费是指建设项目经国家行政主管部门核准后，自项目法人筹建至竣工验收合格并移交生产的合理建设期内对工程进行组织、管理、协调、监督等工作所发生的费用。包括项目法人管理费、招标费、工程监理费、设备监造费、工程保险费。

（1）项目法人管理费，是指项目法人在项目管理工作中发生的机构开办费及经常性费用。其内容包括：

1）项目法人开办费，包括相关执照及相关手续的申办费，必要办公家具、生活家具、用具和交通工具的购置费用。

2）项目法人工作经费，包括工作人员基本工资、工资性补贴、辅助工资、职工福利费、劳动保护费、养老保险费、失业保险费、医疗保险费、住房公积金、办公费用、差旅交通费、固定资产使用费、工具用具使用费、技术图书资料费、工程档案管理费、水电费、教育及工会经费、施工图文件审查费、工程审价（结算）费、工程审计费、合同订立与公证费、法律顾问费、咨询费、会议费、董事会经费、业务招待费、消防治安费、采暖及防暑降温费、印花税、房产税、车船税、车辆保险费、养路费、设备材料的催交、验货、工程主要材料的监造、建设项目劳动安全验收评价费、工程竣工交付使用清理及验收费等日常经费。

（2）招标费，是指项目法人按照国家有关规定，组织或委托具有资质的机构编制、审查标书、标底，组织编制设备技术规范书，以及委托具有招标代理资质的机构对设计、施工、设备采购、工程监理、调试等承包项目进行招标所发生的费用。

（3）工程监理费，是指依据国家有关规定和规程规范要求，项目法人委托工程监理机构对建设项目全过程实施监理所支付的费用。

（4）设备监造费，是为保证设备质量，按照国家行政主管部门公布的设备监造管理办法的要求，项目法人在主要设备的制造、生产期间对原材料以及生产、检验环节进行必要的见证、监督所发生的费用。

（5）工程保险费，是指项目法人对项目建设过程中可能造成工程财产、安全等直接或间接损失的要素进行保险所支付的费用。

（三）建设项目技术服务费

建设项目技术服务费是指为工程建设提供技术服务和技术支持所发生的费用。它包括项目前期工作费、知识产权转让与研究试验费、勘察设计费、设计文件评审费、项目后评价费、工程建设监督检测费、电力建设标准编制管理费、电力工程定额编制管理费。

（1）项目前期工作费，是指项目法人在项目前期工作阶段（包括可行性研究阶段）所发生的费用，包括进行项目可行性研究设计、土地预审、环境影响评价、劳动安全卫生预评价、地质灾害评价、地震灾害评价、编制水土保持大纲、矿产压覆评估、林业规划勘测、文物普探等工作所发生的费用，以及分摊在本工程中的电力系统规划设计的咨询费与设计文件评审费等。

（2）知识产权转让与研究试验费。知识产权转让费是指项目法人在本工程中使用专项研究成果、先进技术所支付的一次性转让费用；研究试验费是指为本建设项目提供或验证设计数据进行必要的研究试验所发生的费用，以及设计规定的施工过程中必须进行的研究试验费用。该费用不包括以下内容：

1）应该由科技三项费用（即新产品试制费、中间试验费和重要科学研究补助费）开支的项目；

2）应该由管理费开支的鉴定、检查和试验费；

3）应该由勘察设计中开支的项目。

（3）勘察设计费，是指对工程建设项目进行勘察设计所发生的费用，包括各项勘探、勘察费用、初步设计、施工图设计费、竣工图文件编制费，施工图预算编制费，以及设计代表的现场服务费。按其内容分为勘察费和设计费。

1）勘察费，是指项目法人委托有资质的勘察机构按照勘察设计规范要求，对项目进行工程勘察作业以及编制相关勘察文件和岩土工程设计文件等所支付的费用。

2）设计费，是指项目法人委托有资质的设计机构按照工程设计规范要求，编制建设项目初步设计文件、施工图设计文件、施工图预算、非标准设备设计文件、竣工图文件等，以及设计代表进行现场服务所支付的费用。

（4）设计文件评审费，是指项目法人根据国家有关规定，对工程项目的设计文件进行评审所发生的费用。按其内容可分为：

1）可行性研究设计文件评审费，是指项目法人委托有资质的评审机构，依据法律、法规和行业标准，从规范、规划、技术和经济等方面对工程项目的必要性和可行性进行全面评审并提出可行性评审报告所发生的费用。

2）初步设计文件评审费，是指项目法人委托有资质的咨询机构依据法律、法规和行业标准，对初步设计方案的安全性、可靠性、先进性和经济性进行全面评审并提出评审报告所发生的费用。

（5）项目后评价费，是指根据国家行政主管部门的有关规定，项目法人为了对项目决策提供科学、可靠的依据，指导、改进项目管理，提高投资效益，同时为政府决策提供参考依据，完善相关政策，在建设项目投产后对项目的决策、设计、建设管理、投资效益等方面进行综合分析、评价所支付的费用。

（6）工程建设监督检测费，是指根据国家行政主管部门及电力行业的有关规定，对工程质量、环境保护、水土保持设施、特种设备（消防、电梯、压力容器等）安装进行监督、检查、检测所发生的费用。主要费用项目包括：

1）工程质量监督检查费，是指根据电力行业有关规定，由国家行政主管部门授权的电力工程质量监督机构对工程质量进行监督、检查、检测所发生的费用。

2）特种设备安全监测费，是指根据国务院《特种设备安全监察条例》规定，委托特种设备检验检测机构对工程所安装的特种设备进行检验、检测所发生的费用。

3）环境监测验收费，是指根据国家环境保护法律、法规，环境监测机构对工程建设阶段进行监督检测以及对工程环保设施进行验收所发生的费用。

4）水土保持项目验收及补偿费，是指根据《中华人民共和国水土保持法》及其实施条例对电力工程水土保持设施项目进行检测、验收所发生的费用。水土保持补偿费是指根据《中华人民共和国水土保持法》及其实施条例对电力工程占用或损坏水土保持设施、破坏地貌植被、降低水土保持功能以及水土流失防治等给予补偿所发生的费用。

5）桩基检测费，是指项目法人根据工程需要，组织对特殊地质条件下使用的特殊桩基进行检测所发生的费用。

（7）电力建设标准编制管理费，是指根据国家有关规定，为保证电力工程各项标准、规范的测定、编制和管理工作正常进行，需向电力行业标准化管理部门缴纳的费用。

（8）电力工程定额编制管理费，是指根据国家行政主管部门的规定，为保证电力工程建设预算定额、劳动定额的测算、编制和管理工作正常进行，需向电力行业工程定额（造价）管理部门缴纳的费用。

（四）分系统调试及整套启动试运费

分系统调试及整套启动试运费包括分系统调试费、整套启动试运费和施工企业配合调试费。

（1）分系统调试费，是指工艺系统安装完毕后进行系统联动调试所发生的费用。

（2）整套启动试运费，是指输变电工程项目投产前进行整套启动试运所发生的费用。

（3）施工企业配合调试费，是指在送变电工程整套启动试运阶段，施工企业安装专业配合调试所发生的费用。

（五）生产准备费

生产准备费是指为保证工程竣工验收合格后能够正常投产运行提供技术保证和资源配备所发生的费用。包括：管理车辆购置费、工器具及办公家具购置费和生产职工培训及提前进场费。

（1）管理车辆购置费，是指生产运行单位进行生产管理必须配备车辆的购置费用，费用内容包括车辆原价、运杂费、车辆附加费。

（2）工器具及生产家具购置费，是指为满足电力工程投产初期生产、生活和管理需要，购置必要的家具、用具、标志牌、警示牌、标示桩等所发生的费用。

（3）生产职工培训及提前进场费，是指为保证电力工程正常投产运行，对生产和管理人员进行培训以及提前进场进行生产准备所发生的费用。其内容包括：培训人员和提前进场人员的培训费、基本工资、工资性补贴、辅助工资、职工福利费、劳动保护费、养老保险费、失业保险费、医疗保险、住房公积金、差旅费、资料费、书报费、取暖费、教育经费和工会经费等。

（六）大件运输措施费

大件运输措施费是指超限的大型电力设备在运输过程中发生的路、桥加固、改造，以及障碍物迁移等措施费用。

（七）基本预备费

基本预备费是指为因设计变更（含施工过程中工程量增减、设备改型、材料代用）而增加的费用，一般自然灾害可能造成的损失和预防自然灾害所采取的临时措施费用，以及其他不确定因素可能造成的损失而预留的工程建设资金。费用内容具体包括：

（1）在批准的初步设计范围内，技术设计、施工图设计及施工过程中所增加的工程费用；

设计变更、局部地基处理等增加的费用。

（2）一般自然灾害造成的损失和预防自然灾害所采取的措施费用。实行工程保险的工程项目费用应适当降低。

（3）竣工验收时为鉴定工程质量，对隐蔽工程进行必要的挖掘和修复费用。

基本预备费估算是按设备及工器具购置费，建筑、安装工程费和工程建设其他费之和为计算基数，乘以基本预备费率进行计算。基本预备费率的大小应根据建设项目的设计阶段和设计深度，以及在估算中所采取的各项估算指标与设计内容的贴近度、项目所属行业主管部门的具体规定确定。基本预备费的计算式为

$$基本预备费 = [设备购置费 + 建筑工程费 + 安装工程$$
$$+ 其他费用（不包括基本预备费）] \times 费率 \qquad (6-24)$$

工程建设预算中的其他费用，在项目建成后将分别形成固定资产、无形资产等费用。

（1）形成固定资产的其他费用。

1）建设用地费，是指按照《中华人民共和国土地管理法》等规定，建设项目征用土地或租用土地应支付的费用。

a. 建设场地征用及清理费。经营性建设项目通过出让方式购置土地使用权（或建设项目通过划拨方式取得无期限的土地使用权）而支付的费用，包括土地征用费、施工场地租用费、迁移补偿费、余物清理费、输电线路走廊赔偿费、通信设施防输电干扰措施费等。

b. 征用耕地按规定一次性缴纳的耕地占用税。征用城镇土地在建设期间按规定每年缴纳的城镇土地使用税；征用城市郊区菜地按规定缴纳的新菜地开发建设基金。

2）项目建设管理费，是指建设单位从项目开始直至工程竣工验收合格或交付使用为止的项目建设管理费用。费用内容包括：

a. 项目法人管理费，是指项目法人发生的管理性质的开支，包括项目法人机构开办费、项目法人工作经费。

a）项目法人机构开办费中的用于购置达到固定资产标准的物资的费用。

b）项目法人工作经费。

b. 招标费。

c. 工程监理费。

d. 设备监造费用。

e. 工程保险费。

3）项目建设技术服务费用。

a. 项目前期工作费。

b. 知识产权转让与研究试验费中的研究试验费。

c. 勘察设计费。

d. 设计文件评审费。

e. 项目后评价费。

f. 工程建设监督检测费。

4）分系统调试及整套启动试运费。

a. 分系统调试费。

b. 整套启动试运费。

c. 施工企业配合调试费。

（2）形成无形资产费用。形成无形资产费用属于专利及专有技术的使用费用。费用内容包括：

1）国外设计及技术资料费，引进有效专利、专有技术使用费和技术保密费；

2）国内有效专利、专有技术使用费。

四、动态费用

动态费用是指对构成工程造价的各要素在建设预算编制至竣工验收期间，因时间和市场价格变化所引起价格增长和资金成本增加所发生的费用。在电力工程造价费用构成中，动态费用包括价差预备费和建设期贷款利息两部分。

（一）价差预备费

价差预备费是指建设项目在建设期间，由于价格等因素的变化引起工程造价变化的预测预留费用。费用内容包括人工、设备、材料、施工机械的价差费，建筑安装工程费及工程建设其他费费用调整，利率、汇率调整等增加的费用。

价差预备费的测算方法，一般根据国家规定的投资综合价格指数，按估算年份价格水平的投资额为基数，根据价格变动趋势，预测价格上涨率，采用复利方法计算。价差预备费计算式为

$$C = \sum_{i=1}^{n_2} F_i[(1+e)^{n_1+i-1} - 1] \tag{6-25}$$

式中　　C——价差预备费；

　　　　e——年度造价上涨指数；

　　　　n_1——建设预算编制水平年至工程年时间间隔，年；

　　　　n_2——工程建设周期，年；

　　　　i——从开工年开始的第 i 年；

　　　　F_i——第 i 年投入的工程建设资金。

（二）建设期贷款利息

建设期贷款利息是指在项目建设期发生的支付银行贷款、出口信贷、债券等的借款利息和融资费用。建设期贷款利息也构成了项目投资的一部分。建设期贷款利息的估算，根据建设期资金用款计划，可按当年借款在年中支用考虑，即当年借款按半年计息，上年借款按全年计息。其具体计算方法为

$$q_j = \left(p_{j-1} + \frac{1}{2}A_j\right)i \tag{6-26}$$

式中　　q_j——建设期第 j 年应计利息；

　　　　A_j——建设期第 j 年贷款金额；

　　　　p_{j-1}——第 $j-1$ 年末贷款金额与利息累计值；

　　　　i——年利率。

第二节　电力工程项目费用确定

电力工程项目单件性的特征决定了每一个工程项目建设不能批量生产，都需要按业主的

特定需要单独设计、单独施工，然后以特定的程序和方法进行计价。

工程计价的主要方法是分部组合，就是将整个工程分解至基本项，根据特定计价依据，采取适当计量单位及一定计价方法，计算出基本项的生产费用，再分层次取费、组合，最终汇总得出某工程的全部造价。工程计价顺序：分部分项工程单价—单位工程造价—单项工程造价—建设工程项目总造价。

工程计价的形式和方法有多种，我国目前主要采用的是工料单价法和综合单价法。工料单价法也称定额计价法，是我国传统的工程计价方法；综合单价法也称工程量清单计价法，在我国是一种全新的计价模式。电力工程招标投标正在积极推行工程量清单计价模式。本书将综合单价法对应于工程量清单计价，将工料单价法对应于预算定额计价法来讲解。

一、工料单价法

（一）工料单价法概念

工料单价法也就是传统的定额计价法，是指分部分项工程项目单价采用直接工程费单价（工料单价）的一种计价方法，直接工程费单价只包括人工费、材料费和机械台班使用费，它是分部分项工程的不完全价格。

运用定额单价计算，即首先计算工程量，然后查定额单价（基价），与相对应的分项工程量相乘，得出分部分项工程的直接工程费，在此基础上根据有关费用计算标准规定再计算措施费、企业管理费、利润、规费、税金，将直接工程费与上述费用相加，得出单位安装工程造价，然后在此基础上再计算其他费用、辅助设施工程费及动态费用等，最后得出工程项目的总造价。其计价的基本程序为：

（1）分部分项工程单价（工料单价）=规定计量单位的人工费+规定计量单位的材料费

$$+规定计量单位的施工机械使用费 \qquad (6-27)$$

其中

$$人工费=\sum（人工工日数量×工日单价） \qquad (6-28)$$

$$材料费=\sum（材料用量×材料单价） \qquad (6-29)$$

$$施工机械使用费=\sum（机械台班用量×台班单价） \qquad (6-30)$$

（2）单位工程直接工程费=$\sum$（分部分项工程量×工料单价）+措施费　　(6-31)

（3）单位工程造价=单位工程直接工程费+措施费+间接费+利润+税金　　(6-32)

（4）单项工程造价=$\sum$单位工程造价+设备、工器具购置费　　(6-33)

（5）建设工程项目造价=$\sum$单项工程的概算造价+其他费用+动态费用　　(6-34)

（二）工料单价法计价格式（概预算书组成）

变电站建筑工程计价按预算编制办法规定，采用统一格式，由下列表格组成：

（1）工程概况及主要技术经济指标；

（2）总预算表；

（3）专业汇总预算表；

（4）单位工程预算表；

（5）其他费用预算表；

（6）附表、附件。

（三）工料单价法的计价步骤

从上述可以看出，一份完整的概预算文件，是由各类表格组成。表格虽然繁多，但归纳起来，关键是单位工程预算表的编制。

1. 准备工作

（1）熟悉施工图纸及准备有关资料。熟悉并检查施工图是否齐全、尺寸是否清楚，了解设计意图，掌握工程全貌。另外，针对要编制预算的工程内容搜集有关资料，包括熟悉预算定额的使用范围、工程内容及工程量计算规则等。

（2）了解施工组织设计和施工现场情况。了解施工组织设计中影响工程造价有关内容，如施工组织大纲、地形地质条件等。

2. 直接工程费计价

直接工程费具体计算步骤如下：

（1）计算分项工程量。根据施工图的工程预算项目和预算定额规定的工程量计算规则，计算各分项工程量。

（2）工程量汇总。各分项工程量计算完毕，经复核无误后，按预算定额规定的分部分项工程逐项汇总。

（3）套用定额消耗量，并结合当时当地人才机市场单价计算单位工程直接工程费，即

$$直接工程费=\Sigma 分部分项工程量\times 工料单价$$

3. 计算建筑工程费

直接工程费确定以后，还需根据电力行业《电网工程建设预算编制及计算标准》的有关规定，分别计算措施费、企业管理费、规费、税金等费用，汇总得出单位建筑工程造价，然后将各单位安装工程造价汇总。

（四）工料单价法的取费基数

工料单价法取费的计算基数有三种，即直接费、人工费加机械费和人工费。

（1）以直接费为计算基础工料单价法计价程序见表6-1。

表 6-1　　　　　　　　　以直接费为计算基础工料单价法计价程序

序号	费用项目	计算方法	序号	费用项目	计算方法
1	直接工程费	按预算表	5	利润	（3+4）×相应利润率
2	措施费	按规定标准计算	6	合计	3+4+5
3	小计	1+2	7	含税造价	6×（1+相应税率）
4	间接费	3×相应费率			

（2）以人工费和机械费为计算基础工料单价法计价程序见表6-2。

表 6-2　　　　　　　　以人工费和机械费为计算基础工料单价法计价程序

序号	费用项目	计算方法	序号	费用项目	计算方法
1	直接工程费	按预算表	6	人工费和机械费	2+4
2	其中：人工费和机械费	按预算表	7	间接费	6×+相应税率
3	措施费	按规定标准计算	8	利润	6×相应利润率
4	其中：人工费和机械费	按规定标准计算	9	合计	5+7+8
5	小计	1+3	10	含税造价	9×（1+相应税率）

（3）以人工费为计算基础工料单价法计价程序见表6-3。

表6-3　　　　　　　　　以人工费为计算基础工料单价法计价程序

序号	费用项目	计算方法	序号	费用项目	计算方法
1	直接工程费	按预算表	6	人工费小计	2+4
2	其中：人工费	按预算表	7	间接费	6×相应税率
3	措施费	按规定标准计算	8	利润	6×相应利润率
4	其中：人工费和机械费	按规定标准计算	9	合计	5+7+8
5	小计	1+3	10	含税造价	9×（1+相应税率）

（五）工料单价法的运用

电力建筑安装工程费的计算式为

$$电力建筑安装工程费=直接费+间接费+利润+税金 \qquad (6-35)$$

（1）直接费计算式为

$$直接费=直接工程费+措施费 \qquad (6-36)$$

其中，直接工程费根据工料单价确定；措施费计算详见表6-4。

表6-4　　　　　　　　　电力建筑安装工程措施项目取费计算

序号	费　用　项　目	计　算　方　法
1	冬雨季施工增加费	直接工程费×费率
2	夜间施工增加费	直接工程费×费率
3	施工工具用具使用费	直接工程费×费率
4	临时设施费	直接工程费×费率
5	施工机构转移费	直接工程费×费率
6	安全文明施工措施补助费	直接工程费×费率

（2）间接费计算式为

$$间接费=规费+企业管理费 \qquad (6-37)$$

$$规费=社会保障费+住房公积金+危险作业意外伤害保险费 \qquad (6-38)$$

其中

$$建筑工程社会保障费=直接工程费×0.18×工程所在地政府部门公布缴费费率 \qquad (6-39)$$

$$建筑工程社会住房公积金=直接工程费×0.18×住房公积金缴费费率 \qquad (6-40)$$

$$建筑工程危险作业意外伤害保险费=直接工程费×0.15\% \qquad (6-41)$$

$$建筑工程企业基本管理费=直接工程费×费率 \qquad (6-42)$$

即

$$间接费=直接工程费×（0.18×社保费缴费率+0.18$$
$$×公积金缴费率×0.15\%+企业管理费费率） \qquad (6-43)$$

（3）利润计算式为

$$利润=（直接费+间接费）×利润率 \qquad (6-44)$$

（4）税金计算式为

$$税金=（直接费+间接费+利润）×综合税率 \qquad (6-45)$$

【例 6-1】 根据华东地区某市 220kV 变电站 10kV 高压室的建筑施工图纸和《电力建设工程预算定额》计算的直接工程费为 383 801 元，该市社会保障费缴费率为 34%，住房公积金缴费费率为 8%，试确定其预算造价。

解 上述工程直接工程费由预算表计算为 383 801 元，则

措施费=直接工程费×（1+冬雨季施工增加费率+夜间施工增加费率+临时设施费率
+施工工具用具使用费率+施工机构转移费率+安全文明施工措施补助费率）
=383 801×（0.89%+0.11%+0.67%+2.14%+1.53%+0.65%）=22 990（元）

直接费=直接工程费+措施费=383 801+22 990=406 791（元）

间接费=直接工程费×（0.18×社保缴费率+0.18×公积金缴费率+0.15%+企管费率）
=383 801×（0.18×32%+0.18×8%+0.15%+8.66%）=61 447（元）

利润=（直接费+间接费）×利润率=（406 791+61 447）×5.5%=25 753（元）

税金=（直接费+间接费+利润）×综合税率
=（406 791+61 447+25 753）×3.41%=16 776（元）

即

该工程预算造价=直接费+间接费+利润+税金
=406 791+61 447+25 753+18 645=508 768（元）

该建筑工程预算见表 6-5。

表 6-5　　　　　　　　　　　建 筑 工 程 预 算 表

工程名称：10kV 高压室　　　　　　　　　　　　　　　　　　　　　人民币单位：元

序号	编制依据	项目名称及规格	单位	数量	单价 金额	单价 其中工资	合价 金额	合价 其中工资
（一）		直接费	元				407 290	
1		直接工程费	元				383 801	93 102
2		措施费	元				22 990	
（1）		冬雨季施工增加费	%	0.89		383 801	3416	
（2）		夜间施工增加费	%	0.11		383 801	422	
（3）		施工工具用具使用费	%	0.67		383 801	2571	
（4）		临时设施费	%	2.14		383 801	8213	
（5）		施工机构转移费	%	1.53		383 801	5872	
（6）		安全文明施工措施补助费	%	0.65		383 801	1689	
（二）		间接费	元				61 447	
1		规费	元			383 801	28 209	
（1）		社会保障费	%	5.76		383 801	22 107	
（2）		住房公积金	%	1.44		383 801	5527	
（3）		危险作业意外伤害保险费	%	0.15		383 801	576	
2		企业管理费	%	8.66		383 801	33 237	
（三）		计划利润	%	5.5		468 238	25 753	
（四）		税金	%	3.41		491 991	16 776	
（五）		合计	元				508 768	

二、工程量清单计价法

（一）工程量清单计价的定义及组成

工程量清单计价是建设工程招标投标中，按照国家（行业）统一的工程量清单计价规范，招标人或委托人具有资质的中介机构编制反映工程实体消耗和措施消耗的工程量清单，并作为招标文件的一部分提供给投标人，所有投标人依据工程量清单，根据施工设计图纸、施工现场情况、施工方案等，结合企业定额及市场价格或参照造价管理部门公布的《建设工程消耗量定额》，建设行政主管部门和工程造价主管机构的有关规定自主报价的计价方式。

近年来，GB 50500—2008《建设工程工程量清单计价规范》和 DL/T 5341—2006《电力建设工程量清单计价规范——变电工程》（以下简称《变电工程计价规范》）已相继颁布实施，标志着我国电力建设工程计价管理进入了一个崭新的阶段。电力建设工程从单一的定额计价模式转化为工程量清单计价和定额计价两种模式并存的格局，并将逐步实现工程量清单计价为主，定额计价为辅的工程计价管理目标。

《变电工程计价规范》是电力行业标准（DL），具有较强的专业特征，本标准适用于电压等级 35～750kV 的新建、扩建的变电站（所）建筑、安装工程，以及 ±500kV 换流站的建筑、安装工程工程量清单计价活动。

《变电工程计价规范》由范围、术语和定义、工程量清单编制、工程量清单计价、工程量清单及计价格式、工程量清单计价项目与计算规则及附录等内容组成。

工程量清单计价的工程造价费用由分部工程项目费、措施项目费、其他项目费、零星项目费、规费和税金等构成。

（1）分部分项工程费 = Σ分部分项工程量×分部分项综合单价　　　　　　　　　（6-46）

其中，综合单价由人工费、材料费、机械费、企业管理费和利润等组成。

（2）措施项目费 = Σ措施项目工程量×措施项目综合单价　　　　　　　　　　　（6-47）

其中，措施项目综合单价的构成与分部分项综合单价构成类似。

（3）　　　单位工程报价 = 分部分项工程费 + 措施项目费 + 其他项目费

　　　　　　　　 + 零星项目费 + 规费 + 税金　　　　　　　　　　　　　　（6-48）

（4）单项工程报价 = Σ单位工程造价　　　　　　　　　　　　　　　　　　　（6-49）

（5）建设项目总报价 = Σ单项工程报价　　　　　　　　　　　　　　　　　　（6-50）

工程量清单计价法包括两个阶段：招标人的工程量清单编制和投标人的工程量清单计价编制，即投标人利用工程量清单来编制投标报价。

（二）工程量清单编制

工程量清单是表现拟建工程的分部分项工程项目、措施项目、其他项目名称和相应数量的明细清单。它是由具有编制招标文件能力的招标人或受其委托具有相应资质的工程造价咨询机构、招标代理机构，根据设计文件，按照《变电工程计价规范》中统一的项目编码、项目名称、计量单位和工程量计算规则及附录规定的统一表格形式进行编制。编制内容及步骤如下：

（1）编制分部分项工程量清单；

（2）编制措施项目清单；

（3）编制其他项目清单；

（4）编制零星项目清单；

（5）编制规费项目清单；

（6）编制招标人采购材料表；

（7）编写总说明封面；

（8）编写封面；

（9）装订成册。

（三）工程量清单计价的编制

由招标人统一提供的工程量清单只列主体项目，其"工程内容"与原定额计价模式下的分部分项工程的内涵并不完全相同，工程量计算规则也有区别，这就要求投标人在确定"综合单价"的过程中，必须首先将每个清单项目，根据其结构特征或施工工序分解，直到分解为若干项目具体的"工程内容"（相当传统定额计价时的分项工程或定额子目），再测算与其对应的人工、材料、机械台班消耗量及市场价格，才可以计价。所以，工程量清单计价编制内容包括工料机消耗量的确定、综合单价的确定、措施项目费的确定、零星项目费的确定和其他项目费的确定等。

1. 工料机消耗量的确定

工料消耗量应当是与清单项目对应的实际施工消耗量，应当包括清单项目、围绕该清单项目施工的附属项目的工料机消耗量内容及施工、运输、安装等方面的所有损耗。在企业尚未建立内部消耗量定额或综合单价表的情况下，现在仍大多是沿用行业或地方定额和相关资料计算，其计算式为

清单项目人工工日=主项工程量×定额用工量+$\sum$（附项工程量×定额用工量）　（6-51）

清单项目材料用量=主项工程量×某种材料定额用量

$\qquad$+$\sum$（附项工程量×材料定额用量）　　　　　　　　（6-52）

清单项目机械台班用量=主项工程量×某种机械台班用量

$\qquad$+$\sum$（附项工程量×机械台班用量）　　　　　　　（6-53）

具体计算时分两种情况：一是直接套用，二是分别套用。

（1）直接套用定额子目。当清单项目与定额项目的工程内容和项目特征完全一致时，就可以直接套用定额消耗量，计算出清单项目的工料机消耗量。

（2）分别套用不同定额子目。当定额项目的工程内容与清单项目的工程内容不完全相同时，需要按定额子目构成分解清单项目工程内容，分别套用不同的定额消耗量，计算出清单项目的工料机消耗量。

2. 综合单价的确定

综合单价是指完成工程量清单中一个规定计量单位项目所需的人工费、材料费、机械使用费、企业管理费和利润，并考虑风险因素。与工料单价相比较，综合单价把间接费和利润等费用按一定费率分摊到各分部分项工程上，从而使其反映了承包人的收入，但由于它未包括规费、税金，仍属于不完全费用单价。

按《建设工程工程量清单计价规范》规定，综合单价不但适用于分部分项工程量清单，也适用于措施项目清单、其他项目清单。可参照以下公式计算，即

综合单价=人工费+材料费+机械使用费+企业管理费+利润

$\qquad$=人工费+材料费+施工机械使用费+（企管费率+利润率）×取费基数（6-54）

其中

$$人工费=\Sigma（人工消耗量×价格） \tag{6-55}$$

$$材料费=\Sigma（材料消耗量×价格） \tag{6-56}$$

$$机械使用费=\Sigma（施工机械台班消耗量×价格） \tag{6-57}$$

综合单价计算的取费基数有三种，即直接费、人工费加机械费和人工费。由于各分部分项工程中的人工、材料、机械含量的比例不同，可根据其材料费占人工费、材料费、机械费合计的比例（以字母 C 代表该项比值）在以下三种计算程序中选择一种计算其综合单价。

（1）以直接工程费为计算基础（见表 6-6）。当 $C>C_0$（C_0 为本地区原费用定额测算所选典型工程材料费占人工费、材料费和机械费合计的比例）时，可用以人工费、材料费、机械费合计为取费基数计算间接费和利润。

表 6-6　　　　　　　　　以直接工程费为取费基数的综合单价法计价程序

序号	费 用 项 目	计 算 方 法
1	分项直接工程费	人工费+材料费+机械费
2	间接费	1×相应费率
3	利润	（1+2）×相应费率
4	合计	1+2+3
5	综合单价	4×（1+相应费率）

（2）以人工费和机械费为计算基础（见表 6-7）。当 $C<C_0$ 值的下限时，可用以人工费和机械费合计为取费基数计算间接费和利润。

表 6-7　　　　　　　　以人工费和机械费为取费基数的综合单价法计价程序

序号	费 用 项 目	计 算 方 法
1	分项直接工程费	人工费+材料费+机械费
2	其中：人工费和机械费	人工费+机械费
3	间接费	2×相应费率
4	利润	2×相应费率
5	合计	1+2+3
6	综合单价	5×（1+相应费率）

（3）以人工费为计算基础（见表 6-8）。如果该分项的直接工程费仅为人工费，无材料费和机械费时，可采用以人工费为取费基数计算间接费和利润。

表 6-8　　　　　　　　　以人工费为取费基数的综合单价法计价程序

序号	费 用 项 目	计 算 方 法
1	分项直接工程费	人工费+材料费+机械费
2	其中：人工费	人工费
3	间接费	2×相应费率
4	利润	2×相应费率
5	合计	1+3+4
6	综合单价	5×（1+相应费率）

根据行业定额，结合企业自身，依据投标人自行采集的市场价格或参照工程所在地工程造价管理机构发布的价格信息，确定人工、材料、施工机械台班价格和地形、风险因素，确定综合单价，仅是一种过渡，最终应使用企业定额和市场价格信息计价，以反映本企业个别成本。

3. 措施项目费的确定

措施项目清单是为完成工程项目施工，发生于该工程施工前和施工过程中技术、生活、安全等方面的措施消耗项目。招标人在编制措施项目清单时只根据通常情况列项目名称，不提供具体施工方案，投标人报价时，要先拟定施工方案或施工组织设计，再根据施工现场和施工企业实际情况，确定要报的项目和价格。

措施项目清单以"一项"为计价单位，一个措施项目报一个总价。每项措施项目都包含具体内容。每项措施项目清单，都需要根据施工组织设计的要求及现场的实际情况，进行仔细拆分、详细计算才会有结果。一般可以采用以下几种方法确定。

（1）定额法计价。这种方法与分部分项综合单价的计算方法一样，主要是指一些与实际有紧密联系的项目，如脚手架、模板、垂直运输等。

（2）公式参数法计价。定额模式下几乎所有的措施项目都采用这种办法。有些地区以定额的形式体现，就是按一定的基数乘系数的方法或自定义公式进行计算。这种方法主要适用于施工过程中必须发生，但在投标时很难具体分析分项预测，又无法单独列出项目内容的措施项目，如冬雨季施工增加费、施工工具用具使用费、临时设施费等，可以以人工费或直接工程费为基础乘以适当的系数确定。

（3）实物量法计价。这种方法是最基本，也是最能反映投标人个别成本的计价方法，是按投标人现在的水平，预测将要发生的每一项费用的合计数，并考虑一定的浮动因数及其他社会环境影响因数。

（4）分包法计价。在分包价格的基础上增加投标人的管理费及风险进行计价的方法，这种方法适合可以分包的独立项目，如大型机械进出场及安装、拆卸等。

4. 其他项目费的确定

其他项目清单费是指预留金、材料购置费（仅指由招标人购置的材料费）、总承包服务费、零星工程项目费等估算金额总和，包括人工费、材料费、机械费、管理费、利润及风险费。

其他项目清单由招标人和投标人两部分内容组成，由招标人提供。由于工程的复杂性，在施工之前，很难预料在施工过程中会发生什么变更，所以，招标人按估算的方法将这部分费用以其他项目的形式列出，由投标人按规定组价，包括在总价内。

分部分项工程综合单价、措施项目费都是由投标人自由组价，可其他项目费不一定是投标人自由组价，因为其他项目费包括招标人部分和投标人部分，招标人部分属非竞争性项目，这就要求投标人按招标人提供的数量及金额进行报价，不允许投标人对价格进行调整；投标人部分属竞争性费用，名称、数量由招标人提供，价格由投标人自主确定。

（1）总承包服务费。总承包服务费是投标人为配合协调招标人工程分包和材料采购所需的费用，应根据经验及工程分包特点，按分包项目金额的一定百分比计算。

（2）零星工作项目费。零星工作项目费是招标人列出的未来可能发生的工程量清单以外的，不能以实物计量和定价的零星工作。招标人用"零星工作项目表"的形式详细列出人工、材料、机械名称和相应数量，投标人在此表内组价。计价时应以招标人列出的"零星工作项目表"中的内容填写综合单价和合价，综合单价还应考虑管理费、利润和风险等。

$$人工综合单价=人工预算价×（1+管理费率）×（1+利润率） \qquad (6-58)$$

$$材料综合单价=材料预算价×（1+管理费率）×（1+利润率） \qquad (6-59)$$

$$机械综合单价=机械台班单价×（1+管理费率）×（1+利润率） \qquad (6-60)$$

5. 规费和税金的确定

（1）规费。规费是指政府有关部门规定必须缴纳的费用，属于行政费用。包括工程排污费、工程定额测定费、养老保险费、失业保险费、医疗保险费、住房公积金、危险作业意外伤害保险等。采用综合单价法报价时，规费不包含在清单项目综合单价内，而是以单位工程为单位，其计算式为

$$规费=（分部分项工程费+措施项目费+其他项目费）×规费费率 \qquad (6-61)$$

（2）税金。税金是指国家税法规定的应计入工程造价的营业税、城市维护建设税及教育费附加。它是国家为实现其职能向纳税人按规定税率征收的货币金额。

采用综合单价法编制标底和报价时，税金不包含在清单项目的综合单价内，而是以单位工程为单位，其计算式为

$$税金=（分部分项工程费+措施项目费+其他项目费+规费）×税率 \qquad (6-62)$$

第三节　电力工程项目费用计划和控制

任何工程项目都要受到费用、工期的制约，电力工程项目的费用计划和控制也显得尤为重要。费用控制的内容包括：对造成工程项目费用基准变化的因素施加影响，以保证这种变化向有利的方向发展；确定实际发生的费用是否已经出现偏差；当出现工程项目费用偏差时，分析偏差对工程项目未来进度的影响，并采取适当的管理措施。

控制就是按照事先制定的计划与标准，检查被控对象在实施过程中的状况及所取得的成果，通过检查及时发现偏差，并采取有效措施纠正所发生的不良偏差的过程。实施控制的前提是确定合理的目标和制订科学的计划，工程项目费用管理计划应规定对不同的费用偏差的管理策略。建设工程项目费用控制的主要内容是施工费用的控制。

一、施工费用计划的编制

（一）施工费用计划的编制依据

施工费用计划的编制依据包括投标报价书、施工预算、施工组织设计或施工方案，还包括人工、材料、构配件、施工机械的消耗水平和市场价格或根据当时实际参数测算的单价以及签订的各种合同等。

（二）施工费用计划的种类

按费用计划所反映工程内容的不同，可以分为按子项目组成编制施工费用计划和按工程进度编制施工费用计划两种。

1. 按子项目组成编制施工费用计划

通常一个工程项目可以由若干个单项工程组成，一个单项工程又可以由若干个单位工程组成，而一个单位工程还可以分解成若干个分部、分项工程。同样，一个工程项目的费用是由若干个单项工程费用组成，一个单项工程的费用是由若干个单位工程费用组成，而一个单位工程的费用也是由若干个分部、分项工程的费用所组成的。可以根据各个分部、分项工程

所要完成的工程数量，结合这些分部、分项工程对劳动要素的单位消耗量，计算出各种劳动要素的消耗量；用施工过程中所消耗掉的人工数量、材料数量、机械台班数乘以各自的单价，再加上属于费用范围之内的其他费用，就构成了施工费用。之后，结合管理的目标，最后确定施工费用计划。当所编制的施工费用计划包含了若干个分部分项工程，那么这份施工费用计划就包括了所有这些分部分项工程的费用。

2. 按工程进度编制施工费用

费用计划与施工计划密不可分，完成的工程量越多，相应的施工费用也会越高。按工程进度编制施工费用是一种常见的施工费用编制类型。

在按工程进度编制施工费用时，首先必须确定工程的时间进度计划，该计划通常可以用横道图或网络图的形式表示。根据施工的时间进度计划所确定的各子项目的开始时间与结束时间，以及在某一时间段里所要完成的各子项目进度计划，就能够确定出在这个时间段里的计划施工费用，计划的时间段越长，相应的计划施工费用也就越高。表示施工费用计划的方式主要有 S 曲线法和"香蕉"曲线法。

在工程时间进度的基础上，已知各子项目施工的时间安排以及这些子项目的费用计划数量，可以通过绘制费用计划曲线图直观反映施工费用计划。费用计划曲线图绘制步骤如下。

（1）计算各时间段的计划费用，即

$$q_j = \sum_{i=1}^{k} r_{ij} \qquad (6\text{-}63)$$

式中　　q_j——j 时间内各子项目的计划费用量；

　　　　r_{ij}——第 i 个子项目在 j 时间内的计划费用量；

　　　　k——j 时间内子项目数量。

（2）计算各时间段累计计划费用量，即

$$Q_t = \sum_{j=1}^{t} q_j \qquad (6\text{-}64)$$

式中　　Q_t——t 时间内累计计划费用量；

　　　　t——时间坐标。

【例 6-2】 有某工程时间进度计划，根据表 6-9 所示的各子项目的时间安排和计划费用分布，绘制工程计划费用曲线。

表 6-9　　　　　　　　　　某工程时间进度计划及各子项目费用计划

工程子项目	投资额（万元）	进度计划（月）									
		1	2	3	4	5	6	7	8	9	10
厂房土建	500	50	60	100	110	110	70				
厂房建筑设备	200				30	50	70	50			
办公楼	150						30	60	60		

续表

工程子项目	投资额（万元）	进度计划（月）									
		1	2	3	4	5	6	7	8	9	10
仓库	100							20	40	40	
零星	50									20	30
合计	1000	50	60	100	140	160	170	130	100	60	30
累计额	1000	50	110	210	350	510	680	810	910	970	1000
累计百分比（%）	100	5	11	21	35	51	68	81	91	97	100

解　根据表 6-9，既可以绘出工程费用需要量曲线，如图 6-2 所示；也可以绘制工程成本累计曲线（S 曲线），如图 6-3 所示。这两幅图可以清晰地显示该工程每月的费用计划量和各月累计费用计划量。

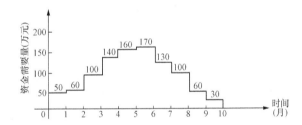

图 6-2　按时间进度编制的工程费用计划——工程费用需要量曲线

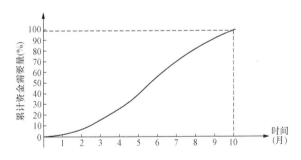

图 6-3　按时间进度编制的工程费用计划——工程费用累计曲线（S 曲线）

二、施工费用控制方法

施工费用的控制方法有很多，这里着重介绍偏差分析法。

（一）偏差分析的概念

（1）偏差。在施工费用控制中的偏差是指施工费用的实际值与计划值的差异，即

$$费用偏差 = 已完工程实际费用 - 已完工程计划费用 \tag{6-65}$$

$$已完工程实际费用 = 已完工程量 \times 实际单位费用 \tag{6-66}$$

$$已完工程计划费用 = 已完工程量 \times 计划单位费用 \tag{6-67}$$

费用偏差计算的结果如果是正数意味着施工费用超支，结果如果为负则表示施工费用节约。

（2）偏差分析。偏差分析就是对在施工过程中发生的费用偏差进行原因分析。造成费用偏差的因素有很多，如施工进度、劳动要素的价格和单耗等都是进行费用偏差分析的对象；不仅要分析产生费用偏差的原因，还要分析这些因素对施工费用的影响方向和影响程度。

如前所述，造成施工费用出现偏差的因素有很多。必须特别指出的是，施工进度对施工费用偏差分析的结果有重要影响，如果在偏差分析时不加以考虑就不能正确反映施工费用偏差的实际情况。不难理解，当某一阶段施工费用超支，其原因有可能是单耗超出定额或（和）价格上涨，也有可能就是由于工程进度提前所造成的。所以，在偏差分析时不仅要有费用偏差的概念，还要引入进度偏差的概念，其计算式为

$$进度偏差=已完工程实际时间-已完工程计划时间 \qquad (6-68)$$

将进度偏差与费用偏差联系起来，施工进度偏差还可以表示为

$$进度偏差=拟完工程计划费用-已完工程计划费用 \qquad (6-69)$$

所谓的拟完工程计划费用，是指根据施工进度计划的安排，在某一确定的时间内所应完成工程内容的计划施工费用，可表示为

$$拟完工程计划费用=拟完工程量×计划单位费用 \qquad (6-70)$$

拟完工程量从字面上解释就是打算完成的工程量，其实也就是计划工程量。

进度偏差计算的结果如果是正数意味着施工进度滞后、被延误，结果如果为负则表示施工进度提前、速度加快。

（二）偏差分析的方法

偏差分析可以采取不同的方法，下面介绍常用的横道图法、表格法和曲线法。

1. 横道图法

用横道图法（见表6-9）进行偏差分析，是用不同的横向放置的矩形条（横道）来标识已完工程计划费用、已完工程实际费用和拟完工程计划费用，横道的长度与施工费用的数额成正比。偏差分析时，费用偏差和进度偏差的差额可以用横道或数字表示。

横道图法具有形象、直观和一目了然的优点，它能够明确地反映出施工费用的绝对偏差，让人一眼便能感受到偏差的严重性。但这种方法的缺点是所能提供的信息量较小。

2. 表格法

表格法是进行偏差分析最常用的一种方法，它可以根据项目的数据来源、数据参数和施工费用控制要求等条件来设计表格，具有适用性强、提供的信息量大等优点，见表6-10。

表6-10　　　　　　　　　　　费用偏差分析表（表格法）

项目编码	（1）	011	012	013
项目名称	（2）	土方工程	打桩工程	基础工程
已完工程实际费用	（3）	70	80	80
拟完工程计划费用	（4）	50	60	80
已完工程计划费用	（5）	60	100	60
费用局部偏差	（6）＝（3）－（5）	10	-20	20
费用累计偏差	（7）＝Σ（6）			
进度局部偏差	（8）＝（4）－（5）	-10	-40	20
进度累计偏差	（9）＝Σ（8）			

3. 曲线法

曲线法是通过绘制施工费用累计曲线（S 曲线）的方式进行施工费用偏差分析的一种方法，如图 6-4 所示。其中 a 表示施工费用实际值曲线，p 表示施工费用计划值曲线，两条曲线之间的垂直距离表示施工费用偏差。

在用曲线法进行施工费用偏差分析时，通常要在一张表中绘制三条曲线，即已完工程实际费用曲线 a，已完工程计划费用曲线 b，拟完工程计划费用曲线 p，如图 6-5 所示。图中曲线 a 与曲线 b 的垂直距离表示施工费用偏差，曲线 b 与曲线 p 的水平距离表示进度偏差。图 6-5 反映的偏差为累计偏差。

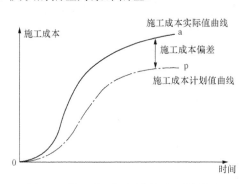

图 6-4　施工费用计划值与实际值曲线

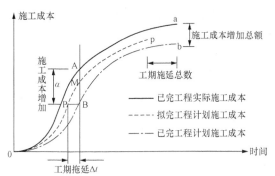

图 6-5　三种施工成本参数曲线

用曲线法进行分析同样具有形象、直观的特点，如能做到精确绘制曲线图的话，该方法也不失是一种较好的定量分析方法。

三、项目进度与费用的协调控制

工程项目执行过程中，费用和进度是相关的。如果降低费用，资源投入会减少，相应的进度会受影响；如果赶进度，费用有可能提高；但是，如果工期过长，又会由于资源占用时间长而使费用上升。因此，在进行项目的进度控制和费用控制时，还要考虑到进度与费用的协调控制，设法使这两个控制指标都达到最优具体的协调控制涉及到复杂的技术和方法，在此只介绍一些原理和思想。

（一）关键比值法

在大工程项目的控制中，常常通过计算一组关键比值加强控制分析。关键比值计算式为

$$关键比值=（实际进度×预算费用）/（计划进度×实际费用） \tag{6-71}$$

在此将实际进度与计划进度的比值称为进度比值，将预算费用与实际费用的比值称为费用比值。由式（6-71）可见，关键比值是由进度比值和费用比值组成，是这两个独立比值的乘积。单独分析项目进度比值和费用比值，由其计算式可知，当它们大于 1 时，说明项目的进程状态或实施绩效是好的。但是在综合分析时，如一个大于 1，一个小于 1，工程项目的进程状态如何呢？关键比值可以帮助我们发现一些有关项目进程状态的深层的有价值的信息。以表 6-11 测量到的绩效资料为例进行解析，可得如下分析结果。

表 6-11　关键比值计算

项目工作	实际进度 ①	计划进度 ②	进度比值 ③=①/②	预算费用 ④	实际费用 ⑤	费用比值 ⑥=④/⑤	关键比值 ⑦=③×⑥
A	2	3	2/3<1	6	4	6/4>1	1

续表

项目工作	实际进度 ①	计划进度 ②	进度比值 ③=①/②	预算费用 ④	实际费用 ⑤	费用比值 ⑥=④/⑤	关键比值 ⑦=③×⑥
B	2	3	2/3<1	6	6	6/6=1	2/3<1
C	3	3	3/3=1	4	6	4/6<1	2/3<1
D	3	2	3/2>1	6	6	6/6=1	3/2>1
E	3	3	3/3=1	6	4	6/4>1	3/2>1

（1）项目工作 A。无论进度还是费用，都是实际值低于计划值。如果进度许可推迟，没有大的问题。

（2）项目工作 B。实际费用等于预算费用，但实际进度滞后。因为费用消耗已达到预算水平，而进度却落后，则有可能存在费用的超支。

（3）项目工作 C。实际进度等于计划进度，但费用超支。

（4）项目工作 D。实际费用等于预算费用，进度超前，意味着节省了一笔费用。

（5）项目工作 E。实际进度等于计划进度，而实际费用低于预算，等于节约了一笔费用。

一般地，关键比值应控制在 1 附近。对于不同的工程项目、不同的项目工作，要求关键比值的控制范围不同。越是重要的、投资大的项目或工作单元，允许关键比值偏离 1 的距离越小。

（二）基于网络计划的进度费用控制

由网络分析技术可知，在工程项目的所有项目工作中，只有关键工序会影响项目的进度。在一般情况下，项目中工作单元的进度和费用又呈反方向变化，即减少某些资源（如人力、设备）的投入可以降低费用，但是肯定会延长工期。上述原理给我们提供了一种进度和费用的协调控制思路，即若要降低项目后续工作的费用而不影响工期，只能在非关键工作单元（工序）上想办法。非关键工序由于存在时差，可以通过资源调整，适当延长其持续时间，以不超过允许时差为约束，达到降低项目费用的目的。如要赶进度，只有在项目的关键工作的工作时间缩短时，项目的进度才有可能提前。有些供用电工程项目中，由于受合同工期的约束，应使用网络分析的方法协调费用和进度，并兼顾工期延误违约损失，才会使工程项目达到最优控制的方法。

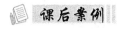 课后案例

泰龙输电项目资源费用管理

依据泰龙项目合同、工作结构分解、进度计划、资源需求计划、工作延续时间等进行费用估算；项目综合人工费按项目估计扣除材料、通信费用及预留其风险金支出，其余所有费用全部折算为综合人工费。由于项目环境特点，工时综合费用为：管理人员按 300 元/工日，工人按 250 元/工日，设备材料、人力基本按投入工日平均估算。

（1）泰龙项目工日费用估算及分配表见表 6-12。

表 6-12　　　　　　　　　　　泰龙工日费用估算及分配表

序号	任务名称	工日费（万元）	资源名称	1	2	3	4	5	6	7	8	9	10	11	12	13	14	费用小计（万元）
1.1.1	施工准备工作	1.5	管理	1.5														1.5
1.1.2	线路通道	6	人工	0.75	0.75	0.75	0.8	0.75	0.8	0.75	0.65							6
1.1.3	材料采购及加工	10.8	管理	0.96	1.8	1.8	1.92	1.8	1.92	1.8	1.92	0.6						10.8
1.2.1	基础工程	8.4	管理	0.6	1.8	1.8	1.92	1.8	0.48									113.4
		105	人工	7.5	22.5	22.5	24	22.5	6									
1.2.2	接地工程	1.2	管理			0.9	0.3											8.7
		7.5	人工			5.625	1.875											
1.2.3	杆塔工程	10.8	管理			0.6	1.92	1.8	1.92	1.8	1.8	0.96						89.55
		78.75	人工			4.375	14	13.125	14	13.125	13.125	7						
1.2.4	架线工程	10.8	管理						1.44	1.8	1.8	1.8	1.92	1.8	0.24			100.8
		90	人工						12	15	15	15	16	15	2			
1.2.5	附件安装工程	0.9	管理							0.15	0.15	0.3	0.3					4.65
		3.75	人工							0.625	0.625	1.25	1.25					
1.2.6	光缆接续及测量	0.12	管理												0.12			0.72
		0.6	人工												0.6			
1.2.7	线路参数测量	0.06	管理												0.06			0.36
		0.3	人工												0.3			
1.3.1	竣工验收移交	1.5	管理												0.75	0.75		1.5
1.3.2	资料移交	0.24	管理													0.24		0.24
1.3.3	投运	0.12	管理													0.12		0.12
1.3.4	项目收尾	2.7	管理													1.35	1.35	2.7
1.4.0	项目管理	25.56	管理	1.8	1.8	1.8	1.92	1.8	1.92	1.8	1.8	1.8	1.92	1.8	1.8	1.8	1.8	25.56
	小计	366.6														4.26	3.15	366.6

（2）泰龙项目材料费用估算及分配表见表 6-13。

表 6-13　　　　　　　　　　　泰龙项目材料费用估算及分配表

序号	任务名称	工期（天）	费用分配（万元）	1	2	3	4	5	6	7	8	9	10	11	12	13	14	费用小计（万元）
1.1.1	线路通道	120	300	37.5	37.5	37.5	40	37.5	40	37.5	32.5							300
1.2.1	基础工程	70	220	15.7	47.1	47.1	50.3	47.2	12.6									220
1.2.2	接地工程	20	18.4			13.8	4.6											18.4
1.2.3	杆塔工程	90	680			38	121	113	122	113	113	60						680
1.2.4	架线工程	90	340						50	56	56	56	60	56	6			340
1.2.5	附件安装工程	30	75							13	12	25	25					75
	小计（万元）		1633	53.2	84.6	136.4	215.9	197.7	224.6	219.5	213.5	141	85	56	6			1633.4

（3）泰龙项目资源预算综合分配表见表6-14。

表 6-14　　　　　　　　　　　　泰龙项目资源预算综合分配表

序号	任务名称	工期（天）	费用分配（万元）	项目各阶段费用（万元，以半月为单位）														费用小计（万元）
				1	2	3	4	5	6	7	8	9	10	11	12	13	14	
1.1.1	施工准备工作	10	1.5	1.5														1.5
1.1.2	线路通道	120	306	38.25	38.25	38.25	40.8	38.25	40.8	38.25	33.15							306
1.1.3	材料采购及加工	90	10.8	0.96	1.8	1.8	1.92	1.8	1.92	0.6								10.8
1.2.1	基础工程	70	333.4	23.8	71.4	71.4	76.3	71.4	19.1									333.4
1.2.2	接地工程	20	27.1			20.32	6.78											27.1
1.2.3	杆塔工程	90	769.6			42.98	136.95	127.9	137.94	127.9	127.9	67.98						769.55
1.2.4	架线工程	90	440.8						63.44	72.8	72.8	72.8	77.92	72.8	8.24			440.8
1.2.5	附件安装工程	30	79.65							13.77	12.78	26.55	26.55					79.65
1.2.6	光缆接续及测量	4	0.72												0.12			0.72
1.2.7	线路参数测量	2	0.36												0.06			0.36
1.3.1	竣工验收移交	10	1.5												0.75	0.75		1.5
1.3.2	资料移交	2	0.24													0.24		0.24
1.3.3	投运	2	0.12													0.12		0.12
1.3.4	项目收尾	30	2.7													1.35	1.35	2.7
1.4.0	项目管理	213	25.56	1.8	1.8	1.8	1.92	1.8	1.92	1.8	1.8	1.8	1.92	1.8	1.8	1.8	1.8	25.56
	小计		2000	66.31	113.25	176.55	264.67	241.15	265.12	255.12	248.43	169.13	106.39	74.6	10.97	4.26	3.15	2000

（4）泰龙项目资源预算曲线图如图6-6所示。

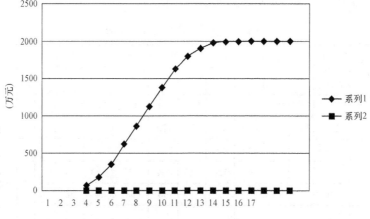

6月1日~12月30日（单位：半月）

图 6-6　泰龙项目资源预算曲线图

讨论题：说明项目费用计划的种类和费用控制的方法。

（资料来源：河南省电力公司焦作供电公司. 电网工程项目管理.北京：中国电力出版社，2007.）

小　　结

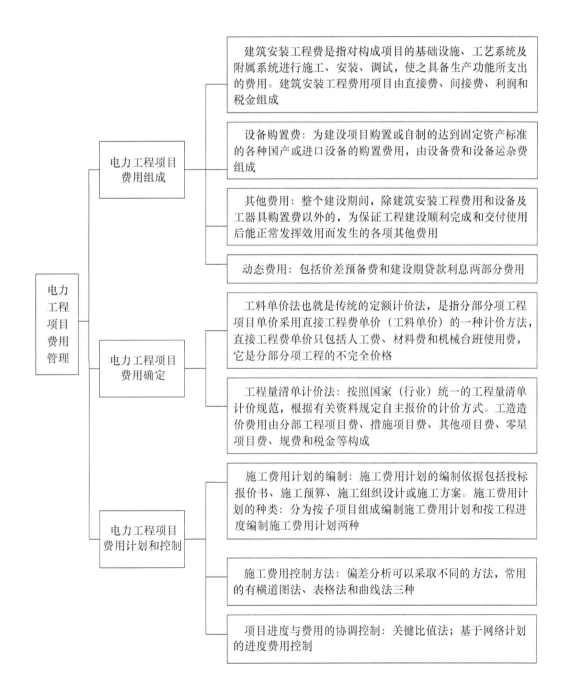

思考题与习题

1. 简述电力工程项目总投资的组成。

2. 简述电力建设工程造价的组成。

3. 工料单价法和综合单价法的联系和区别是什么？

4. 简述施工费用控制的偏差分析法。

5. 电力工程静态投资包括哪些内容？

6. 某电力工程 10 月份拟完工程计划投资 50 万元，实际完成工程投资 80 万元，已完工程计划投资 66 万元，则该工程投资相对偏差和进度偏差分别为多少？

7. 某电力工程施工到 2009 年 8 月，经统计分析得知，已完工程实际投资为 1500 万元，拟完工程计划投资为 1400 万元，已完工程计划投资为 1200 万元，则该工程此时进度偏差为多少？

第七章 电力工程项目质量管理

学习目标

（1）了解电力工程项目质量形成过程，掌握影响电力工程项目质量的主要因素、工程项目质量的特点。

（2）了解电力工程项目质量管理的定义、目的、过程、原则，掌握电力工程项目质量管理的基本原理。

（3）熟悉电力工程项目质量计划的输入、项目质量计划的工具和技术、项目质量计划的输出。

（4）熟悉电力工程项目质量保证的输入、项目质量保证的工具和技术、项目质量保证的输出。

（5）熟悉电力工程项目质量控制的定义、过程、特点、工作内容，掌握影响电力工程项目质量因素的控制，设计过程中的质量控制、设备采购与安装的质量控制、施工过程中的质量控制、工程质量控制的统计分析工具。

本章提要

本章介绍了电力工程项目质量形成过程；影响电力工程项目质量的主要因素；工程项目质量的特点；电力工程项目质量管理的定义、目的、过程、原则；项目质量管理的基本原理；项目质量计划的输入、项目质量计划的工具和技术、项目质量计划的输出；项目质量保证的输入、项目质量保证的工具和技术、项目质量保证的输出；工程项目质量控制的定义、过程、特点、工作内容，影响工程项目质量因素的控制，设计过程中的质量控制、设备采购与安装的质量控制、施工过程中的质量控制、工程质量控制的统计分析工具。通过本章的学习可以使学生对电力工程项目质量管理的全过程有一个清晰、完整的认识；掌握排列图法、因果分析图法、直方图法、控制图法、相关图法等质量控制方法的原理、作图方法、结果分析等内容。

第一节 电力工程项目质量管理基本原理

一、电力工程项目质量

（一）电力工程项目质量的定义及其内涵

电力工程项目质量就是电力工程项目的固有特性满足电力工程项目相关方面要求的程度。满足要求就是应满足明示的、隐含的或必须履行的需要和期望，主要包括两方面。

（1）项目产品质量，即是项目的最终可交付成果——工程——的质量。工程质量是指工程的使用价值及其属性，是一个综合性的指标，体现符合项目任务书或合同中明确提出的，以及隐含的需要与要求的能力。

（2）项目工作质量，指参与项目的实施者和管理者，为了保证项目质量所从事工作的水平和完善程度。它反映了项目的实施过程对产品质量的保证程度。

（二）电力工程项目质量形成过程

电力工程项目的生命周期可以分为四个不同的阶段，即概念阶段、规划阶段、实施阶段和结束阶段。电力工程项目的不同阶段及其项目管理的内容是不同的。

1. 概念阶段的主要工作

概念阶段的主要工作包括明确需求，项目识别，项目构思，调查研究，收集数据，确立目标，进行可行性研究，明确合作关系，确定风险等级，拟定战略方案，进行资源测算，提出组建项目组方案，提出项目建议书，获准进入下一阶段。在这个阶段进行的可行性研究过程中，需要确定项目的质量要求，并与投资目标相协调，项目的可行性研究将直接影响项目的决策质量和设计质量。项目决策阶段对项目质量的影响主要是确定项目应该达到的质量目标和水平。

2. 规划设计阶段的主要工作

规划设计阶段的主要工作包括：确定项目组主要成员，项目最终产品的范围界定，实施方案研究，项目质量标准的确定，项目的资源保证，项目的环境保证，主计划的制订，项目经费及现金流量的预算，项目的工作结构分解（WBS），项目政策与程序的制订，风险评估，确认项目有效性，提出项目概要报告，获准进入下一阶段。这一阶段是决定项目质量的一个关键环节。在这一阶段，项目的质量目标和水平将通过对项目的规划、计划、构思、设计而得以具体体现，为项目实施提供直接的质量依据。

3. 实施阶段的主要工作

项目实施阶段主要的工作在于实现规划阶段的意图，从项目质量角度看，它直接关系到项目各种质量性能的实现和保证。在某种程度上，项目实施阶段是形成项目实际质量的决定性环节。

4. 结束阶段的主要工作

项目结束阶段的主要工作包括：最终产品的完成、评估与验收、清算最后账务、项目评估、文档总结、资源清理、转换产品责任者、解散项目组。工程项目结束阶段的质量工作就是对项目实施阶段的实际质量通过检查评定、实际运转，考核项目质量是否达到规划阶段的具体要求，是否符合决策阶段确定的质量目标和水平，并通过验收确保项目的最终质量。

（三）影响电力工程项目质量的主要因素

影响电力工程项目质量的因素很多，但从质量管理的角度归纳起来主要有五个方面，即人员素质（Man）、材料（Material）、设备（Machine）、程序方法（Method）和环境（Environment），简称为"4M1E"因素。

1. 人员素质

人是生产经营活动的主体，也是电力工程项目建设的决策者、管理者、操作者。电力工程项目开发的全过程，如项目的决策、规划、实施和结束验收，都是通过人来完成的。人员的素质，即人的文化水平、技术水平、决策能力、管理能力、操作控制能力、生理素质及职业道德等，都将直接或间接地对项目的决策、规划、实施和结束验收的质量产生影响。而这些不同阶段工作质量的好坏都将对最终的项目质量产生不同程度的影响，所以人员素质是影响工程质量的"4M1E"五个因素中最重要的因素。

2. 材料

电力工程项目材料泛指构成电力工程项目实体的各类原材料、构配件等，它是电力工程项目最终得以形成的物质条件，是电力工程项目质量的物质基础。电力工程项目材料选用是否合理、质量是否合格、是否经过检验、保管使用是否得当等，都将直接影响电力工程项目的最终质量。

3. 设备

电力工程项目生命周期中涉及的设备按照其与项目的关系可以分为两大类：一类是与项目的设计、规划、实施和结束验收直接相关的机械、电子等各种设备；另一类我们称之为间接设备，这类设备诸如项目行政后勤保障的相关办公设备等。在这两种设备中，对电力工程项目的质量起决定性作用的是第一种设备。在电力工程项目质量管理中，一定要将对电力工程项目质量有直接影响的设备纳入质量控制范围。

4. 程序方法

方法是指计划方法、控制方法、组织方法、领导方法等管理方法和工艺方法、操作方法、施工方法等技术方法。方法的先进与否、所选方法的适当与否都会对电力工程项目的工作质量和最终实体质量产生重大影响。在电力工程施工项目中，施工方法是否合理，施工工艺是否先进，施工操作是否正确，都将对工程质量产生重大的影响。大力推进采用新技术、新工艺、新方法，不断提高工艺技术水平和组织管理水平，是保证电力工程项目质量稳定提高的重要因素。

5. 环境

环境条件是指对电力工程项目质量特性有重要影响的环境因素，主要包括项目技术环境和项目管理环境。在电力工程建设项目中的工程技术环境包括工程地质、水文、气象等环境，工程作业环境，工程管理环境，周边环境等。环境条件往往对电力工程项目质量产生特定的影响。加强环境管理，改进项目技术和管理环境，是提高电力工程项目质量的重要基础。

（四）电力工程项目质量的特点

电力工程项目质量除了具有一般产品质量的共同特点之外，还具有自身所独有的一些特点，这些特点主要由电力工程项目本身的特点所决定。不同的项目，其质量的特点可能有所不同，但总体来说，具有与其他工程项目相同的特点。

1. 影响因素多

电力工程项目的质量受到各种自然因素、技术因素和管理因素乃至社会政治经济因素的综合影响。在工程建设领域，工程项目的地形、地质、水文、气象、规划、决策、设计、材料、机械、施工方法和工艺、人员素质、管理制度和措施等，都将直接或间接地影响工程项目的质量；国家宏观经济政策对大型工程建设项目的影响往往比自然、技术因素的影响更大。

2. 项目多目标的制约性

电力工程项目具有多目标属性，而目标之间存在对立统一的关系。项目的质量与项目的时间、费用等目标之间既相互统一，又相互矛盾，这就需要用系统的思想来处理它。

3. 项目质量差异大

影响电力工程项目质量的因素比较多，其中任一影响因素的变异，都会使电力工程项目的质量产生变异，如材料规格、品种使用错误，施工方法不当，操作未按规程进行，机械故障，人员素质不达标，设计计算失误等，均会形成系统因素的质量变异，产生电力工程项目的质量事故。电力工程项目与一般工业项目不同，设备种类多，不同种类的设备质量有所不同，不同的设备选型影响项目质量的因素比较多。

4. 质量的隐蔽性

电力工程项目由于分项目工程多、中间产品多、隐蔽工程多，因此质量存在隐蔽性，使项目质量保证的难度增加。电力工程项目主要是由一道一道工序，一个部分（子项目）一个部分逐步完成的，所以在电力工程项目实施过程中，工序的交接多，中间产品多，隐蔽工程多，因此质量存在隐蔽性。如果在项目实施过程中没有及时进行质量检查，事后只能从表面上检查，就很难发现内在的隐蔽质量问题，这样就容易产生判断错误，将不合格误认为合格。

5. 评价方法的特殊性

电力工程项目的一次性和单件施工特点决定了不同项目的评价方法的特殊性。电力工程项目质量的检查评定及验收是按检验批、分项工程、分部工程、单位工程进行的。检验批的质量是分项工程乃至整个工程质量检验的基础，检验批合格质量主要取决于主控项目和一般项目经抽样检验的结果。电力工程项目质量是在施工单位按合格质量标准自行检查评定的基础上，由监理工程师（或建设单位项目负责人）组织有关单位、人员进行检验确认验收。这种评价方法体现了所谓"验评分离、强化验收、完善手段、过程控制"的指导思想。

二、电力工程项目质量管理的定义、目的和过程

（一）电力工程项目质量管理的定义

电力工程项目的质量管理是指围绕电力工程项目质量所进行的指挥、协调和控制等活动。进行电力工程项目质量管理的目的是，确保电力工程项目按规定的要求圆满地实现，它包括使电力工程项目所有的功能活动能够按照原定的质量及目标要求得以实施。电力工程项目的质量管理是一个系统过程，在实施过程中应创造必要的资源条件，使之与电力工程项目质量要求相适应。电力工程项目各参与方都必须保证其工作质量，做到工作流程程序化、标准化和规范化，围绕一个共同的目标以实现项目质量的最佳化，开展质量管理工作。

（二）电力工程项目质量管理的目的

电力工程项目质量管理的主要目的是确保项目满足它所应满足的需求。电力工程项目管理必须满足或超越工程项目利益相关者的需求和期望。项目团队必须与关键的利益相关者，特别是与电力工程项目的主要客户建立良好的关系，理解质量对于他们意味着什么。毕竟，顾客是工程质量是否可接受的最终裁判者。因此，必须把工程质量看得与项目范围、时间和成本同等重要。

（三）工程项目质量管理的过程

根据《项目管理知识体系（PMBOK）指南》将电力工程项目质量管理概括为三个主要过程，即质量计划编制、质量保证和质量控制，如图7-1所示。

（1）电力工程项目质量计划编制，包括确认与电力工程项目有关的质量标准以及实现方式。将质量标准纳入电力工程项目设计是质量计划编制的重要组成部分。

（2）电力工程项目质量保证，包括对整体项目绩效进行预先的评估以确保项目能够满足相关的质量标准。电力工程质量保证过程不仅要对电力工程项目的最终结果负责，还要对整个项目过程承担质量责任。

（3）电力工程项目质量控制，包括监控特定的项目结果，确保它们遵循了相关质量标准，并识别提高整体质量的途径。这个过程常与质量管理所采用的工具和技术密切相关。

根据项目管理新的研究成果将电力工程项目质量管理与项目生命周期相结合，提出了五阶段项目质量管理过程模型。

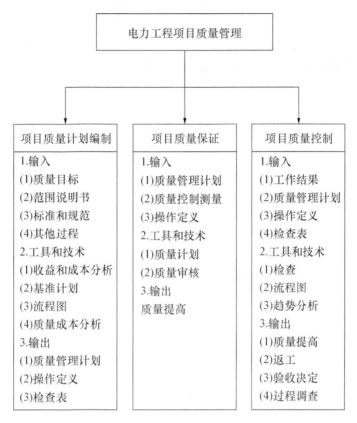

图 7-1　电力工程项目质量管理过程

第一阶段：项目质量管理启动阶段。起始于识别潜在的项目，终止于签署实施工作的授权。

第二阶段：项目质量管理计划阶段。起始于给予签署实施工作的授权，终止于利益相关者对项目计划的认可。

第三阶段：项目质量管理保证阶段。起始于利益相关者对项目计划的认可，终止于改善过程与可交付成果并完成可交付成果。

第四阶段：项目质量管理控制阶段。起始于过程进行中使用方法的鉴定审查，终止于客户认可最终交付成果。

第五阶段：项目质量管理终止阶段。起始于客户认可最终交付成果，终止于满意的、有能力的客户推介。

满足项目设计规范的技术质量绩效主要发生在第三阶段（项目质量管理保证阶段），而使项目客户满意的管理质量绩效主要发生在第四阶段（项目质量管理控制阶段）。第三阶段和第四阶段并不像一、二、五阶段那样是顺序的，它们之间动态地相互作用、相互依赖。

（四）项目质量管理的原则

项目质量管理的原则同样适合电力工程项目。ISO 9000—2000 标准在总结质量管理实践经验的基础上，高度概括了质量管理八项原则：①满足需求是核心目标；②创建一个良好的项目质量环境；③全员关注质量；④按过程实施项目；⑤采取系统方法实施项目；⑥项目组织需要持续不断地进行改进；⑦基于事实的有效决策方法；⑧加强与资源提供方（供应商）保持互利的关系。这些原则对于项目质量管理是非常重要的，遵循这些原则，项目的质量就有了可靠保证。

三、项目质量管理的基本原理

电力工程项目质量管理的基本原理，同其他工程项目一样可归纳为六个基本原理，即系统原理、PDCA 循环原理、质量控制原理、质量保证原理、合格控制原理和监督原理。

（一）系统原理

电力工程项目质量管理的对象是电力工程项目。电力工程项目是由不同的环节、阶段、要素所组成。电力工程项目的各环节、各阶段、各要素之间存在着相互矛盾又相互统一的关系。电力工程项目具有众多目标，有总目标，又有子目标，总目标之间、总目标与子目标之间、子目标与子目标之间同样存在着相互矛盾又相互统一的关系。可见，项目是一个有机整体，是一个系统。

从项目质量管理的主体来看，电力工程项目的质量管理是由电力工程项目的相关方共同进行的。电力工程项目的各个相关方之间也存在着相互矛盾又相互统一的关系。无论是从项目质量管理的主体还是从管理的客体来看，电力工程项目质量管理都是一个完整的体系。因此，在项目质量管理过程中，应运用系统原理进行系统分析，用统筹的观念和系统方法对工程项目质量进行系统管理，使得项目总体达到最优。

（二）PDCA 循环原理

在项目质量管理过程中，无论是对整个工程项目的质量管理，还是对工程项目的某一个质量问题所进行的管理，都需要经过从质量计划的制定到组织实施的完整过程。首先要提出目标，也就是质量达到的水平和程度，然后根据目标制定计划，这个计划不仅包括目标，而且包括为实现项目质量目标需要采取的措施。计划制定后，就需要组织实施。在实施的过程中，需要不断检查，并将检查结果与计划进行比较，根据比较的结果对项目质量状况做出判断。针对质量状况分析原因并进行处理。PDCA 循环可分为四个阶段和八个步骤，如图 7-2 所示。

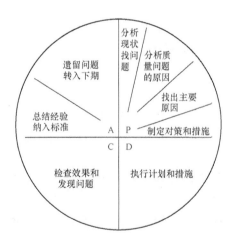

图 7-2　PDCA 循环的四个阶段和八个步骤

（三）质量控制原理

项目质量控制是质量管理的一部分，目标就是确保项目质量能满足顾客、法律法规等方面所提出的质量要求。项目质量控制的范围涉及项目形成全过程的各个环节。项目质量受到各阶段质量活动影响，使项目质量受到损害而不能满足质量要求。项目质量控制的工作内容包括作业技术和活动，即包括专业技术和管理技术两方面。围绕质量环的每一阶段的工作，应对影响项目质量的人员、机械设备、物料、方法、环境因素进行控制，并对质量活动的成果进行分阶段验证，以便及时发现问题，查明原因，采取相应的纠正措施，防止质量问题的再次发生，并使质量问题在早期得以解决，以减少经济损失。因此，质量控制应贯彻预防为主与检验把关相结合的原则。同时，为了保证每项质量活动的有效性，质量控制必须对干什么、为何干、怎样干、谁来干、何时干、何地干等给予明确规定，并对实际质量活动进行监控。

（四）质量保证原理

项目的质量保证是项目质量管理的一部分。质量保证的内涵已不是单纯地为了保证质量，质量保证原理有以下几个基本点。

（1）质量保证的主体是供方。供方需要根据顾客的需求与期望的变化，不断地提供质量保证。

（2）供方所提供的质量保证方式逐步从事后转变为事前，从把关剔除不合格品到预防不合格品的产生。

（3）质量保证从只侧重于对项目结果的保证，逐步深化或扩大到对项目实施过程的保证。

（4）质量保证不仅限于对项目本身实物质量的保证，而且进一步扩展为对项目附加值质量、服务质量、项目费用、项目工期等广义质量的保证。

（5）质量体系的建立与完善是实施质量保证的主要形式。项目承包方需要建立质量体系，以得到需方或第三方的确认。

（五）合格控制原理

在项目实施过程中，为保证项目或工序质量符合质量标准，及时判断项目或工序质量合格状况，防止将不合格品交付给用户或使不合格品进入下一道工序，必须借助于某些方法和手段，检测项目或工序的质量特性，将测得的结果与规定的质量标准相比较，从而对项目或工序做出合格、不合格或优良的判断（称之为合格性判断）；合格控制贯穿于项目进行的全过程。

（六）监督原理

为了减少质量问题的发生，进行质量监督是必要的。对电力工程项目的相关方来说，遵循质量监督法规，不仅是减少质量问题的重要条件，而且是维护自身利益所必需的。电力工程项目质量监督是建立在项目质量责任理论基础之上的。电力工程项目质量监督包括政府监督、社会监督和自我监督。政府监督基本上是一种宏观监督，包括质量的法制监督、各种相关法规实施状况的监督、行业部门或职能部门的行政监督等。政府监督一般是属于强制性的。例如，工程质量监督站对电力工程项目的质量监督就是一种政府监督。

第二节　电力工程项目质量计划

电力工程项目质量计划就是确定与项目相关的质量标准并决定达到标准的方法。质量计划指的是，针对特定的项目、产品、过程或合同，规定由谁及何时应使用哪些程序和相关资源的文件。对于电力工程项目而言，质量计划为特定条件下的控制文件；对于过程，质量计划反映了对过程特性的控制；对于合同的情况，质量计划是为满足顾客要求特定的保证文件。电力工程项目质量计划是电力工程项目计划中的重要组成部分之一。电力项目质量计划应与项目其他计划同时编制，因为质量计划中规定的质量标准的高低，以及达到质量要求标准的方法必然会影响到项目实施成本和工期。

一、电力项目质量计划的输入

按照质量管理惯用的过程的观点，电力工程项目质量计划的输入也就是电力工程项目质量计划编制的依据。

（一）工程项目的特点

不同类型、不同规模、不同特点的项目，其质量目标、质量管理运行过程及需要的资源各不相同。因此，应针对项目的具体情况进行质量计划的编制。

（二）工程项目的质量方针

质量方针是指由电力工程项目组织的最高管理层正式发布的该组织关于质量的总宗旨和

总方向，即工程项目团队组织构成或多个组织共同构成或共同完成某个项目，这时，工程项目团队的管理机构为该项目所制定的相应质量方针。质量方针提供了质量目标制定的框架，是项目质量计划的基础之一。

（三）范围说明书

工程项目范围是对项目所交付产品或服务的总和的界定或定义。范围说明书就是在项目的利益相关者之间确认或建立一个对有关工程项目范围的共识的文件。它是制定项目所有计划的基础和依据。

（四）工程产品描述

产品是项目的成果。尽管可能在项目范围陈述中已经描述了产品的相关要素，然而产品的描述通常包含更加详细的技术要求和其他的相关内容，这是项目质量策划的必要依据。

（五）标准和规范

标准是一个"由公认的组织批准的文件，是为了能够普遍和重复地使用而为产品、过程或服务提供的准则、指导方针或特征，它们不是强制执行的"。标准按适用范围可分为行业标准、国家标准和国际标准等。规范是一种"规定产品、过程或服务特征的文件，包括适用的行政管理条例。规范是强制执行的"。在制定电力工程项目质量计划时，必须根据项目的范围说明和可交付成果的产品说明，以相应的产品和过程标准和规范为依据。

（六）其他的输出

在制定电力工程项目质量计划时，除了要考虑到上述五项内容以外，还要考虑项目管理其他过程的输出内容。例如，在制定项目质量计划时，还要考虑到项目采购计划的输出，从而对分包商或供应商提出相应的质量要求。

二、项目质量计划的工具和技术

在电力工程项目质量计划编制过程中，应采用科学的方法和技术，以确保计划结果的可靠性。常用的质量计划的工具和技术有以下几种。

（一）流程图

1. 流程图的概念

流程图是反映一个过程中各相关步骤或环节之间逻辑与顺序关系的图，是将过程的各个步骤用图表示的一种图示技术。流程图给出了执行工程项目中各项任务的步骤程序和处理质量问题的步骤，是项目质量保证的基础流程图，是由若干因素和箭线相连的因素关系图。常用的流程图符号如图7-3所示。

开始和结束　　　　　活动说明　　　　　决策　　　　　过程流程的流向

图7-3　流程图的符号

2. 流程图应用程序

（1）判别过程的开始和结束。

（2）观察或设想从开始到结束的整个过程。

（3）规定在该过程的步骤（输入活动、判断、决定、输出）。

（4）画出该过程的流程图草图。

（5）与过程的有关人员共同评审草图。

（6）根据评审结果，改进流程图草图。

（7）与实际过程比较，验证改进后的流程图。

（二）电力工程项目质量成本分析

电力工程项目质量成本是指为保证和提高项目质量而支出的一切费用，以及因未达到既定质量水平而造成的一切损失之和。项目质量与其成本密切相关，既相互统一，又相互矛盾，所以，在确定项目质量目标、质量管理流程和所需资源等质量计划过程中，必须进行质量成本分析，以使项目质量与成本达到高度统一和最佳配合。质量成本分析，就是要研究项目质量成本的构成和项目质量与成本之间的关系，进行质量成本的预测与计划（见图7-4）。

所谓质量成本是指"为了确保和保证满意的质量而发生的费用以及没有达到质量所造的损失。"根据上述定义，一般将质量成本

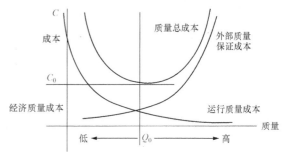

图 7-4　质量成本分析

分成两个部分，即运行质量成本和外部质量保证成本。运行质量成本又包括预防成本、鉴定成本、内部损失成本、外部损失成本四部分。其中，前两项之和统称为可控成本，后两项之和统称为损失成本或结果成本。需要强调的是，质量成本不同于产品的制造成本，而只是和满意的质量有关的成本。一般认为，质量成本的具体构成见表7-1。

表 7-1　　　　　　　　　　　　　项 目 质 量 成 本 构 成

质量成本	运行质量成本	预防成本（用于预防产生不合格产品或产生故障所需的各项费用）	质量工作费（企业质量体系中为预防、保证和控制产品质量、开展质量管理所需的费用）
			质量培训费
			质量奖励费
			质量改进措施费
			质量陪审费
			工资及附加费
			质量情报信息费
		鉴定成本（评定产品是否满足规定质量要求所需的费用）	进货检验费
			工序检验费
			成品检验费
			实验设备校准维护费
			实验材料及劳务费
			检测设备折旧费
			办公费（有关检验实验而发生的）
			工资及附加费（指专职检验、计量人员）

续表

质量成本	运行质量成本	内部损失成本（产品出厂前因不满足规定的质量要求而支出的有关费用）	废品损失费
			返工损失费
			因质量问题发生的停工损失
			质量事故处理费
			质量降级等损失
		外部损失成本（产品出厂因不满足规定的质量要求而支出的有关费用）	索赔损失费
			退货损失费
			保修费用
			诉讼费用
			降级损失费
	外部质量保证成本（在合同环境下根据用户提出的要求而提供客观证据所支付的费用）	为提供特殊的附加质量保证措施程序数据等所支付的费用	
		产品验证试验科评定的费用，如经认可的独立实验机构对特殊的安全进行检测试验发生的费用	
		为满足用户要求，进行质量体系认证所支付的费用	

　　质量既可以为组织带来利益，同样也需要组织为此付出代价。工程项目团队在制定其质量计划时，必须权衡项目质量的效益和成本，也就是要进行成本效益分析。质量为组织带来的效益表现为：①高质量产品和服务的高价格、高竞争力；②有效的质量保证体系所带来的废品率和返修率的降低；③市场声誉和客户忠诚度的提高等。

　　（三）质量标杆法

　　质量标杆法是指组织将自己的产品/服务的过程和性能与公认的领先对手或已经完成的类似产品/服务比较，识别组织自身存在的质量改进机会，比较制订出新项目质量计划的方法，为将实施项目的质量管理提供成熟的经验和思路，是项目质量管理中常用的有效方法之一。

　　使用质量标杆法，有助于组织认清目标和确定计划编制的优先顺序，使自己在市场竞争中处于有利地位。质量标杆法的实施步骤如下。

　　1. 选择用来进行水平比较的项目

　　选择比较项目时应注意，用来进行水平比较的项目应具有影响质量的关键特性。要注意所比较的项目不能过于庞大，不然会导致最后无法实施。

　　2. 确定对比的对象并收集数据

　　可通过直接接触、考察、访问、人员调查或公开出版物等途径获取有关过程性能的数据和顾客需求的数据。

　　3. 分析数据资料

　　将所获得的数据进行对比分析，确定问题的关键点，并明确与领先对手的差距，针对有关项目制定最佳的目标。

　　4. 寻找差距，实施对策

　　将本项目与标杆做比较，确定差距，计划相应的对策。这些对策包括完善项目特征、完善质量管理制度措施、提高项目质量管理水平等。

　　（四）质量基准计划

　　工程质量基准计划是在项目实施过程中对项目的过程和各种可交付成果进行质量考核和

绩效测量的依据。电力工程质量基准计划的制定首先要依据相应的国家和行业的质量标准和规范，同时还要根据客户对项目交付成果的特殊和具体要求。在制定电力工程项目质量计划时，既要满足项目客户的要求，又要考虑执行过程的可行性。制订质量计划时一定要清楚，没有合理的费用及时间要保证高质量的基准是不可能做到的。

三、项目质量计划的输出

（一）质量管理计划

质量管理计划要明确项目管理机构如何具体执行它的质量策略。项目质量管理计划针对特定的项目，规定由谁、在何时、利用哪些资源、依据什么样的程序、根据什么标准来实施项目以及如何考核项目成果。项目质量管理计划通常包括：①要达到的项目质量目标，包括总目标和分解目标；②质量管理工作流程，可以用流程图等形式展示过程的各项活动；③在项目的各个不同阶段，职责、权限和资源的具体分配；④项目实施中需采用的具体的书面程序和指导书；⑤各个阶段适用的试验、检查、检验和评审大纲；⑥达到质量目标的测量方法；⑦随项目的进展而修改和完善质量计划的程序；⑧为达到项目质量目标必须采取的其他措施，如更新检验技术研究新的工艺方法和设备、用户的监督、验证等。

（二）实施说明

实施说明是用非常专业的术语来描述各种问题的实际内容，以及如何通过质量控制程序对它们进行检测。

（三）检查表

检查表是一种项目质量管理工具，用来核查需要执行的一系列步骤是否已经实施以及实施结果的状况。检查表可以很简单，也可以很复杂。常用的表格中包括时间、检查内容、检查责任人、检查结果等。检查表为项目实施过程中按质量管理计划实施项目的质量控制提供了检查的计划依据和检查表格。

（四）其他的输入

项目质量管理计划为项目的其他过程和工作提供了依据。例如项目采购管理、项目的进度控制等过程都要考虑到项目的质量计划。

四、项目质量保证

ISO 9001—2000 质量管理体系定义"质量保证"是质量管理中致力于对确保产品达到质量要求而提供信任的工作。由该定义可知，"质量保证"具有特殊的含义，与一般概念"保证质量"有较大区别。保证满足质量要求是质量控制的任务，就电力工程项目而言，用户不提质量保证的要求，电力工程项目实施者仍应进行质量控制以保证项目的质量满足用户的要求。用户是否提出"质量保证"的要求，这对电力工程项目实施者来说是有区别的。用户不提质量保证要求，电力工程项目实施者在项目进行过程中如何进行质量控制就无需让用户知道。如果电力工程项目较简单，其性能完全可由最终检验反映，则用户只须把住"检验"关，就能得到满意的工程项目成果。但是，随着技术的发展，对电力工程项目质量要求也越来越高，项目的有些性能已不能通过检验来鉴定，就这些项目而言，用户为了确信项目实施者所完成的项目达到了所规定的质量要求，就要求项目实施者证明项目设计、实施等各个环节的主要质量活动确实做得很好，且能提供合格项目的证据，这就是用户提出的"质量保证"要求。

（一）项目质量保证的输入

（1）项目质量管理计划。因为质量保证强调的是项目实施过程的质量，实施过程的考核依据是项目质量计划。

（2）实施说明。实施说明是考查项目执行过程是否符合质量要求的依据。

（3）质量控制测量结果。质量控制测量结果是对项目实际执行结果的检测和测试记录。质量控制测量结果与质量基准比较后，可以发现执行结果的偏差，从而为发现问题、及时调整项目执行过程提供依据。

（二）项目质量保证的工具和技术

（1）质量计划的工具和技术。项目质量计划决策的工具和技术也可以应用于项目质量保证中。

（2）质量审核。项目质量审核是对项目执行过程中的质量管理活动的结构性审查。质量审查的目的是总结所得到的经验教训，从而提高执行组织对这个项目或其他项目的执行水平。质量审查可以是有进度计划的或随机的。

（三）项目质量保证的输出

项目质量保证体系实施的实质就是项目的质量提高。质量提高包括采取措施提高项目的效益和效率，为项目的利益相关者提供更多的利益。项目质量保证活动过程的流程如图 7-5 所示。全部流程可分为四个部分，分别介绍如下。

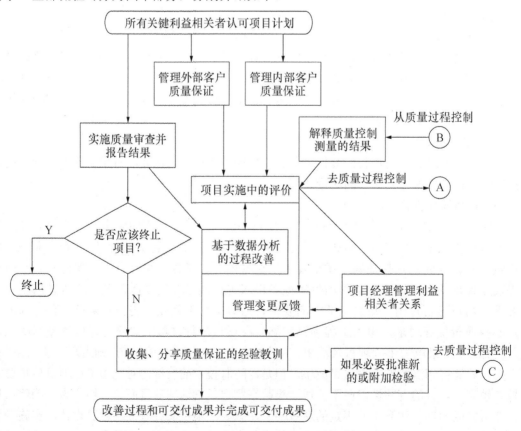

图 7-5　项目质量保证活动过程的流程图

1. 客户满意的管理

在项目质量保证管理过程中，客户满意的管理包括管理外部客户质量保证和管理内部客户质量保证。

（1）管理外部客户质量保证。其包括：①定义并细分客户与市场；②注意倾听并获得客户的需要；③将客户输入与设计、生产及交付过程连接起来；④建立从最初联系一直到后续服务的可信赖的关系；⑤系统地收集客户的申诉，并给予回应；⑥应用基准技术测量质量，并相应地改善服务。另外，外部客户质量保证还需要对供应商的产品及其生产过程加以管理，以保证原材料和其他输入的质量，进而从源头避免质量缺陷的存在，这样就更容易保证外部下游客户的满意。

（2）管理内部客户质量保证。项目的内部客户是相对于项目管理机构而言的，主要是指项目团队的成员。管理内部客户质量保证包括在项目系统过程中激发自信的人力资源管理实践：①将人力资源开发计划集成到组织与项目目标中；②设计项目工作以提升个人及组织的学习、创新和灵活性；③实施项目绩效管理子系统，识别优秀者并给予奖励；④促进团队和个人的合作，以保证客户满意；⑤投资于人力资源的培训、教育及福利，以保证项目的生产率；⑥倾听并衡量职员的意见，并据此改善人力资源满意度指数。技术多样性、任务一致性以及任务重要性的设计，使得项目的工作设计过程更有意义。通过提高自主性和绩效反馈可以提高生产率。

2. 过程改善

（1）进行中的项目过程评论。能够使关键的项目利益相关者放心的过程改善包括：①将项目客户需要明确地转化到项目设计中；②运用适当的质量工具实施渐进的、保持竞争力水平的或突破性的改善；③确保满足供应商的需要，并形成新的伙伴关系，以提高项目效率；④识别项目绩效的统计上的显著性差异；⑤准确地分析导致差异的根本原因，采取纠正措施并核实新的项目执行结果；⑥参照基准测量过程，保证项目的持续改善。

（2）项目中途终止评审。决定性的质量保证决策之一是项目中途终止评审。如果项目中途的数据明显地表明项目不值得再投入资源，严格的项目终止评审将会建议为了减少损失，将资源重新分配给更有希望的其他项目。

（3）基于数据分析的过程改善。一旦项目通过了期中审查，新过程的资源就需要通过数据收集和分析重新分配，以便持续改善已认可的项目的效率。

3. 基于事实的管理

在项目质量保证阶段，基于事实的管理的任务是：实施质量审查并报告结果，解释质量控制测量的结果；收集和分享项目质量保证的经验和教训，如有必要，批准新的或附加的检验。

4. 授权的绩效

在质量保证阶段，可以通过利益相关者之间友好关系的管理和变更反馈管理来提高授权的绩效。项目经理可以运用多种方法向关键的项目利益相关者授权。其中两个最重要的方法是信息分享与激发能动性。虽然关键的项目利益相关者已经明确并认可了他们在项目中的角色职责，确保关键的项目利益相关者了解项目的中途进展信息仍然很重要。项目经理可以通过将项目的反馈信息与参与者分享，来激发关键的项目利益相关者的能动性。

第三节　电力工程项目质量控制

一、电力工程项目质量控制概述

（一）电力工程项目质量控制的定义

电力工程项目质量控制是电力工程项目质量管理的一部分，是为达到电力工程项目质量要求所采取的作业技术和活动，也是为了保证达到工程合同规定的质量标准而采取的一系列措施、手段和方法。

（二）电力工程项目质量控制过程

电力工程项目的建设过程是十分复杂的，它的业主、投资者一般都直接介入整个生产过程，参与全过程的各个环节和对各种要素的质量管理。

要达到电力工程项目的目标，建成一个高质量的工程，就必须对整个项目过程实施严格的质量控制，质量控制必须达到微观与宏观的统一，过程和结果的统一。

由于项目是一个渐进的过程，在图 7-6 所示的项目控制过程中，任何一个方面出现问题，必然会影响后期的质量控制，进而影响工程的质量目标。

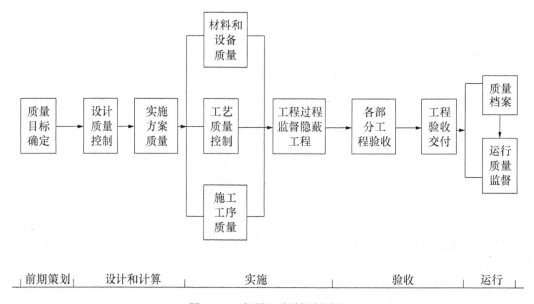

图 7-6　工程项目质量控制过程

（三）电力工程项目质量控制的工作内容

电力工程项目质量控制工作包括专业技术和管理技术两方面。质量控制应贯彻预防为主与检验把关相结合的原则，在项目形成的每一个阶段和环节，即质量环的每一阶段，都应对影响其工作质量的人员、机械设备、物料、方法、环境因素进行控制，并对质量活动的成果进行阶段验证，以便及时发现问题，查明原因，采取措施，防止类似问题重复发生，并使问题在早期得到解决，减少经济损失。为使每项质量活动都能有效，质量计划对干什么、为何干、如何干、由谁干、何时干、何地干等问题应做出规定，并对实际质量活动进行监控。工程项目的进行是一个动态过程，所以，围绕项目的质量控制也具有动态性。为了掌握电力工程项目随着时间的变化而变化的状态，应采用动态控制的方法和技术进行质量控制工作。

（四）影响工程项目质量因素的控制

按照质量管理的惯例，影响工程项目质量的因素主要有五大方面，即人、材料、设备、方法和环境，也就是上文所说的 4M1E。对这五方面因素的控制，是保证工程项目质量的关键。

1. 人（Man）的控制

人是生产力诸要素中最具有能动性的要素，也是影响项目质量的核心要素。人是指直接参与项目的组织者、指挥者和操作者。人作为控制的对象，是要避免产生失误；作为控制的动力，是要充分调动人的积极性，发挥人的主导作用。因此，应提高人的素质，健全岗位责任制，改善劳动条件，公平合理地激励劳动热情；应根据项目特点，从确保质量出发，在人的技术水平、人的生理缺陷、人的心理行为、人的错误行为等方面控制人的使用，更为重要的是提高人的质量意识，形成人人重视质量的项目环境。

2. 材料（Material）的控制

材料主要包括原材料、成品、半成品、构配件等。对材料的控制主要通过严格检查验收，正确合理地使用，进行收、发、储、运的技术管理，杜绝使用不合格材料等环节来进行控制。此外，通过对提供材料的厂商实施相关认证也是保证材料质量乃至最终保障项目质量的重要手段。

3. 设备（Machine）的控制

在项目质量控制中，尤其要将对项目质量有直接影响的设备纳入质量控制范围。设备包括项目使用的机械设备、工具等。对设备的控制，应根据项目的不同特点，合理选择、正确使用、管理和保养。

4. 方法（Method）的控制

这里所指的方法，包括项目实施方案、工艺、组织设计、技术措施等。对方法的控制，主要通过合理选择、动态管理等环节加以实现。合理选择就是根据项目特点选择技术可行、经济合理、有利于保证项目质量、加快项目进度、降低项目费用的实施方法。由于项目开发过程中的大部分过程是一次性的，而不同的过程由于其目标、投入资源、判断基准的不同，不可能像制造品生产那样采取通用的方法，这就需要动态控制。项目质量的动态控制就是在项目进行过程中正确应用，并随着条件的变化不断进行调整。

5. 环境（Environment）的控制

影响项目质量的环境因素较多，有项目技术环境，如地质、水文、气象等；项目管理环境，如质量保证体系、质量管理制度等；劳动环境，如劳动组合、作业场所等；合同环境，如一般的国内项目环境，采用 FIDIC 条件的合同环境等。根据项目特点和具体条件，应采取有效措施对影响质量的环境因素进行控制。

电力工程项目质量形成于电力工程项目建设过程的不同阶段，项目各阶段的具体目标不同，工作过程与内容不同，因而电力工程项目各阶段的质量控制重点也不相同。

二、设计过程中的质量控制

设计是整个工程实施阶段的先行和关键。我国工程质量事故统计资料表明，由于设计方面的原因引起的质量事故占总的 40.1%。工程设计对工程的质量以及建设周期、工程实施的秩序程度、投资效益和运行后的经济效益、社会效益等方面都起着重要的作用。

（一）工程项目设计质量

设计质量是一种适合性质量，即通过设计，应使项目质量适应项目使用的要求，以实现项目的使用价值和功能；应使项目质量适应项目环境的要求，使项目在其生命周期内安全、可靠；应使项目质量适应用户的要求，使用户满意。实现设计阶段质量控制的主要方法是方案优选、价值工程等。

设计质量的内涵包括：工程项目功能、使用价值的满足程度，工程项目设计的安全性、可靠性，工程项目与自然及社会环境的协调性，工程概（预）算的经济性，设计进度的时间性，施工阶段的服务性。

设计质量的评价标准为：符合国家现行的有关法律、法规、工程设计技术标准和合同的规定。

（二）设计的组织与分工

由于电力工程项目设计属于典型的智力劳动，其产品设计图纸是智力劳动的成果。项目设计质量的高低与其设计者的业务水平、职业素养以及设计单位的人员配备密切相关。

1. 设计的专业设置与划分

电力工程项目有许多种类型，但不管哪一种类型，电力工程项目都是由许多技术子系统组成的。例如电力工程中的建筑工程项目，一般由地基与基础工程、建筑主体结构及给水、排水、电气、消防电梯等子系统组成，一些大型的建筑工程项目还包括净水系统，通信、监控、空调通风、智能化及综合布线、室外各种水、电、声、光、环境、排污治污等子系统。

2. 设计单位和人员选择

由于电力工程项目技术系统是一个有机的整体，所以每一个电力工程项目的设计都必须将其所涉及的各种专业的设计人员有机组织起来，建立临时的项目设计组织。项目设计组织中所含专业应根据合同规定的任务范围确定，项目设计组织的工作需要有关部门和人员支持及配合。以下是选择设计单位、人员的一般原则，但业主仍应根据工程项目实际情况做出决定。

3. 明确设计质量职责与分工

在进行电力工程项目设计时，为了保证设计工作有条不紊地进行，设计单位应根据设计对象的特征，建立起规范化的工作流程、明确各专业设计部门及配合部门的职责与分工，明确项目设计组织内各种专业的职责与分工，并进一步明确如设计项目经理、专业负责人、项目工艺经理等工作岗位的职责和任务。这些职责与分工必须是有机联系、系统安排的。

（三）设计阶段的质量控制

1. 业主对工程项目设计质量的控制

目前我国实行项目业主责任制，业主对工程项目的最终质量负有最直接的责任。在设计质量控制方面，业主应主要从设计单位的选择、设计工作控制、设计交底和图纸会审等方面对设计质量进行控制。

2. 设计单位对工程项目设计质量的控制

设计是工程质量形成过程中的重要阶段，应贯彻以预防为主的原则，制定对设计进行控制和验证的程序确保设计工作的质量，对各环节进行控制。设计单位应明确划分设计和开发阶段，对设计任务进行分解，规定各阶段质量活动的工作内容，落实有关部门、人员的职责和权限，并提出设计进度。在设计计划中要加强接口的控制，确保各设计阶段之间的衔接和各专业之间的衔接；对设计输入进行评审，确保设计输入完整、合理和明确。

3. 政府职能部门的监督控制

政府是通过对设计单位资质的审批和管理，对设计市场进行宏观控制和指导，以及对设计方案的审查和初步设计的审批，组织设计质量的年度检查及设计项目评优等工作，来实现对设计质量的控制。政府方面控制的主要内容包括：工程设计是否遵守城市建设总体规则；工程设计是否达到环境保护的要求；工程设计标准是否达到防灾、抗灾要求（如抗震、人防、消防等）；设计单位资质是否符合要求，有无越级设计、无证设计问题等。

三、设备采购与安装的质量控制

（一）工程项目设备的质量及其内涵

所谓工程项目设备的质量，就是其使用价值，即设备应适合一定用途，满足工程上某种需要所具备的特性。不同的设备，根据对其使用要求的不同，具有不同的质量特性。其内涵主要表现为技术性能、寿命、可靠性、安全性、经济性几个方面。

（二）设备采购的质量控制

设备的购置是直接影响设备质量的关键环节，设备能否满足生产工艺要求、配套投产、正常运转、充分发挥效能，确保准确度和质量；设备是否技术先进、经济适用、操作灵活、安全可靠、维修方便、经久耐用；这些，均与设备的购置密切相关。

采购设备，可采取市场采购，向制造厂商订货或招标采购等方式，采购质量控制主要是采购方案的审查及工作计划中明确的质量要求。

1. 市场采购设备的质量控制

市场采购这种方式采购的设备质量和花费的设备费用常受采购人员的业务经验和工作作风的影响，因而一般用于小型通用设备的采购。

2. 向生产厂家订购设备的质量控制

选择一个合格的供货厂商，是向厂家订购设备质量控制工作的首要环节。为此，设备订购前要做好厂商的评审与实地考察。

3. 招标采购设备的质量控制

设备招标采购一般用于大型、复杂、关键设备和成套设备以及生产线设备的订货。选择合适的设备供应单位是控制设备质量的重要环节。在设备招标采购阶段，监理单位应该当好建设单位的参谋和帮手，把好设备订货合同中技术标准、质量标准的审查关。

（三）设备安装的质量控制

设备安装要按设计文件实施，要符合有关的技术要求和质量标准。在安装过程中，要做好安装过程的质量监督与控制，对安装过程中每一个分项、分部工程和单位工程进行检查质量验收。

1. 设备安装准备阶段的质量控制

（1）审查安装单位提交的设备安装施工组织设计和安装施工方案。

（2）检查作业条件。例如运输道路、水、电、气、照明及消防设施，以及主要材料、机具和劳动力是否落实；土建施工是否已满足设备安装要求；安装工序中有恒温、恒湿、防震、防尘、防辐射要求时是否有相应的保证措施；当气象条件不利时是否有相应的措施。

（3）采用建筑结构作为起吊、搬运设备的承力点时是否对结构的承载力进行了核算，是否征得设计单位的同意。

（4）设备安装中采用的各种计量和检测器具、仪器、仪表和设备是否符合计量规定（准确度等级不得低于被检对象的准确度等级）。

（5）检查安装单位的质量管理体系是否建立及健全，督促其不断完善。

2. 设备安装过程的质量控制

设备安装过程的质量控制主要包括设备基础检验、设备就位、调平与找正、二次灌浆等不同工序的质量控制。

（1）质量控制要点。

1）安装过程中的隐蔽工程，隐蔽前必须进行检查验收，合格后方可进入下道工序。

2）设备安装中要坚持施工人员自检，下道工序的交检，安装单位专职质检人员的专检及监理工程师的复检（和抽检）并对每道工序进行检查和记录。

3）安装过程使用的材料，如各种清洗剂、油脂、润滑剂、紧固件等必须符合设计和产品标准的规定，有出厂合格证明及安装单位自检结果。

（2）设备基础的质量控制。设备在安装就位前，安装单位应对设备基础进行检验，在其自检合格后提请监理工程师进行检查。一般是检查：

1）基础的外形几何尺寸、位置、混凝土强度；

2）所在基础表面的模板、地脚螺栓、固定架及露出基础外的钢筋；

3）所有预埋件的数量和位置是否正确等内容。

（3）设备就位和调平找正。正确地找出并划定设备安装的基准线，然后根据基准线将设备安放到正确位置上，统称就位。这个"位置"是指平面的纵、横向位置和标高。监理工程师的质量控制，就是对安装单位的测量结果进行复核，并检查其测量位置是否符合要求。设备调平找正分为设备找正、设备初平及设备精平三个步骤。

（4）设备的复查与二次灌浆。每台设备在安装定位、找正调平以后，安装单位要进行严格的复查工作，使设备的标高、中心和水平及螺栓调整垫铁的紧度完全符合技术要求，并将实测结果记录在质量表格中。安装单位经自检确认符合安装技术标准后，应提请监理工程师进行检验，经监理工程师检查合格，安装单位方可进行二次灌浆工作。

（5）设备安装质量记录资料的控制。设备安装的质量记录资料反映了整个设备安装过程，对今后的设备运行及维修具有一定意义。因此，对安装单位质量管理检查资料、安装依据、设备、材料的质量证明资料、安装设备验收资料等应作如下要求：

1）安装的质量记录资料要真实、齐全完整，签字齐备；

2）所有资料结论要明确；

3）质量记录资料要与安装过程的各阶段同步；

4）组卷、归档要符合建设单位及接收使用单位的要求，国际投资的大型项目，资料应符合国际重点工程对验收资料的要求。

3. 设备试运行的质量控制

设备安装经检验合格后，还必须进行试运行，这是确保设备配套投产正常运转的重要环节。

（1）设备试运行条件的控制。设备安装单位认为达到试运行条件时，应向项目监理机构提出申请。经现场监理工程师检查并确认满足设备试运行条件时，由总监理工程师批准设备安装承包单位进行设备试运行。试运行时，建设单位及设计单位应有代表参加。

（2）试运行过程的质量控制。业主及监理工程师应参加试运行的全过程，督促安装单位做好各种检查及记录，如传动系统、电气系统、润滑、液压、气动系统的运行状况。试运行中如出现异常，应立即进行分析并指令安装单位采取相应措施。

四、施工阶段的质量控制

工程项目施工阶段是根据设计文件和图纸的要求，通过施工最终实现并形成工程实体的阶段，是最终形成工程产品质量和工程项目使用价值的重要阶段，也是工程项目质量控制的关键环节。施工质量控制是一种过程性、纠正性和把关性的质量控制。只有严格对施工全过程进行质量控制，即包括各项施工准备阶段的控制、施工过程中的质量控制和竣工阶段的控制，才能实现项目质量目标。

（一）施工质量控制的依据

施工阶段进行质量控制的依据，大体上有以下四类。

1. 工程合同文件

工程施工承包合同文件和委托监理合同文件中分别规定了参与建设各方在质量控制方面的权利和义务，有关各方必须履行在合同中的承诺。对于监理单位，既要履行委托监理合同的条款，又要督促建设单位、监督承包单位、设计单位履行有关的质量控制条款。因此，要熟悉这些条款，据以进行质量监督和控制。

2. 设计文件

"按图施工"是施工阶段质量控制的一项重要原则。因此，经过批准的设计图纸和技术说明书等设计文件，无疑是质量控制的重要依据。但是从严格质量管理和质量控制的角度出发，监理单位在施工前还应参加由建设单位组织的设计单位及承包单位参加的设计交底及图纸会审工作，以达到了解设计意图和质量要求，发现图纸差错和减少质量隐患的目的。

3. 国家及政府有关部门颁布的有关质量管理方面的法律、法规性文件

电力施工项目质量管理的依据为《中华人民共和国建筑法》（1997 年发布），《建设工程质量管理条例》（国务院 2001 年 1 月 30 日发布），合同文件中规定的推荐性工程建设标准、规程规范有关的设计文件，国家和行业主管部门颁布的强制性工程建设标准、规程规范。

此外，其他各行业如交通、能源、冶金、化工等的政府主管部门和省、自治区、直辖市的有关主管部门，也均根据本行业及地方的特点，制定和颁发了有关的法规性文件。

4. 有关质量检验与控制的专门技术法规性文件

这类文件一般是针对不同行业、不同的质量控制对象而制定的技术法规性的文件，包括各种有关的标准、规范、规程或规定。

（二）施工阶段质量管理过程划分

1. 按工程项目施工层次结构划分

工程项目施工质量管理过程为工序质量管理、分项工程质量管理、分部工程质量管理、单位工程质量管理、单项工程质量管理。其中单位工程质量管理与单项工程质量管理包括建筑施工质量管理、安装施工质量管理与材料设备质量管理。

2. 按工程实体质量形成过程的时间阶段划分

在工程项目实施阶段的不同环节，其质量控制的工作内容不同。根据项目实施的不同时间阶段，可以将工程项目实施阶段的质量控制分为以下三个环节。

（1）施工准备控制。它是指在各工程对象正式施工活动开始前，对技术、物质、组织、现场等方面的准备工作及影响质量的各因素进行控制，这是确保施工质量的先决条件。

（2）施工过程控制。它是指在施工过程中对实际投入的生产要素质量及作业技术活动的实施状态和结果所进行的控制，包括作业者发挥技术能力过程的自控行为和来自有关管理者

的监控行为。全面控制实施过程，重点控制工序或工作质量。其具体措施是：工序交接有检查，质量预控有对策，项目实施有方案，质量保证措施有交底，动态控制有方法，配制材料有试验，隐蔽工程有验收，项目变更有手续，质量处理有复查，行使质控有否决，质量文件有档案。

（3）竣工验收控制。它是指对于通过施工过程所完成的具有独立的功能和使用价值的最终产品（单位工程或整个工程项目）及有关方面（例如质量文档）的质量进行控制。

3. 按施工阶段工程实体形成过程中物质形态的转化划分

可分为对投入的物质、资源质量的管理；施工及安装生产过程质量的管理，即在使投入的物质资源转化为工程产品的过程中，对影响产品质量的各因素、各环节及中间产品的质量进行控制；对完成的工程产出品质量的控制与验收。

前两项工作对于最终产品质量的形成具有决定性的作用，需要对影响工程项目质量的五大因素进行全面管理。其中包括施工有关人员因素、材料（包括半成品）因素、机械设备（永久性设备及施工设备）因素、施工方法（施工方案、方法及工艺）因素和环境因素。

（三）施工准备阶段的质量控制

施工合同签订后，项目经理部建立完善的工程项目管理机构和严密的质量保证体系以及质量责任制，抓住质量计划制定、质量计划实施和质量计划（目标）实现三个环节。要求各部门都应担负起质量管理责任，以各自的工作质量来保证整体工程质量。

工程开工前，承包人应认真做好施工准备工作，并接受监理的检查。检查内容包括：

（1）设计图纸、施工技术规范、质量检查评定标准是否齐全，设计图纸和施工措施是否已交底。

（2）主要设备和机具、劳动组织和人员配备是否已落实。混凝土拌和站等大型设备已经试运转检验，能正常工作。

（3）开工所需并经发包人或监理同意使用的材料、构件、设备已部分到位，经检验合格，并能满足按计划连续施工的需要，各种混凝土、砂浆的配合比已经监理批准。

（4）场地平整、施工通道、测量布点及其他临时设施已完成。

（5）安全文明施工制度已建立，措施已落实，质量保证措施已制定，质量、安全、文明施工的责任人已落实。

（6）按规定需持证上岗的各岗位操作人员经培训达到应有的技术水平，并有法定单位颁发的岗位证书。

（7）冬雨季、高温季节的防护措施已落实，混凝土养护等辅助措施已落实。

（8）各项工艺试验已完成（经监理批准在开工初期结合施工进行的工艺试验除外），各项工艺参数、质量标准已明确。

（四）施工过程中的质量控制

业主委托监理工程师在此阶段执行相关的质量管理工作。具体说来，施工过程中现场的质量控制主要通过工序质量控制来实现。

1. 工序质量控制

由于施工现场项目过程就是由一系列相互关联、相互制约的工序所构成。要控制项目质量，首先应控制工序质量。工序质量包括两方面内容：一是工序活动条件的质量，二是工序活动效果的质量。

2. 工序质量控制点的设置

工序质量控制点是指在不同时期工序质量控制的重点。质量控制点的涉及面较广，根据项目的特点，视其重要性、复杂性、精确性、质量标准和要求等，质量控制点可能是材料、操作环节、技术参数、设备、作业顺序、自然条件、项目环境等。质量控制点的设置，主要视其对质量特征影响的程度及危害程度加以确定。

工程项目的质量控制点可归纳为以下几类。

（1）人的行为。参与施工和管理的所有人员在进入工程施工前进行岗位职责、专业技术、质量意识的教育和培训，并全部进行考核，合格后方能进入工程施工。某些工序应特别控制人的行为，避免因人的失误造成质量问题。例如对高空作业、水下作业等，都应从人的生理、心理、技术能力等方面对操作者进行教育培训、考核和控制。

（2）物的状态。某些工序则应以物的状态作为控制的重点。例如受热面设备安装前，检查集箱、管子无裂纹、撞伤、龟裂、压扁、砂眼和分层等缺陷；又如表面缺陷超过管子壁厚10%以上、集箱表面缺陷深度超过1mm以上应及时通知业主、监理，处理合格后方可进行安装。检查管子焊缝，焊缝高度必须符合图样要求，按《电力建设施工及验收技术规范》要求对焊缝抽查探伤，发现问题及时提交业主、监理。

（3）材料的质量和性能。材料的质量和性能是直接影响工程质量的主要因素。某些工序应将材料的质量和性能作为控制的重点。如保温施工过程中的保温材料品种、规格、厚度要符合设计要求，进货前必须按部颁标准进行验收，严禁使用不合格材料。存放时要按不同品种、规格分类存放在防水防潮的大棚内，摆放高度不超过1.8m，箱上标签朝外，现场存放材料时或保护层未安装的保温层应采取防雨措施。保温施工时保温材料一层要错缝，二层要压缝，拼缝严密，缺角补齐，填充密实，绑扎牢固，铁丝网紧贴在主保温层上连接牢固。粉面配合比正确，缝隙用相应的散状标准材料填满，膨胀缝要按规定留设合理，每层保温材料施工完要进行找平严缝处理。

（4）关键的操作。某些操作直接影响工程质量，因此应作为控制的重点。如在明敷接地母线前，用浅红粉线打出安装线，按线敷管，做到横平竖直，固定时一律用专用固定夹及膨胀螺栓固定,不能用射钉固定,这样才能达到设计和规程规范的要求；预应力筋张拉，在操作中如不进行严格控制，就不可能可靠地建立预应力值。

（5）施工顺序。某些工序或操作，必须严格控制相互之间的先后顺序，否则就会影响工程质量。例如冷拉钢筋，就应先对焊后冷拉。

（6）技术间隙。有些工序之间的技术间隙时间性很强，如不严格控制就会影响质量。例如分层浇筑混凝土，必须待下层混凝土未初凝时将上层混凝土浇完。砖墙砌筑后，应有6～10天的时间让墙体充分沉陷、稳定，干燥后才能抹灰，抹灰层干燥后才能喷白、刷浆。

（7）技术参数。某些技术参数与质量密切相关，必须严格控制。例如混凝土的水灰比、外加剂掺量等技术参数直接影响混凝土质量，应作为质量控制点。

（8）常见的质量通病。常见的质量通病，如汽机专业汽、水系统跑、冒、滴、漏等，都与工序操作有关，均应事先研究对策，提出譬如"对小口径管道施工统一规划、集中布置、排列整齐，尽量减少交叉和拐弯，并留有足够的保温间隙和膨胀量"的预防措施。

（9）新工艺、新技术、新材料的应用。新工艺、新技术、新材料虽已通过鉴定、试验，但操作人员缺乏经验时，应将其工序操作作为重点严加控制。

（10）质量不稳定、质量问题较多的工序。通过对质量数据的统计分析，表明质量波动、不合格品率较高的工序，应设置为质量控制点。

（11）特殊土地基和特种结构。对于湿陷性黄土等特殊地基的处理，以及大跨度结构、高耸结构等技术难度较大的施工环节和重要部位，应加以特别控制。

质量控制点的设置是保证项目质量的有力措施，也是进行质量控制的重要手段。在工序质量控制过程中，首先应对工序进行全面分析、比较，以明确质量控制点；然后应分析所设置的质量控制点在工序进行过程中可能出现的质量问题或造成质量隐患的因素，并加以严格控制。

（五）项目质量验收和移交

1. 项目质量验收的内容

项目质量验收是对工程进行质量认可，评定和办理验收交接手续的过程。质量验收是控制项目质量最终的重要手段，也是项目验收的重要内容。

（1）项目设计阶段的质量验收。由于项目的全部质量标准及验收的详细依据都是在设计阶段完成的，因此不仅要检验设计文件的质量，同时也要对质量验收评定标准与依据的合理性、完备性和可操作性作检验。

（2）工程施工阶段的质量验收。工程施工阶段是项目可交付成果（工程）质量的形成过程。施工阶段的质量验收要根据项目范围规划、工作分解结构和质量计划，对材料、工艺、设备、每一个工序、工作包进行单个的评定和验收，然后根据各单个质量验收结果进行汇总统计，最终形成全部工程项目的质量验收结果。

（3）工程竣工阶段的质量验收。在实施阶段中的质量管理是局部的，主要针对某些特定的对象，而工程竣工验收的重点则在于工程项目的整体是否达到设计的生产能力和规范的要求，检查系统的完整性。在工程接近完成前双方就应商讨安排验收和移交问题，由项目经理组织各单位、各专业协调进行。

2. 工程质量验收主要标准和依据

工程质量验收主要标准和依据为：国家及部颁与工程有关的各种有效版本的技术规范、规程、设计院制造厂技术文件上的质量标准和要求；国外电力设备的安装，原则上按采购合同规定的（另有规定的除外）质量标准执行，如无要求，则按我国的现行国家、部颁质量标准实施，质量标准发生矛盾时由监理工程师及项目法人负责协调解决；施工质量检验评定标准按国家电力公司颁发《电力施工质量检验技术评定标准》十一篇验评标准以及原电力部、国家电力公司颁发的其他有关规定执行。

3. 移交阶段

全部工程完成以后，业主组织力量或委托某些专业工程师对整个工程的实体和全部的施工记录资料进行交接检查，找出存在的问题，并为下一步的质量评定工作做好准备。

项目经理签发证书，则工程正式移交。至此，承包商的工程施工任务才算结束，工程才进入保修阶段，工程的照管责任由承包商转移给业主，此后承包商才能进行竣工决算。详细内容见本书第十二章所述。

五、工程质量控制的统计分析工具

在项目质量控制中，常用的统计分析工具有统计调查表法、分层法、因果图法、排列图法、直方图法、相关图法和控制图法等。

（一）统计调查表法

统计调查表法又称统计调查分析法，它是利用专门设计的统计表对质量数据进行收集、整理和粗略分析质量状态的一种方法。该方法可用于工序质量检查、缺陷位置检查、不良项目检查、不良项目原因检查等问题的统计检查。

在质量控制活动中，利用统计调查表收集数据，简便灵活，便于整理，实用有效。它没有固定格式，可根据需要和具体情况，设计出不同统计调查表。常用的统计调查表有：

（1）分项工程作业质量缺陷分布统计调查表；

（2）不合格项目调查表；

（3）不合格原因调查表；

（4）施工质量检查评定用调查表等。

表 7-2 是某火电站厂区沟道盖板外观质量问题调查表。

表 7-2　　某火电站厂区沟道盖板外观质量问题调查表

产品名称	混凝土空心板		生产班组		
日生产总数	200 块	生产时间	年 月 日	检查时间	年 月 日
检查方式	全数检查		检查员		
项目名称	检查记录			合计	
露筋 蜂窝 孔洞 裂缝 其他	正正 正正一 丁 一 丁			9 11 2 1 3	
总计				26	

（二）分层法

分层法又称为分类法或分组法，它是将调查收集的原始数据，按不同的目的和要求，按某一性质进行分组、整理的分析方法。它是质量控制统计分析方法中最基本的一种方法。其他统计方法一般都要与分层法配合使用，通常先利用分层法将原始数据分门别类，然后再进行统计分析。

分层的类型很多，常用的分层方法有：

（1）按操作人员分层，如按不同班组、技术级别、工龄、年龄、男女分层；

（2）按材料分层，如按材料的供应单位、规格、品种分层；

（3）按设备分层，如按设备型号、使用时间、功能分层；

（4）按工艺方法分层，如按不同的工艺方案和工艺规格分层；

（5）按工作时间分层，如按工作日期、工作时间分层；

（6）按工作环境分层；

（7）按技术环境、管理环境、劳动环境分层；

（8）按使用条件分层。

例如，对某火电站汽轮机基础底板钢筋焊接质量进行调查分析时，共检查了50个焊接点，其中不合格19个，不合格率为38%，存在严重的质量问题。下面用分层法分析质量问题的原因。

现已查明这批钢筋的焊接是由 A、B、C 三个师傅操作的，而焊条是由甲、乙两个厂家提供的。因此，分别按操作者和焊条生产厂家进行分层分析，即考虑一种因素单独的影响，见表 7-3 和表 7-4。

表 7-3   按 操 作 者 分 层

操作者	不合格	合格	不合格率（%）
A	6	13	32
B	3	9	25
C	10	9	53
合计	19	31	38

表 7-4   按供应焊条厂家分层

操作者	不合格	合格	不合格率（%）
甲	9	14	39
乙	10	17	37
合计	19	31	38

由表 7-3 和表 7-4 分层分析可见，操作者 B 的质量较好，不合格率为 25%；而不论是采用甲厂还是乙厂的焊条，不合格率都很高且相差不大。为了找出问题所在，再进一步采用综合分层进行分析，即考虑两种因素共同影响的结果，见表 7-5。

表 7-5   综合分层分析焊接质量

操作者	焊接质量	甲厂		乙厂		合计	
		焊接点	不合格率（%）	焊接点	不合格率（%）	焊接点	不合格率（%）
A	不合格	6	75	0	0	6	32
	合格	2		11		13	
B	不合格	0	0	3	43	3	25
	合格	5		4		9	
C	不合格	3	30	7	78	10	53
	合格	7		2		9	
合计	不合格	9	39	10	37	19	38
	合格	14		17		31	

从表 7-5 的综合分层法分析可知，在使用甲厂的焊条时，应采用 B 师傅的操作方法为好；在使用乙厂的焊条时，应采用 A 师傅的操作方法为好，这样会使合格率大大提高。

（三）因果分析图法

因果图又称为特性要因图，又因其形状常被称为树枝图或鱼刺图。因果分析图法是一种逐步深入分析质量问题的因果关系，寻找质量问题原因，并用图来表示的一种快捷方法。

在项目当中，一个质量问题的产生往往由多种原因造成，这些原因有大有小，而且是多层次的。将这些大小不同、层次不同的原因，分别用主干、大枝、中枝、小枝、小分枝等表示出来，就能系统而清晰地表示出产生质量问题的原因。通过分析图中的不同原因，制定相应的对策，从而使质量问题得到解决。

　　如图 7-7 所示为一个用因果分析图法分析导致混凝土强度不足质量问题的原因的实例，经分析得知未清洗砂石、工长水平低和工艺程序上养护时间不足是导致混凝土强度不足的主要原因。

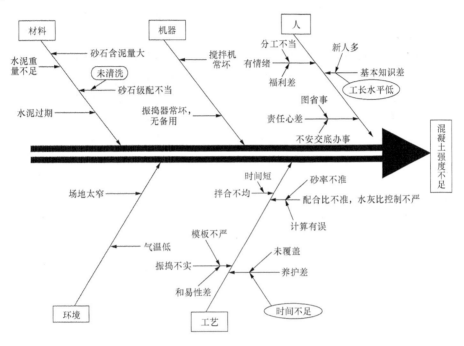

图 7-7　因果分析图法示例

（四）排列图法

　　排列图法又称帕累托图法或主次因素分析图法，是利用排列图寻找影响质量的主次因素的一种有效方法。它是由两个纵坐标、一个横坐标、几个连起来的直方形和一条曲线所组成，用以分析质量问题的主次或质量问题原因的主次，以及评价所采取的改善措施的效果，即比较采取改善措施前后的质量情况。某混凝土构件尺寸不合格点排列图如图 7-8 所示。图中，左侧纵坐标表示频数，右侧纵坐标表示累计频率；横坐标表示影响质量的各个因素或项目，根据影响质量的各个因素或项目的数量将横坐标分为相应个等份，每一个等份代表一个影响因素或项目，按频数的大小从左向右依次排列。纵、横坐标确定后，

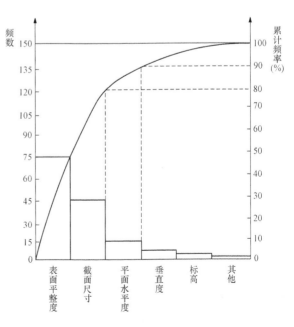

图 7-8　某混凝土构件尺寸不合格点排列图

即可按照各影响因素或项目的频数大小画出各项目长方形的柱状图，即影响因素或项目的频数分布图；然后根据各影响因素或项目的累计频率，在图上点出各影响因素或项目相应的累计频率点，将这些点连接成曲线，即为帕累托曲线。

实际应用中，一般将影响因素或项目按累计频率划分为 0%～80%、80%～90%、90%～100%三部分，与其对应的影响因素分别为 A、B、C 三类。A 类为主要因素，B 类为次要因素，C 类为一般因素。排列图可以形象、直观地反映主次因素。

（五）直方图法

直方图即频数分布直方图，它是一种用于工序质量控制的质量数据分布图形。直方图法是全面质量管理过程中进行质量控制的重要方法之一。该方法适用于对大量计量数值进行整理加工，找出其统计规律，也就是分析数据分布的形态，以便对其整体的分布特征进行推断。图 7-9 为几种典型的直方图分布图形及产生该形状的主要原因。根据直方图收集的数据进行统计分析，可以分析产品的不合格率，评价项目施工管理水平和过程能力。

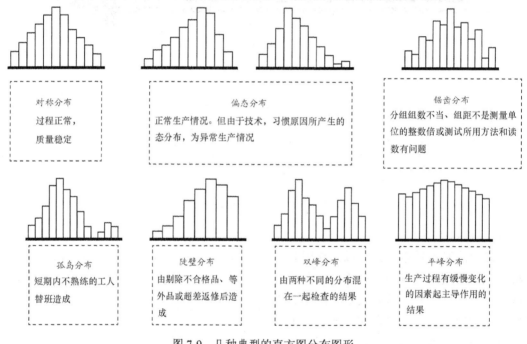

图 7-9　几种典型的直方图分布图形

（六）相关图法

1. 相关图法的概念

相关图也称散布图，在质量控制中它是用来显示两种质量数据之间关系的一种图形。在某些情况下，两种质量特性数据之间往往存在着相互联系和相互制约的关系，如果用 y 和 x 分别表示影响因素和质量特性值和影响因素，通过绘制散布图、计算相关系数等，分析研究两个变量之间是否存在相关关系，以及这种关系密切程度如何，进而对相关程度密切的两个变量，通过对其中一个变量的观察控制，去估计控制另一个变量的数值，以达到保证产品质量的目的。这种统计分析方法，称为相关图法。

2. 相关图的作图步骤

（1）数据的收集。通常应收集 30 对以上互相对应的特性数据，这些相对应的特性数据必须来自同一对象的同一样本。

（2）绘制坐标，分别以 x、y 轴表示这两个质量特性值。

（3）分别将相互对应的两个特性值通过 x、y 坐标绘在图上。

3. 相关图的观察与分析

一般说来，相关图的分析主要通过观察图中点的分布，并与典型的相关图比较来判断两种质量特性值间的相关关系，以及关系的密切程度。图 7-10 所示为几种典型的相关图。

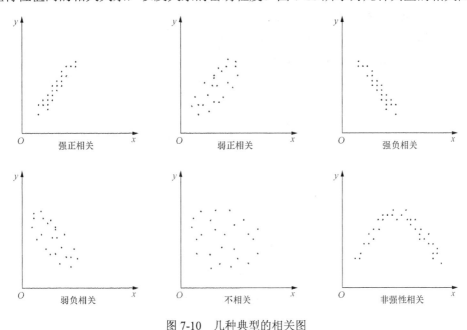

图 7-10　几种典型的相关图

（七）控制图法

1. 控制图的定义

控制图是在直角坐标系内画有控制界限，描述生产过程中产品质量波动状态的图形。利用控制图区分质量波动原因，判明生产过程是否处于稳定状态的方法称为控制图法。

2. 控制图的基本形式

控制图的基本形式如图 7-11 所示。

图 7-11 中横坐标为样本（子样）序号或抽样时间；纵坐标为被控制对象，即被控制的质量特性值。控制图上一般有中心线 CL、控制上限 UCL 和控制下限 LCL 三条线，以及按时间顺序抽取的样本统计量的描点序列。如果控制图中的点落在 UCL 和 LCL 之外，或点在

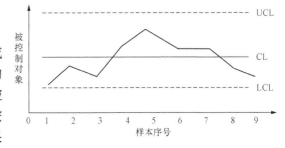

图 7-11　控制图的基本形式

UCL 和 LCL 之间的排列不随机，则表明过程异常，需要采取质量控制措施。

3. 控制图判稳和判异准则

控制图上的点同时满足下述条件时，认为过程处于统计控制状态（稳态）。

（1）连续 25 点中没有 1 点在限外，或连续 35 点中最多 1 点在限外，或连续 100 点中最

多 2 点在限外。

（2）控制界限内的点子排列无下述异常现象（大部分为小概率事件）：

1）连续 7 点或更多点在中心线同一侧，如图 7-12（a）；

2）连续 11 点中至少有 10 点在中心线同一侧，如图 7-12（b）所示；

3）连续 7 点或更多点的上升或下降趋势，如图 7-12（c）所示；

4）连续 14 点中至少有 12 点在中心线同一侧；

5）连续 17 点中至少有 14 点在中心线同一侧；

6）连续 20 点中至少有 16 点在中心线同一侧；

7）点子呈周期性变化，如图 7-12（d）所示；

8）连续 3 点中至少有 2 点或连续 7 点中至少有 3 点落在 2 倍与 3 倍标准偏差控制界限之间，如图 7-12（e）所示。

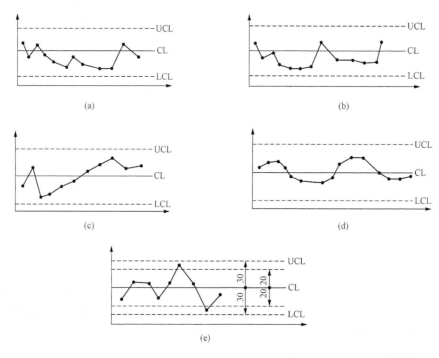

图 7-12　有异常现象的点子排列

📄 课后案例

泰龙输电项目质量管理案例

一、泰龙输电项目质量保证

电力工程项目质量是国家、行业现行的有关法律、法规、技术标准、项目合同对工程的安全、使用、经济等特性的综合要求。该输电项目的质量管理以分项工程作为质量控制点，采用分阶段控制和分析等方法，找出偏差，采取纠偏措施，并以项目质量报告形式表达。工程项目的质量目标与计划要实现的质量目标是整体工程全部合格。项目部为实现项目目标，制订了项目的质量保证计划，见表 7-6。

表7-6 泰龙输电项目质量保证计划

质量项目	工程项目总质量全部合格	备注
质量管理的范围及控制内容	范围： （1）工程项目的安全性及质量状态 （2）工程项目的造价的控制状态 （3）工程施工进度的时间控制性 内容：基础工程、接地工程、杆塔工程、架线工程、电缆接续与测量和资料记录	
质量管理的方法和手段	计划、实施、检查、持续改进	
管理的结果	质量管理报告	

二、泰龙输电项目质量控制

（1）工程项目质量的构成由原材料质量及实施过程的工作质量组成。质量的控制一是把好原材料关，二是控制好实施关。因此项目管理人员必须按项目质量形成的过程（见图7-13），把握控制好项目质量要素，确保工程项目质量。

（2）实施过程实行全过程质量跟踪的PDCA管理模式。

（3）项目全过程要做到：工序交接有检查，质量预控有对策，技术措施有

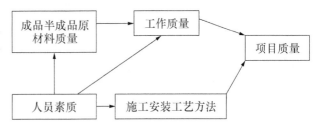

图7-13 工程项目质量形成过程

交底，图纸会审有记录，隐蔽工程有验收，设备器具有复核，设计变更有手续，成品保护有措施，行使质控有否决，质量文件有档案。对该项目质量控制检查点见表7-7。

表7-7 项目质量控制检查点

分部分项工程及主要材料	质量控制点	控制方法
材料、半成品	水泥	检验
	钢材	检验
	塔材	检查
	导地线	检查
	绝缘子	检查
	OPGW光缆	检查
基础工程	基坑	测量
	现浇混凝土	检查、检验
	基础根开尺寸	测量
接地工程	埋深	测量
	焊接	检查
	接地电阻	检查、测量
杆塔工程	垂直度	测量
	螺栓紧固	检查
	防盗安装	检查

续表

分部分项工程及主要材料	质量控制点	控制方法
架线工程	导地线拉力	检验
	重要跨越点弧垂	测量
	压接头	检查
	金具安装	检查
光缆接地与测量	连接点	检查
	接线盒固定	检查

三、泰龙输电工程项目质量报告

项目质量报告全面反映了工程项目完成质量情况，见表7-8。

表7-8　　　　　　　　　　泰龙输电工程项目质量报告

项目名称：泰龙输电工程项目　　　　　施工单位：××电力工程公司泰龙项目部
开工日期：200×年6月1日

全线双回路架设，长2×10km，导线为LGJ—400/50钢芯铝绞线。竣工日期：200×年12月25日

分部工程	质量标准	评定标准
基础工程	按 GB 50233—2005《110～500kV 架空送电线路施工及验收规范》	合格
	抽检处符合验收规范要求其合格率为 77.5%	
	允许偏差：96.3%抽检点在允许范围内	
接地工程	按 GB 50233—2005《110～500kV 架空送电线路施工及验收规范》	合格
	抽检处符合验收规范要求其合格率为 82%	
	允许偏差：98%抽检点在允许范围内	
杆塔工程	按 GB 50233—2005《110～500kV 架空送电线路施工及验收规范》	合格
	抽检处符合验收规范要求其合格率为 86.9%	
	允许偏差：98.3%抽检点在允许范围内	
架线工程	按 GB 50233—2005《110～500kV 架空送电线路施工及验收规范》	合格
	抽检处符合验收规范要求其合格率为 79.7%	
	允许偏差：82.3%抽检点在允许范围内	
附件工程	按 GB 50233—2005《110～500kV 架空送电线路施工及验收规范》	合格
	抽检处符合验收规范要求其合格率为 80.9%	
	允许偏差：91.3%抽检点在允许范围内	

结论：本工程施工安装合格

项目经理：　　　　　　　　　质检员：　　　　　　　　　日期：200×年12月25日

讨论题：

1. 本输电项目的质量管理以哪部分为质量控制点？质量保证计划中的质量项目考虑了哪些内容？

2. 施工过程中项目质量控制常用统计工具有哪些？泰龙输电项目质量控制采用了哪种工具？

（资料来源：河南省电力公司焦作供电公司.电网工程项目管理.北京：中国电力出版社，2007.）

小 结

电力工程项目质量就是电力工程项目的固有特性满足电力工程项目相关方面要求的程度

影响电力工程项目质量的因素很多，但归纳起来主要有五个方面，即人员素质、材料、设备、程序方法和环境，简称为"4M1E"因素

电力工程项目质量管理基本原理

质量管理是质量管理文体围绕着使产品质量满足不断更新的质量要求，而开展的策划、组织、计划、实施、检查和监督、审核等所有管理活动的总和

建筑工程项目质量管理应按下列程序实施：进行质量策划，确定质量目标；编制质量计划；实施质量计划；总结项目质量管理工作，提出持续改进的要求

电力工程项目质量管理的基本原理包括：系统原理、PDCA循环原理、质量控制原理、质量保证原理、合格控制原理和监督原理

电力工程项目质量管理质量计划

质量计划的输入包括工程项目的特点、工程项目的质量方针、范围说明书、工程产品描述、标准和规范、其他的输出等内容

常用的项目质量计划的工具和技术包括流程图、电力工程项目质量成本分析、质量标杆法、质量基准计划

项目质量计划的输出包括：质量管理计划、实施说明、检查表、其他的输入

"质量保证"是质量管理中致力于对确保产品达到质量要求而提供信任的工作

电力工程项目质量管理质量控制

设计阶段的质量控制包括业主对工程项目设计质量的控制、设计单位对工程项目设计质量的控制、政府职能部门的监督控制

设备采购与安装的质量控制包括市场采购设备的质量控制、向生产厂家订购设备的质量控制、招标采购设备的质量控制、设备安装准备阶段的质量控制、设备安装过程的质量控制、设备试运行的质量控制

施工阶段的质量控制包括施工准备阶段的质量控制、施工过程中的质量控制、竣工验收质量控制

常用工程质量控制的统计分析工具包括：统计调查表法、分层法、排列图法、因果分析图法、直方图法、控制图法和相关图法

电力工程项目质量管理

思 考 题 与 习 题

1．什么是电力工程项目质量？其概念的含义是什么？

2．简述工程项目质量的特点及影响工程项目质量的主要因素。

3．简述五阶段工程项目质量管理的过程，以及项目质量管理的基本原理。

4．控制图法的基本原理是什么？其控制界限是如何确定的？

5．某工程项目在施工阶段的监理中，监理工程师对承包商在施工现场制作的水泥预制板进行质量检查，抽查了 500 块，发现其中存在的问题见表 7-9。试回答下列问题。

表 7-9　　　　　　　　　　　　　水泥预制板质量检查表

序号	存在问题项目	数　　量
1	蜂窝麻面	23
2	局部露筋	10
3	强度不足	4
4	横向裂缝	2
5	纵向裂缝	1
合计		40

（1）监理工程师应选择哪种统计分析方法来分析存在的质量问题？

（2）产品的主要质量问题是什么？监理工程师应如何处理？

6．某建筑工程项目，在基础混凝土的施工过程中，监理工程师发现其施工质量存在强度不足问题。

（1）试用因果分析图法对影响质量的大小因素进行分析。

（2）简述工程质量事故处理的程序和基本要求。

（3）简述工程施工阶段隐蔽工程验收的主要项目及内容。

7．某项实施监理的钢筋混凝土高层框剪结构工程，设计图纸齐全，采用玻璃幕墙，暗设水、电管线。目前，主体结构正在施工。

（1）监理工程师在质量控制方面的监理工作内容有哪些？

（2）监理工程师应对进场原材料（钢筋、水泥、砂、石等）的哪些报告、凭证资料进行确认？

（3）在检查钢筋施工过程中，监理工程师发现有些部位不符合设计和规范要求，监理工程师应如何处理？

8．在某工程施工过程中，施工方未经监理人员认可订购了一批电缆，数量较大。电缆进厂后，监理人员发现存在以下问题：①电缆表面标识不清、外观不良；②缺乏产品合格证、检测证明等资料。监理人员应如何正确处理上述电缆的质量问题？

9．在某高速公路的施工中，监理工程师收集了一个月的混凝土试块强度资料，画出的直方图如图 7-14 所示。已知 T_U=31MPa；T_L=23MPa，监理工程师确定的试配强度为 26.5MPa；混凝土拌制工序的施工采用两班制。试回答下列问题。

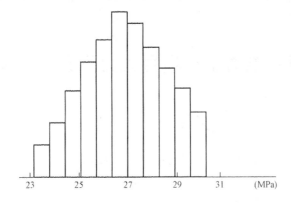

图 7-14　某高速公路混凝土试块强度资料直方图

（1）监理工程师分析了该混凝土试块强度的直方图后，写出的结论应该是：

1）该工序处于（　　）。

　　A．稳定状态

　　B．不稳定状态

　　C．调整状态

　　D．时而稳定，时而不稳定状态

2）该工程（　　）。

　　A．生产向下限波动时，会出现不合格品

　　B．生产向上限波动时，会出现不合格品

　　C．试配强度不当，应适当提高试配强度，使其处于公差带中心

　　D．试配强度不当，应适当提高试配强度，使其处于直方图的分布中心

　　E．改变公差下限为 22MPa，使生产向下波动时，不致出现不合格品

（2）若直方图呈双峰型，可能是什么原因造成的？

（3）若直方图呈孤岛型，可能是什么原因造成的？

（4）绘制和分析直方图时应注意的事项有哪些？

（5）直方图有何用途？

（6）常用的基本工具和方法中，除直方图法外还有哪些？

第八章　电力工程项目人力资源与沟通管理

学习目标

（1）了解人力资源特征和项目人力资源管理基本原理。
（2）掌握项目人力资源管理的主要内容。
（3）了解项目冲突源及强度。
（4）熟悉项目冲突的解决方法。
（5）掌握项目沟通的方法、渠道及项目沟通管理的内容。

本章提要

在现代社会，人力资源成了第一资源。任何一个项目组织，若无有效的人力资源管理，要实现其项目目标是根本不可能的，人力资源已成为一个企业或项目成败的关键决定因素之一，对高速发展中的电力企业及电力工程项目也是如此。本章介绍了人力资源管理的基本概念、理论，绩效评估概念、程序和方法，电力工程项目人力资源管理的内容，电力工程项目人力资源招聘的方式、渠道与选择程序，电力工程项目人力资源培训和发展的需求计划及其主要的培训方法。

冲突是项目中不可避免的现象，过多的冲突会破坏项目组织的功能，过少的冲突会使项目组织僵化，对冲突实施科学、有效的管理是项目综合管理的一项重要内容。项目沟通管理包括为了确保项目信息及时、适当地产生、收集、传播、保存和处置所必需的过程。项目沟通管理为项目成功所必需的因素——人、想法和信息之间提供了一个关键连接，涉及项目的任何人都应准备以项目"语言"发送和接收信息，而且必须理解他们以个人身份参与的沟通怎样影响整个项目。本章除了介绍人力资源管理之外，还介绍了电力工程项目冲突的来源和种类，项目沟通的模式、沟通的渠道、项目沟通管理等内容。

第一节　电力工程项目人力资源管理概述

美国佛罗里达国际大学管理学教授加里·先斯勒说"许多管理者如总裁、总经理、主管人员、监督人员等之所以进行了成功的管理，恰恰是因为他们掌握了如何雇佣恰当的人来承担工作，并对他们进行正确的评价和激励"。确实，在现代社会，从创造社会财富、促进经济增长和加强竞争优势等方面看，人力资源已逐渐上升到主要的决定性的地位，而自然资源越来越退到次要的地位。自然资源和资本的竞争将逐渐被人力资源的竞争所代替，人力资源成了第一资源。任何一个项目组织，若无有效的人力资源管理，要实现其项目目标是根本不可能的，人力资源已成为一个企业或项目成败的关键决定因素。大多数项目经理都认为有效地管理人力资源是他们所面临的最为艰巨的挑战。

一、人力资源及其特征

在项目管理中，一个项目的实施需要多种资源，从资源属性角度来看，可包括人力资源、自然资源、资本资源和信息资源。其中人力资源是最基本、最重要、最具创造性的资源，是影响项目成效的决定性因素。到目前为止，对于人力资源的理解在学术界存在不同的认识和看法。

伊凡·伯格认为：人力资源是人类可用于生产产品或提供各种服务的活力、技能和知识。

雷西斯·列科认为：人力资源是企业人力结构的生产力和顾客商誉的价值。

内贝尔·埃利斯认为：人力资源是企业内部成员及外部的人，即总经理、雇员及顾客等可提供潜在服务及有利于企业预期经营活动的总和。

我们可以将人力资源定义为能够推动社会和经济发展的体力和脑力劳动者的能力的总和。人力资源具体包括两部分：一部分是现实的人力资源，即现在就可以使用的人力资源，它是由劳动适龄（就业）人口中除因病残而永久丧失劳动能力者外的绝大多数适龄劳动人口和老年人口中具有一定劳动能力的人口组成，包括正在使用的人力资源和暂时未被使用的人力资源两种；另一部分是后备人力资源，即现在还不能使用但未来可使用的人力资源，

与其他自然资源相比，人力资源具有以下特点。

（1）能动性。与自然资源相比，劳动者总是有目的、有计划地运用自己的劳动能力，这是人类劳动与其他动物本能活动的根本区别。人力资源在经济活动中是居于主导地位的能动性资源。人类不同于自然界其他生物之处在于人具有目的性、主观能动性和社会意识。人类的这种自我调控功能使其在从事经济活动时，总是处在发起、操纵、控制其他资源的位置上，即能够根据外部可能性和自身的条件、愿望，有目的地确定经济活动的方向，并根据这一方向具体地选择、运用外部资源或主动地适应外部资源。人力资源与其他被动性生产要素相比，是最积极、最活跃的生产要素，居于主导地位。

因此，在项目实施过程中，比起对其他资源的管理，项目人力资源的潜能能否发挥和能在多大程度上发挥，要更依赖于管理人员的管理水平，即能否实现对员工的有效激励，能否达到使整体远大于各个部分之和的管理效果。

（2）再生性。人力资源是一种可再生的生物性资源，人力资源以人身为天然载体，是一种"活"的资源，并与人的自然生理特征相联系。从劳动者个体来说，其劳动能力在劳动过程中消耗之后，通过适当的休息和补充需要的营养物质，劳动能力又会再生产出来；从劳动者的总体来看，随着人类的不断繁衍，劳动者又会不断地再生产出来。这一特点决定了在人力资源使用过程中需要考虑工作环境、工伤风险、时间弹性等非经济和非货币因素。

（3）增值性。人力资源的再生产过程是一种增值的过程。从劳动者的数量来看，随着人口的不断增多，劳动者人数会不断增多，从而增大人力资源总量；从劳动者个人来看，随着教育的普及和提高，科技的进步和劳动实践经验的积累，其劳动能力会不断提高，从而增大人力资源存量。

（4）时效性。人力资源是具有时效性的资源，矿产资源可以长期储存，不采不用，品位不会降低，而作为人力资源的劳动能力只存在于劳动者个体的生命周期之中。人力资源的形成、开发、使用都具有时间方面的制约性。从个体看，作为生物有机体的人，有其生命周期；而作为人力资源的人，能够从事劳动的自然时间又被限定在其生命周期的中间一段，能够从事劳动的不同年龄段（青年、壮年、老年）其劳动能力也不尽相同。从社会的角度看，在各个年龄组人口的数量及数差之间的联系，特别是"劳动人口与被抚养人口"的比例，存在着

时效性问题，由此就需要考虑动态条件下人力资源的形成、开发、分配、使用的相对平稳性。一般来说，人在 16 岁之前，是其劳动力形成的过程，还不是现实的劳动能力；16 岁之后才能形成现实的劳动能力并一直保持到 60 岁左右，其中 25 岁到 45 岁是科技工作者的黄金年龄，37 岁达到高峰（但某些职业，如医生的最佳年龄一般较晚，这是由其业务性质决定的）；60 岁之后，人的劳动能力进入衰退期；一旦死亡，其劳动能力也跟着消亡。所以，人力资源开发与使用必须及时，开发使用时间不一样，效果也不同。

二、项目人力资源管理及基本原理

人力资源管理是随着企业管理理论的发展而发展的，它形成于 20 世纪初科学管理在美国兴起时期，是企业职工福利工作的传统做法与泰勒科学管理方法相结合的产物，迄今已有几十年历史。随后兴起的工业心理学和行为科学对人力资源管理产生了重大影响，推动了它的发展并使之走向成熟。

组织人力资源管理的结果应创造两种绩效，即员工绩效、组织绩效。员工绩效主要指通过人力资源管理使员工对工作产生满足感，激发员工从事后续工作的热情及动力。组织绩效主要指通过人力资源管理使组织生产率和效益得到提高。人力资源管理模式的最终目的是提高员工和组织的工作绩效和效益，在实现组织目标的基础上，努力实现员工的个人目标，使组织与员工实现共同发展。

项目人力资源管理是项目管理的核心。项目人力资源管理就是通过不断地获得人力资源，把得到的人力整合到项目中而融为一体，保持和激励他们对项目的忠诚与积极性，控制他们的工作绩效并作相应的调整，尽量开发他们的潜能，以支持项目目标的实现。项目人力资源管理也可理解为对人力资源的取得、培训、保持和利用等方面所进行的计划、组织、指挥和控制等一系列的管理活动。

对于电力工程项目而言，人力资源管理也可理解为，电力工程项目组织对本工程所需特定人力资源的取得、培训、保持和利用等方面所进行的计划、组织、指挥和控制活动。

经过长期的人力资源管理实践，形成了项目人力资源管理的基本原理。

1. 投资增值原理

投资增值原理是指对人力资源的投资可以使人力资源增值，而人力资源增值是指人力资源品位的提高和人力资源存量的增大。

劳动者劳动能力的提高主要靠两方面投资，即营养保健投资和教育培训投资。任何一个人，要想提高自己的劳动能力，就必须在营养保健和教育培训方面进行投资；任何一个国家，要想增加本国人力资源存量，都必须加强教育投资，完善社会医疗保健体系。

2. 互补合力原理

所谓互补，指的是人各有所长也各有所短，以己之长补他人之短，从而使每个人的长处得到充分发挥，避免短处对工作的影响。互补是现代人力资源管理的要求，它要求一个群体内部各个成员之间应该是密切配合的关系。互补产生的合力相较单个人的能力简单相加而形成的合力要大得多。个体与个体之间的互补主要是指以下几方面。

（1）特殊能力互补；

（2）能级互补，即能力等级的互补；

（3）年龄互补；

（4）气质互补。

3. 激励强化原理

激励强化指的是通过对员工的物质的或精神的需求欲望给予满足的许诺，来强化其为获得满足就必须努力工作的心理动机，从而达到充分发挥积极性，努力工作的结果。

4. 个体差异原理

个体差异包括两方面：一是能力性质、特点的差异，即能力的特殊性不同；二是能力水平的差异。承认人与人之间能力水平上的差异，目的是在人力资源的利用上坚持能级层次原则，各尽所能，人尽其才。在人力资源管理中，能级层次原理指的是：具有不同能力层次的人，应安排在要求相应能级层次的职位上，并赋予该职位应有的权力和责任，使个人能力水平与岗位要求相适应。个体差异原理要求做到以下几点。

（1）组织中的所有职位，都要根据业务工作的复杂程度、难易程度、责任轻重及权力大小等因素，统一划分出职位的能级层次。

（2）不同的能级应该有明确的责权利。责不交叉，各负其责；权要到位，责权相应；利与责权相适应，责是利的基础。要做到在其位，谋其政，行其权，取其利。

（3）个人所对应的能级不是固定不变的。当一个人的能力层次上升了，他所对应的职位能级必然发生变化。

5. 动态适应原理

动态适应原理是指人力资源的供给与需求要通过不断的调整才能求得相互适应；随着事业的发展，适应又会变为不适应，又要不断调整达到重新适应。这种不适应—适应—再不适应—再适应是循环往复的过程。

人力资源的供给与需求关系，包含三个层面和两个内容的关系。

（1）三个层面是指宏观、中观、微观的关系。

首先，从宏观上看人力资源的供求关系，是一个国家在一定时期内的人力资源总供给和总需求的关系。一个国家人力资源的总供给量，受到人口增长速度、人口受教育程度、人口健康状况等因素影响；一个国家人力资源需求总量，受到国家经济社会发展速度和发展水平、科技水平、产业结构、劳动者素质等因素的影响。这些影响因素是不断发生变化的，因此人力资源供应总量和需求总量也在不断发生变化。

其次，从中观上看人力资源的供求关系。一个部门或一个单位对人力资源的需求受到该部门业务工作性质、业务发展状况和水平、科技应用程度、产品或服务的市场占有率等因素的影响；而人力资源的供给除受到国家人力资源供给总量影响外，还受到人力资源的特质及水平构成、劳动者择业倾向等因素的影响。这些因素也经常处于变化之中，从而使这种供求关系具有不确定性。

再次，从微观上看人力资源的供求关系。劳动者个人与工作岗位的适应也不是绝对和固定的。随着事业的发展，科技的进步，岗位对人员资格条件的要求越来越高；同样，人的能力也会日益提高，必须及时了解和调整人与岗位的适应程度。

（2）两方面内容。一是数量方面的关系，即供应量与需求量相均衡，供求关系才能适应；二是质量方面的关系，即供给的人力资源的质量和需求的人力资源的质量是否相适应。这里的质量既包括人力资源特质，即由各种专业能力构成的人力资源特质结构，又包括劳动者的平均能力水平和各种层次能力水平构成。只有在量和质两方面都达到了适应，人力资源的供求关系才能达到均衡。

三、项目人力资源管理与组织人力资源管理的比较

项目人力资源管理是组织人力资源管理的具体应用，因此，项目人力资源管理必然要遵循组织人力资源管理的原理，并实现相同性质的功能。但由于组织和项目不同，项目人力资源管理在内容上有自己的侧重点，在方法上也有一定的特殊性。

项目人力资源管理与组织人力资源管理的差异性主要体现在以下几方面。

（1）在人力资源规划方面，组织人力资源规划过程中，要考虑组织近期和长远发展对人力资源的需求，因此对人力资源需求预测有较高的要求；而项目人力资源规划面临的是满足人力资源近期需求问题，需求预测相对要简单。

（2）在人才获取方面，组织人力资源管理一般按照规范的程序来进行招聘、考试和录用；而项目人力资源管理经常会采用非常规的程序去得到合适的人选，在项目结束时也会同样采取非常规的方法直接解聘。

（3）在人员工作安排上，组织人力资源管理以平均工作强度为原则，而项目人力资源管理则有可能分配给员工高强度的工作。

（4）在培训方面，组织人力资源管理要同时考虑到员工、工作和组织三方面的需求，培训内容既有基础教育又有专业技能，培训目标既可能是强调岗位职责也可能是加强企业文化；而项目人力资源培训主要是针对项目任务需求进行特定的技术技能培训。

（5）在绩效考核方面，组织人力资源管理一般是长、中、短期分阶段考核，考核指标较复杂，内容多；而项目人力资源管理通常只进行短期考核，考核指标以业绩为主。

（6）在激励方面，组织人力资源管理可采用多种激励手段，如加薪、提升、好的工作机会、福利保险制度等；而项目人力资源管理，尤其是对特殊急需临时招聘来的人员，只能以物质激励为主。

第二节 电力工程项目人力资源管理的过程

简单地说，项目人力资源管理就是最有效地使用参与项目人员的过程，其内容主要包括计划编制、人员招募、团队建设等。计划编制的内容主要是确定项目人力资源计划，即根据项目分解结构，确定项目需要的角色、各角色应承担的责任以及诸角色之间的上下级报告关系。计划编制的成果是一张项目的组织结构图、以矩阵表示的项目角色职责分配表、人员配置管理计划及必要的文字说明。人员招募的主要内容是物色适合于项目工作需要的人力资源，将其编入项目团队，把计划编制确定的项目角色连同责任和权利分配给各个成员，明确各成员之间的配合、汇报和从属关系。团队建设的主要内容是培训、提高、调整、配合项目成员和项目团队整体的技能，使项目团队成为一个高绩效的团队，从而提高项目绩效。

图 8-1 所示为项目人力资源管理过程，下面将详细介绍。

一、工作分析

工作分析又称职位分析、岗位分析或职务分析，是指确定完成各项工作所需技能、责任和知识的系统过程，是一种重要而普遍的人力资源管理技术。工作分析是对某特定的工作作出明确规定，并确定完成这一工作所需要的知识技能等资格条件的过程。工作分析是系统全面的情报收集手段，是人力资源管理工作的基础，其分析质量对其他人力资源管理模块具有

举足轻重的影响。工作分析是现代人力资源管理的基础，只有在客观、准确的工作分析基础上才能进一步建立科学的招聘、培训、绩效考核及薪酬管理体系。工作分析的目的是解决以下六个重要的问题。

（1）员工完成什么样的体力和脑力活动？

（2）工作将在什么时候完成？

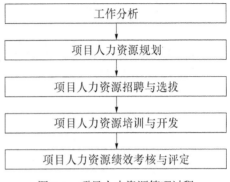

（3）工作将在哪里完成？

（4）员工如何完成此项工作？

（5）为什么完成此项工作？

（6）完成工作需要哪些条件？

以下三种情形下才需要进行工作分析。

第一，当新组织建立，工作分析首次被正式引进时；

图 8-1　项目人力资源管理过程

第二，当新的工作产生时；

第三，当工作由于新技术、新方法、新工艺或新系统的产生而发生重要变化时。

在工作性质发生变化时，最需要进行工作分析。在准备工作说明、工作规范时需要用到工作分析中的有关信息。工作分析信息被用来规划和协调几乎所有的人力资源管理活动。

（一）工作分析的方法

1. 访谈法

访谈法又称为面谈法，是一种应用最为广泛的职务分析方法。该方法是指工作分析人员就某一职务或者职位面对面地询问任职者、主管、专家等对工作的意见和看法。在一般情况下，应用访谈法时可以以标准化访谈格式记录，目的是便于控制访谈内容及对同一职务不同任职者的回答相互比较。

2. 问卷调查法

问卷调查法是工作分析中最常用的一种方法。具体来说，由有关人员事先设计出一套职务分析的问卷，再由随后工作的员工来填写问卷，也可由工作分析人员填写，最后再将问卷加以归纳分析，做好详细的记录，并据此写出工作职务描述。

3. 观察法

观察法是一种传统的职务分析方法，是指工作分析人员直接到工作现场，针对特定对象（一个或多个任职者）的作业活动进行观察，收集、记录有关工作的内容、工作间的相互关系、人与工作的关系及工作环境、条件等信息，并用文字或图标形式记录下来，然后进行分析与归纳总结的方法。

4. 工作日志法

工作日志法又称工作写实法，指任职者按时间顺序详细记录自己的工作内容与工作过程，然后经过归纳、分析，达到工作分析的目的的一种方法。

5. 资料分析法

为降低工作分析的成本，应当尽量利用原有资料，例如责任制人对人事文件，以对每项工作的任务、责任、权利、工作负荷、任职资格等有一个大致的了解，为进一步调查、分析奠定基础。

6. 能力要求法

能力要求法指完成任何一项工作的技能都可由更基本的能力加以描述。

7. 关键事件法

关键事件法要求分析人员、管理人员、本岗位员工，将工作过程中的"关键事件"详细地加以记录，可在大量收集信息后，对岗位的特征要求进行分析研究的方法。关键事件是使工作成功或失败的行为特征或事件，如成功与失败、盈利与亏损、高效与低产等。

（二）工作分析的结果

工作分析结果的五种形式：

（1）工作描述，主要是对工作环境、工作要素及其结构关系的说明；

（2）工作说明书，主要是对某一职位或岗位工作职责任务的说明；

（3）工作规范，主要以职位或岗位内工作方式、内容及范围的说明，包括完成工作操作方式方法与工具设备、职位之间的相互工作关系，但不一定包括责任、权限与资格要求；

（4）资格说明书，主要是对某一职位或岗位任职资格的说明；

（5）职务说明书，主要是对某一职务或某一职位工作职责权限及其任职资格等其他内容的全面的说明。

二、项目人力资源规划

项目人力资源规划就是项目组织科学地预测、分析自己在环境变化中的人力资源供给和需求状况，制定必要的政策和措施以确保自身在需要的时候和需要的岗位上获得各种需要的人才，并使组织和个人得到长期的利益。

项目人力资源规划具有如下三层含义。

（1）一个组织之所以要编制人力资源规划，主要因为环境是变化的。

（2）人力资源规划的主要工作是制定必要的人力资源政策和措施。

（3）人力资源规划的最终目标是要使组织和个人都得到长期的利益。

项目人力资源规划的目标是：

（1）得到和保持一定数量具备特定技能、知识结构和能力的人员；

（2）充分利用现有人力资源；

（3）能够预测企业组织中潜在的人员过剩或人力不足；

（4）建设一支训练有素、运作灵活的劳动力队伍，增强企业适应未知环境的能力；

（5）减少企业在关键技术环节对外部招聘的依赖性。

（一）人力资源需求预测

在制定项目人力资源具体的配备计划前要进行人力资源的需求预测。影响人力资源需求的因素主要来自组织内部，比如技术、设备条件的变化，企业规模的变化，企业经营方向的变化；外部因素也会产生影响，诸如经济环境、技术环境、竞争对手等。

常用的人力资源需求预测方法有经验预测法、德尔菲法、趋势分析法、回归分析法。

（1）经验预测法。经验预测法也叫比率分析，即根据以往的经验对人力资源需求进行预测。一方面要注意经验的积累，另一方面要认识到，对于不同的对象，预测结果的准确程度会有所不同。

（2）德尔菲法。德尔菲法是一种使专家们对影响组织某一领域的发展的看法达成一致意见的结构化方法。

（3）趋势分析法。主要思路是确定组织中哪一种因素与劳动力数量和结构的关系最大，然后找出这一因素随雇用人数的变化趋势，由此推出将来的趋势，从而得到将来的人力资源需求。

（4）回归分析法。利用历史数据找出某一个或几个组织因素与人力资源需求量的关系，并将这一关系用一个数学模型表示出来，借用这个数学模型，就可以推测将来的人力资源需求。

（二）项目人力资源供给预测

（1）管理人员接续规划。制定这一规划的过程是：

1）确定规划范围，即确定需要制定接续规划的管理职位；

2）确定每个管理职位上的接替人选，所有可能的接替人选都应该考虑到；

3）评价接替人选，主要是判断其目前的工作情况是否达到提升要求，并将接替人选分成不同的级别；

4）确定职业发展需要，将个人的职业目标与组织目标相结合。

（2）马尔可夫分析。其基本思想是找出过去人事变动的规律，以此来推测未来的人事变动趋势。

（3）档案资料分析。通过对组织内人员的档案资料进行分析来预测组织内人力资源的供给情况。

三、项目人力资源招聘与选拔

（一）人员招募

人员招募是根据项目任务的需要，为实际或潜在的职位空缺找到合适的候选人。与人力供给的来源相对应，人员招募可通过内部晋升（或调职）和外部征聘两种形式进行。

1. 内部招聘

（1）查阅人事档案资料。

（2）发布工作公告。其内容包括空缺岗位名称、工作说明、工作时间、支付待遇、所需任职人员的资格条件等。

（3）执行晋升规划。

2. 外部招聘

（1）广告招聘。广告招聘是补充各种工作岗位都可以使用的招聘方法，因此应用最为普遍。广告可以登载在全国性发行的报纸、杂志或因特网上，也可以出现在电视上。其优点是使雇主在相对短的时间内将信息传播给大量受众，实际上几乎所有的公司都使用这样的招聘广告，这种方法有助于保证求职者数量足够多；缺点是效率低，研究发现，通过报纸广告被雇佣的人与那些通过其他方式被雇佣的人相比，工作表现差，而且更常旷工。

（2）就业代理机构。就业代理机构和经理搜寻公司代表了外部招聘求职者的另一途径。这里，雇主通过与适当的代理机构（公司）接触，并告知工作所需的资格来开始招聘过程。代理机构承担了寻找和筛选求职者的任务，并向雇主推荐优秀的求职者以备进一步筛选。在下述情况下，适合采用就业代理机构的方式：第一，用人单位根据过去的经验难以吸引到足够数量的合格工作申请人；第二，用人单位只需要招聘很小数量的员工，或者是要为新的工作岗位招聘人力，因此设计和实施一个详尽的招聘方案是得不偿失的；第三，用人企业急于填充某一关键岗位的空缺；第四，用人单位试图招聘到那些现在正在就业的员工，尤其是在劳动力市场供给紧张的形势下就更是如此；第五，用人企业在目标劳动力市场上缺乏招聘的经验。在国外就业代理机构有三种类型，即政府部门经营的职业介绍单位、非营利性组织成立的职业介绍单位和私人经营的职业介绍所。

就业代理机构服务的优点是能提供经过筛选的现成人才给企业，从而减少企业的招募和甄选的时间。但是在实践中，由就业服务机构提供的应征者往往不符合工作岗位的资格要求，继而产生高流动率或效率低下等现象。

（3）猎头公司。猎头公司是一种专门为雇主"搜捕"和推荐高级主管人员、高级技术人员的公司，他们设法诱使这些人才离开正在服务的企业。猎头公司的联系面很广，而且它特别擅长接触那些正在工作并对更换工作还没有积极性的人。猎头公司可以帮助项目管理人员节省很多招聘、选拔高级主管等专门人才的时间。但是，借助于猎头公司的费用要由用人单位支付且费用很高，一般为所推荐的人才年薪的 1/4 到 1/3。

（4）大中专院校和各种职业、技工学校。企业大部分专业技术人员和基层人员都是从学校直接招募的。校园招聘通常用于承担像工程、财务、会计、计算机科学、法律等领域的专业化的初级水平的工作。实际上，低于 3 年工作经历的约 50% 的经理和专业人员是在校园里招聘到的。其缺点是代价高而且耗时间。招聘单位至少提前 9～11 个月就必须确定招聘需求，而且正常情况下必须等到学生毕业才能雇佣。

（5）推荐和自荐。这种招聘方法既有效又成本低。推荐和自荐可以节约招募人才的广告费和就业服务机构的费用，而且还可以获得较高水平的应征者，所以企业应鼓励自己的员工推荐人才。自荐一般用于大中专学校的毕业生和计件工人等人员的招募。

（二）人员选拔

人员选拔是指在招募工作完成后，根据用人条件和用人标准，运用适当的方法和手段，对应征者进行审查和选择的过程。

1. 人员选拔的一般程序

人员选拔的典型程序由七个步骤组成，即最初的筛选会谈、填写申请表、雇佣测试、综合面谈、背景调查、体格检查、最终雇佣决策。这个程序中的每一步都力图扩充组织对求职者背景、能力和动机的了解，并增加决策者据以做出预测和最终选择的信息。

（1）最初筛选会谈。这实际上包括筛选探询和筛选面谈两步。成功的招聘活动将吸引许多求职者，根据工作描述和明确化要求，这些求职者将有部分被排除。导致排除的因素包括不理想的经历和教育水平。筛选面谈包括向求职者提供详细的工作信息，从而使不合格者自动退出，这对双方都有好处。

（2）填写申请表。一旦通过了最初的筛选，求职者就要填写组织的有关求职表。要求填写的信息可能包括求职者的姓名、住地和电话号码。但有些组织要求填完 6～10 页的综合性个人历史文件。一般而言，申请表概括性地表明求职者在以前的工作中做过什么，技能和成就如何。

（3）雇佣测试。历史上，许多组织很大程度地依靠智力、性格、能力和兴趣测试来提供主要信息输入，甚至书法分析和说谎测试也用于更深刻地了解候选人。

（4）综合面谈。通过了最初筛选、申请表填写和考试的求职者，将获得参加综合面谈的权利。求职者可能会见人事部门人员、组织行政人员、潜在的公司同事等。综合面谈主要涉及申请表和笔试，包括没有涉及的方面或需要进一步考试的事项。它应该直接指向与工作有关的问题。有关询问和话题应反映工作的特别特征和它所要求的任职者品质。

（5）背景调查。对于可能成为雇员的求职者要进行背景调查，这包括：与求职者以前的雇主联系以确证候选人的工作记录和业绩评价；与其他有关的人员联系，并确认申请表上注明的教育水平。

（6）体格检查。这是一个附加程序，主要是排除那些身体条件不合格的求职者。

（7）最终雇佣决策。如果一项选择活动到达了体格检查并获得了通过，则选择决策的主动权就落到了求职者手中。研究表明，人们普遍趋向于选择与个人性情相符的工作。"社会人"偏向医疗心理学、外交、社会工作等；"研究人"喜爱生物学、数学或海洋学；而管理、法律或公共关系职业对企业型人才有吸引力。大多数工作选择研究也表明，个人对某一工作的吸引力的看法是很重要的。

2. 人员选拔方法

（1）面试。聘用面试可大体分为以下几类。

1）非结构化面试。面试者可以即兴提问，不必遵循特定的形式及方向。通常，对每一位应聘者都从相同的问题开始，但随着应聘者的回答，面试者就可以顺着他的答案来确定问题的方向和深度，使面试者能深入了解所有感兴趣的问题。

2）结构化面试。面试者必须遵循预先设定的问题和程序向应聘者提问，可采用事先由专家设定的结构化面试表，以免遗忘了该向应聘者提出的问题。有时，还可由专家群体针对不同问题事先设定"理想的"答案，以及可能出现的不同答案的得分。

3）群体面试。具体又有两种方式，一种是由多位面试者分别同应聘者面谈，每位面试者或者问自己所关心的问题，并按自己的观点对应聘者做出单独的评估，或者都以标准化的评分表对应聘者提问和评分，并在最后做出聘用决定前相互比较；另一种是由一群面试者同时对应聘者进行面试，这样可以避免重复，使面试更加深入和有意义，但可能加重对应聘者的压力。

4）压力面试。如果受聘者将要从事的工作需经常面对一定的压力，就有必要测试应聘者在工作压力下的表现。一般做法是，面试者通过背景资料先找出应聘者的"弱点"向应聘者提出一连串带压迫性的，甚至比较粗鲁的问题，迫使应聘者采取防卫的态度，这样来观察他的应变能力。

（2）测试。在人员的选择过程中，应用较多的是心理测验技术和评价中心技术。心理测验是判定候选人个体差异的有效手段，一般包括能力测验、能力倾向测验、人格测验、成就测验和情境测验法。

1）能力测验。能力测验分为普通能力测验和特殊能力测验，前者就是通常所说的智力测验，后者多用于测量个人在音乐、美术、体育、机械、飞行等方面的特殊才能。

2）能力倾向测验。能力倾向测验也称为性向测验，是测量一个人从事某一种职业的潜能或能力，分为综合性向测验和特殊性向测验两种。综合性向测验用以鉴别个人多种特殊潜在能力，特殊性向测验只为鉴别个人在某一方面具有的特殊潜能。

3）成就测验。成就测验的目的在于测量一个人对某项工作实际上能完成到什么程度，能分辨出哪些人较有能力去执行某项工作。

4）人格测验。人格测验的目的是了解候选人的人格特质，一般采用"自陈法"和"投射法"。"自陈法"就是按事先编好的人格量表（若干问题），由候选者本人挑选适合于描写个人人格特质的答案，然后从量表上所得分数判断候选者的人格类型。"投射法"就是提供一些未经组织的刺激材料，让候选人在不受限制的条件下自由地表现出他的反应，使其不知不觉地将自己的感情、欲望、思想投射在其中，从而可以窥见其人格。

5）情境测验法。这种方法是将候选者置于一个模拟的工作场景中，从而观察和评价他们在模拟的工作场景压力下的行为。通过情境模拟，可以直接观察候选人的实际工作能力，准确判断他们是否胜任所申请的职位。

在标准的选择程序模式下，可以采取面试和测试两种方法来具体地选择，即将面试与测试相结合，以便及时准确选择项目所需的人力资源。

四、员工培训与开发

员工培训和开发是指为了使员工获得或改进与工作有关的知识、技能、动机、态度和行为，以利于提高员工对项目目标的贡献，组织所作的有计划、有系统的各种努力。培训聚焦为目前的工作，而开发则是为员工准备可能的未来工作。

1. 员工培训形式

（1）从培训与工作的关系来划分：在职培训（不脱产）、非在职培训（脱产）和岗前培训。

（2）从培训的组织形式来划分：正规学校教育、各类短期培训班、社会办学。

（3）从培训的目的来划分：学历培训、文化补习、自我修养。

（4）从培训的层次来划分：高级、中级和初级培训。

2. 员工培训方法

常见的有以下几种培训方法。

（1）在职培训。在职培训是历史最长、采用最普遍的培训方式。最常见的在职培训有两种：工作轮换和见习。前者是将某一员工安排到一个新的工作岗位，横向调整工作，目的在于让员工学习各种工作技术；后者是新职工向年长资深的有经验的老职工学习的一种培训方法。在职培训的最大优点是经济，学员学习时所处的工作环境与以后实际工作中的环境相同；缺点是指导人员不得不放开正常工作。

（2）工作指导培训。工作指导培训方案的开发始于工作分解，就是分步骤地列出应如何进行工作。伴随工作分解的是对每一步骤的关键点进行描述。关键点就是提供建议帮助员工有效而安全地执行任务。使用工作指导培训方法时，培训者首先讲解并演示任务，然后让受训者进一步地执行任务，必要时给予纠正性反馈。这种培训对指导受训者如何执行任务相对简单，如何一步步地完成任务非常有效。

（3）讲授法。讲授法就是课程学习，它最适合于以简单地获取知识为目的的培训。其优点是效率高，一个培训者同时可以培训很多员工；缺点是一种被动的培训方法。

（4）工作模拟培训。工作模拟是能够提供几近真实的工作条件，同时又不失去对培训过程的有效控制，从而为受训者创造了一种较好的学习条件。它适合于对管理人员进行培训，可以提高管理人员的认知技能、决策能力和处理人际关系的能力。

五、人员绩效考核

如今，绩效问题已成为众多企业特别关注的热点，越来越多的企业、项目组织都希望通过考核来促进自身的发展。对于绩效（Performance）有多种理解。

（1）绩效应当着眼于工作结果，是个体或群体劳动的最终成绩或贡献。

（2）绩效既应当考虑员工的工作业绩，又应当考虑员工的工作过程和行为方式，绩效是员工与客观环境之间有效互动的结果。

（3）较为普遍的观点是，绩效是个体或群体工作表现、直接成绩、最终效益的统一体。

考核即考查审核。在西方国家，考核是公务员制度的一项重要内容，是提高政府工作效率的中心环节。尽管各国考核制度的名称不同，它们都有一个共同的特征，就是把工作实绩作为考核的最重要内容，并根据工作实绩的优劣决定公务员的奖惩和晋升。因此考核制度又常被称为"考绩"制度。在我国，考核是指对员工在技术和业务方面进行考查和审核。考核的内容包括工作态度、工作能力、技术业务水平和实际贡献等。考核标准由上级主管部门统一制订。考核是人力资源开发与管理的重要环节，是其他环节正确实施的基础与依据。

绩效考核就是工作行为的测量过程，即用过去制定的标准来比较工作绩效的记录及将绩效评估结果反馈给职工的过程。绩效考核的目标是改善员工的组织行为，充分发挥员工的潜能和积极性，以求更好地达到组织目标。考核目标的实现需要学习，需要沟通。在绩效考核过程中主要的参考点是未来，要将考核结果作为一种资源去规划某项工作或某个职工未来的新可能性，这就是对员工及工作的开发。

（一）绩效考核的功能

（1）管理功能。表现在考什么、怎么考以及考核结果如何运用上。考核结果是晋升、奖惩、培训等人力资源开发与管理的基础和依据。

（2）激励功能。绩效考核奖优罚劣，改善调整工作人员的行为，激发其积极性，促使组织成员更加积极主动去完成组织目标。

（3）学习功能。绩效考核是一个学习过程，使组织成员更好地认识组织目标，改善自身行为，不断提高组织的整体效益和实力。

（4）导向功能。绩效考核标准是组织对其成员行为的期望，是员工努力的方向，有什么样的考核标准就有什么样的行为方式。

（5）监控功能。员工的绩效考核，对组织而言，就是任务在数量、质量和效率等方面的完成情况；对员工个人而言，则是上级对下属工作状况的评价。通过考评，获得反馈信息，便可据此制定相应的人事决策与措施，调整和改进其效能。

（二）绩效考核的原则

（1）客观、公正、科学、简便的原则。客观即实事求是，做到考核标准客观、组织评价客观、自我评价客观。公正即不偏不倚，无论对上司还是部下，都要按照规定的考核标准，一视同仁地进行考核。科学、简便则是要求考核过程的设计要符合客观规律，正确运用现代化科技手段进行正确评价，同时具体操作要简便，以尽可能减少投入。

（2）注重实绩的原则。要求在对员工做考核结论和决定升降奖励时，以其工作实绩为根本依据。坚持注重实绩的原则，要把考核的着眼点、着力点放在实际贡献上，要着重研究绩的数量关系和构成绩的数量因素，还要认真处理好考绩与其他方面尤其是考德方面的关系。

（3）多途径分能级的原则。在绩效考核中对不同类型和不同能级的人员应有不同的考核标准。坚持多途径分能级的原则能实现对不同能力的人员，授予不同的职称和职权，对不同贡献的人员给予不同的待遇和奖励，做到"职以能授，勋以功授"。

（4）阶段性和连续性相结合的原则。阶段性的考核是对员工平时的各项评价指标数据的积累。考核的连续性要求对历次积累的数据进行综合分析，以求得出全面和准确的结论。因此，对员工应每年进行一次全面考核，做出年度评定，逐年连续进行。

（三）绩效考核的种类

（1）定性考核，是指对工作绩效进行质的鉴别和确定，主要通过评审的方法进行。其标准不易确定，经常受评审者主观因素和其他外部因素的影响和干扰。定量考核，是指对人员的工作绩效进行量的确定和鉴别，是在测量的基础上，运用统计和数学的方法，对测量的数据进行分析整理。单纯运用具有片面性，必须与定性考核结合起来。

（2）上级考核，一般由被考核者的上级领导者和人力资源管理人员进行，是最常见的考核方式。自我考核，是指依据一定的标准由被考核者对自己进行评价，典型方式有自我申报制度。同级考核，是指由同级之间的同事对被考核者的工作绩效进行评价，有利于贯彻民主原则，提高员工的参与感。

（3）日常考核。日常考核指每天进行的考核或每星期进行的考核。也包括日常工作中的单一考核，如日记录、周记录。长期考核，可分为一年一度和数年一度两种，一般是对人员各方面情况的全面、综合性的考核。定期考核，通常是一个月、一个季度、半年一次的考核，往往是对人员的绩效的较全面的考核。不定期考核，根据工作需要，为了抽查人员某一方面情况，或为某一临时性目的而进行的考核。

（4）口头考核与书面考核，前者采取面对面直接回答的形式，后者采取文字的形式。

（5）直接考核与间接考核，前者是考核者与被考核者直接接触而进行的考核，后者是考核者通过被考核者的各种数据进行的考核。

（6）个别考核与集体考核，前者是对个别人员进行的单独考核，后者是对全体成员进行的整体考核。

（7）绝对标准考核，即按同一尺度去衡量相同职务人员，可以明确判断人员是否符合要求以及符合的程度。相对标准考核，即不按统一的考核标准，而是对同一部门或小组内同类人员相互比较作出的评价，以确定人员的优劣顺序。

（四）绩效考核的程序

1. 横向程序

横向程序指按考核工作先后顺序形成的过程进行。其主要环节有：

（1）制定考核标准是考核时避免主观随意性不可缺少的前提条件。考核标准必须以工作分析中制定的岗位职务职责要求与职务规范为依据。

（2）实施考核，即对员工的工作绩效进行考核、测定和记录。

（3）考核结果的分析与评定。考核的记录需与既定标准进行对照来作分析与评判，从而获得考核的结论。

（4）结果反馈与实施纠正。考核的结果通常应告知被考核员工，从而发扬优点，克服缺点。

2. 纵向程序

纵向程序指按组织层级逐级进行考核的程序。一般是先对基层考核，再对中层考核，最后对高层考核，形成自下而上的过程。

（五）绩效考核的方法

1. 分级法

分级法又可称为排序法，即按被考核职工每人绩效相对的优劣程度，通过比较，确定每人的相对等级或名次。按照分级程序的不同，分级法又可分为：

（1）简单分级法。在全体被考核职工中先挑选绩效最出色的一个列于序首，再找出次优的列为第二名，如此排序，直到最差的一个列于序尾。

（2）交替分级法。以最优和最劣两级作为标准等次，采用比较选优和淘劣的方法，交替对人员某一绩效特征进行选择性排序。

（3）范例对比法。通常从五个维度进行考核，即品德、智力、领导能力、对职务的贡献和体格。每一维度又分为优、良、中、次、劣五个等级。在每一维度的每一等级，先选出一名适当的员工作为范例，实施考核时将每位被考核的员工与这些范例逐一对照，按近似程度评出等级分；最后将各维度分数的总和作为被考核员工的绩效考核结果。

（4）对偶比较法。要将全体职工逐一配对比较，按照逐对比较中被评为较优的总次数来确定等级名次。

（5）强制分配法。按事物"两头小，中间大"的正态分布规律，先确定好各等级在总数中所占的比例，然后按照每人绩效的相对优劣程度，强制列入其中的一定等级。

2. 量表考核法

量表法是利用一系列标准化的量表进行考核评价，将一定的分数分配给各项考绩因素或指标，使每项考绩因素都有一个评价尺度，然后由评估者用量表对评估对象在各个考核因素或指标上的表现情况作出评判、打分，最后汇总引算出总分，作为评估对象的考绩结果。这种方法广泛应用于机关、企事业单位等人事考核管理。根据设计的指标形式不同，人事考核量表一般有三种，即综合性指标量表、综合性指标与目标任务结合量表、综合性指标与部门评价指标结合量表。在实际运用时这三种量表可以互作参考，适当加以变动。

3. 关键事件法

关键事件法是指负责评估的主管人员把员工在完成工作任务时所发现出来的特别有效的行为和特别无效的行为记录下来，形成一份书面报告。评估者在对员工的优点、缺点和潜在能力进行评论的基础上提出改进工作绩效的意见。具体做法通常是给每一待考核员工设立一本"考核日记"或"绩效记录"，由作考察并知情的人随时记载。事件的记录本身不是评语，只是素材的积累，但有了这些具体事实作根据，便可得出可信的考评结论。该方法的缺点是记录事件本身是一项很繁琐的工作，还会造成上级对下级的过分监视。

4. 行为锚定评分方法（BARS）

这种方法就是把量表评测法与关键事件法结合起来，使之兼具两者之长。它为每一职务的各考核维度都设计出一个评分量表，并有一些典型的行为描述性说明词与量表上的一定刻度（评分标准）相对应和联系（即所谓锚定），供操作中为被考核者实际表现评分时作参考依据。要求评估者根据个人特征评估员工，典型的行为锚定式评定量表包括7个或8个个人特征，被称作"维度"，每一个维度都被一个7分或9分的量表加以锚定。该方法是用反映不同绩效水平的具体工作行为的例子来锚定每个特征。

行为锚定能够更准确地评分，因为它们能使评估者更好地诠释评定量表上不同评分的含义。行为锚定式评定量表最大的优点是它指导和监控行为的能力。行为锚定使员工知道他们被期望表现哪些类型的行为，给评估人提供以行为为基础的反馈的机会。但是，制定行为锚定式评定量表要花费大量的时间和精力，而且评估者在尝试从量表中选择一种员工绩效水平的行为有时可能会遇到困难。有时一个雇员表现出处于在量表两端的行为，因此，评估者不知应为其分配哪种评分。

5. 领导行为效能测定法

这种方法是在组织行为科学研究基础上发展起来的、一种测量与评价领导者行为与工作绩效的新方法。采用问卷调查的方式，从领导者、领导情景、被领导者等多方面，对领导行为与领导者所处工作情景状况进行评价。

6. 因素评定法

通过调查分析与实测数据统计分析，提出人员绩效考核的有关因素，形成评价标准量表体系，然后把被测者纳入该体系中进行评价的方法。因素测定法的评定角度主要有：

（1）自我评定。由评定者依据参照式标准量表，自己对自己的工作绩效进行评价。其特点是具有参与性、自我发展性、督促性。

（2）同级评定。由同一职务层次的人员依据参照标准量表互相进行评价。它必须满足三个条件：一是同事之间必须是相互高度信任的，彼此之间能够互通信息；二是报酬制度不是彼此竞争的；三是被评价人的绩效应该是评定人能够了解和掌握的。

（3）下级评定。由管理者的直接下级依照参照标准量表对其上级领导的绩效进行评价。它有利于表达民意，但往往受人际关系影响大。

（4）直接领导评定。由管理者依据参照标准量表对其直接下属的工作绩效进行评价。

（六）项目人力资源绩效考核的特点

项目管理的特点是借助外部资源使利益相关者满意，因此项目人力资源的绩效受到多种因素的影响，包括各类资源和利益相关者。由于项目管理工作的创造性特征，项目人力资源的绩效重点表现在交付的成果和技能提高两个方面。项目人力资源的绩效具有过程性与非人为性的特点。项目管理的绩效指标可分为效率性指标、效益性指标、递延性指标和风险性指标，与一般的管理绩效指标有很大的不同。图 8-2 所示的绩效考核模型可以直观地反映影响项目人员效能的主要因素。

由于项目的动态性与项目组织的动态性特点，以及项目所涉及的诸多利益相关者的期望难以折中，项目人力资源的考核与一般的常规组织人力资源考核有很大区别。项目人力资源的考核应遵循以下原则。

（1）以项目的各类过程统计数据作为绩效考核的基础，而不是通常的仅根据某个时段结尾的状态或产出物数据作为绩效考核的依据。

（2）以持续不断的反馈作为绩效考核的手段。反馈来源于项目的所有利益相关者，来源于项目组织的各个阶段。反馈有利于沟通，有利于绩效的持续改善。用于质量改进的 PDCA 循环法，将有利于项目人力资源绩效的不断改进。

（3）以里程碑作为绩效考核评价的数据采集点。里程碑体现了项目重要事件一开始或完成时间基准，是项目战略计划的主体框架。里程碑为项目组织和利益相关者对项目人力资源的绩效进行考核、分析提供了机会，为认识项目进展过程中的各种偏差及下一步的工作安排或调整提供依据。

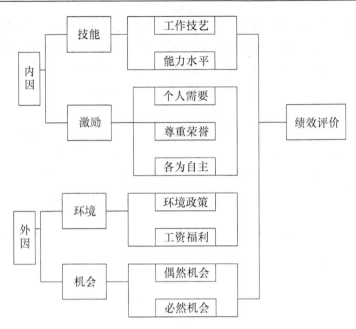

图 8-2　项目人员绩效考核模型

（4）以利益相关者作为绩效考核的主体。系统分析利益相关者的需求和心理期望，将项目人力资源的实际绩效指标与项目利益相关者的期望指标相比较。

第三节　电力工程项目冲突与沟通管理

一、冲突与项目冲突

（一）冲突

冲突是双方感知到矛盾与对立，是一方感觉到另一方对自己关心的事情产生或将要产生消极影响，因而与另一方产生互动的过程。

冲突是项目中不可避免的现象，过多的冲突会破坏项目组织的功能，过少的冲突会使项目组织僵化，对冲突实施科学、有效的管理是项目综合管理的一项重要内容。

（二）项目冲突

项目冲突是组织冲突的一种特定表现形态，是项目内部或外部某些关系难以协调而导致的矛盾激化和行为对抗。冲突是项目与生俱来的，无论是在工期、费用和质量这些核心的项目目标中，还是在项目利益相关者对项目的期望中，无处不在。所以，项目经理在某种程度上就是冲突管理者。对项目冲突的管理是要创造性地处理冲突，引导这些冲突的结果向积极的、协作的而非破坏性的方向发展。

在项目管理中，冲突无时不在，从项目发生的层次和特征的不同，项目冲突可以分为人际冲突、群体或部门冲突、个人与群体或部门之间的冲突。

人际冲突是指群体内的个人之间的冲突，主要指群体内两个或两个以上个体由于意见、情感不一致而相互作用时导致的冲突。群体或部门冲突是指项目中的部门与部门、团体与团体之间，由于各种原因发生的冲突。个人与群体或部门之间的冲突不仅包括个人与正式组织部门的规则制度要求及目标取向等方面的不一致，也包括个人与非正式组织团体之间的利害冲突。项目与外部环境之间的冲突主要表现在项目与社会公众、政府部门、消费者之间的冲突。例如社会公众希望项目承担更多的社会责任和义务，项目的组织行为与政府部门约束性的政策法规之间的不一致和抵触，项目与消费者之间发生的纠纷等。

（三）项目冲突的来源

要预见冲突的出现，减少冲突的负面影响，需要把项目冲突源和项目的生命周期结合起来，分析冲突源的性质，寻找解决冲突的途径。冲突来源于项目环境中的各种情形。在项目执行过程中，项目进度冲突、项目优先权冲突、人力资源冲突、技术冲突、管理程序上的冲突、团队成员间的个性冲突及成本费用冲突等都是主要的冲突源。

1. 项目进度冲突

项目进度冲突是指围绕项目工作任务（或工作活动）的完成次序及所需时间的冲突。其可以发生在团队内部，也会发生在项目团队和其他组织之间。

2. 优先权冲突

优先权冲突是指项目参加者通常会因对实现项目目标应该执行的工作活动和任务的次序关系意见不同而产生的冲突。这种冲突可以发生在团队内部，也会发生在项目团队和其他组织之间。

3. 人力资源冲突

由于项目团队成员来自不同的职能部门和参谋部门，当人员的支配权还在这些部门的经理手中时，部门经理和项目经理在关于项目团队成员的使用问题上就会发生冲突。

4. 技术冲突

当项目采用新技术或需要技术创新时，冲突就会随着技术的不确定相伴而来。职能经理和项目经理之间、项目团队成员之间、项目经理与项目发起人之间都有可能在技术质量、技术性能要求、技术权衡及实现性能的手段等技术问题上产生冲突。

5. 管理程序冲突

管理程序冲突是指围绕项目管理问题而产生的冲突，主要集中在项目经理的报告关系、责任定义、项目的界面关系及项目的工作范围、运行要求、实施计划上。

6. 项目成员个性冲突

项目成员在价值观、思维方式、事物判断标准等的不同也会导致冲突。个性冲突往往起源于团队成员的"以自我为中心"。

7. 成本费用冲突

项目实施过程中，经常会由于工作所需费用的多少而产生冲突，这种冲突可以发生在客户和项目团队之间，也会发生在管理决策层和项目执行层之间。例如，项目经理分配给各职能部门的资金总被认为相对于支持要求是不足的，工作包 A 的负责人会认为该工作包中预算过小，而常常认为其他工作包 B 的预算过大。

戴维·威尔蒙通过对项目冲突变动影响因素的研究发现，在项目进程中，不同阶段的项目冲突源的冲突强度也是不同的，各冲突源的平均冲突强度如图 8-3 所示。

从图 8-3 中可以看出，项目进度冲突强度最大，而队员的个性冲突强度通常被项目经理认为是较低的，费用则是强度最低的一种冲突源。

在项目的生命周期中，各阶段的冲突强度状况如图 8-4 所示。

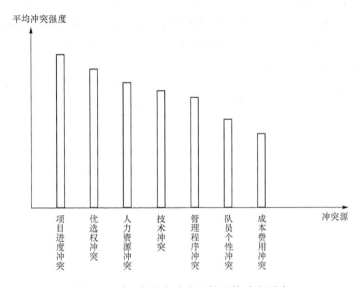

图 8-3　项目进程中冲突源的平均冲突强度

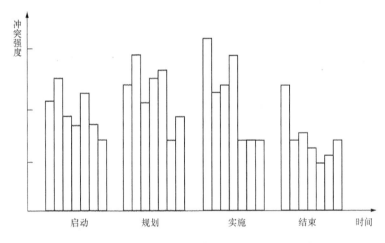

图 8-4　项目的生命周期中冲突强度的相对分布

从图 8-4 可以看出，费用、个性和管理程序基本排在冲突源的最后。成本费用不是主要的冲突因素。众多的项目实践也表明，虽然在各个阶段的费用控制都很棘手，但强烈的冲突通常不会发生。费用冲突大多数是在前几个阶段的基础上逐步发展起来的，每一个阶段并非是项目问题的焦点。在结束阶段，技术和管理程序问题排在最后。道理很明显，当项目到达这个阶段时，大多数技术问题已经解决，管理程序问题也是如此。

二、项目冲突管理

项目冲突管理是从管理的角度运用相关理论来面对项目中的冲突事件，避免其负面影响，发挥正常作用，以保证项目目标的实现。项目冲突管理一般包括诊断、处理和结果三个阶段。

（1）诊断。诊断是项目冲突管理的前提，是发现问题的过程；项目负责人在诊断过程中要充分认识到冲突发生在哪个层面上，问题出在哪里，并做出在什么时候应该降低冲突或激发冲突的反应。

（2）处理。项目冲突处理包括事前预防冲突、事后有效处理冲突。事前预防冲突包括事前规划与评估（如环境影响评估）、人际或组织沟通、工作团队设计、健全规章制度等，目的在于协调和规范各利害关系个人或群体的行为，建立组织间协调模式，鼓励多元化合作与竞争，强调真正的民众参与，事后有效处理冲突强调主客观资料搜集、整理与分析，综合运用回避、妥协、强制和合作等策略，理性协商谈判，形成协议方案，监测协议方案执行，并健全冲突处理机制。

（3）项目冲突处理结果。对项目冲突的处理结果必然会影响组织的绩效，项目负责人必须采取相应的方法有效地降低或激发冲突，使项目内冲突维持在一个合理的水平上，从而带来项目绩效的提高。由于项目冲突具有性质的复杂性、类型的多样性和发生的不确定性等特性，因此对项目冲突进行管理就不可能千篇一律地使用一种方法或方式解决，而是必须对项目冲突进行深入的分析，采取积极的态度，选择适当的项目冲突管理方式，尽可能地利用建设性冲突，控制和减少破坏性冲突。

项目冲突管理的方式通常有以下几种。

（1）回避或撤退。回避或撤退的方法是让卷入冲突的项目成员从这一状态中撤离出来，从而避免发生实质的或潜在的争端。例如，如果某个人与另一个人意见不同，那么第二个人只需沉默就可以了，但是这种方法会使得冲突积聚起来，并且在后来逐步升级以至造成更大的冲突，因此这种方法是最不令人满意的冲突处理模式。

（2）竞争或强制。这种方法的精神实质是"非赢即输"，认为在冲突中获胜要比"勉强"保持人际关系更为重要。这是一种积极的冲突解决方法，冲突越厉害，就越容易采取这种方式，一方的获胜以另一方的失败为代价。用这种方法处理冲突，会导致成员的怨恨心理，使工作气氛紧张。例如，项目经理强制性地要求团队成员按自己的方法做，作为下属，成员也许会按命令去做，但是其内心却会产生不满及抵触情绪。

（3）缓和或调停。"求同存异"是这种方法的精神实质。这种方法通常是忽视差异，在冲突中找出一致的方面。这种方法认为：团队成员之间的关系比解决问题更为重要，通过寻求不同的意见来解决问题会伤害队员之间的感情，从而降低团队的集体力。尽管这一方式能缓和冲突，避免某些矛盾，但它并不利于问题的彻底解决。

（4）妥协。妥协是团队成员通过协商，分散异议，寻求一个调和折中的解决冲突的方法，使冲突各方都能得到某种程度的满意。例如，在预计项目任务的完成时间时，有的成员认为需要十几天，而有的成员却认为只要五六天就行了，这时，如果采用妥协模式，取折中值认为项目可在十天内完成，但这样的预计也许并不是最好的预计。妥协常常是面对面协商的最终结果。有些人认为妥协是一种"平等交换"的方式，能够带来"双赢"的效果，另一些人认为妥协是一种"双输"的结果，因为任何一方都没有得到自己希望的全部结果。

（5）正视。这种解决问题的方法是冲突的各方面面对面地会晤，尽力解决争端。此种方法应当侧重于解决问题，而不是变得好斗。直接面对冲突是克服分歧、解决冲突的有效途径。通过此种方法，团队成员直接正视问题、正视冲突，要求得到一种明确的结局。这种方法既正视问题的结局，也重视团队成员之间的关系。每位队员都必须以积极的态度对待冲突，并愿意就面临的问题、面临的冲突广泛地交换意见。以诚待人、形成民主的讨论氛围是这种方式的关键。分歧和冲突能激发团队成员的讨论，在解决冲突时，绝不能夹杂个人的情感色彩。

（6）仲裁或裁决。仲裁是指在项目冲突无法界定、冲突双方可能争执不下时，由领导或权威机构经过调查研究，判断孰是孰非，解决冲突。裁决是指对冲突双方很难立即做出对错判断，但又急需解决冲突，这时一般需要专门的机构或专家做出并不代表对错的裁决，同时，裁决者也应承担起必要的责任。

这种方式的长处是简单、省力；要求权威者必须是一个熟悉情况、公正、明了事理的人，否则会挫伤团队成员的积极性，降低效益，影响项目目标的实现。这种解决问题的方法常常很奏效，其中有两个原因：一是把冲突双方召集在一起，能够使各方了解并不是只有他们自己才面临问题；二是仲裁或裁决的会议可以作为冲突各方的一个发泄场所，防止产生其他冲突。

（7）沟通和协调。沟通和协调是指针对信息的来源不一，得到的信息不全面而产生的冲突，应加强信息的沟通和交流，了解并掌握全部情况，在此基础上进行谈判、协调和沟通。这种方式要求冲突双方采取积极态度，消除消极因素。

（8）发泄。发泄是指要求项目负责人或管理者创造一定的条件和环境，使不满情绪有一定的渠道、途径和方式发泄出来，使项目的运行稳定有序。

项目冲突中，项目经理可以扮演三种角色，即参与者、裁决者、协调者。作为项目的管理者，要防止卷入纷争和冲突中去，不要陷入参与者的角色。若作为裁决者，项目经理不得不权衡利弊并对问题的最终解决做出结论性判断，冲突一方必然产生对立、怨恨，最终以生成管理者与员工间新的冲突而告终。在项目对抗性冲突中，协调者才是项目经理应该扮演的角色。项目经理解决冲突的破坏性影响的关键环节是防止冲突各方在坚持自己观点上走得太极端，他应该为冲突双方的争论提供基本的原则，帮助他们分离和定义出产生冲突的核心问题；向双方询问大量"如果……怎样？"的问题，不直接提供答案，而是帮助推进达成双方满意的解决方法，促使他们自己解决冲突。

三、沟通

沟通就是信息的交流。沟通就是为了设定的目标，把信息、思想和情感在个人或群体间传递，并达成共同协议的过程。信息通常由事实、情感、观念和观点组成。沟通可以是通信工具之间的信息交流，也可以是人与机器之间的交流，还可以是人与人之间的交流。无论是哪一种信息交流，都必须服从于信息传递的一般规律。

沟通对于项目管理非常重要。沟通管理就是确定利益相关者的信息交流和沟通需求，确定谁需要信息，需要什么样的信息，何时需要，以及如何将信息传递给他们。在项目的整个生命周期中，项目的沟通起着不可估量的作用。有效的沟通管理，对于发现潜在问题、征求建议以改进项目绩效、满足客户需求以及避免意外发生等发挥着积极的作用。项目团队成员、主管单位、供应商、客户等各方面人员之间的沟通，贯穿着项目生命周期的始终。项目利益相关者之间良好、有效的沟通是组织效率的切实保证，而管理者与被管理者之间的有效沟通是任何管理艺术的精髓。

（一）沟通的方式

1. 正式沟通与非正式沟通

正式沟通是指利用组织明文规定的渠道进行信息传递和交流的方式。例如组织规定的汇报制度、例会制度、报告制度及组织与其他组织的公函来往。正式沟通是通过项目组织明文规定的渠道进行信息传递和交流的方式，其优点是沟通效果好，缺点是沟通速度慢。非正式沟通则是指在正式沟通渠道之外进行的信息传递和交流。例如员工之间的私下交谈、小道消息等。非正式沟通是在正式沟通外进行的信息传递和交流，其优点是沟通方便、速度快，缺点是容易失真。

2. 上行沟通、下行沟通与平行沟通

上行沟通是指下级的意见向上级反映，即自下而上的沟通，有层层传递和越级反映两种形式。下行沟通是指领导者对员工进行的自上而下的信息沟通。平行沟通是指组织中各平行部门之间的信息交流。

3. 单向沟通与双向沟通

单向沟通是指一方只是发送信息，另一方只是接收信息，信息是单向传递的，其特点是传递速度快、准确性差。双向沟通是指发送者和接收者两者之间的位置不断交换，且发送者是以协商和讨论的姿态面对接收者，信息发出以后还需及时听取反馈意见，必要时双方可进行多次重复商谈，直到双方共同明确和满意为止。信息是双向传递的，其特点是沟通信息准确性高、利于意见反馈、沟通双方有平等感。

4. 书面沟通和口头沟通

书面沟通是指以书面的形式进行信息传递和交流。口头沟通是指用口头表达进行信息传递和交流，其特点是灵活、速度快、较准确，双方可以自由地交换意见。

5. 语言沟通和体语沟通

语言沟通是借助于语言、文字、图画、表格等形式进行的沟通。体语沟通是借助于动作、表情姿态等非语言方式进行的沟通。

（二）沟通渠道

1. 正式沟通渠道

在信息传递中，发送者并非直接把信息传给接收者，中间要经过某些人的传达，这就出现了一个沟通渠道和沟通网络问题。每个项目都有自己的组织结构、有自己的具体情况，为了达到有效管理的目的，应视不同情况采取不同的沟通模式，以保证上下左右部门之间的信息能得到顺利的沟通。五种正式沟通渠道及其比较见图8-5和表8-1。

图8-5中每一个圈可看成是一个成员或组织的同等物，每一种网络形式相当于一定的组织结构形式和一定的信息沟通渠道，箭头表示信息传递的方向。

（1）链式沟通渠道。该模式相当于一个纵向沟通渠道，信息按高低层次逐级传递，引进自上而下或自下而上的交流。但居于两端的传递者只能与内侧的每一个传递者相联系，居中的则可以分别与上下互通信息，各个信息传递者所接收的信息差异较大。该模式的最大优点是信息传递速度快，适用于班子庞大、实行分层授权控制的项目引进信息传递及沟通。

（2）环式（或圆周式）沟通渠道。该模式指不同成员之间依次联络沟通。第一级主管人员对第二级建立纵向联系。第二级主管人员与底层建立联系，基层工作人员之间与基层主管人员之间建立横向的沟通联系。该模式的最大优点是能提高群体成员的士气，适用于多层次的组织系统。

（3）轮式沟通渠道。该模式指主管人员分别同下属部门发生联系，成为个别信息的汇集点和传递中心。只有处于领导地位的主管人员了解全面情况，并由他向下属发出指令，而下级部门和基层公众之间没有沟通联系，他们只分别掌握本部门的情况。该模式在一定范围内具有沟通快速、有效的优点，适用于一个主管领导者直接管理若干部门。该模式是加强控制、争时间、抢速度的一个有效方法和沟通模式。

（4）Y式沟通模式。这是一个组织内部的纵向沟通渠道，其中只有一个成员位于沟通活动中心，成为中间媒介与中间环节。

（5）全通道式沟通模式。该模式是一个开放式的信息沟通系统，其中每一个成员之间都有一定的联系，彼此十分了解。民主气氛浓厚、合作精神很强的组织一般采取这种沟通渠道模式。

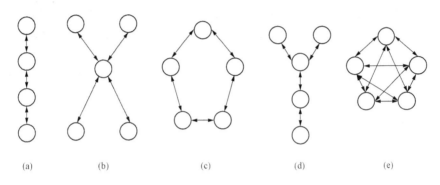

图 8-5　正式沟通渠道

（a）链式；（b）轮式；（c）环式；（d）Y式；（e）全通道式

表 8-1　　　　　　　　　　　　　正式沟通渠道及其比较

指　标 ＼ 沟通模式	链式	轮式	环式	Y式	全通道式
解决问题的速度	适中	快	慢	适中	快
正确性	高	高	低	高	适中
领导者的突出性	相当显著	非常显著	不发生	非常显著	不发生
士气	适中	低	高	适中	高
工作变化弹性	慢	慢	快	最快	最快

2. 非正式沟通渠道

正式沟通渠道只是信息沟通渠道的一部分。在一个组织中。还存在着非正式的沟通渠道，有些消息往往是通过非正式渠道传播的，其中包括小道消息传播。企业中传播的小道传闻，常常会对项目目标带来不良影响。改善的办法在于使正式沟通渠道畅通，用正式消息驱除小道传闻。但是，非正式沟通渠道也有弥补正式渠道不足的作用。

戴维斯（Keith Davis）曾在一家公司对 67 名管理人员采取顺藤摸瓜的方法，对小道消息的传播进行了研究，发现有四种传播方式（见图 8-6）。

（1）单线式。消息由 A 通过一连串的人传播给最终的接收者。

（2）流言式，又称闲谈传播式。它是由 A 主动地把小道信息传播给其他人，如在小组会上传播小道消息。

（3）偶然式，又称机遇传播式。消息由 A 按偶然的机会传播给他人，他人又按偶然机遇传播，并无一定的路线。

（4）集束式，又称群集传播式。它是将信息由 A 有选择地告诉自己的朋友或有关的人，使有关的人也照此办理的信息沟通方式。这种沟通方式最为普遍。

戴维斯的研究结果证明，小道消息传播的最普遍形式是集束式，集束式又称葡萄藤式沟通渠道。例如，在一个大公司里，总经理准备邀请数名地位较高的经理到郊外野餐。在国外企业中，部门经理受到总经理的邀请是一种荣誉。在发出请柬之前，小道消息已经传播出去。据调查，数名被邀请的经理在接到请柬之前几乎全部知道了这个消息，而在未被邀请的地位较低的经理中，只有两个知道这个消息，这两个人所以能够知道，还是因为传播消息者误认为这两个人也在被邀请之列。这一实例以及许多实例表明，小道消息多是按集束式传播的。

戴维斯还发现，只有 10%的人是小道消息的传播者，而且小道消息的传播者往往是固定的一些人，大多数人是姑妄听之，听而不传的。

企业中传播的小道新闻，常常会对项目目标带来不良影响，改善的办法在于使正式沟通渠道畅通，用正式消息驱除小道传闻。

但是，非正式沟通渠道也有辅助正式渠道不足的作用。

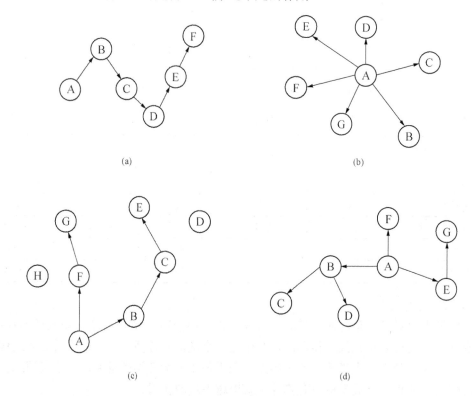

图 8-6　非正式沟通渠道

（a）单线式；（b）流言式；（c）偶然式；（d）集束式

（三）沟通过程

沟通过程就是发送者将信息通过选定的渠道传递给接收者的过程，沟通过程主要由六个要素构成，即发送者、通道、接收者、信息反馈、障碍源、背景，如图 8-7 所示。

四、项目沟通管理的过程

根据美国项目管理协会 PMBOK 指南，项目沟通管理是保证及时与恰当地生成、搜集、传播、存储、检索和最终处置项目信息所需的过程，具体包括沟通规划、信息发布、绩效报告及利害关系者管理四个方面的内容，如图 8-8 所示。

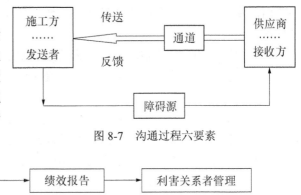

图 8-7　沟通过程六要素

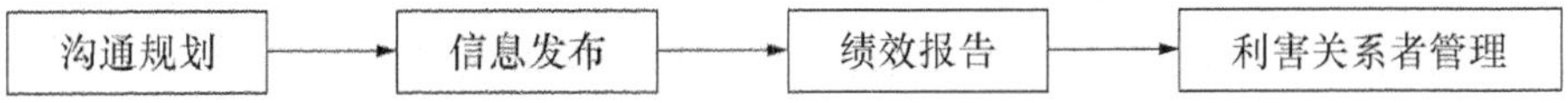

图 8-8　沟通管理过程

（一）工程项目沟通规划

工程项目沟通规划是工程项目整体计划中的一部分，它的作用非常重要，但是也常常容易被忽视。沟通规划确定利害关系者的信息与沟通需求，包括谁需要何种信息，何时需要以及如何向他们传递。项目经理就位后的第一件事就是检查整个项目的沟通规划，因为在沟通规划中描述了项目信息的收集和归档结构、信息的发布方式、信息的内容、每类沟通产生的进度计划、约定的沟通方式等。只有把这些理解透彻，才能把握好沟通，在此基础之上熟悉项目的其他情况。很多项目中没有完整的沟通规划，导致沟通非常混乱。完全依靠客户关系或以前的项目经验，或者说完全靠项目经理个人能力的高低，对有的项目沟通也还有效；然而，严格说来，一种高效的体系不应该只在大脑中存在，落实到规范的规划编制中是很有必要的。在项目初级阶段应该编制沟通规划。在编制项目沟通规划时，最重要的是理解组织结构和做好项目利益相关者分析。

沟通规划的主要内容包括：

（1）详细说明不同类别信息的生成、收集和归档方式，以及对先前发布材料的更新和纠正程序；

（2）详细说明信息（状态报告、数据、进度计划、技术文档等）流程及其相应的发布方式；

（3）信息描述，如格式、内容、详细程度以及应采取的准则；

（4）沟通类型表；

（5）各种沟通类型之间的信息获取方式；

（6）随着项目的进展，更新和细化沟通管理计划的程序；

（7）开发项目管理信息系统，以保证信息与沟通的质量、有效性、及时性和完整性。

（二）信息发送

信息发送的内容包括执行沟通管理计划，对项目过程中产生的信息进行合理的收集、储存、检索、分析和分发，把所需要的信息及时提供给项目利害关系者，以改善项目生命期内的有效决策和沟通，对始料不及的信息需求及时采取应对措施。信息发送是为了建立和保持项目相关人之间正式或非正式的沟通网络，以保证项目生命期内各层次成员之间的有效沟通，使项目雇主对项目需求和目标有清晰的理解和共同的认识，使矛盾和冲突能及时地得到解决或缓解，明确在沟通及管理信息系统中潜在的和实际存在的问题并采取补救措施。

　　信息发送以项目计划的工作结果、沟通管理计划及项目计划为依据。信息发送的工具和方法如下：

　　（1）沟通技巧。沟通技巧用来交换信息。发送者有责任使信息清晰、没有歧义和完整以便接收者能正确地接收，发送者也有责任确保信息被正确地理解。接收者有责任确保完整地接收和正确地理解信息。

　　（2）信息检索系统。小组成员可通过各种工具共享信息。这样的工具包括手工案卷系统、电子文本数据库、项目管理软件，以及可以检索技术文件资料的系统（如工程制图）。

　　（3）信息发送系统。项目信息可使用多种方法发送，包括项目会议、复印文件发送，以及共享的网络电子数据库、传真、电子邮件、声音邮件和电视会议。

　　信息发布包括以下内容。

　　（1）经验教训记录，包括问题的起因、所采取纠正措施的原因和依据，以及有关信息发布的其他各种经验教训。记录下来的经验教训可成为本项目和实施组织的历史数据库的组成部分。

　　（2）项目记录，项目记录可包括函件、备忘录及项目描述文件。这些信息应尽可能地以适当方式有条理地加以保存。项目团队成员也往往在项目笔记本中保留个人记录。

　　（3）项目报告，正式和非正式项目报告将详细说明项目状态，其中包括经验教训、问题登记簿、项目收尾报告和其他知识领域的成果。

　　（4）项目演示介绍，项目团队正式或非正式地向任何或所有项目利害关系者提供信息。这些信息要切合听众需要，介绍演示的方法要恰当。

　　（5）利害关系者的反馈，可以发布从利害关系者收集的有关项目运营的信息，并根据该信息改进或修改项目的未来绩效。

　　（6）利害关系者通知，可就解决的问题、审定的变更和一般项目状态问题向利害关系者通报、请求的变更。

　　（7）绩效报告，指搜集所有基准数据，并向利害关系者提供绩效信息。一般来说，绩效信息包括为实现项目目标而投入的资源的使用情况。绩效报告一般应包括范围、进度计划、费用和质量方面的信息。许多项目也要求在绩效报告中加入风险和采购信息。报告可草拟为综合报告，或者报道特殊情况的专题报告。

　　（三）绩效报告

　　绩效报告是信息发送的结果之一，同时也是项目沟通过程的一个环节，它反映项目执行情况信息，项目执行情况信息是重要的项目管理信息。一般来说，绩效信息包括为实现项目目标而投入的资源的使用情况。它显示项目进展的各方面情况，如项目的状态报告，描述项目目前在进展中所处的位置；进度报告，描述项目进度实施情况和已经完成了计划中的哪些活动；预测报告，描述项目未来的发展和进度、费用等。绩效报告以项目计划、工作结果、其他项目记录为依据。执行情况报告应涉及项目范围、资源、费用、进度、质量、采购、风险等多个方面，可以是综合的，也可以是分别强调某一方面的分项报告。绩效报告组织与归纳所搜集到的信息，并展示依据绩效衡量基准分析的所有分析结果。绩效报告应按沟通计划所记载的各个利害关系者的要求的详细程度，提供状态和绩效信息。绩效报告常用格式包括横道图、S曲线图、直方图和表格图。

　　（四）利害关系者管理

　　利害关系者管理是指对沟通进行管理，以满足利害关系者的需求并与利害关系者一起解决问题。对利害关系者进行积极管理，可促使项目沿预期轨道行进，而不会因未解决的利害关系者问题而脱轨。同时进行利害关系者管理可提高团队成员协同工作的能力，并限制对项目产生的任何干扰。通常，由项目经理负责利害关系者管理。根据项目沟通管理计划对项目利害关系者的目标、目的与沟通层次的分析，项目管理者已对其需求和期望进行确认，在此基础上，可采取面对面会议或问题记录单的方法对项目利害关系者进行管理。

面对面会议是与利害关系者讨论、解决问题的最有效方法。大多数情况下，会议这种沟通方式把时间用在交换信息而非制定决策与达成行动纲领上，以浪费时间和效率低下而著名。会议是人们"共享知识和经验能力的社会思维活动"，但要使之真正发挥效用，就需讲究会议艺术。

首先要做好充分准备，确定恰当的议题及日程，并提前两三天将其发送到与会者手中；其次要保证会议准时开始并按日程计划进行。在会议中控制喋喋不休者和引导沉默者讲话同样重要，前者往往花很长的时间讲很少的东西，应该坚决地给予打断；后者除了表明一般同意、无意见或正在思考外，也有可能表明缺乏自信或存有敌意。对缺乏自信的与会者，会议主持人应表示出兴趣以鼓励进一步的讨论。对敌意的沉默，应进一步深入探查内部原因，判明敌意的指向是对会议主持人，是对会议，还是对决策过程，以便及时加以处置。最后，会议艺术强调保护弱者，提防压制建议氛围的形成。会议成员的资历及地位是不平等的，下级的建议往往招致其上级的反对，但不能任其上升到下级成员无发言权的地步，以免削弱会议的作用。当有人提出建议时，给予特别关注，从中挑选出最好的部分让与会成员补充完善，以利进行决策。在会后 24 小时之内公布会议成果。总结文件应该简洁，如果可能，尽量写在一张纸上。总结文件应该明确所做的决定，并列出行动细目，包括谁负责、预计完工日期和预期的交付物。同时，可以列出参加和缺席的人员。应将会议成果分发给所有被邀请参加会议的人，不管他们是否真正参加了会议。

问题记录单或行动方案记录单可用来记录并监控问题的解决情况。这些问题一般不会升级到需要实施项目或采取单独行动对之进行处理的程度，但是通常会需加以处理以保持各利害关系者之间（包括团队成员）的良好工作关系。以一定的方式对问题进行澄清和陈述，以便问题得以解决。需要针对每项问题分派负责人，并规定解决问题的目标日期。如果问题未得到解决，则可能导致冲突和项目延迟。

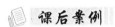 课后案例

泰龙输电项目沟通管理

（1）泰龙输电项目沟通规划依据：沟通需求、沟通技术、制约因素和假设前提。

（2）项目沟通方式及需求：实行项目部、现场协调例会制度，并根据项目特点使沟通工作贯穿于项目全过程及全方位的沟通，以此保证项目沟通信息畅通。泰龙输电项目沟通方式见表 8-2，沟通要求见表 8-3。

表 8-2　　　　　　　　　　　　泰龙输电项目沟通方式

沟通类别	沟通对象	沟通方式	沟通目的
外部	业主方、政府主管部门、相关村委会	面谈、书面、会议、电话、非正式	互通信息、增进理解，确保目标的实现

续表

沟通类别	沟通对象	沟通方式	沟通目的
外部	监理方、设计院	面谈、书面、会议、电话、非正式、协调	互通信息、督促进度，为目标服务
内部	项目部内部工作人员	会议、电话、（非）正式	及时反馈信息、集思广益，寻求对策、减轻风险

表8-3　　　　　　　　　　　　　泰龙输电项目沟通需求

沟通类别	参与人员	相关部门	沟通内容	沟通要求
外部	项目部相关人员	设计院	协调设计进度、纠正设计偏差	正式沟通：要有文档记录，并发至相关部门；非正式沟通：个人记录
	项目部相关人员	业主方、政府职能领导、相关村委会	相互要求、通道问题处理	
	项目部相关人员	监理方	信息传递、风险因素等	
内部	项目部相关人员		设备材料采购、优先权、风险个性分析、计划等	

（3）项目管理会议。

1）时间：每1~2个月一次。

2）参加人员：项目部全体管理人员，施工队队长、技术负责人；业主方代表、总监。

3）地点：项目部会议室。

4）会议主持：项目经理。

5）会议内容：项目工作检查，进度、质量、成本执行情况分析，纠偏要求，项目阶段工作要求布置等。

6）会议记录：综合管理专责。

（4）项目例会。

1）时间：每半月一次，也可结合监理例会召开，也可视需要召开。

2）地点：项目部现场办公室。

3）会议主持：项目经理或副经理或总监。

4）参加人员：项目部现场全体人员、施工队队长、技术负责、专职安全员等。

5）会议内容：质量、进度及其他问题沟通，下阶段工作的预安排，寻求解决问题对策。

（5）项目信息传递。

1）交流：电子邮件、文件或报告（报表）。

2）要求：登记签收，项目部存档。

项目信息传递按图8-9要求进行。

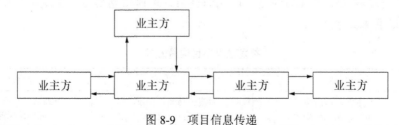

图8-9　项目信息传递

讨论题： 说明该项目主要沟通方式。

（资料来源：河南省电力公司焦作供电公司.电网工程项目管理. 北京：中国电力出版社，2007. ）

小　　结

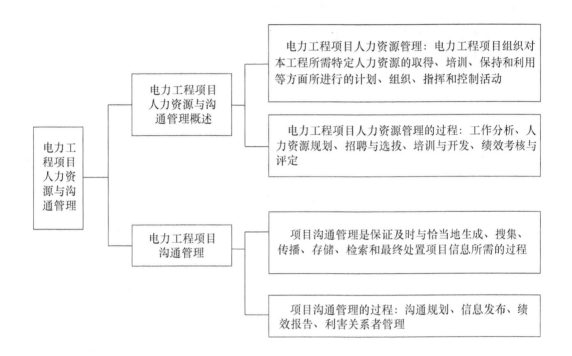

思考题与习题

1. 项目人力资源管理的基本原理有哪些？
2. 项目人力资源管理的基本内容是什么？
3. 项目冲突的来源有哪些？
4. 解决项目冲突的方法主要有哪些？
5. 项目沟通的方法包括哪些？
6. 项目沟通管理包括哪些主要内容？
7. 项目沟通有哪些技巧和方法？

第九章　电力工程项目风险管理

学习目标

（1）了解电力工程项目风险的分类。
（2）掌握电力工程项目风险管理程序。
（3）掌握电力工程项目风险的应对策略。

本章提要

电力工程项目风险是指电力工程项目在决策和实施过程中，造成实际结果与预期目标的差异性及其发生的概率。这里的工程项目风险是指损失的不确定性。工程项目风险管理程序包括风险识别、风险分析与评估、风险应对策略的决策、风险对策的实施和风险对策实施的控制五个主要环节。工程项目风险的应对策略包括风险回避、风险转移、风险自留。

第一节　电力工程项目风险管理概述

由于电力工程项目具有建设周期长、投资额大、整体性强和受环境制约性强的特点，影响其投资目标实现的因素众多，而这些因素的状况如何存在着许多的不确定性，受这些因素的影响，建设工程项目在实施过程中或实施完成后，项目的实际情况与人们的预期有时会存在着很大的差异，由此会造成损失，给项目带来风险。为尽量减小客观存在着的项目风险所带来的损失，在项目实施过程中要对建设工程项目进行必要的风险管理。

电力工程项目风险是指电力工程项目在决策和实施过程中，造成实际结果与预期目标的差异性及其发生的概率。项目风险的差异性包括损失的不确定性和收益的不确定性。这里的工程项目风险是指损失的不确定性。项目管理人员必须充分重视工程项目的风险管理，将其纳入到工程项目管理之中。

一、工程项目风险的分类

工程项目的风险因素有很多，可以从不同的角度进行分类。

（一）按照风险来源进行划分

风险因素包括自然风险、社会风险、经济风险、法律风险和政治风险。

（1）自然风险，如地震，风暴，异常恶劣的雨、雪、冰冻天气等；未能预测到的特殊地质条件，如泥石流、河塘、流沙、泉眼等；恶劣的施工现场条件等。

（2）社会风险，包括宗教信仰的影响和冲击、社会治安的稳定性、社会的禁忌、劳动者的文化素质、社会风气等。

（3）经济风险，包括国家经济政策的变化，产业结构的调整，银根紧缩；项目的产品市场变化；工程承包市场、材料供应市场、劳动力市场的变动；工资的提高、物价上涨、通货膨胀速度加快；金融风险、外汇汇率的变化等。

（4）法律风险，如法律不健全，有法不依、执法不严，相关法律内容发生变化；可能对相关法律未能全面、正确理解；环境保护法规的限制等。

（5）政治风险，通常表现为政局的不稳定性，战争、动乱、政变的可能性，国家的对外关系，政府信用和政府廉洁程度，政策及政策的稳定性，经济的开放程度，国有化的可能性、国内的民族矛盾、保护主义倾向等。

（二）按照风险涉及的当事人划分

1. 业主的风险

业主遇到的风险通常可以归纳为三类，即人为风险、经济风险和自然风险。

（1）人为风险，包括政府或主管部门的专制行为，管理体制、法规不健全，资金筹措不力，不可预见事件，合同条款不严谨，承包商缺乏合作诚意以及履约不力或违约，材料供应商履约不力或违约，设计有错误，监理工程师失职等。

（2）经济风险，包括宏观经济形势不利，投资环境恶劣，通货膨胀幅度过大，投资回收期长，基础设施落后，资金筹措困难等。

（3）自然风险，主要是指恶劣的自然条件，恶劣的气候与环境，恶劣的现场条件以及不利的地理环境等。

2. 承包商的风险

承包商作为工程承包合同的一方当事人，所面临的风险并不比业主的小。承包商遇到的风险也可以归纳为三类，即决策错误风险、缔约和履约风险、责任风险。

（1）决策错误风险，主要包括信息取舍失误或信息失真风险、中介与代理风险、卖标与买标风险、报价失误风险等。

（2）缔约和履约风险。在缔约时，合同条款中存在不平等条款、合同中的定义不准确、合同条款有遗漏；在合同履行过程中，协调工作不力，管理手段落后，既缺乏索赔技巧，又不善于运用价格调值办法。

（3）责任风险。主要包括职业责任风险、法律责任风险、替代责任风险。

（三）按风险可否管理划分

1. 可管理风险

可管理风险是指用人的智慧、知识等可以预测、可以控制的风险。

2. 不可管理风险

不可管理风险是指用人的智慧、知识等无法预测和无法控制的风险。风险可否管理不仅取决于风险自身的特点，还取决于所收集资料的多少和掌握管理技术的水平。

（四）按风险影响范围划分

1. 局部风险

局部风险是指由于某个特定因素导致的风险，其损失的影响范围较小。

2. 总体风险

总体风险影响的范围大，其风险因素往往无法加以控制，如经济、政治等因素。

二、工程项目风险管理程序

工程项目风险管理是指风险管理主体通过风险识别、风险评价去认识项目的风险，并以此为基础，合理地使用风险回避、风险控制、风险自留、风险转移等管理方法、技术和手段，对项目的风险进行有效的控制，妥善处理风险事件造成的不利后果，以合理的成本保证项目总体目标实现的管理过程。

工程项目风险管理程序是指对项目风险进行管理的一个系统的、循环的工作流程，包括风险识别、风险分析与评估、风险应对策略的决策、风险对策的实施和风险对策实施的控制五个主要环节。

（一）风险识别

风险识别是风险管理中的首要步骤，是指通过一定的方式，系统而全面地识别影响项目目标实现的风险事件并加以适当归类，并记录每个风险因素所具有的特点的过程。必要时，还需对风险事件的后果进行定性估计。

（二）风险分析与评估

风险分析与评估是将项目风险事件发生的可能性和损失后果进行定量化的过程。该过程在系统地识别项目风险与合理地作出风险应对策略的决策之间起着重要的桥梁作用。风险分析与评估的结果主要在于确定各种风险事件发生的概率及其对项目目标影响的严重程度，如项目投资增加的数额、工期延误的天数等。

（三）风险应对策略的决策

风险应对策略的决策是确定项目风险事件最佳对策组合的过程。一般来说，风险管理中所运用的对策有以下四种，即风险回避、风险控制、风险自留和风险转移。这些风险对策的适用对象各不相同，需要根据风险评价的结果，对不同的风险事件选择最适宜的风险对策，从而形成最佳的风险对策组合。

（四）风险对策的实施

对风险应对策略所作出的决策还需要进一步落实到具体的计划和措施。例如，在决定进行风险控制时，要制定预防计划、灾难计划、应急计划等；在决定购买工程保险时，要选择保险公司，确定恰当的保险险种、保险范围、免赔额、保险费等。这些都是实施风险对策决策的重要内容。

（五）风险对策实施的控制

在项目实施过程中，要不断地跟踪检查各项风险应对策略的执行情况，并评价各项风险对策的执行效果。当项目实施条件发生变化时，要确定是否需要提出不同的风险应对策略。因为随着项目的不断进展和相关措施的实施，影响项目目标实现的各种因素都在发生变化，只有适时地对风险对策的实施进行控制，才能发现新的风险因素，并及时对风险管理计划和措施进行修改和完善。

第二节　电力工程项目风险识别与分析评价

一、风险识别

风险识别是指风险管理人员在收集资料和调查研究之后，运用各种方法对尚未发生的潜在风险以及客观存在的各种风险进行系统归类和全面识别。风险识别的主要内容是：识别引起风险的主要因素，识别风险的性质，识别风险可能引起的后果。

（一）风险识别方法

（1）专家调查法。专家调查法主要包括头脑风暴法、德尔菲法和访谈法。

（2）财务报表法。财务报表有助于确定一个特定企业或特定的项目可能遭受哪些损失以及在何种情况下遭受这些损失。通过分析资产负债表、现金流量表、损益表及有关补充资料，可以识别企业当前的所有资产、负债、责任及人身损失风险。将这些报表与财务预测、预算结合起来，可以发现企业或项目未来的风险。

（3）初始风险清单法。如果对每一个项目风险的识别都从头做起，至少有以下三方面缺陷：一是耗费时间和精力多，风险识别工作的效率低；二是由于风险识别的主观性，可能导致风险识别的随意性，其结果缺乏规范性；三是风险识别成果资料不便积累，对今后的风险识别工作缺乏指导作用。因此，为了避免以上缺陷，有必要建立初始风险清单。

初始风险清单法是指有关人员利用他们所掌握的丰富知识设计而成的初始风险清单表，尽可能详细地列举项目所有的风险类别，按照系统化、规范化的要求去识别风险。建立项目的初始风险清单有两种途径：一是参照保险公司或风险管理机构公布的潜在损失一览表，再结合某项目所面临的潜在损失，对一览表中的损失予以具体化，从而建立特定工程的风险一览表；二是通过适当的风险分解方式来识别风险。对于大型、复杂的项目，首先将其按单项工程、单位工程分解，再对各单项工程、单位工程分别从时间维、目标维和因素维进行分解，可以较容易地识别出项目主要的、常见的风险。项目初始风险清单参见表 9-1。

表 9-1　　　　　　　　　　　　　项 目 初 始 风 险 清 单

风险因素		典 型 风 险 事 件
技术风险	设计	设计内容不全，设计缺陷、错误和遗漏，应用规范不恰当，未考虑地质条件，未考虑施工可能性等
	施工	施工工艺落后，施工技术和方案不合理，施工安全措施不恰当，应用新技术、新方案失败，未考虑场地情况等
	其他	工艺设计未达到先进性指标，工艺流程不合理，未考虑操作安全等
非技术风险	自然与环境	洪水、地震、火灾、台风、雷电等不可抗拒自然力，不明的水文气象条件，复杂的工程地质条件，恶劣的气候，施工对环境的影响等
	政治法律	法律、法规的变化，战争、骚乱、罢工、经济制裁或禁运等
	经济	通货膨胀或紧缩，汇率变化，市场动荡，社会各种摊派，资金不到位，资金短缺等
	组织协调	业主、项目管理咨询方、设计方、施工方、监管方内部的不协调以及他们之间的不协调等
	合同	合同条款遗漏，表达有误，合同类型选择不当，承发包模式选择不当，索赔管理不力，合同纠纷等
	人员	业主人员、项目管理咨询人员、设计人员、监理人员、施工人员的素质不高、业务能力不强等
	材料设备	原材料、半成品、产品或设备供货不足或拖延，数量误差或质量规格问题，特殊材料和新材料的使用问题，过度损耗和浪费，施工设备供应不足、类型不配套、故障、安装失误、选型不当等

初始风险清单只是为了便于人们较全面地认识风险的存在，而不至于遗漏重要的项目风险，但并不是风险识别的最终结论。在初始风险清单建立后，还需要结合特定项目的具体情况进一步识别风险，从而对初始风险清单作一些必要的补充和修正。为此，需要参照同类项目风险的经验数据，或者针对具体项目的特点进行风险调查。

（4）流程图法。流程图是将项目实施的全过程，按其内在的逻辑关系制成流程图，针对流程图中的关键环节和薄弱环节进行调查和分析，找出风险存在的原因，从中发现潜在的风险威胁，分析风险发生后可能造成的损失和对项目全过程造成的影响有多大。

运用流程图分析，项目管理人员可以明确地发现项目所面临的风险。但流程图分析仅着重于流程本身，而无法显示发生问题的损失值或损失发生的概率。

（5）风险调查法。由工程项目的特殊性可知，两个不同的项目不可能有完全一致的项目风险。因此，在项目风险识别过程中，花费人力、物力、财力进行风险调查是必不可少的，这既是一项非常重要的工作，也是项目风险识别的重要方法。风险调查应当从分析具体项目的特点入手，一方面对通过其他方法已识别出的风险（如初始风险清单所列出的风险）进行鉴别和确认；另一方面，通过风险调查有可能发现此前尚未识别出的重要的项目风险。通常，风险调查可以从组织、技术、自然及环境、经济、合同等方面，分析拟建工程项目的特点及相应的潜在风险。

（二）风险识别的成果

风险识别的成果是进行风险分析与评估的重要基础。风险识别的最主要成果是风险清单。风险清单是记录和控制风险管理过程的一种方法，并且在作出决策时具有不可替代的作用。风险清单最简单的作用是描述存在的风险并记录可能减轻风险的行为。风险清单格式参见表 9-2。

表 9-2　　　　　　　　　　　　　　　项 目 风 险 清 单

风险清单		编号：	日期：
项目名称：		审核：	批准：
序号	风险因素	可能造成的后果	可能采取的措施
1			
2			
3			
…			

二、风险分析与评价

风险分析与评价是指在定性识别风险因素的基础上，进一步分析和评价风险因素发生的概率、影响的范围、可能造成损失的大小以及多种风险因素对项目目标的总体影响等，达到更清楚地辨识主要风险因素，有利于项目管理者采取更有针对性的对策和措施，从而减少风险对项目目标的不利影响。

风险分析与评价的任务包括：确定单一风险因素发生的概率；分析单一风险因素的影响范围大小；分析各个风险因素的发生时间；分析各个风险因素的风险结果，探讨这些风险因素对项目目标的影响程度；在单一风险因素量化分析的基础上，考虑多种风险因素对项目目标的综合影响、评估风险的程度并提出可能的措施作为管理决策的依据。

（一）风险的度量

1. 风险事件发生的概率及概率分布

（1）风险事件发生的概率

根据风险事件发生的频繁程度，用 0～4 将风险事件发生的概率分为五个等级，即经常、很可能、偶然、极小、不可能，见表 9-3。等级的划分反映了一种主观判断，因此等级数量的划分和赋值也可以根据实际情况作出调整。

表 9-3　　　　　　　　　　　　　**风险事件发生概率的指数**

说明	简 单 描 述	等级指数
经常	很可能频繁地出现，在所关注的期间多次出现	4
很可能	在所关注的期间出现几次	3
偶然	在所关注的期间偶尔出现	2
极小	不太可能但还有可能在所关注的期间出现	1
不可能	由于不太可能发生所以假设它不会出现或不可能出现	0

（2）风险事件的概率分布。连续型的实际概率分布较难确定。一般应用概率分布函数来描述风险事件发生的概率与概率分布。在实践中，均匀分布、三角分布及正态分布函数最为常用。

2. 风险度量方法

风险度量可以用下列一般表达式来描述，即

$$R = F(O,P) \tag{9-1}$$

式中　R——某一风险事件发生后对项目目标的影响程度；

　　　O——该风险事件的所有风险后果集；

　　　P——该风险事件对应于所有风险结果的概率值集。

最简单的一种风险量化方法是：根据风险事件产生的结果与其相应的发生概率，求解项目风险损失的期望值和风险损失的方差来具体度量风险的大小。

（1）若某一风险因素产生的项目风险损失值为离散型随机变量 X，其可能取值为 x_1，x_2，$\cdots$，x_n，这些取值对应的概率分布式为 $P(x_1)$，$P(x_2)$，$\cdots$，$P(x_n)$，则随机变量 X 的数学期望值和方差分别为

$$E(X) = \sum x_i P(x_i) \tag{9-2}$$

$$D(X) = \sum [x_i - E(x)]^2 P(x_i) \tag{9-3}$$

（2）若某一风险因素产生的项目风险损失值为连续型随机变量 X，它的概率密度函数为 $f(x)$，则随机变量 X 的数学期望值和方差分别为

$$E(X) = \int_{-\infty}^{+\infty} x f(x) \mathrm{d}x \tag{9-4}$$

$$D(X) = \int_{-\infty}^{+\infty} [X - E(X)]^2 f(x) \mathrm{d}x \tag{9-5}$$

（二）风险评定

1. 风险后果的等级划分

为了在采取控制措施时能分清轻重缓急，需要给风险因素划定一个等级。通常按事故发生后果的严重程度划分为五级，即灾难性的、关键的、严重的、次重要的、可忽略的。风险后果的等级划分参见表 9-4。

表9-4 风险后果的等级划分

等级	简 单 描 述	等级
灾难性的	人员死亡、项目失败、犯罪行为、破产	4
关键的	人员严重受伤、项目目标无法完全达到、超过风险准备费用	3
严重的	时间损失、耗费的意外费用、需要保险索赔	2
次要的	需要处理的损伤或疾病、能接受的工期拖延、需要部分意外费用或是保险费过多	1
可忽略的	损失很小，可认为没有损失后果	0

2. 项目风险重要性评定

将风险事件发生概率的指数（见表9-3）与风险后果的等级（见表9-4）相乘，根据相乘所得数值即可对风险的重要性进行评定。项目风险重要性评定结果参见表 9-5 。

表9-5 项目风险重要性评定结果

可能性 \ 后果	等级	灾难性的 4	关键的 3	严重的 2	次重要的 1	可忽略的 0
经常	4	16	12	8	4	0
很可能	3	12	9	6	3	0
偶然的	2	8	6	4	2	0
极小	1	4	3	2	1	0
不可能	0	0	0	0	0	0

3. 项目风险的可接受性评定

根据表9-5给出的项目风险重要性评定结果，可以进行项目风险可接受性评定。在表 9-5 中，项目风险重要性评分值在 8 分以上的风险因素表示风险重要性较高，是不可以接受的风险，需要给予重点的关注。项目风险可接受性评定参见表 9-6。

表9-6 项目风险可接受性评定

可能性 \ 后果	灾难性的	关键的	严重的	次重要的	可忽略的
经常	不可接受的	不可接受的	不可接受的	不希望有的	不希望有的
很可能	不可接受的	不可接受的	不希望有的	不希望有的	可接受的
偶然的	不可接受的	不希望有的	不希望有的	可接受的	可接受的
极小	不希望有的	不希望有的	可接受的	可接受的	可忽略的
不可能	不希望有的	可接受的	可接受的	可忽略的	可忽略的

注　描述—评定标准；不可接受的—无法忍受的后果，必须立即予以消除或转移；不希望有的—会造成人员伤亡和系统损坏，必须采取合理的行动；可接受的—暂时还不会造成人员伤亡和系统损坏，应考虑采取控制措施；可以忽略的—后果小，可不采取措施。

（三）风险分析与评价的方法

风险的分析与评价往往采用定性与定量相结合的方法来进行，这二者之间并不是相互排斥的，而是相互补充的。目前，常用的项目风险分析与评价的方法主要有调查打分法、蒙特卡洛模拟法、计划评审技术法和敏感性分析法等。这里仅介绍调查打分法。调查打分法又称综合评估法或主观评分法，是指将识别出的项目可能遇到的所有风险列成项目风险表，将项目风险表提交给有关专家，利用专家的经验对可能的风险因素的等级和重要性进行评估，确定出项目的主要风险因素。这是一种最常见、最简单且易于应用的风险评估方法。

1. 调查打分法的基本步骤

（1）针对风险识别的结果，确定每个风险因素的权重，以表示其对项目的影响程度。

（2）确定每个风险因素的等级值，等级值按经常、很可能、偶然、极小、不可能分为五个等级。当然，等级数量的划分和赋值也可以根据实际情况进行调整。

（3）将每个风险因素的权重与相应的等级值相乘，求出该项风险因素的得分，其计算式为

$$r_i = \sum_{j=1}^{m} w_{ij} S_{ij} \qquad (9\text{-}6)$$

式中　r_i——风险因素 i 的得分；

　　　w_{ij}——j 专家对 i 赋的权重；

　　　S_{ij}——j 专家对风险因素 i 赋的等级值；

　　　m——参与打分的专家数。

（4）将各个风险因素的得分逐项相加得出项目风险因素的总分，总分越高，风险越大。总分计算式为

$$R = \sum_{i=1}^{n} r_i \qquad (9\text{-}7)$$

式中　R——项目风险得分；

　　　r_i——风险因素的得分；

　　　n——风险因素的个数。

2. 风险调查打分表

表 9-7 给出了工程项目风险调查打分表的一种格式。在表中风险发生的概率按照高、中、低三个档次来进行划分，考虑风险因素可能对造价、工期、质量、安全、环境五个方面的影响，分别按照较轻、一般和严重来加以度量。

表 9-7　　　　　　　　　　　　　　　风险调查打分表

序号	风险因素	可能性			影响程度													
					成本			工期			质量			安全			环境		
		高	中	低	较轻	一般	严重	较轻	一般	严重	较轻	一般	严重	较轻	一般	严重	较轻	一般	严重
1	地质条件失真																		
2	设计失误																		
3	设计变更																		
4	施工工艺落后																		
5	材料质量低劣																		

序号	风险因素	可能性			影　响　程　度															
		高	中	低	成　本			工　期			质　量			安　全			环　境		
					较轻	一般	严重	较轻	一般	严重	较轻	一般	严重	较轻	一般	严重	较轻	一般	严重
6	施工水平低下																		
7	工期紧迫																		
8	材料价格上涨																		
9	合同条款有误																		
10	成本预算粗略																		
11	管理人员短缺																		
…	…																		

第三节　电力工程项目风险控制

一、电力工程项目风险应对策略

电力工程项目风险的应对策略包括风险回避、风险转移、风险自留。

（一）风险回避

风险回避是指在完成项目风险分析与评价后，如果发现项目风险发生的概率很高，而且可能的损失也很大，又没有其他有效的对策来降低风险时，应采取放弃项目、放弃原有计划或改变目标等方法，使其不发生或不再发展，从而避免可能产生的潜在损失。通常，当遇到下列情形时，应考虑风险回避的策略：

（1）风险事件发生概率很大且后果损失也很大的项目；

（2）发生损失的概率并不大，但当风险事件发生后产生的损失是灾难性的、无法弥补的。

（二）风险转移

风险转移是进行风险管理的一个十分重要的手段，当有些风险无法回避、必须直接面对，而以自身的承受能力又无法有效地承担时，风险转移就是一种十分有效的选择。必须注意的是，风险转移是通过某种方式将某些风险的后果连同对风险应对的权力和责任转移给他人。转移的本身并不能消除风险，只是将风险管理的责任和可能从该风险管理中所能获得的利益移交给了他人，项目管理者不再直接地面对被转移的风险。

风险转移的方法有很多，主要包括非保险转移和保险转移两大类。

（1）非保险转移

非保险转移又称为合同转移，因为这种风险转移一般是通过签订合同的方式将项目风险转移给非保险人的对方当事人。项目风险最常见的非保险转移有以下三种情况。

1）业主将合同责任和风险转移给对方当事人。业主管理风险必须要从合同管理入手，分析合同管理中的风险分担。在这种情况下，被转移者多数是承包商。例如，在合同条款中规定，业主对场地条件不承担责任；又如，采用固定总价合同将涨价风险转移给承包商等。

2）承包商进行项目分包。承包商中标承接某项目后，将该项目中专业技术要求很强而自己缺乏相应技术的项目内容分包给专业分包商，从而更好地保证项目质量。

3）第三方担保。合同当事人的一方要求另一方为其履约行为提供第三方担保。担保方所承担的风险仅限于合同责任,即由于委托方不履行或不适当履行合同以及违约所产生的责任。第三方担保的主要有业主付款担保、承包商履约担保、预付款担保、分包商付款担保、工资支付担保等。与其他的风险应对策略相比,非保险转移的优点主要体现在:一是可以转移某些不可保的潜在损失,如物价上涨、法规变化、设计变更等引起的投资增加;二是被转移者往往能较好地进行损失控制,如承包商相对于业主能更好地把握施工技术风险,专业分包商相对于总包商能更好地完成专业性强的工程内容。但是,非保险转移的媒介是合同,这就可能因为双方当事人对合同条款的理解发生分歧而导致转移失效。另外,在某些情况下,可能因被转移者无力承担实际发生的重大损失而导致仍然由转移者来承担损失。例如,在采用固定总价合同的条件下,如果承包商报价中所考虑涨价风险费很低,而实际的通货膨胀率很高,从而导致承包商亏损破产,最终只得由业主自己来承担涨价造成的损失。

（2）保险转移

保险转移通常直接称为工程保险。通过购买保险,业主或承包商作为投保人将本应由自己承担的项目风险（包括第三方责任）转移给保险公司,从而使自己免受风险损失。保险之所以能得到越来越广泛的运用,原因在于其符合风险分担的基本原则,即保险人较投保人更适宜承担项目有关的风险。对于投保人来说,某些风险的不确定性很大,但是对于保险人来说,这种风险的发生则趋近于客观概率,不确定性降低,即风险降低。在决定采用保险转移这一风险应对策略后,需要考虑与保险有关的几个具体问题:一是保险的安排方式;二是选择保险类别和保险人,一般是通过多家比选后确定,也可委托保险经纪人或保险咨询公司代为选择;三是可能要进行保险合同谈判,这项工作最好委托保险经纪人或保险咨询公司完成,但免赔额的数额或比例要由投保人自己确定。

需要说明的是,保险并不能转移工程项目的所有风险,一方面是因为存在不可保风险,另一方面则是因为有些风险不宜保险。因此,对于工程项目风险,应将保险转移与风险回避、损失控制和风险自留结合起来运用。

（三）风险自留

风险自留是指项目风险保留在风险管理主体内部,通过采取内部控制措施等来化解风险。

1. 风险自留的类型

风险自留可分为非计划性风险自留和计划性风险自留两种。

（1）非计划性风险自留。由于风险管理人员没有意识到项目某些风险的存在,或者不曾有意识地采取有效措施,以致风险发生后只好保留在风险管理主体内部。这样的风险自留就是非计划性的和被动。导致非计划性风险自留的主要原因有缺乏风险意识、风险识别失误、风险分析与评价失误、风险决策延误、风险决策实施延误等。

（2）计划性风险自留。计划性风险自留是主动、有意识、有计划地选择,是风险管理人员在经过正确的风险识别和风险评价后制定的风险应对策略。风险自留绝不可能单独运用,而应与其他风险对策结合使用。在实行风险自留时,应保证重大和较大的项目风险已经进行了工程保险或实施了损失控制计划。

2. 风险控制措施

风险控制是一种主动、积极的风险对策。风险控制工作可分为预防损失和减少损失两个方面。预防损失措施的主要作用在于降低或消除（通常只能做到降低）损失发生的概率,而减少损失措施的作用在于降低损失的严重性或遏制损失的进一步发展,使损失最小化。一般来说，风险控制方案都应当是预防损失措施和减少损失措施的有机结合。在采用风险控制对策时，所制定的风险控制措施应当形成一个周密的、完整的损失控制计划系统。该计划系统一般应由预防计划、灾难计划和应急计划三部分组成。

（1）预防计划。预防计划的目的在于有针对性地预防损失的发生，其主要作用是降低损失发生的概率，在许多情况下也能在一定程度上降低损失的严重性。在损失控制计划系统中，预防计划的内容最广泛、具体措施最多，包括组织措施、经济措施、合同措施、技术措施。

（2）灾难计划。灾难计划是一组事先编制好的、目的明确的工作程序和具体措施，为现场人员提供明确的行动指南，使其在灾难性的风险事件发生后，不至于惊慌失措，也不需要临时讨论研究应对措施，可以做到从容不迫、及时妥善地处理风险事故，从而减少人员伤亡以及财产和经济损失。灾难计划的内容应满足以下要求：①安全撤离现场人员；②援救及处理伤亡人员；③控制事故的进一步发展，最大限度地减少资产和环境损害；④保证受影响区域的安全尽快恢复正常。灾难计划在灾难性风险事件发生或即将发生时付诸实施。

（3）应急计划。应急计划就是事先准备好若干种替代计划方案，当遇到某种风险事件时，能够根据应急预案对项目原有计划的范围和内容作出及时的调整，使中断的项目能够尽快全面恢复，并减少进一步的损失，使其影响程度减至最小。应急计划不仅要制定所要采取的相应措施，而且要规定不同工作部门相应的职责。应急计划应包括的内容有：调整整个项目的实施进度计划、材料与设备的采购计划、供应计划；全面审查可使用的资金情况；准备保险索赔依据；确定保险索赔的额度；起草保险索赔报告；必要时需调整筹资计划等。

二、电力工程项目风险监控

（一）风险监控的主要内容

风险监控是指跟踪已识别的风险和识别新的风险，保证风险计划的执行，并评估风险对策与措施的有效性。其目的是考察各种风险控制措施产生的实际效果、确定风险减少的程度、监视风险的变化情况，进而考虑是否需要调整风险管理计划以及是否启动相应的应急措施等。风险管理计划实施后，风险控制措施必然会对风险的发展产生相应的效果，控制风险管理计划实施过程的主要内容包括：①评估风险控制措施产生的效果；②及时发现和度量新的风险因素；③跟踪、评估风险的变化程度；④控制潜在风险的发展、监测项目风险发生的征兆；⑤提供启动风险应急计划的时机和依据。

（二）风险跟踪检查与报告

1. 风险跟踪检查

跟踪风险控制措施的效果是风险控制的主要内容，在实际工作中，通常采用风险跟踪表格来记录跟踪的结果，然后定期地将跟踪的结果制成风险跟踪报告，使决策者及时掌握风险发展趋势的相关信息，以便及时地作出反应。

2. 风险的重新估计

无论什么时候，只要在风险控制的过程中发现新的风险因素，就要对其进行重新估计。除此之外，在风险管理的进程中，即使没有出现新的风险，也需要在项目的关键时段对风险进行重新估计。

3. 风险跟踪报告

风险跟踪的结果需要及时地进行报告，报告通常供高层次的决策者使用。因此，风险报告应该及时、准确并简明扼要，向决策者传达有用的风险信息，报告内容的详细程度应按照决策者的需要而定。编制和提交风险跟踪报告是风险管理的一项日常工作，报告的格式和频率应视需要和成本而定。

 课后案例

泰龙输电项目风险管理

（1）泰龙输电项目风险计划。风险规划依据包括项目范围说明、项目特点及分析、项目进度甘特图、项目制约因素、项目假设前提。项目实施过程的不确定性，多是由项目潜在的意外引起。项目风险管理是指为实现项目目标的活动或事件的不确定性和可能发生的危机的管理。管理过程主要是对潜在的意外损失进行规划识别、估计、评价、应对和监视，是对项目目标的主动控制。

（2）泰龙输电项目风险识别。考虑本工程项目的实际情况及项目所处位置，从项目管理考虑，结合以往项目所处相同地段施工经验分析，运用头脑风暴法、历史经验，分析识别本项目的主要风险因素，见表9-8。

表9-8 　　　　　　　　　　　　　泰龙输电项目风险因素识别

序号	风 险 来 源	对 项 目 影 响	风险类别
1	跨越、占地、拆迁补偿超标准且无止境，村领导派别干扰、无理要求等	影响进度计划，增加误工成本，导致工期延长，影响项目目标实现	人为
2	人力资源组织不足、储备不够；施工工具、机械不足等	影响进度计划，无法纠偏，导致工期延长，影响项目目标实现	人为
3	分项工作、作业安排不周、不紧凑，脱离结合项目实际	影响进度计划，导致工期延长，影响项目目标实现	人为
4	塔材加工要求紧、材料供应不能满足计划需求	影响进度计划，导致工期延长，影响项目目标实现	人为
5	施工等设计图纸未办手续	影响后续所有工作开展，导致工期拖后	人为
6	项目实施过程出现人身伤亡事故、设备事故	给企业带来损失及增加成本，给企业带来不良影响	人为
7	现场情况不反馈或反馈不及时、决策不及时、信息不畅通	影响计划安排及纠偏，产生风险，导致项目目标难以实现	人为

（3）泰龙输电项目风险估计评价。根据前面的风险识别结果，现按主观评分法对识别结果评价得出表9-9所列的结果。

表9-9 　　　　　　　　　　　　泰龙输电项目风险评估分析评价表

序号	风 险 识 别		风 险 评 估					措施
	风险事件	风险来源	可能性	严重性	可控性	风险组别	风险级别	
1	线路通道受阻	环境	8	9	4	288	高	减轻
2	工期风险	施工方	6	9	5	270	高	自留
3	组织管理风险	施工方	4	8	8	256	高	预防
4	材料采购风险	施工方	6	9	4	216	高	减轻
5	设计图纸	业主方	6	9	4	216	高	减轻
6	安全风险	施工方	5	9	4	180	中	预防
7	沟通风险	业主、乙方	5	7	5	175	中	预防

（4）风险应对措施。经过前面的评估分析，该项目最大风险有线路通道、工期短、材料采购加工风险、设计图纸、安全风险；其中前期最大风险在线路通道，如果线路通道渠道不畅，目标实施很难；工期短也增加了安全风险。应引起项目部及业主方的重视，项目实施过程中，实施方重点应在线路通道、劳动力及工序的组织和合理安排上，重中之重应放在线路通道上。调动资源优势解决通道困难是必须考虑的问题。通道联系赔偿要提前介入，要保证1～2人参与此项目，保证后期项目实施能正常开展。通过风险分析可知，为了降低风险因素对项目的影响，减少风险，项目部应主动制订具体的不同阶段的应对措施，以把风险损失降到最低限度。考虑项目实施过程中很多因素是在不断地变化，风险因素也不断转换，因此在项目实施过程中，项目风险管理及措施也应不断修改、评估及修改应对计划。为了减轻风险对项目的影响，本项目在项目实施前考虑预留风险储备金，作为应急处理各种风险的费用（含通道费用）。应对措施见表9-10。

表9-10　　　　　　　　　　泰龙输电项目风险应对措施

序号	风险事件	风险应对措施
1	线路通道受阻	多方沟通，调动资源优势，请求政府支持、决策果断
2	工期风险	增加人力，合理安排交叉，平行作业，加班
3	组织管理风险	激励措施，临时措施，针对性技术方案，资源储备
4	材料采购风险	提前协商准备，临时周转，多家供应，合同结束
5	设计图纸	分阶段出图，多沟通
6	安全风险	安全教育，制订安全措施，现场监控，检查
7	沟通风险	多强调，加强考核力度

（5）过程项目风险监控。泰龙输电项目部于2004年10月15日对项目风险进行了一次系统跟踪评价，分析评价得出了项目风险变化情况（见表9-11），跟踪报告见表9-12。

表9-11　　　　　　　　　　泰龙输电项目风险评估分析评价表

序号	风险识别							措施
	风险事件	风险来源	可能性	严重性	可控性	风险组别	风险级别	
1	线路通道受阻	环境	9	8	4	288	高	减轻
2	工期风险	施工方	7	9	4	252	高	自留
3	组织管理风险	施工方	4	7	7	196	高	预防
4	材料采购风险	施工方	1	1	10	10	低	减轻
5	设计图纸	业主方	1	1	10	10	低	减轻
6	安全风险	施工方	5	7	4	140	低	预防
7	沟通风险	业主、乙方	4	6	4	96	低	预防

表9-12　　　　　　　　　　泰龙输电项目风险跟踪报告表　　　　　　　报告编号：04

项目名称：泰龙输电项目　　　　　　编制人：××　　　　　报告时间：××年××月××日

风险编号	风险名称	本次排名	上次排名	潜在后果	解决进展情况
1	线路通道受阻	1	1	影响目标	多方努力、效果不理想，仍在做工作
2	工期风险	2	2	影响目标实现	与线路通道联系在一起，不能正常工作
3	组织管理风险	3	3	降低收益	造成人力资源多次进退场，成本增加
4	材料采购风险	6	4	无影响	全部到货

续表

风险编号	风险名称	本次排名	上次排名	潜在后果	解决进展情况
5	设计图纸	6	4	无影响	设计图纸不影响项目进展
6	安全风险	4	5	后果影响严重	仍需加强监督检查，不能松懈
7	沟通风险	5	6	影响不大	仍按原沟通要求进行

讨论题: 说明电力工程项目风险管理程序。

（资料来源: 河南省电力公司焦作供电公司.电网工程项目管理. 北京: 中国电力出版社, 2007. ）

小　　结

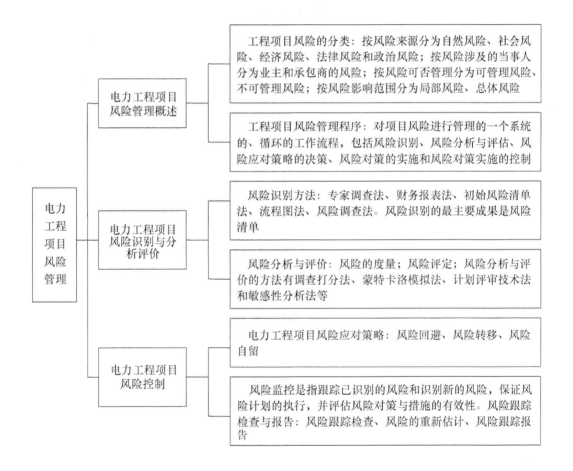

思考题与习题

1. 电力工程项目风险的分类有哪些?
2. 简述电力工程项目风险管理程序。
3. 电力工程项目风险的应对策略有哪些?

第十章　电力工程项目信息管理

学习目标

（1）了解信息的含义及特征。

（2）掌握工程项目管理中的信息分类、含义、目的和任务。

（3）掌握工程项目信息流、信息编码和信息处理方法。

本章提要

信息是各项管理工作的基础和依据，没有及时、准确和满足需要的信息，管理工作就不能有效地起到计划、组织、控制和协调的作用。随着现代化的生产和建设日益复杂化，信息管理变得越来越重要，任务也越来越繁重。在项目管理的六大任务中，信息管理是相当重要的方面，但是普遍没有引起重视，在许多项目的管理过程中是相当薄弱的。至今多数业主方和施工方的信息管理还相当落后，其落后表现在对信息管理的理解和组织、方法、手段基本上还停留在传统的方式和模式上。在许多国际工程中，由信息管理工作不规范、不到位、不重视所引起的损失是相当惊人的，因此，到国外参加过工程建设甚至在国内与国际工程公司合作过的公司对此都非常重视。本章主要介绍了工程项目信息管理的含义、目的及任务、信息分类、编码等内容。

第一节　电力工程项目信息管理概述

在现代信息社会，信息技术的应用是非常广泛的，在建设工程项目的信息管理中也离不开信息技术。但是，我国在这方面的应用明显比较落后。从电力行业的现状和发展趋势看，只有加强信息管理系统方法的学习和推广，才能促进电力系统信息管理水平的飞跃。

一、信息

（一）信息的概念

信息是决策和管理的基础，决策和管理依赖于信息。关于信息（Information）的含义，从广义角度上讲，通常认为："信息就是对客观事物的反映"。从本质上看，信息是对社会、自然界的事物特征、现象、本质及规律的描述，它提供了有关现实世界事物的消息和知识，信息普遍存在于自然界、人类社会和思维领域中。从狭义的角度上讲，可以将信息定义为"经过加工处理以后，并对客观事物产生影响的数据"，它对接受者有用，对决策者行为具有现实或潜在的价值。

信息是客观事物之间联系的表征，也是客观事物状态经过传递后的再现。其包含以下三层含义。

（1）信息来源于物质与物质的运动，它反映事物的规律、特征及变化，体现对事物的认识与理解程度。

（2）信息是一种经过加工处理后的数据，可以保存和传递，因而具有知识的含义。

（3）信息是对数据的解释，反映了事物的客观规律，为使用者提供决策和管理所需要的依据。

数据和信息经常被人们混淆。数据是反映客观实体的属性值，它可以用数字、文字、声音、图像或者图形等形式表示。数据本身无特定的意义，只是记录事物的性质、形态、数量特征的抽象符号，是中性的概念。而信息则是被赋予一定含义的，经过加工处理以后的数据，如报表、账本和图纸等都是经过对数据加工处理以后产生的信息。数据和信息是相对概念，例如：对于施工企业来说，某个项目部的月结算报表是该项目部计划工作人员的信息；但是对于施工企业的总经理来说，它仅仅是原始的数据。如果说数据是原材料，而信息就是成品。由此可以认为，信息比数据更有价值、更高级，用途更广大。在一些不太严格的场合或者不易区分的情况下，人们也把信息和数据当作同义词，不加以区别，笼统地称呼，如数据处理和信息处理、数据管理和信息管理等。

（二）信息的特征

所谓信息的特征，就是指信息区别于其他事物的本质属性。信息的基本特征主要有：

（1）普遍性。信息是事物运动的状态和方式，只要有事物的存在，就有事物的运动，运动是绝对的，静止是相对的，只要有事物的运动，就会有其运动的状态和方式，就会产生信息。无论在自然界、人类社会，还是在人类思维领域，绝对的"真空"是不存在的，绝对不运动的事物也是没有的。因此信息是普遍存在着的。信息与物质、能量一起，构成了客观世界的三大要素。

（2）表征性。信息不是客观事物本身，而只是事物运动状态和存在方式的表征。事物都会产生信息，信息就是表征所有事物的属性、状态、内在联系与相互作用的形式。宇宙时空中的事物是无限的，表征事物的信息现象也是无限的。

（3）相对性。客观上信息是无限的，但是对于认知主体来说，人们实际获得的信息（实得信息）总是有限的，并且，由于不同主体所处的环境不同，也有着不同的感受能力、不同的理解能力和不同的目的性。因此，从同一事物所获得的信息（语法信息、语义信息和语用信息）肯定各不相同。

（4）依存性。信息本身是看不见、摸不着的，它必须依附于一定的物质形式之上，不可能脱离物质单独存在。通常我们把这些承载信息为主要任务的物质形式称为信息的载体，如声波、电磁波、纸张、化学材料、磁性材料等都是信息的载体。信息没有语言、文字、图像、符号等记录手段便不能表述，没有物质载体便不能储存和传播，但是其内容并不因记录手段或物质载体的改变而发生变化。

（5）真伪性。信息有真信息与假信息，真实、准确和客观的信息可以帮助管理者作出正确的决策，虚假、错误的信息则可能误导管理者，使管理者作出错误的决策。我们应该充分重视这一点，一方面要注重所收集信息的正确性，另一方面在对信息进行传送、储存和加工处理时保证不失真。

（6）层次性。管理有层次性，不同层次的管理者有不同的职责，需要的信息也不同，因而信息也是分层的。与管理层次相对应，可以人为地将信息分为战略级信息、战术级信息和作业级信息三个层次，这在前面信息的分类中已经阐述过。战略级信息需要较多的外部信息和深度加工的内部信息，如工程设计方案、新材料、新设备、新技术、新工艺选择的信息，工程完工后市场前景的信息；战术级信息需要较多的内部数据和信息，如编制工程月报时汇总的材料、进度、投资、合同执行的信息；作业级需要掌握工程各个分部分项、每时每刻实际产生的数据和信息，该部分数据加工量大、准确度高、时效性强，如土方开挖量、混凝土浇筑量、材料供应保证性等具体事务的数据。

（7）时效性。信息的时效是指从信息源出来，经过接收、加工、传播、利用的时间间隔及其效率。时间间隔越短，使用信息越及时，使用程度越高，时间性越强。信息的时效性是人们进行信息管理工作中要谨记的特性。由于信息在工程实际中是动态的，是不断变化、不断产生的，要求人们要及时处理数据、及时得到信息，才能做好决策和工程管理工作，避免事故的发生，真正做到事前管理，信息本身有强烈的时效性。

（8）可共享性。信息区别于物质的一个重要特征是它可以被共同占有、共同享用。比如在一个施工企业中，许多信息可以被工程中各个部门使用，既保证了各个部门使用信息的统一，也保证了决策的一致性。信息的共享有其两面性：一方面它有利于信息资源的充分利用；另一方面也可能造成信息的贬值，不利于保密。因此在信息系统的建设中，既需要利用先进的网络和通信设备以利于信息的共享，又需要具有良好的保密安全手段，以防止保密信息的扩散。

（9）可加工性。也称可处理性，人们可以对信息进行加工处理，把信息从一种形式变换为另一种形式，并保持一定的信息量。例如将工程前景分析的情况压缩成框图来高度概括。信息系统是对信息进行加工处理的系统，应注重对信息的分析与综合、扩充或浓缩。基于计算机的信息系统处理信息要靠人编写程序来实现。

（10）可储存性。信息的可储存性即信息储存的可能程度。信息的形式多种多样，它的可储存性表现在要求能储存信息的真实内容而不畸变，要求在较小的空间中储存更多的信息，要求储存安全而不丢失，要求能在不同的形式和内容之间很方便地进行转换和连接，对已储存的信息可以随时随地以最快的速度检索所需要的信息。计算机技术为信息可储存性提供了更好的条件。

（11）可传输性。信息可通过各种各样的手段进行传输。信息传输要借助于一定的物质载体，实现信息传输功能的载体称为信息媒介。一个完整的信息传输过程必须具备信息源（信息的发送方）、信宿（信息的接收方）、信道（媒介）、信息四个基本要素。

（12）价值性。信息作为一种资源是有实用价值的。信息的使用价值必须经过转换才能得到。鉴于信息存在生命周期，转换必须及时，如企业得知要停电的信息，及时备足柴油安排发电，信息资源就能转换为物质财富。反之，转换已不可能，信息也就没有什么价值了。管理者要善于转换信息，去实现信息的价值。

（13）动态性。客观事物都在不停地运动变化着，信息也在不断发展更新，随着时间的推移，情况在变，反映情况的信息也在变，因此在获取与利用信息时必须树立时效观念，不能一劳永逸。

（三）信息在管理中的地位和作用

信息是管理的基础与纽带，是使各项管理职能得以充分发挥的前提。这是因为信息活动贯穿管理的全过程，管理就是通过信息协调系统的内部资源、外部环境和系统目标实现系统功能的。具体而言，信息在管理中的地位和作用表现在以下几个方面。

（1）信息是管理系统的基本构成要素，并促使各要素形成有机联系。信息是构成管理系统的基本要素之一，正是有了信息活动的存在，才使得管理活动得以进行。同时，由于信息反映了组织内部的权责结构、资源状况和外部环境的状态，所以管理者能够据此作出正确的决策，所以信息也是管理系统各要素形成有机联系的媒介，可以说没有信息就不会有管理系统的存在，也就不会有组织的存在，管理活动也就失去了存在的基础。

（2）信息是管理过程的媒介，使管理活动得以顺利进行。在管理过程中，信息发挥了极为重要的作用。各种管理活动都表现为信息的输入、变换、输出和反馈的过程。这表明管理过程是以信息为媒介的，唯有信息的介入，才使管理活动得以顺利进行。

（3）信息是组织中各部门、各层次、各环节协调的纽带。组织中的各个部门、层次与环节是相对独立的，都有自己的目标、结构和行动方式。但是，组织需要实现整体的目标，管理系统的存在也是为了达到这个目的。为此，组织的各个部门、层次与环节需要协调行动，以消除各自所具有的独立性的影响，这除了需要有一个中枢（管理者）以外，还需要有纽带能够将其联系在一起，使其能够相互沟通，信息就充当了这样的角色，成为组织各个部门、层次与环节协调的纽带。

（4）信息是决策者正确决策的基础。决策者所拥有的各种信息以及对信息的消化吸收是其作出决策的依据。决策者只有及时掌握全面的、充分而有效的信息才能高瞻远瞩、统领全局，从而作出正确的决策。所以信息是决策者作出正确决策的基础。

（5）信息的开发和利用是提高社会资源利用效率的重要途径。社会资源是有限的，需要得到最合理、最有效的配置，以提高其利用效率，对于工程管理而言，即表现为经济效益和社会效益的提高。

二、项目信息管理及发展历史

（一）项目信息管理

项目信息管理涉及信息资源、信息技术、参与活动的人员等要素，是多要素、多学科、多手段的管理活动。对于什么是信息管理（Information Management），有两种基本的理解。

一种是狭义的理解，认为信息管理就是对信息的收集、整理、储存、传播和利用过程，也就是信息从分散到集中、从无序到有序，从存储到传播、从传播到利用的过程。这种说法把信息管理局限于对信息本身的管理。

另一种是广义的理解，认为信息管理不只是对信息的管理，而是对涉及信息活动的各种要素，如信息、人员、技术、机构等进行管理，实现各种资源的合理配置以满足社会对信息需求的过程。

信息管理属于人类管理活动的一部分，自有人类以来就有管理活动，但是管理科学是20世纪初期才开始的事情。现在，管理科学出现许多流派，如科学管理学派、古典组织学派、人际关系学派、行为科学学派、管理科学学派、社会系学派、决策管理学派、经验主义学派、权变理论学派等，形成了所谓的"管理丛林"。同时在管理实践中出现了许多专门的领域，如企业管理、金融管理、行政管理、人员管理等。信息渗透在人类社会的一切活动之中，信息是最基本的资源，信息管理本应是人类最基础的管理活动，但是由于人们对信息的作用有一个认识过程，把信息作为一种资源、成为一个独立的管理领域却是最近几年的事情。

（二）信息管理的产生与发展

虽然将信息管理作为一个独立的管理领域时间不长，但是信息管理本身与人员管理活动一样，有着悠久的历史，大体上可以分为三个时期，有五种模式。

1. 手工管理时期（古代至 20 世纪 40 年代）

这个时期以图书馆文献管理为标志。人类的信息管理活动是从图书馆对文献的管理开始的。为什么会产生图书馆？这是因为人类在社会实践中，一方面不断产生文献，另一方面又要利用文献。文献的生产是分散的、零乱的，而利用文献又要求集中、准确和高速，文献存在的客观状态与社会对文献的需求之间就产生了矛盾，为了解决这种矛盾，就需要有专门的部门对文献进行收集、整理和储存，这样就产生了图书馆。这是人类历史上第一种信息管理模式，即手工管理模式。这种模式中信息管理的对象主要是文献，管理手段是手工方式，与技术没有直接关系。在这个漫长的历史时期内，虽然是用手工方式对信息进行管理，但是积累了宝贵的经验，丰富了学术著作，而且为保存人类文化遗产作出了巨大的、不可磨灭的贡献。

2. 技术管理时期（20 世纪中叶至 20 世纪 80 年代）

由于现代技术特别是计算机技术和现代通信技术在信息管理中的应用，信息管理的手段发生了巨大的变化，使信息管理进入一个新的历史时期。由于这个时期技术起到主导作用，通常称之为技术管理时期，在这个时期产生了三种信息管理模式，即数据处理（Data Processing，DP）、系统管理和网络管理。

数据处理是指对数据进行系统性的操作，如加工、合并、分类和计算。可见，数据处理是以数据为对象，并使数据规则化，即对信息进行具体的加工和处理，信息管理处于微观和操作的层次上。这种模式管理的对象局限于数据，其基本目标是使数据有序，并处于操作和运行的层次上，技术在信息管理中开始发挥作用。

系统管理是指以信息系统作为信息管理的主要手段和内容，这里所说的信息系统是指以计算机技术为基础的现代信息系统。信息管理的系统管理模式是在数据处理发展的基础上产生的。由于单项的事务处理已经不能适应社会的进步和生产力的发展需要，系统理论的传播使人们的管理思想和观念发生变化，孕育出系统管理的思潮，而信息技术的进步，为信息管理提供了新的工具和途径。在这种背景下，信息管理的系统管理模式应运而生。

首先是管理信息系统（Management Information System，MIS），20 世纪 60 年代以来，MIS 在不同领域大量应用，成为信息系统管理有代表性的工具。而后又出现了情报检索系统（Information Retrieval System，IRS）、办公自动化系统（Office Automation System，OAS）、决策支持系统（Decisional Support System，DSS）、专家系统（Expert System，ES）等，形成了以信息系统来实施信息管理的强劲势头。20 世纪 80 年代信息系统管理发生了结构性的变化，从覆盖面广、综合性强的大型系统演变为集中型与分散型的信息系统同时并存的局面。20 世纪 90 年代，出现了多元信息系统和人工智能信息系统，信息的系统管理又进入新的阶段。

网络管理是指将分散的信息系统连接成为网络、以实现资源共享为目的的一种管理模式。网络管理是社会发展的产物，也是信息技术进步的成果，在社会实践中，人们逐渐认识到，人都生活在一个相互奉献又相互依存的世界上，只有进行合作，实现资源共享才能求得更大的发展。目前世界各国已经建成各种类型的计算机网络，Internet 是当前最大的国际性计算机互联网络，它不仅提供了迅速方便的通信手段，更重要的是有丰富的信息资源，让人们不受时间和空间的限制去获取和利用。

3. 资源管理时期（20 世纪 80 年代至现在）

资源管理时期是在手工管理时期和技术管理时期发展起来的，主要的特点是把信息作为一种资源进行管理，强调信息资源是主要的经济资源，是实现经济和社会发展的直接要素和直接生产力。信息资源也是重要的管理资源，在管理中具有决定性的作用，各种管理都离不开信息的支持。其主要内容是提出了信息资源管理（Information Resources Management，IRM），这是 20 世纪 70 年代末、80 年代初从美国开始兴起的新的信息管理模式。

三、项目信息管理的原理

项目信息管理是一种技术性很强的管理活动，它要运用许多技术手段和管理方法。它具有以下四大基本原理。

（一）信息增值原理

信息增值是指项目信息内容的增加或者信息活动效率的提高。它是通过对项目信息的收集、组织、存储、查找、加工、传输、共享和利用来实现的。

（二）增效原理

项目信息管理可以通过提供信息和开发信息，充分发挥信息资源对包括信息和知识在内的各种社会活动要素的渗透、激活与倍增作用，从而能够节省社会资源、提高工作效率、创造企业效益，实现社会的可持续发展。

（三）服务原理

项目信息管理与一般的管理过程相比，具有更强烈的服务性。项目信息管理的所有过程、手段和目的都必须以用户需求为中心，必须通过服务用户来发挥作用。

（四）市场调节原理

信息管理也受到市场规律的调节，主要表现在以下两个方面：信息产品的价格受市场规律的调节，信息资源要素受市场规律的调节。

四、电力工程项目信息管理

工程项目信息管理是电力工程项目管理的重要内容之一，对于工程建设项目，随着项目的计划、启动、规划、实施等项目生命周期活动内容的展开，大量项目的文件、报告、合同、照片、图纸、录像等各类信息会不断地产生，需要对其进行诸如收集、分类、加工、过滤、归档、储存等处理，以实现对项目的有效控制和管理。所谓项目信息管理是指在整个项目全生命周期管理过程中，对信息进行收集、整理、处理、储存、传递与应用等活动的总称。项目信息管理过程包括信息收集、信息传输、信息加工和信息储存等内容。

工程项目信息管理就是通过有组织的信息流通，使决策者及时、准确地获得相应的信息。工程项目信息管理的目的旨在通过有效地对项目信息进行传输、组织和控制，为项目的建设提供增值服务。项目信息管理直接影响项目管理工作的效率、风险、质量和成本。因此，如何有效、有序、有组织地对项目全生命过程的信息资源进行管理，是电力项目管理的重要环节。以计算机为基础的项目信息处理技术在电力工程项目管理中的应用，又为大型电力项目信息管理系统的规划、设计和控制提供了全新的信息管理理念、技术支撑平台和全面解决方案。

工程项目的信息是指在项目决策过程、实施过程（设计准备、设计、施工和物资采购过程等）和运行过程中产生的信息，以及其他与项目建设有关的信息，包括项目的组织类信息、管理类信息、经济类信息、技术类信息和法规类信息。

据国际有关文献资料介绍，工程项目实施过程中存在的诸多问题，其中 2/3 与信息交流（信息沟通）的问题有关；工程项目 10%～33%的费用增加与信息交流存在的问题有关；在大型工程项目中，信息交流的问题导致工程变更和工程实施的错误约占工程总成本的 3%～5%。

由此可见信息管理的重要性。

以上信息交流（信息沟通）的问题指的是一方没有及时，或没有将另一方所需要的信息（如所需信息的内容、针对性的信息和完整的信息），或没有将正确的信息传递给另一方。例如，设计变更没有及时通知施工方，而导致返工；业主方没有将施工进度严重拖延的信息及时告知大型设备供货方，而设备供货方仍按原计划将设备运到施工现场，致使大型设备在现场无法存放和妥善保管；施工已产生了重大质量问题的隐患，而没有及时向有关技术负责人汇报等。以上列举的问题都会不同程度地影响项目目标的实现。

五、电力工程项目信息管理的原则

对于大型电力工程项目，建设工程产生的信息数量巨大、种类繁多，为便于信息的收集、处理、储存、传递和利用，电力工程项目信息管理应遵循以下基本原则。

（一）标准化原则

要求在项目的实施过程中对有关信息的分类进行统一，对信息流程进行规范，产生的控制报表则力求做到格式化和标准化；通过建立健全的信息管理制度，从组织上保证信息生产过程的效率。

（二）有效性原则

项目管理人员所提供的信息应根据不同层次管理者的要求进行适当加工，提供不同要求和不同浓缩程度的信息。例如，对于项目的高层管理者而言，提供的决策信息应力求精练、直观，尽量采用形象的图表来表达，以满足其战略决策的信息需要。这一原则有利于保证信息产品对于决策支持的有效性。

（三）定量化原则

建设工程产生的信息不是项目实施过程中产生数据的简单记录，而是经过信息处理人员的比较与分析的结果。采用定量工具对有关数据进行分析和比较是十分必要的。

（四）时效性原则

考虑工程项目决策过程的时效性，建设工程的成果也应具有相应的时效性。建设工程的信息都有一定的生产周期，如月报表、季度报表、年度报表等，这都是为了保证信息产品能够及时服务于决策。

（五）高效处理原则

通过采用高性能的信息处理工具（如建设工程信息管理系统），尽量缩短信息在处理过程中的延迟，项目管理人员的主要精力应放在对处理结果的分析和控制措施的制定上。

（六）可预见原则

建设工程产生的信息作为项目实施的历史数据，可以用于预测未来的情况，项目管理者应通过采用先进的方法和工具为决策者制定未来目标和行动规划提供必要的信息。

第二节　电力工程项目信息管理的过程和内容

一、工程项目信息管理的过程

工程信息管理的过程主要包括信息的收集、加工整理、存储、检索和传递。

（一）信息的收集

项目信息的收集，就是收集项目决策和实施过程中的原始数据，这是很重要的基础工作。

信息管理工作的质量好坏，很大程度上取决于原始资料的全面性和可靠性。其中，建立一套完善的信息采集制度是十分有必要的。

1. 工程项目建设前期的信息收集

工程项目在正式开工之前，作为工程建设单位，需要进行大量的工作，这些工作将产生大量包含着丰富内容的文件，这些工作主要包括：

（1）收集可行性研究报告及其有关资料。

（2）收集设计文件及有关资料。

1）社会调查情况。调查建设地区的工农业生产、社会经济、地区历史、人民生活水平及自然灾害等情况。

2）工程技术勘测情况调查。收集建设地区的自然条件资料，如河流、水文、资源、地质、地形、地貌、气象等资料。

3）技术经济勘查情况调查。主要收集工程建设地区的原材料、燃料来源，水电供应和交通运输条件，劳动力来源、数量和工资标准等资料。

（3）收集招标投标合同文件及其有关资料的。招投标文件中包含了大量的信息，包括甲方的全部"要约"条件，乙方的全部"承诺"条件；甲方所提供的材料供应、设备供应、水电供应、施工道路、临时房屋、征地情况、通信条件等；乙方投入的人力、机械方面的情况、工期保证、质量保证、投资保证、施工措施、安全保证等。

项目建设前期除以上各个阶段产生的各种资料外，上级部门关于项目的批文和有关指示，有关征用土地、拆迁赔偿等协议式批准文件等，均是十分重要的资料。

2. 工程项目施工期间的信息收集

工程的施工阶段是大量的信息发生、传递和处理的阶段，工程项目信息管理工作主要集中在这一阶段，施工期间的信息收集内容如下：

（1）收集业主提供的信息。业主作为工程项目建设的组织者，要按照合同文件规定提供相应的条件，要不时表达对工程各方面的意见和看法，下达某些指令。因此，应及时收集业主提供的信息。当业主负责某些材料的供应时，需收集提供材料的品种、数量、质量、价格、提货地点、提货方式等信息。工程项目负责人应及时收集这些信息资料，同时应收集对项目进度、质量、投资、合同等方面的意见和看法。

（2）收集承建商的信息。承建商必须掌握和收集现场发生的各种情况，工程项目负责人也必须掌握和收集，并汇集成相应的信息资料。承建商在施工中经常会向有关单位，包括上级部门、设计单位、业主及其他方面发出某些文件，传达一定的内容，如向业主报送施工组织设计、各种计划、单项工程施工措施、月支付申请表、各种项目自检报告、质量问题报告、有关意见等，项目负责人应全面系统地收集这些信息资料。

（3）项目施工现场记录。项目施工现场记录是驻地工程师的记录，主要包括工程施工历史记录、工程质量记录、工程计量、工程款记录和竣工记录等。

1）现场管理人员的日报。其主要包括现场每日的天气记录、当天的施工内容、参加施工的人员、施工用的机械（名称、数量等）、发现的施工质量问题、施工进度与计划施工进行的比较（若发生施工进度拖延，应说明原因）、当天的综合评论及其他说明（应注意的事项）等。

2）驻施工现场管理负责人的日记。其主要包括当天所作的重大决定、对施工单位所作的主要指示、发生的纠纷及解决办法、该工程项目总负责人施工现场谈及的问题，当天与该工程项目总负责人的口头谈话摘要，对驻施工现场管理工程师的指示、与其他人达成的任何主要协议，或对其他人的主要指示等。

3）驻施工现场管理负责人的月报。驻施工现场管理负责人应每月向总负责人及业主汇报工地施工进度状况、工程款支付情况、工程进度拖延的原因分析、工程质量情况、工程进展中主要困难与问题。如施工中的重大差错，重大索赔事件，材料、设备供货及组织、协调方面的困难，异常的天气情况等。

4）驻施工现场管理负责人对施工单位的指示。其主要包括正式发出的重大指示、日常指示、在每日工地协调会中发出的指示、在施工现场发出的指示等。

5）补充图样。设计单位给施工单位的各种补充图样。

6）工地质量记录。其主要包括试验结果记录及样本记录。

（4）收集工地会议记录。工地会议是工程项目管理的一种重要方法，会议中包含着大量的信息，要求项目管理工程师必须重视工地会议，并建立一套完善的会议制度，以便于会议信息的收集。会议制度包括会议的名称、主持人、参加人、举行会议的时间、会议地点、会议内容等，每次工地会议都应有专人记录，会后应有工作会议纪要等。

1）第一次工地会议。第一次工地会议由甲方主持，主要内容是介绍业主、工程师、承建商的职员，澄清组织，检查承建商的动员情况（履约保证金、进度计划、保险、组织、人员、现场准备情况等），检查业主对合同的履行情况（如资金、投保，确定工地、图样等），管理工程师动员阶段的工作情况（如提交水准点、图样、职责分工等），检查为管理工程师提供设备的情况（如住宿、试验、通信、交通工具、水电等条件），明确例行程序（包括填报支付报表）。

2）经常性工地会议。经常性工地会议由承建商主持，一般每月召开一次。会议有工程项目负责人员、承建商、监理方、业主代表参加。会议主要内容包括确定上次工地会议纪要、当月进度总结、进度预测、技术事宜、变更事宜、财务事宜、管理事宜、索赔和延期、下次工地会议及其他事项。工地会议确定的事情视为合同文件的一部分，承建商必须执行。工地会议记录忠实于会议发言人，确保记录的真实性。

3. 工程竣工阶段的信息收集

工程竣工并按要求进行竣工验收时，需要大量与竣工验收有关的各种资料信息。这些信息一部分是在整个施工过程中长期积累形成的；一部分是在竣工验收期间，根据积累的资料整理分析而形成的。完整的竣工资料应由承建商编制，经工程项目负责人和有关方面审查后，移交业主并通过业主移交管理部门。

（二）项目信息的加工整理和存储

建设项目的信息管理除应注意各种原始资料的收集外，更重要的是要对收集来的资料进行加工整理，并对工程决策和实施过程中出现的各种问题进行处理。

1. 信息处理的要求和方法

（1）信息处理的要求。要使信息能有效地发挥作用，在信息处理的过程中就必须符合及时、准确、适用、经济的要求。

（2）信息处理的方法。从收集的大量信息中，找出信息与信息之间的关系和运算公式；从收集的少量信息中，得到大量的输出信息。信息处理包括收集、加工、输入计算机、传输、存储、计算、检索、输出等内容。

2. 收集信息的分类

工程项目信息管理中，对收集来的资料进行加工整理后，按其加工整理的深度可分为：

（1）对资料和数据进行简单整理和滤波；

（2）对信息进行分析、概括综合后能产生辅助决策的信息；

（3）通过应用数学模型统计推断可以产生决策的信息；

在项目建设过程中，依据当时收集到的信息所作的决策或决定有如下几个方面。

（1）依据进度控制信息，对施工进度状况的意见和指示；

（2）依据质量控制信息，对工程质量控制情况提出意见和指示；

（3）依据投资控制信息，对工程结算、决算情况的意见和指示；

（4）依据合同管理信息，对索赔的处理意见。

（三）项目信息的检索和传递

无论是存入档案库还是存入计算机存储器的信息、资料，为了查找的方便，在入库前都要拟定一套科学的查找方法和手段，作好编目分类工作。健全的检索系统可以使报表、文件、资料、人事和技术档案既保存完好，又查找方便；否则会使资料杂乱无章，无法利用。信息的传递是指借助于一定的载体（如纸张、软盘、磁带等）在建设项目信息管理工作的各部门、各单位之间的传递。通过传递，形成各种信息流。畅通的信息流，将利用报表、图表、文字、记录、电信、各种收发文、会议、审批及计算机等传递手段，不断地将建设项目信息输送到项目建设各方手中，成为他们工作的依据。

信息管理的目的，是为了更好地使用信息，为决策服务。处理好的信息，要按照需要和要求编印成各类报表和文件，以供项目管理者使用。信息检索及传递的效率和质量随着计算机的普及而提高。存储于计算机数据库中的数据，已成为信息资源，可为各个部门所共享。因此，利用计算机做好信息的加工储存工作，是为更好地进行信息检索和传递，也是信息的使用前提。

二、工程项目信息管理的基本内容

在信息管理的过程中，具体的工作内容很多，下面介绍主要内容。

（1）建立工程项目信息管理工作任务（信息管理任务目录）。业主方和项目参与各方都有各自的信息管理任务，为充分利用和发挥信息资源的价值、提高信息管理的效率，以及实现有序的和科学的信息管理，各方都应编制各自的信息管理手册，以规范信息管理工作。信息管理手册是描述和定义信息管理做什么、谁做、什么时候做和其工作成果是什么等。

项目管理人员承担着项目信息管理的任务，负责收集项目实施情况的信息，做各种信息处理工作，并向上级、向外界提供各种信息。项目信息管理的任务主要包括：

1）组织项目基本情况信息的收集并系统化，编制项目手册。项目管理的任务之一是按照项目的任务、实施要求，设计项目实施和项目管理中的信息和信息流，确定它们的基本要求和特征，并保证项目实施过程中信息顺利流通。

2）遵循项目报告及各类资料的规定，如资料的格式、内容、数据结构要求等。

3）按照项目实施、项目组织、项目管理工作过程建立项目管理信息系统，在实际工作中保证系统正常运行，并控制信息流。

4）文件档案管理工作。有效的项目管理需要更多的工程项目信息，信息管理影响项目组织和整个项目管理系统的运行效率，是人们沟通的桥梁。因此，项目管理人员应引起足够的重视。

（2）确定信息管理的任务分工表和管理职能分工表。

（3）确定信息的分类、信息的编码体系和编码。

（4）绘制信息输入输出模型（反映每一项信息处理过程的信息提供者、信息的整理加工者、信息整理加工的要求和内容，以及经整理加工后的信息传递给信息的接收者，并用框图的形式表示）。

（5）绘制各项信息管理工作的工作流程图（如信息管理手册编制和修订的工作流程为形成各类报表和报告收集信息、复核信息、录入信息、加工信息、信息传输和发布的工作流程，以及工程档案管理的工作流程等）。

（6）绘制信息处理的流程图（如施工安全管理信息、施工成本控制信息、施工进度信息、施工质量信息、合同管理信息等的信息处理流程）。

（7）确定信息处理的工作平台（如以局域网作为信息处理的工作平台，或用门户网站作为信息处理的工作平台等）及明确其使用规定。

（8）确定各种报表和报告的格式，以及报告周期。

（9）确定项目进展的月度报告、季度报告、年度报告和工程总报告的内容及其编制原则和方法。

（10）确定工程档案管理制度。

（11）确定信息管理的保密制度。

在项目管理班子中各个工作部门的管理工作都与信息处理有关，而信息管理部门的主要工作任务包括：

（1）负责编制信息管理手册，在项目实施过程中进行信息管理手册的必要修改和补充，并检查和督促其执行。

（2）负责协调和组织项目管理班子中各个工作部门的信息处理工作。

（3）负责信息处理工作平台的建立和运行维护。

（4）与其他工作部门协同组织收集信息、处理信息和形成各种反映项目进展和项目目标控制的报表和报告。

（5）负责工程档案管理等。

在电力工程项目建设中，信息的类型很多，信息管理的任务非常繁琐，所以必须在项目管理班子中明确具体的负责人员、分工，同时必须对信息进行分类、编码，并建立适当的信息管理流程图。另外，由于电力工程建设项目需要处理大量的数据，应重视利用信息技术的手段进行信息管理。其核心手段是基于网络的信息处理平台。在国际上，许多建设工程项目都专门设立信息管理部门（或称为信息中心），以确保信息管理工作的顺利进行；也有一些大型建设工程项目专门委托咨询公司从事项目信息动态跟踪和分析，以信息流指导物质流，从宏观上对项目的实施进行控制。

第三节　电力工程项目信息流、信息编码和信息处理

在大型工程项目的实施过程中，处理信息的工作量非常巨大，必须对信息进行统一的分类和编码，并借助于计算机系统，才能更好地体现信息管理的目标。统一的信息分类和编码

体系的意义在于使计算机系统和所有的项目参与方之间具有共同的语言；一方面使得计算机系统更有效地处理、储存项目信息；另一方面也有利于项目参与各方更方便地对各种信息进行交换与查询。项目信息的分类和编码是建设工程项目信息管理实施时所必须完成的一项基础工作。项目信息分类、编码工作的核心是在对项目信息内容分析的基础上建立项目的信息分类体系。

一、信息流及信息分类

（一）信息流

信息流反映了各参加部门、各单位及各施工阶段之间的关系。为了建设工程的顺利完成，必须使项目信息在上下级之间、内部组织与外部环境之间流动。

1. 自上而下的信息流

自上而下的信息流，是指主管单位、主管部门、业主、工程项目负责人、检查员、班组工人之间由上级向其下级逐级流动的信息，即信息源在上，接收信息者是其下属。这些信息主要是指建设目标、工作条例、命令、办法及规定、业务指导意见等。

2. 自下而上的信息流

自下而上的信息流，是指由下级向上级流动的信息，即信息源在下，接收信息者在上，主要指项目实施中有关目标的完成量、进度、成本、质量、安全、消耗、效率等情况，此外，还包括上级部门关注的意见和建议等。

3. 横向间的信息流

横向流动的信息，是指项目管理工作中，同一层次的工作部门或工作人员之间相互提供和接收的信息。这种信息一般是由不同工作部门各自产生的，但为了共同的目标又需要相互协作、互通有无或相互补充，以及特殊、紧急情况下为节省信息流动时间而需要横向提供的信息。

4. 以信息管理部门为集散中心的信息流

信息管理部门为项目决策做准备的过程中，既需要大量信息，又可以作为有关信息的提供者，它是汇总信息、分析信息、分散信息的部门，同时又必须帮助工作部门进行信息管理规划、任务检查、对有关专业技术问题进行咨询。因此，各项工作部门不仅要向上级汇报，而且应当将信息传递给信息管理部门，以利于信息管理部门为决策做好充分准备。

5. 工程项目内部与外部环境之间的信息流

工程项目的业主、承建商、监理单位、设计单位、建设银行、质量监督主管部门、有关国家管理部门和业务部门，都不同程度地需要信息交流，既要满足自身的需要，又要满足与环境的协作要求；或按国家规定的要求相互提供信息。

上述几种信息流都应有明晰的流线，并都应保持畅通。

（二）项目信息分类

项目信息管理工作涉及多部门、多环节、多专业、多渠道，工程信息量大、来源广泛、形式多样。项目信息主要由下列信息构成。

（1）文字图形信息，包括勘察、测绘、设计图纸及说明书、计算书、合同，工作条例及规定，施工组织设计，情况报告，原始记录，统计图表、报表，信函等信息。

（2）语言信息，包括任务分配、下达指示、汇报、工作检查、介绍情况、谈判交涉、建议、批评、工作讨论和研究、会议等信息。

（3）新技术信息，包括通过网络、电话、电报、电传、计算机、电视、录像、录音、广播等现代化手段收集及处理的一部分信息。

这些项目信息可以按照以下的不同标准进行分类。

1. 按照工程项目管理的目标划分

（1）成本控制信息。其是指与成本控制直接有关的信息，如工程项目的成本计划、工程任务单、限额领料单、施工定额、对外分包经济合同、成本统计报表、材料价格、机械设备台班费、人工费、运杂费等。

（2）投资控制信息。其是指与投资控制直接有关的信息，如各种估算指标、类似工程造价、物价指数，设计概算、概算定额，施工图预算、预算定额，工程项目投资估算，合同价组成，投资目标体系，计划工程量、已完工程量、工程量变化表、人工、材料调差表，索赔费用表，投资偏差、已完工程结算，竣工决算、施工阶段的支付账本等。

（3）质量控制信息。其是指与工程项目质量控制直接有关的信息，如国家或地方政府部门颁布的有关质量政策、法令、法规和标准等，质量目标体系和质量目标的分解，质量目标的分解图表，质量控制的工作流程和工作制度、质量保证体系的组成，质量控制的风险分析，质量抽样检查的数据、各种材料设备的合格证、质量证明书、检测报告、质量事故记录和处理报告等。

（4）进度控制信息。其是指与工程项目进度控制直接相关的信息，如施工定额；项目总进度计划、进度目标分解、项目年度计划、工程总网络计划和子网络计划、计划进度与实际进度偏差；网络计划的优化、网络计划的调整情况；进度控制的工作流程、进度控制的工作制度、进度控制的风险分析；材料和设备的到货计划、各分项分部工程的进度计划、进度记录等。

（5）合同管理信息。其是指与建设工程相关的各种合同信息，如工程投标文件；工程建设施工承包合同、物资设备供应合同和咨询、监理合同；合同的指标分解体系；合同签订、变更、执行情况；合同的索赔等。

2. 按工程项目管理的工作流程划分

（1）计划信息，如已有的统计资料、要完成的各项指标施工的预测等。

（2）执行信息，如下达的各项计划、指示、命令等。

（3）检查信息，如工程的实际进度、成本、质量等的实施状况。

（4）反馈信息，如各项调整措施、意见、改进的办法和方案等。

3. 按信息的来源划分

（1）工程项目的内部信息。取自工程项目本身，即指建设工程项目各个阶段、各有关单位发生的信息总体。例如工程概况、设计文件、合同结构、合同管理制度，工程施工完成的各项技术经济指标、信息资料的编码系统、信息目录表、会议制度、项目经理部的组织等。

（2）工程项目的外部信息。来自建设项目上其他单位及外部环境的信息称为外部信息。例如各种通知、设计变更、国家有关的政策及法规、国内及国际市场上原材料及设备价格、物价指数、类似工程的进度计划、类似工程造价及进度、投资单位的实力及信誉、国际和国内的新材料、新技术、新方法、国际大环境的变化、资金市场的变化等。

4. 按照信息的稳定程度划分

（1）固定信息，是指一定的时间内相对稳定的信息，如工程定额、政府部门颁发的技术标准、施工现场管理工作制度等。

（2）流动信息，是指在不断变化着的信息，如项目质量、投资成本及进度统计信息等。

5. 按照信息的性质划分

（1）管理信息，是指项目管理过程中的信息，如施工进度计划、材料消耗、库存设备等。

（2）技术信息，是指技术部门提供的工程技术方面的信息，如技术规范、技术交底等。

（3）经济信息，如施工项目成本计划、成本统计报表、资金耗用等信息。

（4）资源信息，如资金来源、劳动力供应、材料供应等信息。

6. 按照信息的层次划分

（1）战略级信息，是指工程项目建设过程中进行决策的信息，如项目概况、项目建设总工期、承包商的规定、合同价格的确定等。

（2）战术级信息，是指工程项目建设过程中的管理信息，如工程项目年度进度计划、工程项目年度财务计划、工程项目年度材料计划、工程项目施工总体方案、工程项目三大目标控制计划等。

（3）作业级信息，是指工程项目建设过程中各业务部门的日常信息，较具体，准确度较高，如分项工程作业计划、分项工程施工方案等。

还可以按照其他标准进行划分，如按照信息范围的大小不同，可以把建设工程项目实现中的信息分为精细的信息和摘要的信息两类；按照信息发生的时间不同，可以分为历史性的信息和预测性的信息；按项目实施的工作过程，可以分为设计信息、招投标信息和施工信息等。

二、工程项目管理中的软信息

前面所述的在项目系统中运行的一般都是可定量化的、可量度的信息，如工期、成本、质量、人员投入、材料消耗、工程完成程度等，它们可以用数据表示，可以写入报告中，所以通过报告和数据即可获得信息。但另有许多信息是很难用上述信息形式表达和通过正规的信息渠道沟通的，这主要是那些反映项目参加者的心理行为以及项目组织状况的信息，这些信息则是我们所说的软信息。软信息通常具有以下特点。

（1）软信息尚不能在报告中反映或完全正确地反映，缺少表达方式和正常的沟通渠道，只有管理人员亲临现场，参与实际操作和小组会议时才能发现并收集到。

（2）由于软信息无法准确地描述和传递，所以它的状况只能由人领会，仁者见仁，智者见智，不确定性很大，这便会导致决策的不确定性。

（3）由于难于表达，不能传递，很难进入信息系统沟通，所以软信息的使用是局部的。真正有决策权的上层管理者（如业主、投资者）由于不具备条件（不参与实际操作），所以无法获得和使用软信息，因而容易造成决策失误。

（4）软信息目前主要通过非正式沟通来影响人们的行为。例如，人们对项目经理的专制作风的意见和不满，互相诉说，以软抵抗对待项目经理的指令和安排。

（5）软信息只能通过人们的模糊判断，通过人们的思考来做信息处理。常规的信息处理方式是不适用的。

软信息的获取方式通常有：

（1）观察。通过观察现场及人们的举止、行为、态度，分析他们的动机，分析组织状况。

（2）正规的询问，征求意见。

（3）闲谈、非正式沟通。

（4）要求下层提交的报告中必须包括软信息内容并定义说明范围，这样上层管理者才能获得软信息，同时让各级管理人员建立软信息的概念并重视它。

三、工程项目信息编码

（一）信息编码的原则

为了信息在收集、处理、表示上的方便、规范，可以用一组数字或字符描述客观实体或实体的属性，这就是信息编码。编码是信息处理的一项重要的基础工作，编码一般表示一定的实际含义，例如，在描述"人"这个实体时，可以用"0"表示"女性"，"1"表示"男性"，"9"表示"未知"等。信息编码的目的主要是使信息描述唯一、规范、系统，因此应遵循以下三个原则。

（1）唯一性原则。在客观世界中，许多实体如果不加标识是无法区分的，所以将原来不能区分的实体唯一地加以标识是编码的首要任务，因此相同的编码只能描述相同的客体或客体属性。例如，在一个单位的人事管理中，常常存在姓名重复问题，为了避免二义性，准确描述此"张三"非彼"张三"，需要对职工进行编码，使其能唯一标识每名职工。从系统的角度讲，唯一性原则提高了数据的全局一致性。

（2）规范性原则。唯一性原则限制了不同客体或实体属性的语义编码不能重复，但若随意编码，可能导致信息表述变得杂乱无章，对信息处理、管理、利用反而带来不便，因此在遵循唯一性的前提下必须强调编码的规范化。

（3）标准化原则。在实际应用中，实体的大部分编码都有国家或行业标准。例如中华人民共和国行政区编码、一级会计科目编码、职务编码等都有国家编码标准；二级会计科目编码、产品规格编码等都有相应的行业标准。对信息进行编码应尽量标准化，以便信息的交流和使用。

（二）工程项目信息编码的方法

一个工程项目有不同类型和不同用途的信息，为了有组织地存储信息，方便信息的检索和信息的加工整理，必须对项目的信息进行编码。下面介绍工程项目信息编码的方法。

（1）项目的结构编码。项目的结构编码依据项目结构图，对项目结构的每一层的每一个组成部分进行编码。

（2）项目管理组织结构编码。项目管理组织结构编码依据项目管理的组织结构图，对每一个工作部门进行编码。

（3）项目的政府主管部门和各参与单位编码（组织编码）。项目的政府主管部门和各参与单位编码包括政府主管部门、业主方的上级单位或部门、资助机构、工程咨询单位、设计单位、施工单位、物资供应单位、物业管理单位等。

（4）项目实施的工作项编码（项目实施的工作过程的编码）。项目实施的工作项编码应覆盖项目实施的工作任务目录的全部内容，它包括设计准备阶段的工作项、设计阶段的工作项、招投标工作项、施工和设备安装工作项、项目利用前的准备工作项等。

（5）项目的投资项编码（业主方）/成本项编码（施工方）。项目的投资项编码并不是概预算定额确定的分部分项工程的编码，它应综合考虑概算、预算、标底、合同价和工程款的支付等因素，建立统一的编码，以服务于项目投资目标的动态控制。项目成本项编码并不是预算定额确定的分部分项工程的编码，它应综合考虑预算、投标价估算、合同价、施工成本分析和工程款的支付等因素，建立统一的编码，以服务于项目成本目标的动态控制。

（6）项目的进度项（进度计划的工作项）编码。项目的进度项编码应综合考虑不同层次、不同深度和不同用途的进度计划工作项的需要，建立统一的编码，服务于项目进度目标的动态控制。

（7）项目进展报告和各类报表编码。项目进展报告和各类报表编码应包括项目管理形成的各种报告和报表的编码。

（8）合同编码。合同编码应参考项目的合同结构和合同的分类，应反映合同的类型、相应的项目结构和合同签订的时间等特征。

（9）函件编码。函件编码应反映发函者、收函者、函件内容所涉及的分类和时间等，以便函件的查询和整理。

（10）工程档案编码等。工程档案的编码应根据有关工程档案的规定、项目的特点和项目实施单位的需求而建立的。

以上这些编码是根据不同用途而编制的，如投资项编码（业主方）/成本项编码（施工方）服务于投资控制工作/成本控制工作，进度项编码服务于进度控制工作。但是有些编码并不是针对某一项管理工作而编制的，如投资控制/成本控制、进度控制、质量控制、合同管理、编制项目进展报告等都要使用项目的结构编码，因此就需要进行编码的组合。

四、工程项目信息处理的方法

在当今的时代，信息处理已逐步向电子化和数字化的方向发展，但建筑业和基本建设领域的信息化已明显落后于许多其他行业，建设工程项目信息处理基本上还沿用传统的方法和模式。应采取措施，使信息处理由传统的方式向基于网络的信息处理平台方向发展，以充分发挥信息资源的价值，以及信息对项目目标控制的作用。

基于网络的信息处理平台由以下一系列硬件和软件构成：

（1）数据处理设备，包括计算机、打印机、扫描仪、绘图仪等；

（2）数据通信网络，包括形成网络的有关硬件设备和相应的软件；

（3）软件系统，包括操作系统和服务于信息处理的应用软件等。

数据通信网络主要有以下三种类型。

（1）局域网（LAN）：由与各网点连接的网线构成网络，各网点对应于装备有实际网络接口的用户工作站。

（2）城域网（MAN）：在大城市范围内两个或多个网络的互联。

（3）广域网（WAN）：在数据通信中用来连接分散在广阔地域内的大量终端和计算机的一种多态网络。

互联网是目前最大的全球性的网络，它连接了覆盖100多个国家的各种网络，如商业性的网络（.com或.cn）、大学网络（.ac或.edu）、研究网络（.org或.net）和军事网络（.mil）等；并通过网络连接数以千万台的计算机，以实现连接互联网的计算机之间的数据通信。互联网由若干个学会、委员会和集团负责维护和运行管理。

建设工程项目的业主方和项目参与各方往往分散在不同的地点，或不同的城市，或不同的国家。因此其信息处理应考虑充分利用远程数据通信的方式，常用的有：

（1）通过电子邮件收集信息和发布信息。

（2）通过基于互联网的项目信息门户（Project Information Portal，PIP）为众多项目服务的公用信息平台实现业主方内部、业主方和项目参与各方，以及项目参与各方之间的信息交流、协同工作和文档管理。基于互联网的项目信息门户属于是电子商务（E-Business）两大分支中的电子协同工作（E-Collaboration）。项目信息门户在国际学术界有明确的内涵，即在对项目实施全过程中项目参与各方产生的信息和知识进行集中式管理的基础上，为项目的参与各方在互联网平台上提供一个获取个性化项目信息的单一入口，从而为项目的参与各方提供一个高效的信息交互（Project-Communication）和协同工作（Collaboration）的环境。它的核心功能是在互动式的文档管理的基础上，通过互联网促进项目参与各方之间的信息交流和促进项目参与各方的协同工作，从而达到为项目建设增值的目的。基于互联网的项目信息门户，如美国的 Buzzsaw.com（于 1999 年开始运行）和德国的 PKM.com（于 1997 年开始运行），都有大量用户在其上进行项目信息处理。由此可见，建设工程项目的信息处理方式已起了根本性的变化。

（3）通过基于互联网的项目专用网站（Project Specific Web Site，PSWS）实现业主方内部、业主方和项目参与各方、项目参与各方之间的信息交流、协同工作和文档管理。基于互联网的项目专用网站是基于互联网的项目信息门户的一种方式，是为某一个项目的信息处理专门建立的网站。但是基于互联网的项目信息门户也可以服务于多个项目，即成为为众多项目服务的公用信息平台。

（4）召开网络会议。

（5）基于互联网的远程教育与培训等。

 课后案例

变电站智能化巡检信息管理系统

变电站智能化巡检信息管理系统采用了"条码（无线射频钮）"作为设备标识器，各个需要巡检的设备上安装一个"条码"，内部存储特定的代码，标识着设备的状态、参数等所有内容。当工作人员巡检时只需带着巡检器（掌上电脑）到现场读取各设备标识器的数据即可，由于巡检器机身小巧轻便、操作简单方便，十分适合现场使用，同时它还解决了巡检到位问题，省去了大量的数据录入工作，使用效果良好，对提高设备的运行维护水平及减轻数据的输入工作量起了很好的作用。当需要进行设备状态检修、设备缺陷管理和设备性能动态分析时，可将工作站数据库的相关信息调出，设备的历史状况便一目了然了。

变电站智能化巡检信息管理系统主要由无线射频设备标识器(条码)、巡检器(掌上电脑)、客户计算机和网络服务器组成。

变电站智能化巡检信息管理系统的特点如下：

（1）巡检内容的编制灵活。巡检路线按部门、专业、巡检员分类；每一条巡检路线按设备、部件、项目分层组织；每一条巡检路线可定义巡检或点检两种模式。

（2）巡检项目齐全，巡检工作人员录入方便；系统设定了"观察类"、"记录类"、"代码类"、"测温类"、"测振类"五种巡检项目类型。

（3）强大服务器软件的信息处理与统计功能。

1）信息查询是系统对信息进行处理的主要部分，通过不同的查询功能可以按不同的方式对信息进行处理、分析获得所需的结果。系统提供五种查询方式，即工作查询、异常查询、缺陷查询、结果趋势查询、漏检查询。

2）考核统计功能主要是对巡检工作人员的日常巡检工作的统计，以便考核巡检工作人员的工作情况，主要包括路线统计、到位检查、工时统计、异常统计、漏检统计。

异常统计用于统计设备有无异常情况或是有哪些异常情况；路线统计、到位检查、工时统计用于统计巡检工作人员到达巡检现场各个检查点的时间，以及在各个检查点耗费的时间。漏检统计用于巡检人员在应巡检周期内未检查项目的条数，以及哪些已派发而未下传的点检计划。

3）报表功能系统设计有各种完善的报表，并且用户能够根据实际需要定制各种报表。

4）缺陷管理系统可以按巡检人员、巡检日期、缺陷类别、设备等方式作为检索条件，方便地统计设备的缺陷情况，同时也可以将设备缺陷转给其他系统，以便与其他系统集成。

变电站智能化巡检信息管理系统，是变电设备运行维护单位用来辅助变电设备及其附属设施进行日常巡视和检查工作的信息系统。此系统的使用将改变以往设备大修制定计划需要再三催促各部门上报计划，而各部门进行上报时又需要翻查大量资料统计设备信息，不但工作效率低还有可能漏报的状况。应用该信息管理系统后，大修计划的制定只是举手之劳的事，设备的安全运行水平、管理效率都得到了极大的提高，不但可以及时掌握设备的第一手现场资料，而且可以快速地进行处理。变电站智能化巡检信息管理系统大大提高了设备的健康水平，保证了各项生产任务优质高效地完成。

讨论题：说明该变电站智能化巡检信息管理系统的特点。

（资料来源：http://www.examda.com/dq/jyjl/20110725/104838182.html）

小   结

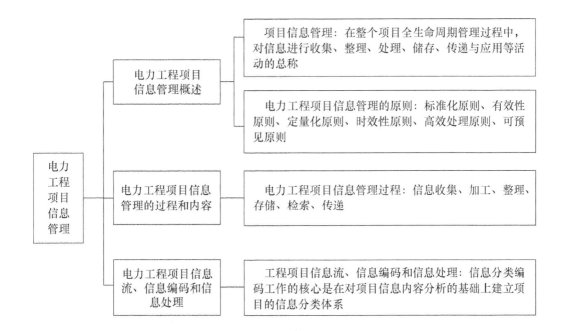

思考题与习题

1. 什么叫信息？数据和信息的关系怎样？
2. 工程项目信息包括哪些方面？
3. 工程项目信息管理的原则有哪些？
4. 工程项目信息管理的内容是什么？
5. 什么叫信息编码？建设工程项目信息编码应该遵循哪些原则？
6. 什么是工程项目信息管理系统？

第十一章　电力工程项目安全文明管理

学习目标

（1）熟悉安全文明管理的概念、原则及一般内容。
（2）熟悉电力工程项目安全检查制度。
（3）熟悉电力工程项目文明施工与环境保护的内容。

本章提要

　　电力工程项目建设的特点是产品固定、人员流动，且多为露天作业、高处作业，施工环境和作业条件差，不安全因素较多，所以属于事故多发行业之一。因此，在电力工程项目的建设过程中，安全文明管理是保证电力建设产品安全性能，保障项目团队成员生命财产安全的重要途径。本章主要介绍安全文明管理的概念、原则，电力工程项目安全文明管理的相关制度、安全检查、文明施工与环境保护的内容。

第一节　电力工程项目安全文明管理概述

一、安全文明管理的概念

　　安全文明管理是指在项目实施过程中为实现安全生产、文明施工而进行的一系列的管理活动。其中工程项目安全生产是指工程项目实施过程中要避免人员、财产的损失，对周围环境的破坏，及其他不可接受的损害风险（危险）的状态。它包括工程项目实施过程中的施工现场人身安全，财产设备安全，施工现场及附近的道路、管线和房屋的安全，施工现场和周围的环境保护及工程建成后的使用安全等多方面的内容。不可接受的损害风险（危险）通常是指：超出了法律、法规和规章的要求；超出了方针、目标和企业规定的其他要求；超出了人们普遍接受（通常是隐含）的要求。因此，安全与否要对照风险接受程度来判定，是一个相对性的概念。

　　工程文明施工是企业精神文明建设的重要内容，文明施工主要是指工程建设实施阶段过程中，确保施工作业现场的有序、规范、标准、整洁、科学的工程建设施工、生活环境。它是改善作业人员的劳动条件，适应新的环境，提高施工效益，消除对环境污染，提高人的文明程度和自身素质，确保安全生产作业，提高工程质量的有效途径。文明施工对增加企业效益，提高企业社会知名度，促进生产力发展，增强市场竞争能力起到积极的推动作用。文明施工已经成为施工企业的一个有效的无形资产，已被广大电力建设者认可，对施工企业的发展将发挥其应有的作用。

　　电力工程项目安全文明管理的目的是：通过安全文明管理，创造良好的项目实施环境和作业条件，使项目活动安全化、文明化，减少或避免事故发生，保证职工的健康和安全。针对电力工程项目自身的特点，根据电力工程项目的大量实践，要通过以下三个方面来达到安全管理的目的。

（1）认真贯彻"安全第一，预防为主"的方针。

（2）充分调动项目组织内部各部门和全体项目团队成员搞好安全管理的积极性。

（3）切实有效地运用现代科学技术和安全管理技术，做好设计等方面的工作，以预防为主，消除各种危险因素。

二、安全文明管理的基本原则

安全文明管理是工程项目管理的重要组成部分，特别是工程现场施工安全管理尤为重要，主要是组织实施企业安全管理规划、指导、检查和决策，同时，又是保证项目处于最佳安全状态的根本环节。实施安全管理过程中，必须正确处理五种原则。

（1）安全与危险并存原则。安全与危险总是存在同一事物的运动中。因为有危险，才要进行安全管理，以防止危险。随着事物的运动变化，安全与危险每时每刻都在变化着，进行着此消彼长的斗争。因此，在事物的运动中，不会存在绝对的安全或绝对的危险。要保持项目实施的安全状态，必须采取多种措施，以预防为主。危险因素客观地存在于事物运动之中的，自然是可知的，也是可控的。

（2）安全与生产的统一原则。安全是生产的客观要求，就生产的目的性来说，组织好安全生产就是对国家、人民和社会最大的负责。生产有了安全保障，才能持续、稳定发展。当生产与安全发生矛盾，危及职工生命或国家财产时，生产活动停下来整治、消除危险因素以后，生产形势会变得更好。"安全第一"的提法，绝非把安全摆到生产之上。忽视安全自然是一种错误。

（3）安全与质量的包含原则。从广义上看，质量包含安全工作质量，安全概念也内含着质量。安全与质量相互作用，互为因果。安全第一，质量第一，两个第一并不矛盾。安全第一是从保护生产因素的角度提出的，而质量第一则是从关心产品成品的角度强调的。安全为质量服务，质量需要安全保证。

（4）安全与速度互保原则。生产上的蛮干、乱干，在侥幸中求得的快，缺乏真实与可靠，一旦酿成不幸，非但无速度可言，反而会延误时间。速度应以安全作保障，安全就是速度。我们应追求安全加速度，竭力避免安全减速度。一味强调速度，置安全于不顾的做法是极其有害的。当速度与安全发生矛盾时，暂时减缓速度，保证安全才是正确的做法。

（5）安全与效益的兼顾原则。安全技术措施的实施，一定会改善劳动条件，调动职工的积极性，焕发员工劳动热情，带来经济效益，足以使原来的投入得以补偿。从这个意义上说，安全与效益完全是一致的，安全促进了效益的增长。

在安全管理中，投入要适度、适当，精力细算，统筹安排，既要保证安全生产，又要经济合理，还要考虑力所能及。单纯为了省钱而忽视安全生产，或单纯追求不惜资金的盲目高标准，都不可取。

三、安全文明管理的内容

电力工程项目实施不同于一般的工程项目，其特点是点多、面广、线长，实施过程中存在着许多不安全因素，控制人的不安全行为和物的不安全状态是其安全控制的重点。电力工程项目安全文明管理的主要内容包括：

（1）执法和守法。项目实施人员首先应熟悉相关的法律法规，并在工程项目实施过程中严格执行；同时，应针对工程项目的特点，制定自己的安全管理制度，并以此为依据，对项目实施过程进行经常性的、制度化和规范化的管理。按照安全法规的规定进行工作，使安全法规变为行动，产生效果。

（2）健全落实安全控制组织机构，形成安全组织系统；明确各部门人员的职责，形成全控制要素系统。最终形成具有安全控制和管理功能的有机整体。

（3）进行安全教育与训练。进行安全教育与训练，树立安全意识，提高安全生产素质，有效地防止人的不安全行为，减少人的失误。安全教育、训练是进行人的行为控制的重要方法和手段。因此，进行安全教育和训练要适时、宜人，内容合理，方式多样，形成制度。组织安全教育、训练应做到严肃、严格、严密、严谨，讲求实效。

（4）采取安全技术措施。针对工程项目实施中已知的或已出现的危险因素，采取的一切消除或控制的技术性措施，统称为安全技术措施。针对项目的不安全状态的形成与发展，采取安全技术措施，将物的不安全状态消除在生产作业活动进行之前或引发事故之前，这是安全管理的重要任务之一。安全技术措施是改善作业工艺，控制生产因素不安全状态，预防与消除危险因素对人产生伤害的有效手段。安全技术措施包括为使项目安全实现的一切技术方法与措施，以及避免损失扩大的技术手段。安全技术措施应针对具体的危险因素或不安全状态，以控制危险因素的生成与发展为重点，以控制效果的好坏作为评价安全技术措施的唯一标准。

（5）进行安全监督检查与考核。安全检查与考核的目的是及时消除不安全因素，监督检查执行安全法规的状况等，从而进行安全改进，清除隐患，提高安全控制水平。安全检查的形式有定期安全检查、突击性安全检查和特殊检查。定期安全检查是指列入安全管理活动计划，有一定时间间隔的安全检查；突击性安全检查是指无固定检查周期对特别阶段、特殊设备等进行的安全检查；特殊检查是指对预料中可能会带来新的危险因素的新安装设备、新采用的工艺、新完成的工序，以发现危险因素为专题的安全检查。安全检查的内容主要是查思想、查管理、查制度、查现场、查隐患、查事故处理。

（6）作业标准化。在操作者产生的不安全行为中，由于不熟悉正确的操作方法，而坚持自己的操作习惯等原因所占比例较大。按科学的作业标准规范人的行为，有利于控制人的不安全行为，减少人的失误。实施作业标准化的首要条件是制定作业标准。作业标准的制定应采取技术人员、管理人员、操作者三者结合的方式，根据操作的具体条件制定，并坚持反复实践、反复修订后加以确定的原则。作业标准应明确规定操作程序、步骤，并尽量使操作简单化、专业化；作业标准必须符合作业特点和规律，作业场地布置、使用工具设备、操作幅度等，应符合人机学的要求。

（7）文明施工的责任制。供电建设工程工地文明施工实行建设单位监督检查下的承包单位负责制。承包单位在施工组织设计中必须要有文明施工的内容、保证施工的安全文明施工的措施、安全文明施工对施工单位的要求，应该将文明施工、环境卫生和设施、设备等纳入施工组织设计中，制定项目工地环境卫生管理制度及文明施工制度，并由项目经理（负责人）组织实施。

（8）文明施工对工地施工过程的要求。供电建设工程工地四周应按规定设置连续、密闭的围栏；按照文明施工的管理规定，施工工地应设置施工标牌，标牌的内容包括施工现场工地的门头、大门、旗杆，各企业须统一标准。施工企业可根据各自的特色，标明公司、企业的规范简称，工地内还须立旗杆，升挂公司、企业等旗帜。建设工程工地其他临时设施也要符合文明施工的要求，区域分布要清楚，施工区域与非施工区域（生活、办公区域）严格分隔，场容场貌整齐、整洁、有序、文明；施工区域或危险区域有醒目的警示标志，并采取安全保护措施。材料设备应在固定地点整齐堆放，施工现场道路应畅通，场地应平整、无大面积积水等。

（9）文明施工对工地环境卫生的规定。建设工程工地内应设置醒目的环境卫生宣传标牌和责任区包干图。按照卫生标准要求，配置"五有"设施，即食堂、宿舍（更衣室）、浴室、厕所、医务室（医学急救箱），并且还须设置茶水供应点（桶），冬季注意保温，茶桶必须有盖加锁。夏季施工应有防暑降温措施，生活垃圾应及时清运。"五有"设施须制订责任制、落实责任人。宿舍应统一安排、日常生活用品力求统一，放置整齐；现场办公室、更衣室、厕所、浴室要有专人管理，定期清扫保持整齐清洁。

（10）文明施工中对工地的文明建设要求。做好施工现场（工地）的宣传工作。在有条件的工地，四周围墙、外墙以及其他地方应设反映行业精神、时代风貌的醒目宣传标语。工地内须设置宣传栏、黑板报或读报栏等宣传阵地，及时反映工地内外各类动态，文字须规范。

工程项目部的安全管理组织的建立应符合安全生产保证体系，项目的安全管理组织的建立应符合安全生产保证体系及上级主管部门和相关法律、法规和规章的要求，并适合工程项目的实际状况。

（1）安全组织机构。可在原有的管理机构中明确安全职能所在部门（或岗位），也可按工程规模和状况要求，增设专门的安全组织机构，有条件的可设置安全工程师岗位，安全组织机构设置的原则是精简、符合实际且有效率。

（2）规定职责和权限。对与安全有关的管理、执行和检查、监督部门和人员，应明确其职责、权限和相互关系。安全体系的要素应有机地分配到有关岗位，明确各要素的主管岗位和相关配合岗位，建立健全安全生产责任制，并形成文件。

（3）资源。为使工程项目部能正常有效地实施安全管理，应确定并提供充分而必要的资源，必须配备与安全要求相适应并经培训考核持证的管理、执行和检查人员。

四、安全技术措施计划

电力建设安全技术措施是为了改善作业劳动条件，防止伤亡事故，消除职业病和保障员工安全健康方面拟订的各项措施。它与施工组织或施工方案中的安全生产措施，是两种不同形式内容的工作，但往往相互又有联系。前者是从企业改善劳动条件的安全技术措施，后者是为了保护员工在施工中安全健康，可采取的安全生产措施。

（1）承包企业或项目部在编制生产、技术、财务、计划的同时，必须编制安全技术措施，安全技术措施所需的设备、材料，应该确定实现的期限和负责人。企业领导人应该对安全技术措施计划的编制和贯彻执行负责。

（2）项目安全技术措施的范围，包括以改善劳动条件、防止伤亡事故为目的的各项措施，不应与生产、福利等措施混同。

（3）项目安全技术措施所需经费，按照规定属于增加固定资产的，应列入固定资产经费；属于其他零星支出的，摊入生产成本。企业主管部门应根据所属企业安全技术措施的需要，合理地安排资金。

五、安全文明计划成果

电力工程项目安全文明计划成果，是结合项目工程实际就如何贯彻施工现场安全保证体系标准的要求，制订安全管理目标，规定的专门安全管理措施、资源和活动顺序，以保证项目安全管理目标实现的管理性文件。它与施工项目部制定的其他计划相协调。安全文明计划的成果有：工程项目安全管理目标，工程项目部安全管理组织结构，安全管理职责、权限，安全与文明标识布置策划，规章、制度，安全管理控制程序，安全管理措施，奖惩规定。

第二节　电力工程项目安全文明监督与检查

一、安全检查的概念与必要性

安全检查是安全管理的主要内容，是识别和发现不安全因素，揭示和消除事故隐患，加强防护措施，预防工伤事故和职业危害的重要手段。安全检查工作具有经常性、专业性和群众性特点。通过检查增强广大职工的安全意识，促进企业对劳动保护和安全生产方针、政策、规定、制度的贯彻落实，解决安全生产中存在的问题，有利于改善企业的劳动条件和安全生产状况，预防工伤事故发生；通过互相检查、相互督促、交流经验，取长补短，进一步推动企业搞好安全生产。

电力建设工程施工是一项复杂的生产过程，在同一个施工现场需要组织多工种，甚至多单位协同施工。有的改造项目，涉及运行设备的部分停电作业，为理顺、协调各方面的关系，使其紧密配合，保证正常施工，需要进行严密的计划组织和控制，并针对该项工程施工中存在的不安全因素进行监督检查，从管理控制上采取措施。项目安全管理组织结构要保证安全管理运行机制的运转，有计划、不间断地检查和审核并持续改进，有序、协调一致地处理体系中的安全事务，从而螺旋上升循环，保持安全体系不断完善提高。

由于电力工程项目施工多数情况为高空作业，而且现场情况多变，又是多工种立体交叉作业。在施工作业中，为了及时发现事故隐患，排除施工中的不安全因素，纠正违章作业，监督安全技术措施的执行，堵塞事故漏洞，防患于未然，必须对安全生产中易发生事故的主要环节、部位、工艺完成情况进行全过程的动态监督检查，以不断改善劳动条件，防止工伤事故、设备事故和物损事故。

二、安全检查的类型

1. 定期安全检查

定期安全检查即依据企业安全委员会指定的日期和规定的周期进行安全大检查。检查工作由企业领导中分管安全的负责人组织，吸收职能部门、工会和群众代表参加。每次检查可根据企业的具体情况决定检查的内容，检查人员要深入施工现场或岗位实地进行检查，及时发现问题，消除事故隐患。如一时解决不了的问题，应订出计划和措施，定人、定位、定时、定责加以解决，不留尾巴，力求实效。检查结束后，要作出评语和总结。

各级定期检查具体实施规定：①工程局每半年进行一次，或在重大节假日前组织检查；②工程处每季度组织一次检查；③工程段每月组织一次检查；④施工队每旬进行一次检查。

2. 非定期安全检查

鉴于施工作业的安全状态受地质条件、作业环境、气候变化、施工对象、施工人员素质等复杂情况的影响，工伤事故时有发生时，除定期安全检查外，还要根据客观因素的变化、开展经常性安全检查，具体内容如下。

（1）施工准备工作安全检查。每项工程开工前，由单位隶属的上级单位组织有关部门进行安全检查，其主要内容有施工组织中是否有安全设计，施工机械设备是否符合技术和安全规定，安全防护设施是否符合要求，施工方案是否进行书面安全技术交底，各种工序是否有安全措施等。

（2）季节性安全检查。根据施工的气候特点，企业安全管理部门会同其他有关部门适时进行检查。例如夏季检查防洪、防暑、防雷击情况，冬季检查防冻、防煤气中毒、防火、防滑情况，春秋季检查防风沙、防火情况。

（3）节假日前期安全检查。节前职工安全生产的思想松懈，易发生事故，应进行防火、防爆、文明施工等方面的综合检查，发现隐患及时排除。节后为防止职工纪律松弛，应从遵纪守法状况，从节前所查隐患整改落实情况进行检查。

（4）专业性安全检查。对国家规定的焊接、电气、锅炉、风力容器、起重等特种作业，可组织专业安全检查组分别进行检查，及时了解各种专业设备的安全性能、管理使用状况，及岗位人员的安全技术素质等情况，对检查的危及职工人身安全的问题，及时采取措施解决。

（5）专职安全人员日常检查。企业专职安全人员要经常深入施工现场，进行日常巡回检查，这是安全检查最基本、最重要的方法。因为专职安全人员经过专门安全技术培训，富有经验，善于发现事故隐患，准确反映企业安全生产状况，并能督促施工单位进行整改。

三、安全检查的内容

安全检查的一般内容通常为查思想、查管理、查制度、查隐患、查事故处理。

（1）查思想。就是检查企业各级领导和广大职工安全意识强不强；对安全管理工作认识是否明确，贯彻执行党和国家制定的安全生产方针、政策、规章、规程的自觉性高不高；是否树立了"安全第一，预防为主"的思想；各级领导是否把安全工作纳入重要的议事日程，切实履行安全生产责任制中的职责；是否关心职工的安全和健康；广大职工是否人人关心安全生产，在进度与安全发生矛盾时，能否服从安全需要。

（2）查管理、查制度。就是检查企业在生产管理中，对安全工作是否做到了"五同时"（计划、布置、检查、总结、评比生产工作的同时）；在新建、扩建、改建工程中，是否做到了"三同时"（即在新建、扩建、改建工程中，安全设施要同时设计、同时施工、同时投产）。此外，是否结合本单位的实际情况，建立和健全了如下安全管理制度：①安全管理机构；②安全生产责任制；③安全奖惩制度；④定期研究安全工作的制度；⑤安全教育制度；⑥安全技术措施管理制度；⑦安全检查制度；⑧事故调查处理制度；⑨特种作业管理制度；⑩保健、防护用品的发放管理制度；⑪尘毒作业、职业病及职工禁忌证管理制度。同时要检查上述制度的执行情况，发现各级管理人员和岗位作业职工违反规章制度的，要给予批评、教育。

（3）查隐患。就是深入施工现场，检查企业的劳动条件、劳动环境有哪些不安全因素。例如施工场所的通道、照明、材料堆放、温度、湿度、"四口"（即升降口、楼梯口、预留洞口、通道口）等是否符合安全卫生要求；施工中常用的机电设备和各种压力容器有无信号、刹车、制动等安全装置，用于高空作业的梯子、跳板、马道、架子、围栏和安全网的架设是否牢固可靠；起重作业的机具、绳索、保险装置是否符合运行技术标准；对易燃、易爆和腐蚀性物品的使用、保管是否符合安全规定；个人劳保用品的分发和使用是否符合要求等。检查人员对随时发现的可能造成伤亡事故的重大隐患，有权下令停工，并报告有关领导，待隐患排除后才能复工。

（4）查事故处置。检查企业对发生的工伤事故是否按"找不出原因不放过，本人和群众受不到教育不放过，没有制定出防范措施不放过"的原则，进行严肃认真的处理，即是否及时、准确地向上级报告和进行统计。检查中如发现隐瞒不报、虚报或者故意延迟报告的情况，除责成补报外，对单位负责人应给予纪律处分或刑事处理。

对于电网建设项目而言，进行安全控制的对象，一是作业现场的人的不安全行为，二是物的不安全状态。监督检查重点放在现场反违章的人的不安全行为及物的不安全状态检查上，要点放在规章制度是否有违章、人的行为是否违章，以及是否存在装置违章及环境文明施工的抽查上。

（1）规章制度。项目组织未建立安全管理规章制度，属于管理违章。应检查安全组织机构情况、人员配备、学习培训记录、贯彻落实、活动记录等。

（2）行为。检查作业现场作业人员安全自我防护意识、安全工器具及防护用品的佩戴使用、特种作业人员持证情况、特殊作业的监控落实、安全专职的在岗情况等。

（3）装置。检查作业现场的安全防护，安全防护不到位也属于装置违章。应检查作业现场的各种防护围栏、机械设备、安全措施等。

（4）环境文明。环境文明的检查一般情况是结合安全监督检查一同进行，环境卫生按照计划实施后，重点是控制保持。由于受现场条件的限制，往往得不到承包企业的重视，必须引起管理人员重视。

项目施工安全文明检查应结合工程的进度特点进行，以查领导、查思想、查制度、查落实、查隐患、查违章为主要内容，对暴露出来的安全设施的不安全状态、人的违章操作或指挥的不安全行为、文明施工和环境保护工作中存在的缺陷等情况做好记录，对一般问题或隐患当即口头通知有关部门和人员，对重大问题或隐患应出具隐患整改通知书，做到边查边改边复查。

第三节　电力工程项目文明施工与环境保护

一、文明施工与环境保护的概念及意义

（一）文明施工与环境保护的概念

文明施工是保持施工现场作业环境、卫生环境和工作秩序良好。文明施工主要包括以下几个方面的工作：

（1）规范施工现场的场容，保持作业环境的整洁卫生；

（2）科学组织施工，使生产有序进行；

（3）减少施工对周围居民和环境的影响；

（4）保证职工的安全和身体健康。

环境保护是按照法律法规、各级主管部门和企业的要求，保护和改善作业现场的环境，控制现场的各种粉尘、废水、废气、固体废弃物、噪声、振动等对环境的污染和危害。环境保护也是文明施工的重要内容之一。

（二）文明施工的意义

（1）文明施工能促进企业综合管理水平的提高，保持良好的作业环境和秩序，对促进安全生产、加快施工进度、保证工程质量、降低工程成本、提高经济和社会效益有较大作用。文明施工涉及人、财、物各个方面，贯穿于施工全过程之中，体现了企业在工程项目施工现场的综合管理水平。

（2）文明施工是适应现代化施工的客观要求。现代化施工更需要采用先进的技术、工艺、材料、设备和科学的施工方案，需要严密组织、严格要求、标准化管理和较好的职工素质等。文明施工能适应现代化施工的要求，是实现优质、高效、低耗、安全、清洁、卫生的有效手段。

（3）文明施工代表企业的形象。良好的施工环境与施工秩序，可以得到社会的支持和信赖，提高企业的知名度和市场竞争力。

（4）文明施工有利于员工的身心健康，有利于培养和提高施工队伍的整体素质。文明施工可以提高职工队伍的文化、技术和思想素质，培养尊重科学、遵守纪律、团结协作的大生产意识，促进企业精神文明建设和施工队伍整体素质的提高。

（三）现场环境保护的意义

（1）保护和改善施工环境是保证人们身体健康和社会文明的需要。采取专项措施防止粉尘、噪声和水源污染，保护好作业现场及其周围的环境，是保证职工和相关人员身体健康、体现社会总体文明的一项利国利民的重要工作。

（2）保护和改善施工现场环境是消除对外部干扰、保证施工顺利进行的需要。随着人们的法制观念和自我保护意识的增强，尤其在城市中，施工扰民问题反映突出，应及时采取防治措施，减少对环境的污染和对市民的干扰，这也是施工生产顺利进行的基本条件。

（3）保护和改善施工环境是现代化大生产的客观要求。现代化施工广泛应用新设备、新技术、新的生产工艺，对环境质量要求很高，如果粉尘、振动超标就可能损坏设备、影响功能发挥，使设备难以发挥其作用。

（4）节约能源、保护人类生存环境是保证社会和企业可持续发展的需要。人类社会即将面临环境污染和能源危机的挑战，为了保护子孙后代赖以生存的环境条件，每个公民和企业都有责任和义务保护环境。良好的环境和生存条件，也是企业发展的基础和动力。

二、文明施工的组织与管理

（一）组织和制度管理

（1）施工现场应成立以项目经理为第一责任人的文明施工管理组织。分包单位应服从总包单位的文明施工管理组织的统一管理，并接受监督检查。

（2）各项施工现场管理制度应有文明施工的规定，包括个人岗位责任制、经济责任制、安全检查制度、持证上岗制度、奖惩制度、竞赛制度和各项专业管理制度等。

（3）加强和落实现场文明检查、考核及奖惩管理，以促进施工文明管理工作的提高。检查范围和内容应全面周到，包括生产区、生活区、场容场貌、环境文明及制度落实等内容。检查发现的问题应采取整改措施。

（二）建立收集文明施工的资料及其保存的措施

（1）上级关于文明施工的标准、规定、法律法规等资料。

（2）施工组织设计（方案）中对文明施工的管理规定，各阶段施工现场文明施工的措施。

（3）文明施工自检资料。

（4）文明施工教育、培训、考核计划的资料。

（5）文明施工活动各项记录资料。

（三）加强文明施工的宣传和教育

（1）在坚持岗位练兵基础上，要采取派出去、请进来、短期培训、上技术课、登黑板报、广播、看录像、看电视等方法狠抓教育工作。

（2）要特别注意对临时工的岗前教育。

（3）专业管理人员应熟悉并掌握文明施工的规定。

三、现场文明施工的基本要求

（1）施工现场必须设置明显的标牌，标明工程项目名称、建设单位、设计单位、施工单位、项目经理和施工现场总代表人的姓名，以及开、竣工日期和施工许可证批准文号等。施工单位负责施工现场标牌的保护工作。

（2）施工现场的管理人员在施工现场应当佩戴证明其身份的证卡。

（3）应当按照施工总平面布置图设置各项临时设施。现场堆放的大宗材料、成品、半成品和机具设备不得侵占场内道路及安全防护等设施。

（4）施工现场的用电线路、用电设施的安装和使用必须符合安装规范和安全操作规程，并按照施工组织设计进行架设，严禁任意拉线接电。施工现场必须设有保证施工安全要求的夜间照明；危险潮湿场所的照明及手持照明灯具，必须采用符合安全要求的电压。

（5）施工机械应当按照施工总平面布置图规定的位置和线路设置，不得任意侵占场内道路。施工机械进场须经过安全检查，经检查合格的方能使用。施工机械操作人员必须建立机组责任制，并依照有关规定持证上岗，禁止无证人员操作。

（6）应保证施工现场道路畅通，排水系统处于良好的使用状态；保持场容场貌的整洁，随时清理建筑垃圾。在车辆、行人通行的地方施工，应当设置施工标志，并对沟井坎穴进行覆盖。

（7）施工现场的各种安全设施和劳动保护器具，必须定期进行检查和维护，及时消除隐患，保证其安全有效。

（8）施工现场应当设置各类必要的职工生活设施，并符合卫生、通风、照明等要求。职工的膳食、饮水供应等应当符合卫生要求。

（9）应当做好施工现场安全保卫工作，采取必要的防盗措施，在现场周边设立围护设施。

（10）应当严格依照《中华人民共和国消防条例》的规定，在施工现场建立和执行防火管理制度，设置符合消防要求的消防设施，并保持完好的备用状态。在容易发生火灾的地区施工，或者储存、使用易燃易爆器材时，应当采取特殊的消防安全措施。

（11）施工现场发生工程建设重大事故的处理，依照《工程建设重大事故报告和调查程序规定》执行。

四、大气污染的防治

（一）大气污染物的分类

大气污染物的种类有数千种，已发现有危害作用的有 100 多种，其中大部分是有机物。大气污染物通常以气体状态和粒子状态存在于空气中。

（1）气体状态污染物。气体状态污染物具有运动速度较大、扩散较快，在周围大气中分布比较均匀的特点。气体状态污染物包括分子状态污染物和蒸汽状态污染物。

1）分子状态污染物，指在常温常压下以气体分子形式分散于大气中的物质，如燃料燃烧过程中产生的二氧化硫（SO_2）、氮氧化物（NO_x）、一氧化碳（CO）等。

2）蒸气状态污染物，指在常温常压下易挥发的物质，以蒸气状态进入大气，如机动车尾气、沥青烟中含有的碳氢化合物等。

（2）粒子状态污染物。粒子状态污染物又称固体颗粒污染物，是分散在大气中的微小液滴和固体颗粒，粒径在 0.01～100μm 之间，是一个复杂的非均匀体。通常根据粒子状态污染物在重力作用下的沉降特性，又可分为降尘和飘尘。

1）降尘，指在重力作用下能很快下降的固体颗粒，其粒径大于 10μm。

2）飘尘，指可长期飘浮于大气中的固体颗粒，其粒径小于 10μm。飘尘具有胶体的性质，故又称为气溶胶，它易随呼吸进入人体肺脏，危害人体健康，故称为可吸入颗粒。

施工工地的粒子状态污染物主要有锅炉、熔化炉、厨房烧煤产生的烟尘，还有建材破碎、筛分、碾磨、加料过程和装卸运输过程产生的粉尘等。

（二）大气污染的防治措施

大气污染的防治措施主要针对上述粒子状态污染物和气体状态污染物进行治理，主要方法如下：

（1）除尘技术。在气体中除去或收集固态或液态粒子的设备称为除尘装置。其主要种类有机械除尘装置、洗涤式除尘装置、过滤除尘装置和电除尘装置等。工地的烧煤茶炉、锅炉、炉灶等应选用装有上述除尘装置的设备。工地其他粉尘可用遮盖、淋水等措施防治。

（2）气态污染物治理技术。大气中气态污染物的治理技术主要有以下几种方法。

1）吸收法：选用合适的吸收剂，可吸收空气中的 SO_2、H_2S、HF、NO_x 等。

2）吸附法：让气体混合物与多孔性固体接触，将混合物中的某个组分吸留在固体表面。

3）催化法：利用催化剂将气体中的有害物质转化为无害物质。

4）燃烧法：通过热氧化作用，将废气中的可燃有害部分，化为无害物质的方法。

5）冷凝法：使处于气态的污染物冷凝，从气体中分离出来的方法。该法特别适合处理有较高浓度的有机废气，如对沥青气体的冷凝，回收油品。

6）生物法：利用微生物的代谢活动，将废气中的气态污染物转化为少害甚至无害的物质。该法应用广泛、成本低廉，但只适用于低浓度污染物。

（3）施工现场空气污染的防治措施。

1）施工现场垃圾渣土要及时清理出现场。

2）高大建筑物清理施工垃圾时，要使用封闭式的容器或者采取其他措施处理高空废弃物，严禁凌空随意抛撒。

3）施工现场道路应指定专人定期洒水清扫，形成制度，防止道路扬尘。

4）对于细颗粒散体材料（如水泥、粉煤灰、白灰等）的运输、储存，要注意遮盖、密封，防止和减少飞扬。

5）车辆开出工地要做到不带泥沙，基本做到不洒土、不扬尘，减少对周围环境的污染。

6）除设有符合规定的装置外，禁止在施工现场焚烧油毡、橡胶、塑料、皮革、树叶、枯草、各种包装物等废弃物品及其他会产生有毒、有害烟尘和恶臭气体的物质。

7）机动车都要安装减少尾气排放的装置，确保符合国家标准。

8）工地茶炉应尽量采用电热水器，若只能使用烧煤茶炉和锅炉时，应选用消烟除尘型茶炉和锅炉，大灶应选用消烟节能回风炉灶，使烟尘降至允许排放的范围内。

9）大城市市区的建设工程已不容许搅拌混凝土。在容许设置搅拌站的工地，应将搅拌站封闭严密，并在进料仓上方安装除尘装置，采用可靠措施控制工地粉尘污染。

10）拆除旧建筑物时，应适当洒水，防止扬尘。

五、水污染的防治

（一）水污染物主要来源

（1）工业污染源，指各种工业废水向自然水体的排放。

（2）生活污染源，主要有食物废渣、食油、粪便、合成洗涤剂、杀虫剂、病原微生物等。

（3）农业污染源，主要有化肥、农药等。

施工现场废水和固体废物随水流流入水体部分，包括泥浆、水泥、油漆、各种油类、混凝土外加剂、重金属、酸碱盐、非金属无机毒物等。

（二）废水处理技术

废水处理的目的是将废水中所含的有害物质清理分离出来。废水处理可分为物理法、化学法、物理化学方法和生物法。

（1）物理法，利用筛滤、沉淀、气浮等方法。

（2）化学法，利用化学反应来分离、分解污染物，或使其转化为无害物质的处理方法。

（3）物理化学方法，主要有吸附法、反渗透法、电渗析法。

（4）生物法，利用微生物新陈代谢功能，将废水中呈溶解和胶体状态的有机污染物降解，并转化为无害物质，使水得到净化。

（三）施工过程水污染的防治措施

（1）禁止将有毒有害废弃物作土方回填。

（2）施工现场搅拌站废水，现制水磨石的污水，电石（碳化钙）的污水必须经沉淀池沉淀合格后再排放，最好将沉淀水用于工地洒水降尘或采取措施回收利用。

（3）现场存放油料，必须对库房地面进行防渗处理。例如采用防渗混凝土地面、铺油毡等措施。使用时，要采取防止油料跑、冒、滴、漏的措施，以免污染水体。

（4）施工现场 100 人以上的临时食堂，污水排放时可设置简易有效的隔油池，定期清理，防止污染。

（5）工地临时厕所、化粪池应采取防渗漏措施。中心城市施工现场的临时厕所可采用水冲式厕所，并有防蝇、灭菌措施，防止污染水体和环境。

（6）化学用品、外加剂等要妥善保管，库内存放，防止污染环境。

六、施工现场的噪声控制

（一）噪声的相关知识

1. 声音与噪声

声音是由物体振动产生的，当频率在 20～20 000Hz 时，作用于人的耳鼓膜而产生的感觉称为声音。由声构成的环境称为"声环境"。当环境中的声音对人类、动物及自然物没有产生不良影响时，就是一种正常的物理现象。相反，对人的生活和工作造成不良影响的声音就称为噪声。

2. 噪声的分类

（1）噪声按照振动性质可分为气体动力噪声、机械噪声、电磁性噪声。

（2）按噪声来源可分为交通噪声（如汽车、火车、飞机等）、工业噪声（如鼓风机、汽轮机、冲压设备等）、建筑施工噪声（如打桩机、推土机、混凝土搅拌机等发出的声音）、社会生活噪声（如高音喇叭、收音机等）。

3. 噪声的危害

噪声是影响与危害非常广泛的环境污染问题。噪声环境可以干扰人的睡眠与工作、影响人的心理状态与情绪，造成人的听力损失，甚至引起许多疾病，此外噪声对人们的对话干扰也是相当大的。

（二）施工现场噪声的控制措施

噪声控制技术可从声源、传播途径、接收者防护、严格控制人为噪声、控制强噪声作业的时间等方面来考虑。

1. 声源控制

声源控制是指从声源上降低噪声，这是防止噪声污染的最根本的措施。

（1）尽量采用低噪声设备和工艺代替高噪声设备与加工工艺，如低噪声振捣器、风机、电动空压机、电锯等。

（2）在声源处安装消声器消声，即在通风机、鼓风机、压缩机、燃气机、内燃机及各类排气放空装置的进出风管的适当位置设置消声器。

2. 传播途径的控制

在传播途径上控制噪声的方法主要有以下几种。

（1）吸声。利用吸声材料（大多由多孔材料制成）或由吸声结构形成的共振结构（金属或木质薄板钻孔制成的空腔体）吸收声能，降低噪声。

（2）隔声。应用隔声结构，阻碍噪声向空间传播，将接收者与噪声声源分隔。隔声结构包括隔声室、隔声罩、隔声屏障、隔声墙等。

（3）消声。利用消声器阻止传播。允许气流通过的消声器是防治空气动力性噪声的主要装置。例如对空气压缩机、内燃机产生的噪声等。

（4）减振降噪。对来自振动引起的噪声，通过降低机械振动减小噪声，如将阻尼材料涂在振动源上，或改变振动源与其他刚性结构的连接方式等。

3. 接收者的防护

让处于噪声环境下的人员使用耳塞、耳罩等防护用品，减少相关人员在噪声环境中的暴露时间，以减轻噪声对人体的危害。

4. 严格控制人为噪声

进入施工现场不得高声喊叫、无故甩打模板、乱吹哨，限制高音喇叭的使用，最大限度地减少噪声扰民。

5. 控制强噪声作业的时间

凡在人口稠密区进行强噪声作业时，须严格控制作业时间，一般晚10点到次日早6点之间停止强噪声作业。确系特殊情况必须昼夜施工时，尽量采取降低噪声的措施，并会同建设单位找当地居委会、村委会或当地居民协调，出安民告示，求得群众谅解。

（三）施工现场噪声的限值

根据国家标准GB/T 12523—1990《建筑施工场界噪声限值》的要求，对不同施工作业的噪声限值见表11-1。在工程施工中，要特别注意不得超过国家标准的限值，尤其是夜间禁止打桩作业。

表 11-1 建筑施工场界噪声限值

施工阶段	主要噪声源	噪声限值 [dB（A）]	
		昼 间	夜 间
土石方	推土机、挖掘机、装载机等	75	55
打桩	各种打桩机械等	85	禁止施工
结构	混凝土搅拌机、振捣棒、电锯等	70	55
装修	吊车、升降机等	65	55

七、固体废物的处理

（一）建筑工地上常见的固体废物

（1）固体废物的概念。固体废物是生产、建设、日常生活和其他活动中产生的固态、半固态废弃物质。固体废物是一个极其复杂的废物体系。按照其化学组成，可分为有机废物和无机废物；按照其对环境和人类健康的危害程度，可以分为一般废物和危险废物。

（2）施工工地常见的固体废物。

1）建筑渣土，包括砖瓦、碎石、渣土、混凝土碎块、废钢铁、碎玻璃、废屑、废弃装饰材料等。

2）废弃的散装建筑材料，包括散装水泥、石灰等。

3）生活垃圾，包括炊厨废物、丢弃食品、废纸、生活用具、玻璃、陶瓷碎片、废电池、废旧日用品、废塑料制品、煤灰渣、废交通工具。

4）设备、材料等的废弃包装材料。

5）粪便。

（二）固体废物对环境的危害

固体废物对环境的危害是全方位的，主要表现在以下几个方面。

（1）侵占土地。由于固体废物的堆放，可直接破坏土地和植被。

（2）污染土壤。固体废物的堆放中，有害成分易污染土壤，并在土壤中发生积累，给作物生长带来危害。部分有害物质还能杀死土壤中的微生物，使土壤丧失腐解能力。

（3）污染水体。固体废物遇水浸泡、溶解后，其有害成分随地表径流或土壤渗流污染地下水和地表水；此外，固体废物还会随风进入水体造成污染。

（4）污染大气。以细颗粒状存在的废渣垃圾和建筑材料，在堆放和运输过程中会随风扩散，使大气中悬浮的灰尘废弃物增高；此外，固体废物在焚烧等处理过程中，可能产生有害气体造成大气污染。

（5）影响环境卫生。固体废物的大量堆放，会招致蚊蝇滋生，臭味四溢，严重影响工地及周围环境的卫生条件，对员工和工地附近居民的健康造成危害。

（三）固体废物的处理和处置

固体废物处理的基本思想是采取资源化、减量化和无害化的处理，对固体废物产生的全过程进行控制。固体废物的主要处理方法有以下几种。

（1）回收利用。回收利用是对固体废物进行资源化、减量化的重要手段之一。对建筑渣土，可视其情况加以利用；废钢可按需要用作金属原材料；对废电池等废弃物，应分散回收，集中处理。

（2）减量化处理。减量化是对已经产生的固体废物进行分选、破碎、压实浓缩、脱水等减少其最终处置量，降低处理成本，减少对环境的污染。在减量化处理的过程中，也包括和其他处理技术相关的工艺方法，如焚烧、热解、堆肥等。

（3）焚烧技术。焚烧用于不适合再利用且不宜直接予以填埋处置的废物，尤其是对于受到病菌、病毒污染的物品，可以用焚烧进行无害化处理。焚烧处理应使用符合环境要求的处理装置，注意避免对大气的二次污染。

（4）稳定和固化技术。利用水泥、沥青等胶结材料，将松散的废物包裹起来，减小废物的毒性和可迁移性，使得污染减少。

（5）填埋。填埋是固体废物处理的最终技术，经过无害化、减量化处理的废物残渣集中到填埋场进行处置。填埋场应利用天然或人工屏障。尽量使需处置的废物与周围的生态环境隔离，并注意废物的稳定性和长期安全性。

课后案例

泰龙输电项目安全管理计划

（1）泰龙输电项目安全管理目标见表11-2所示。

表 11-2　　　　　　　　　　　　　　泰龙输电项目安全管理目标

安 全 目 标	(1) 杜绝人身伤亡事故和重大伤亡事故 (2) 防止发生重大设备事故及火灾事故	备 注
安全管理范围及监控内容	安全管理范围: 　　(1) 工程项目的安全性和安全状态 　　(2) 工程项目的安全管理文件执行状况 　　(3) 工程施工作业现场的监控情况 监控检查内容: 制度、行为、设施违章、高空作业、工具器使用、安全、技术措施、资料记录	
安全管理的方法和手段	计划、监督、检查、考核、改正	
结 果	安全监督检查管理报告	

(2) 泰龙输电项目安全组织机构如图 11-1 所示。

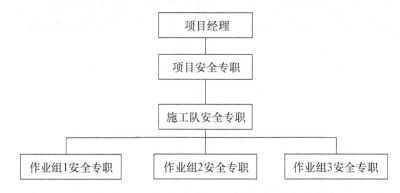

图 11-1　泰龙输电项目安全组织机构

(3) 泰龙输电项目安全控制。根据工程项目实施过程设置危险部位控制点,并按需要随时监督检查。其安全控制设置见表 11-3 所示。

表 11-3　　　　　　　　　　　　　　泰龙输电项目安全控制设置

分部工程	安全监督检查位置内容	监督检查办法
安全保证	管理制度、文件、措施	检查
基础工程	施工机械	检查
	防塌方、自我保护、作业环境	监督、检查
	施工用电	检查
接地工程	焊机	检查
杆塔工程	起吊设备	检查
	高空作业、安全工器具、作业环境、牵引设备	监督、检查
架线工程	跨越防护架(网)	检查
	防感应电	检查
	高空作业、安全工器具、作业环境牵引设备	监督、检查
附件工程	高空作业、安全工器具、作业环境牵引设备	监督、检查
	防感应电	检查

(4) 泰龙输电项目的安全监督检查。项目的安全监督检查目的是严格控制各种违章作业,

对项目施工作业监督检查过程中的不安全行为，不安全施工工器具、机械，不安全的作业环境实行限期改正的整改通知单。表11-4为泰龙输电项目某次安全监督检查整改通知单。

表11-4　　　　　　泰龙输电项目某次安全监督检查整改通知单

工程名称：泰龙输电项目	施工单位：宏业电力工程公司泰龙项目部
检查时间：2004年11月6日	整改时间：2004年11月6日当天
检查内容 架线工程	
1.23~24号跨公路挡路边跨越架未设警示标志	
2. 有一工人在高空塔上作业未系二道保护绳	
检查人：×××	
接受人：×××	反馈时间：2004年11月7日

讨论题：说明该项目安全控制的主要措施。

（资料来源：河南省电力公司焦作供电公司.电网工程项目管理. 北京：中国电力出版社，2007.）

小　　结

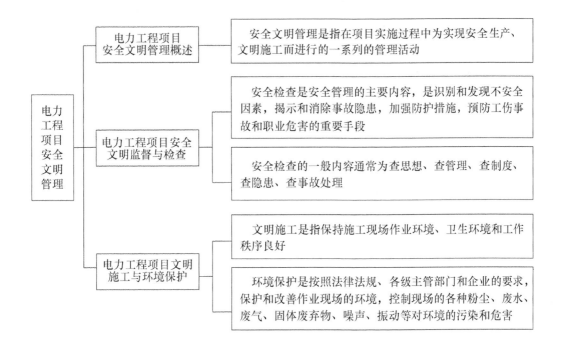

思 考 题 与 习 题

1. 什么是危险源？如何进行危险源的辨识？
2. 项目安全文明管理的内容是什么？
3. 项目安全检查的类型有哪些？主要包括哪些检查内容？
4. 项目文明施工和环境保护的意义是什么？

部分思考题与习题参考答案

第二章

6. 每年的还本额为。$A=1000/5=200$ 万元还款期各年的还本额、付息额和还本付息总额见表1。

表1 等额还本、利息照付方式下各年的还款数据 人民币单位：万元

年　　份	1	2	3	4	5
年初借款余额	1000	800	600	400	200
利率	6%	6%	6%	6%	6%
年利息	60	48	36	24	12
年还本额	200	200	200	200	200
年还本付息额	260	248	236	224	212
年末借款余额	800	600	400	200	0

7. 每年的还本付息总额为 $A=1000（A/P，6\%，5）=237.40$ 万元。还款期各年的还本额、付息额和还本付息总额见表2。

表2 等额还本付息方式下各年的还款数据 人民币单位：万元

年　　份	1	2	3	4	5
年初借款余额	1000	822.60	634.56	435.23	223.94
利率	6%	6%	6%	6%	6%
年利息	60	49.36	38.07	26.11	13.46
年还本额	177.40	188.04	199.33	211.29	223.94
年还本付息额	237.40	237.40	237.40	237.40	237.40
年末借款余额	822.60	634.56	435.23	233.94	0

第三章

6. 承包商提出的工期索赔为

不索赔的土建工程量的上限为 $310×1.1=341$ 个相对单位

不索赔的安装工程量的上限为 $70×1.1=77$ 个相对单位

由于工程量增加而造成的工期延长：

土建工程工期延长$=21×[(430/341)−1]=5.5$（月）

安装工程工期延长$=12×[(117/77)−1]=6.2$（月）

总工期索赔为$=5.5+6.2=11.7$（个月）

7. 1950 元

8. 266 万元

第五章

5. 如图 1 所示,此时计算工期为 19 天，等于要求工期，故图 1 所示网络计划即为满意方案。

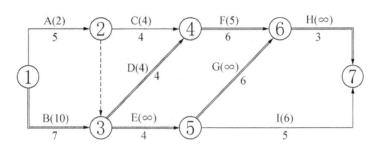

图 1　满意方案

6. 根据优化循环结果计算间接费用、总费用。在表 3 中计算总成本。

表 3　　　　　　　　　　　　　　　网络工期成本优化表

优化循环次数	工　期	直接费	间接费	总费用
初始网络	50	9800	3 800+4×150=4400	14 200
1	46	10 000	3 200+4×150=3800	13 800
2	42	10 400	2 300+6×150=3200	13 600
3	36	11 600	1 700+4×150=2300	13 900
4	32	12 600	1 100+4×150=1700	14 300
5	28	14 200	500+4×150=1100	15 300
6	24	16 400	500	16 900

从表 3 中可以看出本工程的最低成本为 13 600 元，所对应的最优工期为 42 天，相应的最优工期网络计划如图 2 所示。

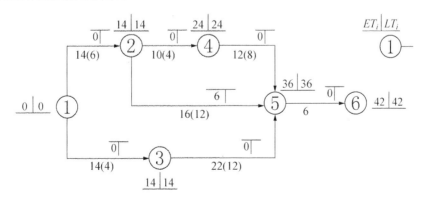

图 2　最优工期网络计划

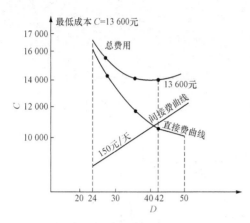

图 3　工期费用曲线

将表 3 中的数据在坐标系上描点分别绘制直接费、间接费和总费用曲线，如图 3 所示。

7.（1）在第 6 周末检查时，D 工作实际进度拖后 2 周，E 工作实际进度拖后 2 周，F 工作没有拖后，G 工作实际进度拖后 2 周。

（2）在第 6 周末检查时，D 工作影响工期 1 周，E 工作影响工期 2 周，F、G 工作均不影响工期。

（3）在第 6 周末检查时，实际总工期延长 2 周。

（4）根据第 12 周末的检查情况，此时的关键工作是 H、K、N。

（5）①在关键工作 K、N 中，工作 N 赶工费率最低，故将工作 N 压缩 3–2＝1（周），因此增加的费用为 1×20＝20（千元），总工期为 25–1＝24（周）。

②其次压缩关键工作 K，但由于与 K 工作平行的工作 L、M 中，最小总时差为 1 周，故 K 工作只能压缩 1 周，增加费用为 1×35＝35（千元），总工期为 24–1＝23（周）。

③此时关键工作增加了 M 工作，接下来必须同时压缩 K、M 工作，各压缩 1 周，赶工费率和为 35+15=50（千元/周），增加费用为 1×50=50（千元），总工程为 23–1=22（周）。此时工期已全部赶回，而增加的赶工费为 20+35+52=105（千元）。

第六章

6. 21%，–16 万元

7. 200 万元

第七章

5.（1）针对本题特点，在几种质量控制的统计分析方法中，监理工程师应选择排列图的方法进行分析。

（2）产品质量问题的主要原因分析。

1）数据计算（见表 4）。

表 4　　　　　　　　　　　　　数 据 计 算 表

序号	项　　目	数　　量	频率（%）	累计频率（%）
1	蜂窝麻面	23	57.5	57.5
2	局部露筋	10	25.0	82.5
3	强度不足	4	10.0	92.5
4	横向裂缝	2	5.0	97.5
5	纵向裂缝	1	2.5	100
	合计	40		

2）绘出排列图，如图 4 所示。

3）分析。通过以上排列图的分析，主要的质量问题是水泥预制板的表面出现蜂窝麻面和局部露筋问题，次要因素是混凝土强度不足，一般因素是横向和纵向裂缝。

监理工程师应要求承建商提出具体的质量改进方案，分析产生质量问题的原因，制定具体的措施提交监理工程师审查，经监理工程师审查确认后，由施工单位实施改进。执行过程中，监理工程师应严格监控。

6.（1）首先应能正确给出因果分析图，其中包括以下内容。

1）给出主干，在主干右端注明所要分析的质量问题——混凝土强度不足（应将主干用粗或空箭杆表示，箭头向右）；

2）绘出大枝，应按人、机械、材料、工艺、环境五大因素绘制，要求五大因素必须全部标出，

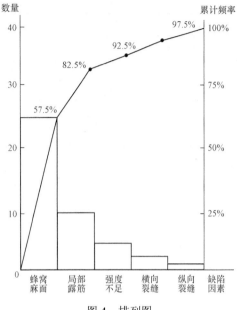

图4　排列图

因素名称应标于箭尾，大枝可绘成无箭头的枝状，也可绘成箭状（有箭头），但其箭头应指向主干；

3）绘出主要的中枝，即针对大枝的因素进一步分析其主要原因（例如对人的因素中，可再分为有情绪、责任心差等）。答题时可重点分析其中重要的因素，若无特别说明应尽可能将各大枝因素绘出中枝，并标明中枝的内容。用箭杆表示的中枝，箭头要指向大枝。

4）绘出必要的小枝，即针对某个中枝分析出的问题进一步分析其产生的原因（例如对中枝"有情绪"再分为：分工不当、福利差等）。用箭杆表示的小枝，箭头要指向中枝。

5）分析更深入的原因，完成因果分析图。

（2）事故处理程序：

1）进行事故调查：了解事故情况（发生时间、性质和现状），并确定是否需要采取临时措施。

2）分析调查结果，找出事故的主要原因。

3）确定是否需要处理，若需处理，要求承包商提出处理的措施或方案。

4）事故处理：监督事故处理措施或方案的实施。

5）检查处理结果是否达到要求。

事故处理的基本要求：安全可靠，不留隐患；处理技术可行，经济合理，施工方便，满足使用功能。

（3）隐蔽工程验收的主要项目及内容见表5。

表5　　　　　　　　　　　　　隐蔽工程验收的主要项目及内容

序号	项　目	内　容
1	基础工程	地质、土质情况、标高尺寸、基础断面尺寸，桩的位置、数量
2	钢筋混凝土工程	钢筋品种、规格、数量、位置、焊接、接头、预埋件，材料代用

续表

序号	项　　目	内　　容
3	防水工程	屋面、地下室、水下结构的防水做法、防水措施质量
4	其他完工后无法检查的工程、主要部位和有特殊要求的隐蔽工程	

7. （1）监理工程师在该工程的质量控制方面应检查有关工程质量的技术资料。例如分项工程施工工艺方案、人员资格、机械和材料的技术资料等。检查施工单位的质量保证措施，如组织措施、技术措施、经济措施、合同措施等。

进行质量的跟踪监理检查，包括预检（模板、轴线、标高等）、隐蔽工程检查（钢筋、管线、预埋线等）、旁站监理等。监理工程师还应签证质量检验凭证，如预检、隐检申报表，抽检试验报告，试件、试块试压报告等。

（2）监理工程师对进场的原材料应检查确认的报告、凭证资料，主要有材料出厂证明、质量保证书、技术合格证（原材料三证），材料抽检资料、试验报告等。

（3）监理工程师对发现的工程质量问题应向承包单位提出整改（如要求返工），并监督检查整改过程，对整改后的工程进行检查验收与办理签证。

8. （1）鉴于该批电缆表面标识不清、外观不良，难以判断电缆内在质量，因此监理工程师应以书面通知的方式，通知施工方暂停电缆的使用，并将该通知抄送甲方。

（2）以监理通知的形式，要求施工单位向监理单位提交该批电缆的产品合格证、技术性能检测报告，同时要求生产厂家提供电缆生产许可证等有关证明材料。

（3）如上述第（2）条的要求均得到满足，则要求施工单位和监理人员共同取样，送有关检测中心进行技术指标检测。检测费由施工方承担。

（4）如上述第（2）条不能得到满足，则可书面要求施工方退回该批电缆。由此引起的经济、法律问题由施工方和供货方协商解决。

（5）如经检测中心检测后证明产品技术指标均合格，则可通知施工方可以恢复正常施工，并抄送甲方备案。

（6）如经检测中心检测后证明产品技术指标不合格，则书面通知施工方将该批电缆清退出施工现场。

（7）总监理工程师签发监理通知，并报甲方备案，由此引起的一切经济损失、工期延误的损失均应由施工方承担。

9. （1）1）A；2）A、C

（2）两种不同的分布（两个班组数据形成的分布不同）造成的。

（3）是由于不熟练工人临时替班所造成的。

（4）1）直方图属于静态的，不能反映质量特性动态的变化。

2）$n > 50$。

3）注意分层，直方图出现异常，特别是出现双峰分布时。

4）直方图是正态分布时，为了得到更多信息，可求 X、S。

（5）1）观察、分析和掌握质量分布规律；

2）判断生产过程是否正常；

3）制定质量标准，确定公差范围；

4）估计工序不合格品率的高低；

5）评价施工管理水平。

（6）①分层法；②调查表法；③因果分析图法；④排列图法；⑤相关图法（散布图法）；⑥控制图法（管理图法）。

参 考 文 献

[1] 陈金洪. 建设工程项目管理. 北京：中国电力出版社，2011.

[2] 河南省电力公司焦作供电公司. 电网工程项目管理. 北京：中国电力出版社，2007.

[3] 程平东，孙汉虹. 核电工程项目管理. 北京：中国电力出版社，2006.

[4] 中国电力企业联合会电力建设技术经济咨询中心. 综合知识. 北京：中国电力出版社，2008.

[5] 中国电力企业联合会电力建设技术经济咨询中心. 变电站安装工程. 北京：中国电力出版社，2008.

[6] 中国电力企业联合会电力建设技术经济咨询中心. 变电站建筑工程. 北京：中国电力出版社，2008.

[7] 全国造价工程师执业资格考试培训教材编审组. 工程造价管理基础理论与相关法规. 北京：中国计划出版社，2009.

[8] 全国造价工程师执业资格考试培训教材编审组. 工程造价计价与控制. 北京：中国计划出版社，2009.

[9] 本书编写组. 中华人民共和国 2007 年标准施工招标文件使用指南. 北京：中国计划出版社，2008.

[10] 叶枫. 工程项目管理. 北京：清华大学出版社，2007.

[11] 孙裕君，尤勤，刘玉国. 现代项目管理学. 北京：科学出版社，2005.

[12] 宋伟，刘岗. 工程项目管理. 北京：科学出版社，2006.

[13] 闫军印. 建设项目评估. 北京：机械工业出版社，2011.

[14] 国家发展改革委，建设部. 建设项目经济评价方法与参数. 3 版. 北京：中国计划出版社，2006.

[15] 王卓甫，杨高升. 工程项目管理原理与案例. 北京：中国水利水电出版社，2005.

[16] 张基尧. 水利水电工程项目管理理论与实践. 北京：中国电力出版社，2008.

[17] 左美云，周彬. 实用项目管理与图解. 北京：清华大学出版社，2002.

[18] 陆惠民，苏振民，王延树. 工程项目管理. 南京：东南大学出版社，2002.

[19] 成虎. 工程项目管理. 北京：高等教育出版社，2004.

[20] 中国建设监理协会组织. 建设工程质量控制. 北京：中国建筑工业出版社，2003.

[21] 闫俊义，於三大，丁琦华. 长江三峡水利枢纽三期工程质量管理简介. 水力发电，2009，12.

[22] 郑扬帆. 火电工程建设质量健安环管理实务. 北京：中国电力出版社，2006.

[23] 张磊，柴彤. 大型火力发电厂典型生产管理. 北京：中国电力出版社；2008.

[24] 田金信. 建设项目管理. 北京：高等教育出版社，2002.

[25] 何俊德. 工程项目管理. 武汉：华中科技大学出版社，2008.

[26] 齐宝库. 工程项目管理. 大连：大连理工大学出版社，2007.

[27] 李立清. 建设工程监理案例分析. 2 版. 北京：清华大学出版社，2004.

[28] 范红岩，宋岩丽. 建筑工程项目管理. 北京：北京大学出版社，2008.

[29] 白思俊. 现代项目管理. 北京：机械工业出版社，2002.

[30] 刘秋华. 技术经济学. 2 版. 北京：机械工业出版社，2010.